법인 대표자의 대표권 제한에 관한 연구

- 판례법리를 중심으로 -

법인 대표자의 대표권 제한에 관한 연구

- 판례법리를 중심으로 -

백숙종 지음

경인문화사

머리말

    법인은 자연인이 아니기 때문에 의사를 결정하고 그에 따라 행위하기 위해 반드시 기관을 필요로 하는데, 법인의 의사결정기관과 집행기관, 대표기관은 법률적으로나 현실적으로나 대부분 일치하지 않는다. 이로 인해 법인이 제3자와 거래하는 과정에서 법인의 의사가 제대로 표현되지 못할 위험 및 제대로 표현되지 못한 법인의 의사를 신뢰한 상대방이 보호되지 못할 위험이 존재하고, "법인 대표자가 이사회·총회 등 의사결정기관의 결의를 거쳐야 함에도 이를 거치지 않고 행위한 경우 그 효력을 어떻게 볼 것인가"라는 대표권 제한 쟁점이 등장하게 되었다.

    그런데 현재의 판례는, 법인 대표자가 의사결정기관의 결의 없이 행위한 경우 그 효력을 판단함에 있어 법인의 종류, 법률행위의 유형, 대표권 제한의 근거 등에 따라 서로 다른 법리를 형성하고 있다. 대표권 제한 쟁점은 법인 보호와 거래상대방 보호 사이에서 이루어지는 이익형량의 문제이므로, 모든 경우에 하나의 통일된 법리를 고집하는 것은 적절하지 않겠으나, 한편 이러한 다양한 법리로 인해 불필요한 혼란이 야기되는 측면도 있다. 이에 필자는 이 책을 통해 대표권 제한 쟁점에 관한 기존 법리를 검토하는 한편 비교법적 연구를 통해 영리법인과 비영리법인 및 비법인사단 전반을 아우르는 통일적 분석과 법리의 고찰을 시도하였다. 그 과정에서 상대적 무효의 법리에 관한 일응의 기준을 제시하고, 나아가 비영리법인에 적용되는 민법 제60조의 입법론을 제안하였다. 이 책에서 다루는 연구와 제시한 입법론 및 해석론의 정비를 통해 현재

혼재되어 있는 법인 대표자의 대표권 제한에 관한 법리가 통일적으로 정리될 것을 기대한다.

이 책은 2023년 8월 발표된 같은 제목의 필자의 서울대학교 박사학위논문을 바탕으로 하되 논문 발표 이후의 하급심 판례 동향 등을 수정·보완하여 출간하는 것이다. 실무가로서 분야를 막론한 다양한 소송에 파묻혀 있던 필자로서는 본 연구를 통해 비로소 상법을 전공하는 학자로서 한 걸음을 내딛을 수 있었다.

이 책이 발간되기까지 많은 분들의 도움이 있었다. 특히 필자는 뜻하지 않게 훌륭한 두 분을 지도교수님으로 모시는 행운을 얻었다. 먼저 타과생으로 법학을 부전공하던 학사 시절에 회사법 강의를 통해 상법의 세계에 눈을 뜨게 해 주셨고, 퇴임하시는 순간까지 지도교수님으로서 부족한 제자를 기다려주시고 또 믿어주신 김건식 교수님께 깊은 감사의 말씀을 드린다. 재판연구관 시절 일과 학업을 병행하는 과정에서도 상법에 대한 열망을 놓지 않을 수 있었던 것은 지도교수님이신 천경훈 교수님께서 정성어린 조언과 격려를 아끼지 않으셨기 때문이다. 뿐만 아니라 본 연구의 처음부터 마지막까지 꼼꼼히 살펴주시는 한편 깊은 통찰로 그 수준과 완성도를 높여 주신 것에 대해서도 진심으로 감사드린다.

심사 과정에서 드러난 필자의 미욱함을 지도교수님을 포함하여 심사위원장님과 심사위원님들 모두가 애정으로 살펴주셨음을 부인할 수 없다. 처음 '대표권 제한'이라는 주제로 본인을 이끌어주셨고 논문 심사위원장님으로 마지막까지 필자와 본 연구를 지지하고 살펴주신 김재형 교수님, 심사 과정에서 필자가 간과한 부분들까지 세심히 깨우쳐주시는 한편 용기를 잃지 않도록 응원해주신 김홍기 교수님, 깊이 있는 통찰력을 바탕으로 논문이 한 단계 발전할 수 있는 가르침을 주신 노혁준 교수님,

비교법적 연구에 대한 아낌없는 조언을 통해 학자로서의 시각을 일깨워 주신 송옥렬 교수님께도 진심으로 감사의 말씀을 드린다. 일일이 이름을 거론할 수는 없으나, 독일법을 비롯한 비교법적 연구, 등기실무 등 여러 분야에서 지면과 대면으로 가르침을 주신 존경하는 선후배와 동료들, 그리고 오랜 시간 기다려주신 서울대학교 법학연구소와 경인문화사 관계자 분들께도 감사드린다.

마지막으로 당연한 말이지만 이 책이 출간될 수 있었던 것은 필자를 이해하고 믿어 준 가족의 절대적인 사랑이 있었기 때문이다. 부족한 글이나, 이 책이 평생 헌신과 사랑으로 필자를 지지해 주신 부모님(白承德, 朴在玉)께 작은 기쁨이 되기를 희망한다. 존경하는 인생의 동반자인 남편 이송헌 변호사와 존재만으로도 행복인 딸 이채은, 아들 이현민에게, 진심으로 사랑과 감사의 마음을 전한다.

2024년 8월
백 숙 종

차 례

서 론

제1절 연구의 배경

　법인은 자연인이 아니기 때문에 의사를 결정하고 그에 따라 행위하기 위해 반드시 기관을 필요로 한다. 그런데 현대사회에서 대다수 법인의 의사결정기관은 회의체로 구성되어 있지만, 법인이 그 업무를 집행하고 외부에 의사를 표시하는 행위까지 회의체 또는 회의체의 모든 구성원에 의해 행해지는 것은 현실적으로 불가능하기 때문에 이러한 대표행위는 결국 자연인에 의해 이루어지고 있다. 즉, 법인의 의사결정기관과 집행기관, 대표기관은 법률적으로나 현실적으로나 대부분 일치하지 않는다.

　중요한 업무일수록 그에 관한 법인의 의사를 결정하는 기관과 결정된 의사를 외부에 표시하는 기관이 분리되어 있고, 그 과정에서 법인의 의사가 제대로 표현되지 못할 위험 및 제대로 표현되지 못한 법인의 의사를 신뢰한 상대방이 보호되지 못할 위험이 병존한다. 이는 결국 "법인의 대표가 의사결정기관의 결의를 거치도록 정한 대표권 제한에 위반하여 행위한 경우 그 효력을 어떻게 판단할 것인가"라는 논제로 표현할 수 있다(이는 비법인사단에서도 마찬가지인데, 이하 논의의 편의상 법인과 비법인사단을 구분하지 않고 이를 '대표권 제한 쟁점'이라고 한다).

　최근 대법원은 전원합의체 판결[1]을 통해 주식회사 대표이사의 대표권 제한 쟁점에 관한 기존 판례 법리를 변경하면서 법인의 기관구조와 거래상대방 보호에 관한 다양한 시각을 드러냈고, 대표권 제한 쟁점에 관해 숙고할 수 있는 계기를 제공하였다. 그동안의 판례는 대표권 제한

---

1) 대법원 2021. 2. 18. 선고 2015다45451 전원합의체 판결.

쟁점에 관하여 법인과 비법인사단의 종류에 따라, 또는 문제되는 법률행위의 유형에 따라, 또는 대표권을 제한하는 근거에 따라, 서로 다른 법리를 형성하여 왔다. 이에 적지 않은 경우 규범의 수범자인 법인과 거래상대방은 물론이고 판단자인 법원마저도 대표권 제한에 관한 다양한 판례법리를 구별하여 적용하는데 혼란을 겪어 왔다.

현대사회에 존재하는 법인은 다종·다양하지만, 타인과 법률관계를 형성하는 주체로서의 법인은 영리법인·비영리법인, 공법인·사법인, 사단법인·재단법인 여부를 불문하고 어떠한 형태로든지 재산적 거래행위의 당사자가 될 수밖에 없다. 본고에서 상정한 대표권 제한 쟁점 역시 법인의 종류를 막론하고, "총회·이사회와 같은 의사결정기관의 결의를 거쳐 대표기관이 행위하도록 하였음에도 불구하고 이에 위반하여 대표기관이 행위한 경우"로서 그 내용이 사실상 동일한데, 이는 대표권 제한 쟁점과 관련하여 법인 전반에 대한 통일적인 분석과 법리의 고찰이 필요함을 시사한다. 그럼에도 이제까지 대표권 제한 쟁점에 관한 연구는 민법의 비영리법인이나 상법의 영리법인 또는 비법인사단의 각 영역에서만 개별적·파편적으로 이루어졌을 뿐, 법인 전반을 아우르는 대표권 제한 쟁점을 다룬 선행연구를 찾아보기는 어려웠다.

이에 본고에서는 위와 같은 문제의식을 단초로 하여 법인이 의사결정기관과 구별되는 대표기관을 통해 행위할 때에 반드시 의사결정기관(총회·이사회)의 결의를 거치도록 규정한 대표권 제한의 영역을 상정하고, 특히 거래상대방의 존재가 문제되는 "제3자와의 거래행위"를 중심으로 대표권 제한 쟁점에 관한 현행 법률의 내용과 그 해석에 관한 판례법리를 살펴본다. 그다음 이에 대한 분석을 통해 기존 법리의 타당성을 고찰하는 한편, 대표권 제한 쟁점에 관한 발전적 법리(개선안)의 가능성을 모색하고자 한다.

제2절 연구의 범위

본 연구는 법인 대표가 대표권 제한에 위반하여 한 행위의 효력을 어떻게 판단해야 하는지에 관하여, 현행법 하에서 우리 판례가 형성하여 온 기존 법리의 타당성을 검증하고 개선안을 제시하고자 한다.

그러나 현대 사회에 존재하는 다종·다양한 법인 모두를 본고에서 다루는 것은 사실상 불가능하다. 그보다는 다수 분쟁에서 주로 다투어지고 또 판례 법리가 형성되어 온 영역을 집중적으로 분석하고 연구하는 것이 실질적으로 의미가 있다.

이에 영리법인 중에서는 주식회사를 중심으로 대표이사의 대표권 제한을 살펴본다. '주식회사'는 현재 우리나라 회사들 중 90% 이상이 그 형태를 취하고 있을 정도로 지배적인 회사 형태이고, 특히 대표권 제한 쟁점과 관련해서는 주식회사 아닌 다른 유형의 회사에 관한 판결은 거의 찾아보기 어려울 정도로 주식회사 사건이 법률 분쟁의 대부분을 차지하고 있기 때문이다.[2] 물론 우리 상법이 예정한 다섯 가지 유형의 회사들은 각 기관 구성과 그 지배구조가 조금씩 다르기는 하지만, 회사 대표자의 대표권 제한에 관한 상법 제209조는 주식회사뿐 아니라 모든 종류의 회사(합명회사, 합자회사, 유한책임회사, 유한회사)에 동일하게 적용된다. 앞서 언급한 대법원 2015다45451 전원합의체 판결은 상법 제209조의 '선의'를 선의·무중과실로 해석하면서 주식회사 대표이사의 대표권 제한에 관한 종전의 판례 법리를 변경하였는데, 위 전원합의체 판결 이후 선고된 하급심 판결들도 함께 분석해 본다.

비영리법인에 관하여는 일반법으로서 민법 제60조를 비롯한 대표권

---

2) 별지 2 표와 같이 하급심 판결을 분석하는 과정에서 기초자료로 검색되었던 100여개의 대표권 제한 쟁점 판결들 중 주식회사가 아닌 경우는 한 두건에 불과하였다.

제한에 관한 조항과 그 해석에 관한 판례를 살펴본다. 나아가 특별법에 근거하여 설립된 법인들 중에서는 ⑴ 의료법과 민법 제60조가 함께 적용되는 의료법인, ⑵ 사립학교법이 적용되는 학교법인, ⑶ 「공익법인의 설립·운영에 관한 법률」(이하 '공익법인법'이라고 한다)이 적용되는 공익법인, ⑷ 「사회복지사업법」을 통해 공익법인법의 이사회 규정 등이 준용되는 사회복지법인에 관한 대표권 제한 법리를 함께 살펴본다.

엄격한 의미에서의 법인은 아니지만 비법인사단 역시 '자연인이 아닌 권리주체'로서 대표기관을 통해 행위하는 단체이고, 현실에서 비법인사단 대표자의 거래행위를 둘러싼 분쟁이 다수 발생하고 있다. "총유물의 관리 및 처분은 사원총회의 결의에 의한다"는 민법 제276조 제1항의 해석 및 적용과 관련하여 비법인사단 대표자가 총회 결의 없이 한 행위를 어떻게 볼 것인지 흥미로운 판례 법리가 형성되어 왔는데, 이를 상법상 주식회사 및 비영리법인의 경우와 비교하여 보는 것도 의미가 있을 것이므로, 필요한 범위 내에서 비법인사단의 대표권 제한 쟁점도 함께 검토한다.

한편, 논의의 편의를 위해 본고에서 상정한 대표권 제한에 위반된 행위의 효력에 관한 법리를 다음과 같이 칭하기로 한다.

대표권 제한에 위반한 행위는 거래상대방의 선·악의를 불문하고 무조건 무효라고 보는 법리를 가리켜 '절대적 무효설' 또는 '절대적 무효의 법리'라고 한다. 주식회사에서 주주총회 특별결의를 거치도록 정한 영업양도 등의 사안(상법 제374조, 제434조), 비법인사단의 대표자가 대표권 제한에 위반하여 한 거래행위 중 민법 제276조에서 정한 총유물의 관리·처분행위에 해당하는 경우 등이 대표적인 예이다.

대표권 제한에 위반한 행위라도 거래상대방의 선·악의 또는 대표권 제한이 등기되었는지 여부 등에 따라 유·무효를 달리 판단하는 법리를 '상대적 무효설' 또는 '상대적 무효의 법리'라고 하고,3) 그중 상대방의 인식이 기준이 되는 법리를 '인식설', 대표권 제한이 등기되었는지 여부가 기준이 되는 법리를 '등기설'이라고 한다. 인식설의 법리는 주식회사에서 이사회 결의를 요하는 행위인 경우(상법 제393조 제1항 또는 정관 등에 따른 경우) 및 비법인사단에서 민법 제276조 제1항의 총유물의 관리·처분행위가 아닌 경우에, 등기설의 법리는 민법상 비영리법인의 경우에(민법 제60조) 각 적용되고 있다. 그리고 인식설의 법리는 다시 거래 상대방의 선의·무과실을 요구하는지 아니면 선의·무중과실을 요구하는지 여부로 나뉘어져 있다.

제3절 연구의 구성

제1장에서는 대표권 제한과 법인의 기관구조에 관하여 살펴본다.

먼저 대표권에 대하여 그 성질 및 대리와의 구별을(제1절), 본고의 논의대상인 영리법인과 비영리법인 및 사단법인으로 나누어 현행 법률 체계에 따른 법인의 기관구조를(제2절) 각 기술한다. 다음으로는 대표권 제한과 법인 기관구조에 대한 현재의 법률 체계를 입체적으로 분석하고, 대표권 제한 쟁점을 논의하기 위해 기존 판례 법리의 종합적 고찰이 필요하다는 점을 밝힌다(제3절).

제2장에서는 일본과 독일, 미국을 중심으로 법인 대표자의 대표권 제한에 관한 간략한 비교법적 검토를 수행한다. 법인은 해당 국가의 사회적·경제적 현실을 반영한 법기술적 산물로 그 유형과 종류가 다양하므로 특수법인을 규율하는 개별 법령을 살피는 것은 거의 불가능할 뿐 아

---

3) 이론상으로는 원칙적 무효인지, 원칙적 유효인지 여부를 구별하는 것이 가능하겠으나, 본고에서는 이를 구별하지 않고 법인과 제3자 사이의 거래행위가 일정한 경우에는 무효, 일정한 경우에는 유효로 각각 다르게 판단되는 법리를 '상대적 무효'라고 한다.

니라 의미도 크지 않다. 대표적 영리법인인 회사와 비영리법인을 각 규율하는 법률의 내용과 판례 법리를 중심으로 살펴보되, 이로써 우리 법에 시사하는 유의미한 지침을 도출하고자 한다.

제3장에서는 법인 대표자의 대표권 제한에 관한 기존 법리를 소개한다. 법인의 유형(주식회사, 민법상 비영리법인, 특수법인, 비법인사단)에 따라 각 대표권 제한의 내용과 대표권 제한에 위반한 행위의 효력에 관한 법리를 분석한다. 영리법인 중에서는 주식회사에 관한 상법 규정과 판례 법리를 중심으로 대법원 2015다45451 전원합의체 판결 이후의 하급심 판결까지 함께 분석한다(제1절). 비영리법인에 관하여는 일반법인 민법의 규정과 그 해석에 관한 판례 법리를 살펴본 다음(제2절), 개별 특수법인에 관한 내용을 소개한다(제3절). 마지막으로 비법인사단에 관한 대표권 제한의 내용과 대표권 제한에 위반한 행위의 효력에 관한 법리를 간략히 다룬다(제4절).

제4장에서는 기존의 대표권 제한 법리를 검토하고 개선안을 제시한다.

먼저 제3장에서 살펴본 기존 법리를 바탕으로 법인 대표자의 대표권 제한 법리의 방향성을 제시할 수 있는 기준을 도출한다(제1절).

이에 비추어, 비영리법인에 관한 등기설을 검토하여 애초 민법 제60조가 등기설을 택한 의도에도 불구하고 현재 악의자를 보호하는 결과를 가져오는 문제점을 지적하고, 이를 해결하기 위해 민법 제60조를 개정할 것을 제안한다(제2절 제2항). 다음으로 인식설에 관하여 영리법인과 거래한 선의·무중과실의 거래상대방을 보호하는 현재의 판례 법리가 타당함을 논증하고 비영리법인에 관한 민법 제60조의 개정 방향에 대하여도 살펴본다(제2절 제3항). 마지막으로 대표권 제한에서 법률상 제한과 내부적 제한이 구별되어야 한다는 논의에 관하여 영리법인인 주식회사와 특수법인의 경우를 각 나누어 살펴보고 법률상 제한과 내부적 제한이 논리적으로 구별되더라도 거래상대방 보호에 관한 법리를 반드시 다르게 적용할 합리적 이유는 없음을 논증한다(제2절 제4항).

제1장
대표권 제한과 법인의 기관구조

제1절 법인 대표자의 대표권

1. 대표권

현대 사회에서 자연인 사이에서만 일상의 법률관계가 이루어진다는 것은 불가능하다. 경제와 사회가 발전하면서 자연인 또는 재산의 집합체인 '단체'가 등장하게 되었고, 그중 정책적 견지에서 인위적으로 권리능력을 부여한 단체를 '법인'이라고 한다. 법인이 독립된 경제주체로서 중요한 사회적 기능을 담당하고 있음은 의문의 여지가 없으나 이러한 법인의 사회적 기능과 법인에게 법인격이 부여되는 이론상의 근거는 별개의 문제이다.[4] 우리 민법을 포함하여 각국의 입법례에 비추어 볼 때 법인이란 일정한 단체에 권리·의무의 귀속능력을 인정한 법기술적 산물이라는 점을 부인할 수 없다. 즉, 법이 어떤 단체에게 법인격을 부여할 것인가는 입법자의 판단의 문제에 불과한바, 결국, 법인이란 법이 사회적·경제적 현실을 감안하여 일정한 목적을 가진 단체에게 법인격을 부여한 조직체라고 정의할 수 있다.[5]

대표권은 대외적으로 법인을 대표할 수 있는 권한을 의미한다.

민법 제59조와 상법 제209조에서는 대표권에 관하여 각 '법인의 사무에 관하여' 또는 '회사의 영업에 관하여' 재판상·재판외의 모든 행위를 할 수 있다고 규정하고 있는데, 이에 관하여는 '포괄성'[6] 및 정형성,

---

4) 이영준, 민법총칙, 박영사(2007), 903.
5) 주석 민법 [총칙 1](제5판), 한국사법행정학회(2019), 543(송호영).
6) 주석 민법 [총칙 1](제5판), 한국사법행정학회(2019), 806-807(문영화); 대법원 1990. 12. 11. 선고 90다카25253 판결{주식회사의 대표이사는 회사의 업무에 관하여 재판상 또는 재판 외의 모든 행위를 할 권한을 가지는 것이고(상법 제389조, 제209조), 이 사건 칸트리크럽의 회원모집과 회원권 발급업무도 결국

획일성을 지닌다고 설명하는 것이 통설이다.[7] 판례 역시 "주식회사 대표이사는 회사의 권리능력의 범위 내에서 재판상 또는 재판 외의 일체의 행위를 할 수 있고, 이러한 대표권 그 자체는 성질상 제한될 수 없는 것"이라고 하여,[8] 대표권의 포괄성과 불가제한성을 인정하고 있는 것으로 이해된다. 이때 '회사영업에 관한' 대표이사의 권한범위에 대하여, 통설[9]은 회사의 권리능력 범위와 일치한다고 해석하고 있다. 그렇다면 이론상으로는 권리능력이 없는 회사의 행위는 대표이사 대표권의 범위를 논하기 전에 상대방의 선·악의를 묻지 않고 무효가 될 것이다. 다만 회사의 권리능력에 관하여, 법인은 정관으로 정한 목적의 범위 내에서 권리능력을 가진다고 규정한 민법 제34조가 회사에도 적용되는지에 관하여 논란이 있으나, 다수설은 민법 제34조의 적용을 부정하고 있고, 후술하는 바와 같이 민법 제34조의 근거가 된 능력외이론(doctrin of ultra vires)이 사실상 의미를 잃었으며,[10] 설령 민법 제34조의 회사에의 적용을 긍정하는 견해를 취하더라도 판례[11]와 같이 "정관에 명시된 목적 자체에 국한되는 것이 아니라 그 목적을 수행하는 데 있어 직접, 간접으로 필요한 행위는 모두 포함"된다고 봄으로써 민법 제34조의 적용을 부정하는 견해와 결론에 있어 실질적 차이는 없는 것으로 보이는바, 현실적

은 피고회사의 영업에 관한 것이라고 보아야 할 것이므로 포괄적 대표권을 가진 피고회사의 대표이사가 ···} 참조.

7) 주석 상법 [회사 1](제6판), 한국사법행정학회(2021), 406(임영철).

8) 대법원 1997. 8. 29. 선고 97다18059 판결, 같은 취지로 대법원 2021. 2. 18. 선고 2015다45451 전원합의체 판결.

9) 주석 상법 [회사 1](제6판), 한국사법행정학회(2021), 406. 이에 대하여, 영업에 관한 행위란 (대외적) 업무집행이라는 의미로서, 영업의 존속, 계속을 전제로 하는 영업에 관한 행위라고 해석하는 견해{박영길, "대표이사의 전단적 행위의 효력", 상사판례연구 Ⅳ권, 박영사(2000), 206}도 있다.

10) 민법주해[Ⅰ] 총칙(1), 박영사(2000), 566-567(홍일표); 주석 민법 [총칙 1](제5판), 한국사법행정학회(2019), 679-681(송호영).

11) 대법원 2009. 12. 10. 선고 2009다63236 판결 등.

으로 회사의 행위가 '권리능력이 없는' 영역에서 이루어진 경우가 문제되는 경우는 찾아보기 어려울 것이다.

2. '대표'와 '대리'의 구별

민법 제59조 제2항에서는 '법인의 대표에 관하여는 대리에 관한 규정을 준용한다'라고 규정하고 있고, 위 조항은 상법 제209조와 같이 대표권 제한에 관해 특별히 달리 정하였다거나 그 성질에 반한다는 등의 사정이 없는 한 상법상 회사에도 준용된다.12) 그럼에도 불구하고 우리 법이 굳이 '대리'와 구별하여 '대표'라는 개념을 사용하는 의미는 무엇일까?

우리 민법과 상법의 조항을 살펴보면, 자연인을 전제로 하는 상업사용인에 관하여는 '대리'라는 용어를 사용하고 있는 반면{상법 제11조(지배인의 대리권), 상법 제15조(부분적 포괄대리권을 가진 사용인) 등}, 법인에 관하여는 '대표'라는 용어를 사용하고 있음을 알 수 있다{법인에 관한 민법 제59조(이사의 대표권), 합명회사에 관한 상법 제207조(회사 대표),13) 유한책임회사에 관한 상법 제287조의19(유한책임회사의 대표), 주식회사에 관한 상법 제389조(대표이사), 유한회사에 관한 상법 제562조(회사대표) 등}.

이러한 법률 조항의 내용과 체계에 비추어 보면 우리 법은 법인에 관하여는 '대표'라는 용어를, 개인에 관하여는 '대리'라는 용어를 각 구별하여 사용하는 체계를 채택한 것으로 이해할 수 있다.

이는 대리(agency)의 개념만을 사용하여 법인의 법률관계를 규율하고 있는 영미법계(구체적 내용은 제2장 제3절 참조) 및 이사회를 가리켜 사단의 대표(Vertretung)라고 하고 '법정대리인의 지위(die Stellung eines gesetzlichen Vertreters)'를 가진다고 각 규정하면서 동일한 단어(vertre-

---

12) 주석 상법 [회사 1](제6판), 한국사법행정학회(2021), 399(임영철).
13) 합자회사의 경우 합명회사 규정이 준용된다(상법 제269조).

ten)를 사용하는 독일 민법 제26조 제1항14)과 대비된다.

국내 통설은, 대리와 대표의 구별에 관하여 '대리인은 본인과 별개의 인격체로서 본인을 대신하여 그 행위를 하는 것임에 대하여 대표기관은 법인의 행위를 대신하는 것이 아니라 법인의 구성부분, 즉 기관으로서 법인의 행위 자체를 하는 것'이라고 하면서, 법률행위에 대하여만 인정되는 대리와 달리 대표는 불법행위와 사실행위에 관해서도 인정된다고 한다.15)16) 이에 따르면, 법인도 자연인처럼 대리인을 선임할 수는 있지만 이는 법인 대표와는 명백히 구별되는 것으로, 법인 대리인이 한 불법행위에 관하여는 민법 제756조가 적용되지만 법인 대표자가 한 불법행위에 관하여는 민법 제35조와 상법 제210조가 적용된다.

대리는 특정수권의 경우이든 포괄수권의 경우이든 대리권 범위 내에서 대리행위의 내용을 스스로 결정할 수 있는 반면 대표는 이와 다르다. 법인 이사가 법인을 대표할 때에는 정관에 규정한 취지에 따라야 하고 사단법인의 대표는 총회 의결에 따라 행위해야 한다. 특히 의사결정기관

---

14) 본문에 언급한 것처럼 독일 민법 원문의 용어는 동일하다. 다만 본고는 독일 민법 조항을 번역하는 경우에 양창수 역, 2021년판 독일민법전 총칙·채권·물권, 박영사(2021)에 따랐는데, 위 문헌에서 독일 민법 제26조의 제목(Vorstand und Vertretung)은 "이사회와 대표"로, 제26조 제1항 3문(er hat die Stellung eines gesetzlichen Verterters)은 "이사회는 법정대리인의 지위를 가진다"라고 번역하고 있다. 대표와 대리를 구별하고 있는 우리 법 체계를 고려하여 보다 자연스럽게 번역한 결과로 보인다.

15) 주석 민법 [총칙 1](제5판), 한국사법행정학회(2019), 807(문영화); 곽윤직·김재형, 민법총칙[민법강의 I](제9판), 박영사(2020), 339-340; 송덕수, 민법총칙(제6판), 박영사(2021), 339; 주석 상법 [회사 3](제6판), 한국사법행정학회(2021), 288(이완희); 이철송, 회사법강의(제31판), 박영사(2023), 731.

16) 이에 대하여 불법행위가 '대표'에 의하여 법인의 행위로 된다면 이사 기타 대표자가 자기의 손해배상책임을 별도로 부담할 이유가 없다는 점, 민법 제37조는 대표도 대리와 동일하게 법률행위에 관하여만 가능하고 불법행위에 관하여는 불가능하다고 해석할 때에만 이해가 가능하다는 점 등을 들어 의문을 제기하는 견해로 이영준, 민법총칙(개정증보판), 박영사(2007), 515-516.

을 주주총회와 이사회, 대표이사로 나누어 법정하고 있는 주식회사의 경우 이 점이 단연 부각된다.[17] 물론 대표권과 의사결정권이 모두 업무집행사원 또는 이사에게 부여된 합명회사나 민법상 비영리법인의 경우에, 수인의 업무집행사원들이나 이사들 중에 대표자를 따로 정하지 않았다면 대표자와 의사결정권자가 일치하게 되겠지만 이는 의사결정기관과 대표기관이 일치하도록 정한 입법의 결과일 뿐이고, 대표의 성질에 따른 결과는 아니다.

또한 대리인의 권한은 본인이 한 수권행위의 내용에 따라 결정되지만, 법인 대표자의 권한은 앞서 본 것처럼 법인의 권리능력 범위 내에서는 포괄적이다.

3. 회사 대표자의 대표권과 상업사용인의 대리권

상법 총칙편 제3장에서 규정하고 있는 상업사용인은 특정한 상인에 종속하여 대외적인 업무를 보조하는 자를 가리킨다(통설).[18] 상법에서는 상업사용인으로 지배인, 부분적 포괄대리권을 가진 사용인, 물건판매점포의 사용인을 각 규정하고 있다. 이하에서는 위와 같은 상업사용인 중, 본고에서 중점적으로 다루는 상법 제209조 제2항과 동일한 내용의 대리권 제한 규정인 상법 제11조 제3항[19]이 적용되는 지배인을 중심으로 살펴본다.

지배인 제도는 독일 법계에 특유한 제도로 일본을 거쳐 우리나라에 계수되었는데, 독일 상법의 '지배권 및 상사대리권(Prokura und Hand-

---

17) 양명조, "법률행위의 대리와 회사의 대표", 법학논집 제20권 제1호, 이화여자 대학교 법학연구소(2015), 7-8.
18) 주석 상법 [총칙·상행위(1)](제4판), 한국사법행정학회(2013), 124(양명조).
19) 상법 제11조(지배인의 대리권)
   ③ 지배인의 대리권에 대한 제한은 선의의 제삼자에게 대항하지 못한다.

lungsvollmacht)'에 관한 규정들(독일 상법 제48조 내지 제58조)은 대리
권이 흠결된 경우 그 위험을 원칙적으로 상대방이 부담하는 민사대리제
도로는 상거래의 안전성·원활성·신속성의 요청에 제대로 부응하지 못한
다는 점을 감안하여 지배인에 관한 상법 특유의 규율을 하는 것을 목적
으로 하고 있다.[20]

우리 상법 역시 지배인의 대리권에 관하여는 민법상 대리 제도와 달
리 그 수권의 범위를 상법 제11조 제1항을 통해 '영업에 관한 재판상 또
는 재판외의 모든 행위를 할 수 있'는 것으로 정하고 있고, 이를 민법상
대리에 대한 특칙규정으로 보는 것에 이론이 없다. 지배인의 지배권은
상거래의 특성을 고려하여 대리권의 범위를 상법에서 강제적으로 획정
한 특수성을 갖는 상사대리권이고, 법인 대표자의 대표권과 마찬가지로
'포괄성, 정형성, 불가제한성'의 특징을 지닌다.[21] 이때 지배인의 행위가
영업주의 영업에 관한 것인지 여부 및 법인의 행위가 목적 범위 내의 행
위인지 여부는 모두 "행위의 객관적 성질에 따라" 판단되어야 하고 행위
자의 주관적·구체적 의사에 따라 판단될 것은 아니라는 것이 판례[22]이다.

다만 상업사용인은 그 성격상 자연인이어야 하고 법인은 상업사용인
이 될 수 없다.[23] 결국 상법상 회사 대표자의 대표권은 법인 기관으로서

---

20) 권기범, "상업사용인에 대하여 -지위발생 요건과 대리권의 범위를 중심으로-",
  서울법학 제16권 제1호, 서울시립대학교(2008), 2.
21) 주석 상법 [총칙·상행위(1)](제4판), 한국사법행정학회(2013), 133(양명조).
22) 지배인에 관한 대법원 1997. 8. 26. 선고 96다367543 판결, 민법상 비영리법
  인에 관한 대법원 2014. 1. 23. 선고 2011두25012 판결, 합자회사에 관한 대
  법원 2009. 12. 10. 선고 2009다63236 판결, 주식회사에 관한 대법원 1987.
  9. 8. 선고 86다카1349 판결 등.
23) 주석 상법 [총칙·상행위(1)](제4판), 한국사법행정학회(2013), 127(양명조); 최
  기원, "지배인의 대리권에 관한 소고", 법학 제27권 제4호, 서울대학교 법학
  연구소(1986), 19에서는 이 점에 관하여, "영업주와 지배인 간에는 신뢰관계
  가 필요한데, 법인이 지배인이 된다면 결국 그 기관 구성원이 영업주를 위해
  대리권을 행사하게 될 것인데 기관의 구성원은 자주 바뀌므로 영업주와의 사

의 단체법에 고유한 권한이고, 지배인의 지배권은 상업사용인으로서 가지는 대리권이라는 차이가 있다. 활동범위에 있어서도 회사 대표자의 권한은 회사의 영업 전반에 미치지만 지배인의 권한은 원칙적으로 특정 영업소의 영업에 한정되고, 민법상 비영리법인 대표자의 불법행위책임에 관하여는 민법 제35조가, 회사 대표자의 불법행위책임에 관하여는 상법 제210조 또는 상법 제287조의20이 각 특별규정으로 적용되는 반면, 지배인의 불법행위책임에 관하여는 민법 제756조가 적용된다.[24]

그러나 앞서 본 것처럼 지배인의 대리권 제한에 관한 상법 제11조 제3항은, 회사 대표자의 대표권 제한에 관한 상법 제209조 제2항과 마찬가지로 "선의의 제3자에게 대항하지 못한다"고 하여 동일한 내용으로 규정되어 있다. 상법 제11조 제3항에 관하여 판례[25]는 일찍부터 선의·무중과실의 제3자를 보호하는 해석론을 전개하여 왔고, 최근 상법 제209조 제2항에 관하여도 판례를 변경하여 같은 법리를 선언하였다.[26] 이로써 상업사용인인 지배인과 영리법인의 대표자의 대표권 제한에 관하여는 동일한 법리(상대적 무효설 중 선의·무중과실의 상대방을 보호하는 인식설)가 적용되고 있다.

이에 신뢰관계를 기대할 수 없다"라고 설명하고 있다.

24) 같은 취지로 최기원, "지배인의 대리권에 관한 소고", 법학 제27권 제4호, 서울대학교 법학연구소(1986), 18.

25) 대법원 1997. 8. 26. 선고 96다36753 판결(지배인의 어떤 행위가 그 객관적 성질에 비추어 영업주의 영업에 관한 행위로 판단되는 경우에 지배인이 영업주가 정한 대리권에 관한 제한 규정에 위반하여 한 행위에 대하여는 제3자가 위 대리권의 제한 사실을 알고 있었던 경우뿐만 아니라 알지 못한 데에 중대한 과실이 있는 경우에도 영업주는 그러한 사유를 들어 상대방에게 대항할 수 있다고 할 것이고, 이러한 제3자의 악의 또는 중대한 과실에 대한 주장·입증책임은 영업주가 부담한다고 할 것이다).

26) 후술하는 대법원 2021. 2. 18. 선고 2015다45451 전원합의체 판결 참조.

4. 소결

현행법의 구조와 체계상 대표와 대리가 준별됨은 부인할 수 없다. 법
조문 상으로도 대표자의 행위로 인한 법인의 손해배상책임에 관한 규정
인 상법 제210조나 민법 제35조와 달리, 사용인의 행위에 대한 배상책임
을 정한 민법 제756조 제1항에서는 사용자의 면책가능성을 규정한 단서
가 부기되어 있기도 하다.

그러나 '대표'와 '대리'를 구별하여 규정하고 있는 우리 법체계와 이
에 관한 이론적 설명에도 불구하고, 국내의 지배적인 견해는 민법 제59
조 제2항에서 '법인의 대표에 관하여는 대리에 관한 규정을 준용한다'라
고 규정함으로써 결과에 있어서는 차이가 없어 대리와 대표를 구별할
실익이 없게 되었다고 보고 있다.[27][28] 특히 대표권 제한 쟁점에 관하여
는 상법상 회사 대표자의 대표권 제한과 지배인의 대리권 제한에 관한
각 규정의 내용이 동일하고, 최근의 판례 변경으로 그 해석에 관한 법리
도 상대적 무효설 중 선의·무중과실의 상대방을 보호하는 인식설에 따
르는 것으로 동일하게 되었다. 다만 '대표권'과 '대리권' 사이에, 그 포괄
적 권한의 범위가 회사 목적범위 내 전부인지, 특정 영업소 영업에 한정
되는지, 의사결정권자가 대표기관과 구별되는지, 지배인 본인인지 등의
차이가 존재함에 따라 각 대표권 또는 대리권의 제한에 대한 거래상대
방의 선·악의 또는 중과실 유무를 판단하는 사정들이 달리 작용할 수 있
을 뿐인데, 이는 각 구체적 사안에서 사실관계의 포섭을 통해 개별적으
로 판단되면 족할 것이다.

---

27) 민법주해[Ⅰ] 총칙(1), 박영사(2000), 672(최기원); 주석 민법[총칙 1](제5판), 한국사법행정학회(2019), 807(문영화).
28) 나아가 대리의 법리만으로 규율되는 미국 회사법을 들면서 굳이 회사에 한하여 '포괄적 대표권'을 부여할 필요가 있는지 의문을 제기하는 견해{양명조, "법률행위의 대리와 회사의 대표", 법학논집 제20권 제1호, 이화여자대학교 법학연구소(2015)}도 있다.

제2절 법인의 기관구조

1. 영리법인

가. 현황

현재 우리법상 단체가 영리를 추구할 경우에는 상법상 정해진 다섯 가지 회사형태(합명·합자·유한책임·유한·주식회사) 중의 하나만 인정될 뿐, 다른 형태의 변칙적인 법인설립은 인정되지 않는다.[29] 강학상 합명회사와 합자회사는 구성원의 인적 특성이 중시되는 인적회사로, 주식회사와 유한회사는 자본 등 물적요소가 보다 중시되는 물적회사로 각 분류되고, 그 절충적인 형태로서의 유한책임회사는 2011년 상법 개정 당시에 도입되었으나, 아직까지 그 이용이 활발하지는 않은 것으로 보인다. 매년 설립등기를 신청하는 법인 현황을 살펴보아도 그러하다.

[표 1] - 상법법인 설립등기 신청현황(법인구분별)[30]

	2018	2019	2020	2021	2022
주식회사	94,188	100,802	112,923	117,448	104,968
합명회사	9	20	9	21	8
합자회사	245	264	250	349	200
유한회사	7,696	7,536	8,764	8,305	7,640
유한책임회사	357	426	483	385	372

---

29) 주석 민법[총칙 1], 한국사법행정학회(2019), 572(송호영).
30) 대한민국 법원 등기정보광장에서 제공하는 상법법인 설립등기 신청현황(법인구분별) 통계<https://data.iros.go.kr/cr/rs/selectRgsCsDetl.do>(2023. 5. 1. 마지막 방문) 참조.

2023. 3. 기준 법인등기부에 등기된 회사 중에서도 90% 이상이 주식회사의 형태를 취하는 등(2023. 3. 기준 주식회사 1,287,713개, 합명회사 2,531개, 합자회사 15,961개, 유한회사 110,916개, 유한책임회사 3,025개)31) 우리나라는 주식회사의 비중이 압도적으로 높은 편이고 실제 분쟁의 대부분도 주식회사 사안에 집중되어 있다.

나. 영리법인의 기관구조

합명회사는 각 (업무집행)사원에게(상법 제207조), 합자회사는 무한책임사원 각자에게(상법 제269조, 제278조), 유한책임회사는 업무집행자 각자에게(상법 제287조의19), 주식회사는 대표이사에게(상법 제389조), 유한회사는 이사에게(상법 제562조) 각 대표권이 있다.

대표기관(업무집행사원, 무한책임사원, 업무집행자)이 수인인 경우 합명회사, 합자회사, 유한책임회사는 각자 대표가 원칙으로 그 수인 중에서 대표할 자를 반드시 정해야 하는 것은 아니고, 다만 정관 또는 총사원의 동의로 특히 법인을 대표할 자를 정할 수 있다고 규정하고 있다. 주식회사는 반드시 대표이사를 두도록 하고 있고(상법 제398조), 유한회사는 이사가 수인인 경우 정관에 달리 정하지 않는 한 대표할 이사를 정해야 하지만(상법 제562조), '대표이사' 또는 '대표할 이사' 역시 수인으로 정할 수 있고, 특별히 공동대표로 정하지 않는 한 각자 대표가 원칙이라는 점에서 그 결과는 크게 다르지 않다.

상법상 주식회사에는 대표기관으로서의 대표이사 외에도 업무집행기관으로서 이사회와 주주총회가 존재하고, 감사 역시 필수기관으로 되어 있다. 유한회사 역시 이사 외에 사원총회가 필수기관이지만, 이사회와 감사는 필수기관이 아니다. 합명회사와 합자회사, 유한책임회사는 이사

---

31) 대한민국 법원 등기정보광장에서 제공하는 상법법인 현황(법인구분별) 통계 <https://data.iros.go.kr/cr/rs/selectRgsCsDetl.do>(2023. 5. 1. 마지막 방문) 참조.

회, 총회, 감사를 예정하고 있지 않아서 그 구조가 매우 단순하다.

합명회사와 합자회사는 상법 규정상 업무집행기관과 대표기관이 동일하게 규정되어 있어 일치한다. 따라서 업무집행기관이 수인인 경우 각자 집행하되 이의가 있으면 과반수의 결의에 의하지만, 주식회사의 이사회와 달리 반드시 회의를 개최할 필요는 없다.

상법에 '의사결정기관'에 관한 명시적 규정은 없지만, '업무집행'의 권한에는 업무집행에 관한 의사결정권한과 그 집행권한이 모두 포함되는 것으로 이해된다. 주의할 것은 앞서 본 집행기관과 대표기관에 관한 상법의 규정에도 불구하고, 모든 회사에서 사항의 중요도에 따라 그 의사결정권자를 달리 보고 있다는 점이다.

상법상 각 회사의 기관구조 등에 관한 내용을 표로 정리하면 아래와 같다.

[표 2] 각종 회사의 비교[32)]

		합명회사	합자회사	유한책임 회사	주식회사	유한회사
사원의 종류		무한책임사원	무한책임사원			
			유한책임사원	유한책임사원	유한책임사원 (주주)	유한책임사원
사원의 책임		무한책임사원 (직접·무한· 연대)	무한책임사원 (직접·무한·연대)			
			유한책임사원 (직접·유한·연대)	출자금액한도 (간접) (287조의7)	인수가액한도 (간접) (331조)	출자금액한도 (간접) (553조)
소유 와 경영	일치	무한책임사원	무한책임사원			
	분리 [33)]			사원 ≠ 업무집행자	주주(소유) ≠ 경영(이사회, 대표이사)	사원 ≠ 이사

32) 이하의 표는 김홍기, 상법강의(제6판), 박영사(2021), 313의 표를 바탕으로 필자가 가감하였다.

	합명회사	합자회사	유한책임 회사	주식회사	유한회사
의사 결정 기관	(업무집행) 사원 과반수 결의/ 총사원 동의	무한책임사원 과반수 결의/ 총사원(유한책임사원 포함) 동의	사원 과반수/ 총사원 동의	주주총회 이사회 대표이사	사원총회, 이사 과반수 (≠이사회) 이사
	총사원 동의 ≠ 사원총회, 따라서 회의를 열 필요 없음				
집행 기관	각 (업무집행) 사원, 이의시 과반수의 결의(200조, 201조)	무한책임사원 각자, 이의시 과반수 결의 (273조)	업무집행자 각자(≠사원), 이의시 과반수의 결의(287조의12)	이사회 (393조), 대표이사	이사, 수인이면 과반수 결의(≠이사회) (564조)
대표 기관	각 (업무집행) 사원 (207조)	무한책임사원 각자(유한책임 사원은 대표 불가, 278조)	업무집행자 각자(≠사원) (287조의19)	대표이사 (389조)	이사, 수인일 경우 대표할 이사(562조)
	선의 제3자 대항불가 (합명회사에 관한 제209조가 모두 준용됨)				
	209조	269조	287의19조⑤	389조③	567조
자기 거래	다른사원 과반수 (199조)	좌동(269조) : 다른사원 과반수	다른사원 과반수 (287조의11)	이사회승인 + α (398조)	감사 또는 사원총회 승인 (564조)
지분 양도 요건	타사원 동의 (197조)	좌동(269조): 무한책임사원 동의	타사원동의/ 비업무집행사원 지분: 업무집행사원 전원 동의(287조의8)	원칙적 자유 정관상 이사회승인 제한 가능(335조)	원칙적 자유 정관상 제한 가능(556조)
		유한책임사원 지분(무한책임사원 전원 동의, 276조)			
신용 노무 출자	허용(222조)	좌동(269조): 허용			
		불허(272조)	불허 (287조의4)	불허 (자본충실)	불허 (자본충실)
감사 및 이사회	임의기관	임의기관	임의기관	필수기관	임의기관

33) 이때 '분리'의 범주로 분류된 유한책임회사, 주식회사, 유한회사는, 소유와 경영이 반드시 '일치'하는 합명회사, 합자회사와 달리, 경우에 따라 소유와 경영이 '분리'될 수도 있다는 의미이다. 즉, 사원이 업무집행자와(유한책임회사), 주주가 이사와(주식회사), 사원이 이사와(유한회사) 동일할 수 있지만(이때 소유와 경영은 '일치'한다), 양자가 분리되는 것도 불가능하지 않다.

2. 비영리법인

일반법인 민법에서 비영리법인 전반에 관한 기본적인 규정을 두고 있고, 특수법인에 관하여는 그 설립의 근거가 되는 특별법인 공익법인법, 사립학교법, 사회복지사업법, 의료법이 우선 적용된다(공익법인법은 제1조에서 '민법의 규정을 보완'하는 법임을 명시하고 있고, 사립학교법 제13조, 사회복지사업법 제32조, 의료법 제50조에서는 해당 법에서 규정한 사항을 제외하고는 민법을 준용한다고 규정하고 있다).

가. 민법상 비영리법인의 기관구조

민법 제68조는 "사단법인의 사무는 정관으로 이사 또는 기타 임원에게 위임한 사항 외에는 총회의 결의에 의하여야 한다"라고 규정함으로써, 사원총회가 사단법인의 최고의사결정기관임을 분명히 하고 있다. 이는 상법 또는 정관에 정한 특별한 경우에만 주주총회가 결의할 수 있도록 정한 상법 제361조와 대비된다. 사원총회는 법률이 요구하는 필수기관이므로 정관 등에 의해 임의로 폐지할 수 없고, 정관의 변경, 해산과 같은 법인 운영의 기본에 관한 사항은 사원총회의 전속적 권한에 속하므로 정관으로 이를 다른 기관에 위임할 수 없다.[34]

이사는 법인의 사무를 집행하고 법인의 사무에 관하여 법인을 대표한다(민법 제58조, 제59조). 따라서 대표기관인 이사의 행위는 법인의 행위로서 그 효과가 법인에게 귀속된다. 이러한 이사의 법인대표권은 원칙적으로 포괄적·전면적인 것으로,[35] 법인의 사무집행을 위하여 필요한 모든 사항에 관하여 재판상 또는 재판 외의 행위를 할 수 있음을 의미한다.[36]영리법인과 달리 이사만이 규정되어 있음에도 불구하고, 현실적으

---

34) 주석 민법 [총칙 1](제5판), 한국사법행정학회(2019), 867(문영화).
35) 주석 민법 [총칙 1](제5판), 한국사법행정학회(2019), 808(문영화).

로는 다수의 이사가 선임되는 결과 거의 모든 법인에서 회의체로서의
이사회가 중요한 역할을 하고 있고, 일단 이사회가 구성되면 필수기관이
든 임의기관이든 그 기능은 차이가 없다.

법문언상, 대표권 제한의 등기를 제3자에 대한 대항요건으로 규정한
민법 제60조와 대표권은 "정관에 규정한 취지에 위반할 수 없고 특히 사
단법인은 총회의 의결에 의하여야 한다"고 정한 민법 제59조 제1항 단
서 및 그 제한은 "정관에 기재하지 아니하면 그 효력이 없다"고 규정한
민법 제41조는 서로 충돌하는 듯 보인다.37) 결국 대표권 제한 쟁점의 판
단은 위 각 규정을 조화롭게 해석함으로써 가능할 것이다.

나. 특수법인의 기관구조

상법과 민법이 아닌 다른 법률에 근거하여 성립하는 법인 중 국가와
지방자치단체를 제외한 나머지 모두를 특수법인이라 한다.38) 당연히 특
수법인에 관하여는 '민법의 규정에 우선하여' 설립의 근거가 된 해당 법
률이 적용되는데,39) 앞서 언급하였듯 본고에서는 특수법인 중 학교법인,
공익법인, 사회복지법인, 의료법인에 관하여 살펴본다.

공익법인법 자체에는 총회에 관한 규정이 없으나 공익법인법 제1조
에서 "법인의 설립·운영 등에 관한 민법의 규정을 보완하여"라고 정하
고 있고, 공익법인법 시행령 제3조에서 '사단법인인 경우에는 사원 및
사원총회에 관한 사항'을 정관에 기재할 사항으로 정하고 있는 점에 비
추어 보면, 사단법인인 공익법인의 경우에는 당연히 최고의사결정기관
으로서의 총회를 전제하고 있는 것으로 이해할 수 있다. 이 경우 민법의

---

36) 민법주해[Ⅱ] 총칙(2), 박영사(2022), 198(천경훈).
37) 구체적 내용은 제3장 제2절 제2항 참조.
38) 주석 민법 [총칙 2](제4판), 한국사법행정학회(2010), 45(강일원).
39) 사립학교법에 의하여 설립된 학교법인에 관하여 사립학교법이 우선 적용되어
    야 한다는 대법원 1986. 12. 4. 자 86마879 결정.

총회에 관한 규정들이 그대로 적용될 것이다.

이와 달리 학교법인에 적용되는 사립학교법에서는 총회의 존재를 찾아볼 수 없다. 학교법인은 재단법인의 일종이라는 판례 법리[40][41])에 비추어 보면 당연한 귀결이다. 같은 재단법인인 의료법인을 규율하는 의료법 역시 총회에 관한 규정은 없다.[42])

특수법인 중 학교법인은 이사장을,[43]) 사회복지법인은 대표이사를[44]) 각 대표기관으로 규정하고, 민법에서는 수인의 이사가 각자 법인을 대표하도록 정하고 있다. 공익법인과 의료법인은 대표자에 관한 규정을 찾아볼 수 없으나, 현실적으로는 정관에 근거하여 '이사장' 등의 명칭 하에

---

40) 대법원 2007. 5. 17. 선고 2006다19054 전원합의체 판결(학교법인은 민법상 재단법인의 일종으로서 재단법인법의 영역에서 사적 자치의 자유를 누리고, 또한 국가에 대한 관계에서 기본권을 주장할 수 있는 사법인으로서의 성격을 갖고 있다). 같은 취지에서, "학교법인의 기본적 성격은 재단이고 그 고유의 재산이 필수요소가 되는 것이며 민법의 재단법인에 관한 규정이 대부분 준용된다"고 기술한 문헌으로 민법주해[Ⅰ] 총칙(1), 박영사(2000), 794(정귀호).

41) 학교법인의 법적 성격에 관한 학설로는 재단법인설, 특허기업설, 특수법인설, 공교육주체설, 자치기관 혹은 자치사단설 등이 있다. 보다 자세한 내용은, 주영달, 사립학교법, 세창출판사(2020), 22-27 참조.

42) 의료법 제33조에 따르면 의료기관을 개설할 수 있는 의료법인은 '비영리 재단법인'의 형태로만 존재할 수 있다. 의료법 제33조의 성격에 관하여는 대법원 2022. 4. 14. 선고 2019다299423 판결{의료법이 의료인이나 의료법인 등 비영리법인이 아닌 자의 의료기관 개설을 원천적으로 금지하고(제33조 제2항), 이를 위반하는 경우 처벌하는 규정(제87조 제1항 제2호)을 둔 취지는 의료기관 개설자격을 의료전문성을 가진 의료인이나 공적인 성격을 가진 자로 엄격히 제한함으로써 건전한 의료질서를 확립하고, 영리 목적으로 의료기관을 개설하는 경우에 발생할지도 모르는 국민 건강상의 위험을 미리 방지하고자 하는 데에 있다. 위 의료법 제33조 제2항은 의료인이나 의료법인 등이 아닌 자가 의료기관을 개설하여 운영하는 경우에 초래될 국민 보건위생상의 중대한 위험을 방지하기 위하여 제정된 이른바 강행법규에 속하는 것으로서 이에 위반하여 이루어진 약정은 무효이다}.

43) 사립학교법 제14조 제2항, 제19조 제1, 3항.

44) 사회복지사업법 제18조 제1항.

대표자를 두고 있다.

사립학교법인, 사회복지법인, 공익법인은 이사회[45]와 이사, 감사를 모두 필수기관으로 하는 반면 의료법인은 이사와 감사만을 필수기관으로 두고 있고, 민법상 비영리법인은 그중 이사만이 필수기관이다.[46] 그러나 현실적으로 거의 모든 법인에는 다수 이사들로 구성된 이사회가 존재한다. 특히 공익법인법과 사립학교법은 "공익법인의 예산, 결산, 차입금 및 재산의 취득·처분과 관리에 관한 사항"과 "학교법인의 예산·결산·차입금 및 재산의 취득·처분과 관리에 관한 사항"을 이사회의 심의·의결 사항으로 정하고 있고,[47] 사회복지법인에 관하여는 공익법인법 제7조가 준용되는 결과 사회복지법인의 재산 취득과 처분, 관리 등에 관해 이사회의 의결을 요한다고 할 것이다.[48] 이와 관련하여 공익법인, 사립학교 또는 사회복지법인의 대표자가 이사회의 의결을 거치지 않고 대외적 거래행위를 한 경우 위 규정에 해당하는 사안인지 여부가 먼저 문제된다. 위 조항의 형식과 내용이 회사의 중요자산의 처분 등 업무집행을 이사회의 권한으로 정한 상법 제393조 제1항과 유사함에도 판례는 그 위반행위의 효력을 달리 판단하고 있다.[49]

반면 의료법과 관계규정에서는 의료법인의 이사회 결의사항을 따로 정하지 않고 있어 의료법인에서 이사회 결의사항은 통상 정관 등 내부 규칙으로 규정되기 마련이고, 판례는 이에 관하여 민법의 비영리법인에 관한 제60조가 적용된다고 보고 있다.

---

45) 특히 사립학교법 제15조와 공익법인법 제6조는 "이사회"라는 표제 하에 법인에 이사로 구성되는 이사회를 둔다는 점을 명시하고 있다.
46) 민법과 달리, 공익법인법 제5조 제1항에서는 '5명 이상 15명 이하의 이사'라고, 사립학교법 제14조 제1항에서는 '7명 이사의 이사'라고, 사회복지사업법 제18조 제1항에서는 '이사 7명 이상'이라고, 의료법 제48조의2 제1항에서는 '5명 이상 15명 이하'라고 하여 이사의 수에 관하여도 각 규정하고 있다.
47) 공익법인법 제7조 제1항 제1호, 사립학교법 제16조 제1항 제1호.
48) 대법원 2002. 6. 28. 선고 2000다20090 판결.
49) 구체적 내용은 제3장 제1절 및 제3절의 각 해당부분 참조.

3. 비법인사단

현행법상 법인설립이 강제되어 있지 않고 현행 민법이 사단법인의 설립에 관하여 허가주의를 취하고 있는 이상 비법인사단의 존재는 불가피하다.[50) 비법인사단에 대하여도 부동산등기능력이나 소송상 당사자능력이 인정되고, 거래현실에서도 다양한 유형의 비법인사단이 분쟁의 중심에 있다.

가. 개념

'일정한 목적을 달성하기 위해 결합한 사람의 단체'에는 사단과 조합이 있다. 통설[51)은 사단과 조합을 엄격하게 구분하여 왔고, 판례 역시 "조합은 구성원의 개인성이 강하게 드러나는 인적 결합체인데 반하여 비법인사단은 구성원의 개인성과 별개로 권리의무의 주체가 될 수 있는 독자적 존재로서의 단체적 조직을 가지는 특성이 있다"고 반복하여 판시하여 왔다.[52) 그런데 최근 이러한 전통적 사단·조합 준별론에 대해 비판하는 학설이 유력하게 주장되고 있고,[53) 현실에서 볼 수 있는 단체의 성격이 사단인지 조합인지 여부가 명확하지 않은 경우도 많다. 사단과 조합은 그 단체성에 강약의 차이가 있을 뿐 단체라는 점에서는 변함이 없으므로 이론상으로는 양자 모두 법인의 실체가 될 수 있고, 법인으로 하느냐 않느냐는 궁극적으로는 입법정책의 문제이다.[54) 그중 실체가 사

---

50) 곽윤직·김재형, 민법총칙[민법강의Ⅰ](제9판), 박영사(2020), 163.
51) 민법주해[Ⅱ] 총칙(2), 박영사(2022), 37(권철); 주석 민법 [채권 각칙(5)](제4판), 한국사법행정학회(2016), 43(임채웅).
52) 대법원 1992. 7. 10. 선고 92다2431 판결, 대법원 1999. 4. 23. 선고 99다4504 판결 등 다수.
53) 비판하는 학설의 구체적 내용은 민법주해[Ⅱ] 총칙(2), 박영사(2022), 39 이하 참고.
54) 곽윤직·김재형, 민법총칙[민법강의Ⅰ](제9판), 박영사(2020), 162.

단이면서 법인격이 부여되지 않은 경우가 비법인사단이고, 이를 우리 민법 제275조와 민사소송법 제52조에서는 '법인이 아닌 사단'이라고 표현하여 규율하고 있다.

일반적으로 비법인사단은 '일정한 목적을 위하여 조직된 다수인의 결합체로서 대외적으로 사단을 대표할 기관에 관한 정함이 있는 단체'를 말한다고 일컬어진다.[55] 판례[56]도 비법인사단에 관하여 '일정한 목적하에 이루어진 다수인의 결합체로서 그 결합체의 의사를 결정하고 목적달성을 위한 업무를 집행할 기관들에 관한 정함이 있으며 외부에 대하여 그 결합체를 대표할 대표자 또는 관리인의 정함이 있는 법인 아닌 단체'라고 하여 유사한 취지로 판시하였는데, 이를 구체화시킨다면, "① 어떤 단체가 고유의 목적을 가지고 사단적 성격을 가지는 규약을 만들어, ② 이에 근거하여 의사결정기관 및 집행기관인 대표자를 두는 등의 조직을 갖추고 있고, ③ 기관의 의결이나 업무집행방법이 다수결의 원칙에 의하여 행하여지며, ④ 구성원의 가입, 탈퇴 등으로 인한 변경에 관계없이 단체 그 자체가 존속되고, ⑤ 그 조직에 의하여 대표의 방법, 총회나 이사회 등의 운영, 자본의 구성, 재산의 관리 기타 단체로서의 주요사항이 확정되어 있는 경우"[57]에는 비법인사단으로서의 실체를 가진다고 볼 수 있겠다.

---

55) 김홍엽, 민사소송법, 박영사(2016), 135.
56) 대법원 1991. 5. 28. 선고 91다7750 판결.
57) 대법원 1992. 7. 10. 선고 92다2431 판결, 대법원 1999. 4. 23. 선고 99다4504 판결 등; 주석 민사소송법(1), 한국사법행정학회(2018), 362(김현석).

나. 비법인사단 검토의 필요성

비법인사단도 자연인이 아닌 권리주체이므로 법인과 마찬가지로 대표기관을 통해 의사를 결정하고 행위할 수밖에 없고, 비법인사단의 대표자가 대표권 제한에 반하여 임의로 한 행위의 효력이 법률적으로 문제되는 상황은 동일하다.

특히 우리 판례는 비법인사단에 관하여 "우리 민법은 법인 아닌 사단의 법률관계에 관하여 재산의 소유 형태 및 관리 등을 규정하는 제275조 내지 제277조를 두고 있을 뿐이므로, 사단의 실체·성립, 사원자격의 득실, 대표의 방법, 총회의 운영, 해산사유와 같은 그 밖의 법률관계에 관하여는 민법의 법인에 관한 규정 중 법인격을 전제로 하는 조항을 제외한 나머지 조항이 원칙적으로 유추적용된다"고 하면서도,[58] 민법 제60조는 비법인사단에 적용되지 아니함을 전제로 사원총회 결의 없이 이루어진 비법인사단의 거래행위 효력을 판단하고 있다. 따라서 판례상 대표자가 총회 결의 없이 행한 거래행위의 효력을 판단함에 있어서는 민법상 법인인지 아니면 비법인사단인지 여부에 따라 서로 다른 법리가 적용된다.[59]

한편 민법은 비법인사단의 소유관계를 총유로 하고 있어(민법 제275조 제1항) "총유물의 관리·처분에 관하여는 사원총회의 결의에 의한다"는 민법 제276조 제1항의 해석 및 적용과 관련하여 비법인사단 대표자가 총회 결의 없이 한 행위가 총유물의 관리·처분행위인지 여부에 따라 흥미로운 판례 법리가 형성되어 왔다. 이를 상법상 주식회사 및 비영리법인의 경우와 비교하여 보는 것도 의미가 있을 것이다.

이러한 이유로 법인 대표자의 대표권 제한을 다루는 본고에서도, 필

---

58) 대법원 1992. 10. 9. 선고 92다23087 판결, 대법원 2006. 4. 20. 선고 2004다 37775 전원합의체 판결 등.
59) 이에 관한 자세한 내용은 제3장 제2절 제3항, 제4절 제3항 참조.

요한 범위 내에서 비법인사단 대표자의 대표권 제한을 함께 검토하기로 한다.

4. 소결

이상에서 살펴본 것처럼, 영리법인인 회사, 민법상 비영리법인과 특수법인, 그리고 비법인사단은 각 적용되는 법률이 다르기 때문에 각 법인 기관구조의 구체적 내용, 예를 들어 (최소) 이사의 수가 정해져 있는지, 감사, 총회 또는 이사회의 존재가 법률상 필수인지 여부 등은 저마다 다를 수밖에 없다. 그러나 이러한 차이가 당연히 대표권 제한 쟁점에 있어서도 유의미한 차이를 가져올 것이라고 단정하는 것은 이르다. 적어도 현행 상법 체계상 회사 대표자의 대표권 제한에 관한 상법 제209조는 주식회사뿐 아니라 모든 종류의 영리법인, 즉, 합명회사, 합자회사, 유한책임회사, 유한회사에 동일하게 적용된다. 그 판단을 위해서는 각 법인의 대표권 제한과 법인 기관구조를 종합적·입체적으로 분석해 볼 필요가 있다.

제3절 대표권 제한과 법인의 기관구조

1. 대표권과 의사결정권의 분리

모든 단체에는 (대표)이사, 이사장 등 그 명칭이 무엇이든 단체의 행위를 "실제로" 행하고 대외적 거래활동에서 단체를 대표하는 대표자가 존재한다. 그리고 앞서 살펴본 것처럼, (1) 주식회사에 관한 상법, (2) 비영리법인과 비법인사단에 관한 민법, (3) 특수법인에 관한 개별 법률에서는, 대표자가 단체의 의사결정권한 중 일상적 업무와 관련된 일부의 권한만을 보유하도록 하고 적어도 중요한 업무에 관한 단체의 의사결정은 대표자와 구분되는 별도의 회의체에서 하도록 규정함으로써 법인의 의사결정권과 대표권을 분리시키고 있다. 이는 법인 대표자가 법인의 이익보다 대표자 본인의 이익을 우선할 위험으로부터 법인을 보호하고자 함이다.

한편 총회나 이사회 결의를 통해 대표권을 제한하는 것과 별도로 특수법인의 경우 일정 행위에 관하여 국가(관할청)의 허가를 받도록 규정하기도 하는데, 이는 대표권 제한의 문제는 아니지만 그에 위반하여 행해진 대외적 거래행위를 신뢰한 제3자를 보호할 필요성이 있다는 점에서 대표권 제한의 쟁점과 함께 살펴볼 필요가 있다(후술하듯60) 관할청의 허가사항 쟁점은 대표권 제한 쟁점과 구별되지만, 이하에서 양자를 명시적으로 구별하지 않는 한 논의의 편의상 '대표권 제한'으로 통틀어 칭한다).

아래 표는 앞서 살펴본 단체의 의사결정권과 관련된 법률 조항을 모아 놓은 것이다. 이하에서는 그 내용을 입체적으로 분석해 본다.

[표 3] 단체 의사결정에 관한 법률조항

상법	제374조(영업양도, 양수, 임대등) ① 회사가 다음 각 호의 어느 하나에 해당하는 행위를 할 때에는 제434조에 따른 결의가 있어야 한다. 1. 영업의 전부 또는 중요한 일부의 양도 2. 영업 전부의 임대 또는 경영위임, 타인과 영업의 손익 전부를 같이 하는 계약, 그 밖에 이에 준하는 계약의 체결·변경 또는 해약 3. 회사의 영업에 중대한 영향을 미치는 다른 회사의 영업 전부 또는 일부의 양수
	제393조(이사회의 권한) ① 중요한 자산의 처분 및 양도, 대규모 재산의 차입, 지배인의 선임 또는 해

---

60) 제3장 제3절 제1의 나.항 참조.

	임과 지점의 설치·이전 또는 폐지 등 회사의 업무집행은 이사회의 결의로 한다.
민법	**제68조(총회의 권한)** 사단법인의 사무는 정관으로 이사 또는 기타 임원에게 위임한 사항외에는 총회의 결의에 의하여야 한다. **제276조(총유물의 관리, 처분과 사용, 수익)** ① 총유물의 관리 및 처분은 사원총회의 결의에 의한다. ② 각 사원은 정관 기타의 규약에 좇아 총유물을 사용, 수익할 수 있다.
사립 학교법	**제16조(이사회의 기능)** ① 이사회는 다음 각 호의 사항을 심의·의결한다. 　1. 학교법인의 예산·결산·차입금 및 재산의 취득·처분과 관리에 관한 사항 　2. 정관 변경에 관한 사항 　3. 학교법인의 합병 또는 해산에 관한 사항 　4. 임원의 임면에 관한 사항 　5. 학교법인이 설치한 사립학교의 장 및 교원의 임용에 관한 사항 　6. 학교법인이 설치한 사립학교의 경영에 관한 중요 사항 　7. 수익사업에 관한 사항 　8. 그 밖에 법령이나 정관에 따라 그 권한에 속하는 사항 **제28조(재산의 관리 및 보호)** ① 학교법인이 그 기본재산에 대하여 매도·증여·교환·용도변경하거나 담보로 제공하려는 경우 또는 의무를 부담하거나 권리를 포기하려는 경우에는 관할청의 허가를 받아야 한다. 다만, 대통령령으로 정하는 경미한 사항은 관할청에 신고하여야 한다. ② 학교교육에 직접 사용되는 학교법인의 재산 중 대통령령으로 정하는 것은 매도하거나 담보로 제공할 수 없다.
공익 법인법	**제7조(이사회의 기능)** ① 이사회는 다음 사항을 심의 결정한다. 　1. 공익법인의 예산, 결산, 차입금 및 재산의 취득·처분과 관리에 관한 사항 　2. 정관의 변경에 관한 사항 　3. 공익법인의 해산에 관한 사항 　4. 임원의 임면에 관한 사항 　5. 수익사업에 관한 사항 　6. 그 밖에 법령이나 정관에 따라 그 권한에 속하는 사항 **제11조(재산)** ③ 공익법인은 기본재산에 관하여 다음 각 호의 어느 하나에 해당하는 경우에는 주무 관청의 허가를 받아야 한다. 〈개정 2016.5.29〉 　1. 매도·증여·임대·교환 또는 용도변경하거나 담보로 제공하려는 경우

	2. 대통령령으로 정하는 일정 금액 이상을 장기차입하려는 경우 3. 기본재산의 운용수익이 감소하거나 기부금 또는 그 밖의 수입금이 감소하는 등 대통령령으로 정하는 사유로 정관에서 정한 목적사업의 수행이 현저히 곤란하여 기본재산을 보통재산으로 편입하려는 경우
사회 복지 사업법	※ 이사회 관련 규정은 별도로 없으나 공익법인법 제7조가 준용됨 **제23조(재산 등)** ③ 법인은 기본재산에 관하여 다음 각 호의 어느 하나에 해당하는 경우에는 시·도지사의 허가를 받아야 한다. 다만, 보건복지부령으로 정하는 사항에 대하여는 그러하지 아니하다. 　1. 매도·증여·교환·임대·담보제공 또는 용도변경을 하려는 경우 　2. 보건복지부령으로 정하는 금액 이상을 1년 이상 장기차입하려는 경우
의료법	**제48조(설립 허가 등)** ③ 의료법인이 재산을 처분하거나 정관을 변경하려면 시·도지사의 허가를 받아야 한다. **의료법 시행규칙 제54조(기본재산의 처분허가신청)** ① 영 제21조에 따라 의료법인이 기본재산을 매도·증여·임대 또는 교환하거나 담보로 제공(이하 "처분"이라 한다)하려는 경우에는 별지 제32호서식의 기본재산 처분허가신청서에 다음 각 호의 서류를 첨부하여 처분 1개월 전에 보건복지부장관 또는 시·도지사에게 제출하여야 한다 .

2. 의사결정권의 분배

가. 개괄

　원래 자연인이 모여 만든 단체의 의사결정은 그 구성원들의 의사에 따라야 할 것이므로, 구성원들의 집합체라 할 수 있는 총회가 사단법인의 최고의사결정기관으로서 기능함은 당연하다(민법 제68조). 민법상 비영리법인과 비법인사단 모두 이사회에 관한 규정은 없으나, 사단법인의 사무는 원칙적으로 총회 결의에 의하여야 한다거나 총유물의 관리 및 처분은 사원총회의 결의에 의하여야 한다고 규정함으로써 최고의사결정기관으로서의 총회의 존재를 상정하고 있다.

　그러나 사회가 발전함에 따라 단체의 모든 의사결정을 구성원들 전

원으로 구성되는 총회에서 하는 것은 현실적으로 불가능하고 효율적이
지도 않으므로 구성원이 선출한 자(예를 들어 이사)들로 구성된 회의체
에 그 기능을 일부 또는 전부 맡기게 되었다. 사원의 존재를 전제하지
않는 재단법인 역시 이사회와 같은 회의체를 인위적으로 구성하여 법인
의 의사를 결정하고 있다.

그 과정에서 법인은, 하나의 단일한 절차에 의하여만 의사를 결정하
기보다는, 여러 기관에 의사결정권을 분배하거나 또는 결의방법을 구분
하는 등으로 의사결정절차의 효율성을 도모하게 되었다. 이는 특히 주주
총회와 이사회 권한이 각 법정되어 있는 주식회사의 경우 명확히 드러
난다.61)

나. 주식회사의 경우

주식회사의 경우, 회사의 기본 구조에 관련된 것이거나 주주의 이해
관계에 중요한 영향을 미치는 사항은 주주총회 결의를 요하는 것으로
규정되어 있다. 그중 이사와 감사의 선임, 회사의 해산과 조직변경, 이익
배당의 결정 등은 회사 내부적 문제이고, 합병과 분할의 경우 현실적으
로 주주총회 결의 없이 행해지는 사안을 상정하기 어려울 뿐 아니라 합
병과 분할 자체를 다투는 소의 방법이 따로 법정되어 있으므로, 결국 실
무상 상대방 보호와 관련하여 주주총회 결의 유무가 문제되는 예는 상
법 제374조에서 정한 영업양도 등 행위의 효력을 다투는 경우가 대부분
이다.

상법상 주식회사에서 이사회 결의를 거치도록 정한 사항은 보다 다

---

61) 이러한 현상은 본고의 논의대상은 아니지만 「도시 및 주거환경정비법」(이하
'도시정비법'이라고 한다)의 정비사업조합에서 총회와 대의원회 사이의 권한
분배, 「집합건물의 소유 및 관리에 관한 법률」의 관리단에서 관리단집회와 관
리위원회 사이의 권한분배 등에서도 마찬가지로 관찰된다.

양한 범위에 걸쳐 있지만, 그중 신주와 사채의 발행(상법 제416조, 제459조), 주식양도 제한에 관한 이사회 승인(상법 제335조) 등의 사안은, 문제된 거래행위가 이사회 결의를 필요로 하는 행위인지 여부가 비교적 명확하므로(이는 미국 모범회사법 §8.25(d)[62])에서 위원회에 위임할 수 없는 사항으로 규정한 배당 승인, 모범회사법에서 주주 승인을 요하도록 정한 주주의 행위에 대한 승인 또는 제안, 이사회 결원 보충, 부속정관의 채택, 개정 등의 행위와 유사하다), 실무상 이사회 결의 요부가 문제되는 분쟁의 대부분은 상법 제393조 제1항[63]) 또는 정관이나 내부 규칙 등에 의해 이사회 결의를 거치도록 정해진 경우이다.

다. 민법상 비영리법인의 경우

주식회사에는 주주총회와 이사회라는 두 개의 법률상 의사결정기관이 존재하지만, 이러한 구조가 모든 단체의 지배구조로서 당연한 것은 아니다. 비영리법인과 비법인사단을 위한 일반법으로 기능하는 민법에

---

62) MBCA § 8.25. Committees of the Board

 (d) A board committee may exercise the powers of the board of directors under section 8.01, to the extent specified by the board of directors or in the articles of incorporation or bylaws, except that a board committee may not:

 (1) authorize or approve distributions, except according to a formula or method, or within limits, prescribed by the board of directors;

 (2) approve or propose to shareholders action that this Act requires be approved by shareholders;

 (3) fill vacancies on the board of directors or, subject to subsection (e), on any board committees; or

 (4) adopt, amend, or repeal bylaws

63) 물론 이사의 경업과 겸직, 회사기회 유용, 자기거래 등에 관하여도 이사회 승인이 필요하지만(상법 제397조, 제397조의2, 제398조), 이는 "이사의 회사에 대한 선관주의 내지 충실의무"의 관점에서 규율된 일련의 규정들로 본고에서 다루는 대표권 제한 쟁점과는 측면을 달리한다.

는 이사회에 관한 규정이 존재하지 아니하므로, 주식회사에 관한 상법 규정처럼 법률 자체에서 총회권한과 이사회권한의 구별을 찾아볼 수는 없다.

그러나 민법은, 이사가 수인인 경우 과반수로써 법인의 사무집행을 결정하도록 함으로써 회의체로서 이사회의 가능성을 배제하지 않았고, 현실상 대부분의 비영리법인에서 수인의 이사가 이사회를 구성하여 주요의사결정을 하고 있다. 비법인사단의 경우에도 총유물의 관리·처분행위에 관하여 민법 제276조 제1항에 의한다는 판례 법리로 인하여 현실적으로 총회와 이사회(또는 위원회 등 하부조직) 사이에 의사결정권의 분배가 이루어지고 있다.

라. 특수법인의 경우

총회권한과 이사회권한의 구별에 관한 규정이 부재하는 점은 특수법인에 관한 법률들도 유사하다. 그러나 개별 법률의 내용을 살펴보면 총회의 권한만을 규정한 민법과는(민법 제68조, 제276조) 반대로 이사회의 권한만을 구체적으로 정하고 있거나 또는 총회에 관하여는 언급이 없거나, 특별히 총회 결의를 요하도록 정한 거래행위의 존재를 찾을 수 없다는 차이가 있다.

즉, 특수법인 중 재단법인에 해당하는 학교법인과 의료법인은 사원의 존재를 전제로 하는 총회의 존재를 상정할 여지가 없고, 공익법인의 경우 공익법인법 시행령에서 공익사단법인의 경우 사원 및 사원총회에 대한 사항을 정관의 필요적 기재사항이라고 규정하고 있어서(제3조 제1항 제2호) 민법상 총회에 관한 규정들이 그대로 적용되는 것으로 이해되기는 하지만,64) 개별 법률에서 총회의 권한에 관한 특별한 언급은 없다.

---

64) 법무법인(유한) 태평양·재단법인 동천 공동편집, 공익법인연구, 경인문화사 (2015), 139.

반면 이사회 결의사항에 관하여는 의료법인을 제외한 나머지 특수법인의 개별 법률에서 매우 구체적으로 정하고 있고, 동시에 모든 특수법인은 개별 법률에서 일정한 사항에 관하여 주무관청의 허가를 요한다고 규정하고 있다.

관련하여 사립학교법과 공익법인법, 사회복지사업법의 내용은 매우 유사하다. "재산의 취득·처분과 관리에 관한 사항"은 이사회 결의를 요하는 것으로 정하여 거의 동일하고(사립학교법 제16조 제1항 제1호 및 공익법인법 제7조 제1항 제1호, 사회복지법인은 공익법인법의 이사회 규정이 준용된다), 주무관청의 허가를 요하는 행위에 관하여는 "기본재산의 매도·증여·임대·교환 또는 용도변경, 담보제공" 등의 행위로 정하면서 "의무를 부담하거나 권리를 포기하려는 경우"를 추가하거나,[65] "장기차입"을 추가하는[66] 등의 경미한 차이가 존재할 뿐이다. 의료법에는 주무관청의 허가에 관한 규정만이 존재하는데, 의료법 제48조 제3항과 의료법 시행령 제21조의 위임에 따른 시행규칙 제54조에서 "기본재산의 매도·증여·임대·교환" 등의 행위를 허가사항으로 정하고 있어, 결과적으로는 앞서 본 사립학교법 등의 허가규정 내용과 매우 유사하다.

이러한 개별 법률의 문언에 비추어 보면, 이사회 결의사항으로 규정된 "재산의 취득·처분과 관리"의 행위는 주무관청의 허가사항으로 정해진 행위를 포함하는 보다 넓은 개념임이 명백하다. 바꾸어 말하면 이사회 결의사항 중 특별히 중요한 행위에 한하여 관할청의 허가사항으로 규정된 것이라고 이해할 수 있다(문언상 허가사항은 '기본재산'에 관한 내용으로 특수법인의 존립 자체와 직결되는 것임을 알 수 있다). 이는 적어도 의사결정권의 분배라는 관점에서, 특수법인에서의 관할청 허가사항과 이사회 결의사항 사이의 관계가 앞서 주식회사에서 살펴본 주주총회 권한사항과 이사회 권한사항 사이의 관계와 유사할 수 있음을 시

---

65) 사립학교법 제28조 제1항.
66) 공익법인법 제11조 제3항, 사회복지사업법 제23조 제3항.

사한다.

3. 법인 업무의 단계적 구분

어떠한 의사결정기관이 법률상 필수기관으로 정해졌는지 여부는 개별 법인에 따라 다르지만, 모든 법인에서 업무의 중요성 내지 해당 업무가 법인의 존립에 미치는 영향 등을 기준으로 의사결정권한을 배분하고 있고, 이를 통해 의사결정과 업무집행의 효율성을 꾀한다는 원칙은 동일하게 적용된다. 이때 의사결정의 대상이 되는 단체의 업무는 다음과 같이 세 단계로 구분할 수 있다.

1단계는 법인 존립, 법인 조직에 근본적 영향을 미치는 등의 매우 중요한 행위이다. 사업 전부의 양도, 분할·합병 등의 조직변경, 기본재산의 처분 등이 대표적 예로, 법인 대표자에게 의사결정권이 없고 별도의 의사결정기관(회의체)에 의사결정권이 부여되어 있다.

2단계는 1단계만큼 중요하지는 않지만 역시 법인 대표자에게 의사결정권까지 부여할 수 없을 정도의 중요한 행위이다. (법인자산 전부의 양도는 아니지만) 상당한 규모의 재산거래, 법인에 부담을 가져오는 보증과 같은 행위가 대표적인 예로, 통상 1단계보다는 의사결정 절차가 간편하거나 수월하게 규정되어 있다.

3단계는 대표자에게 의사결정권까지 부여되어 대표자가 단독으로 결정할 수 있는 행위이다. 소위 '일상적 행위'로서 예를 들면, 계속적·반복적으로 체결되어 오던 계약을 종전과 동일한 내용으로 갱신하는 행위 등이다.

3단계는 대표자가 자유롭게 의사를 결정하고 또 행위할 수 있으므로 대표권 제한 쟁점과 무관하다. 결국 대표권 제한 쟁점은 1, 2 단계에서 발생하는데, 그 의사결정기관은 법인에 따라서 "주주총회와 이사회"가될 수도 있고, "사원총회와 이사회"가 될 수도 있으며 "이사회와 위원회"가 될 수도 있다. 또는 1, 2단계 모두 동일한 기관에서 의사결정권을 갖되 1단계의 행위에 관해 2단계보다 가중된 의결정족수를 요구하도록 정하는 방법으로 차이를 둘 수도 있을 것이다. 일부 특수법인과 같이 1, 2단계 모두 이사회에서 결의하지만 1단계의 경우에 관할청의 허가를 요하도록 추가로 규정하는 방식으로 구별할 수도 있다.

뒤의 제3, 4장에서 살펴보겠지만, 우리 판례는 결국 법인의 어떠한 행위가 법인에 있어 얼마나 중요한지, 즉 1단계에 속하는지 2단계에 속하는지에 따라, 그 행위가 대표권 제한에 위반하여 행해졌을 때의 효력을 달리 판단하고 있음을 알 수 있다.

4. 소결

이상에서 살펴본 것처럼, 모든 법인에서 의사결정기관과 대표기관이 각각 존재하고, 대부분 양자는 불일치한다.67) 이사회 또는 총회를 통해 법인 의사결정의 대부분이 이루어지고 업무의 중요도에 따라 의사결정권이 분배되어 있으며 이는 이사회가 법정필수기관이 아닌 민법상 비영리법인의 경우에도 마찬가지이다. 반면 법인의 대표기관은 (대표)이사 또는 이사장으로 의사결정기관인 이사회·총회와 일치하지 않는다. 법인을 규율하는 개별 법률들이 같지 아니함에도 불구하고, 대표권 제한 쟁점과 관련된 법인의 기관구조와 관련하여서는 유의미한 차이를 찾아볼 수 없다. 이는 대표권 제한 쟁점의 판단에 있어 그 법인이 어떠한 법인인지를 절대적 기준으로 삼는 것은 경계해야 함을 시사한다.

앞서 살펴본 법인 대표권 제한에 관한 다양한 법률 중 대표권 제한 쟁점 판단을 위한 단서를 제공하는 법조문은 대표이사가 대표권 제한에

---

67) 이론적으로 주식회사 외의 영리법인에서 양자가 일치할 수는 있겠으나 현실적 가능성은 희박하다.

위반하여 행위한 경우 선의의 제3자에게 대항할 수 없다고 정한 상법 제 209조 제2항 및 이사 대표권에 대한 제한은 등기하지 않으면 제3자에게 대항하지 못한다고 규정한 민법 제60조뿐이다.[68] 그 밖에 총유물의 관리·처분에 관한 민법 제276조 제1항이나 특수법인의 이사회결의사항을 정한 개별 법률들은 대표권 제한에 관하여만 정하고 있고, 특수법인의 관할청 허가사항에 관하여도 마찬가지로 각 규정을 위반할 경우의 벌칙 규정[69]만이 존재한다.

결국 대표권 제한에 위반하여 행해진 거래행위의 효력을 판단하기 위해서는 관련 법률조항의 문언을 합리적으로 해석하고 또 대표권 제한 (또는 관할청의 허가사항)을 규정한 취지, 해당 거래행위와 관련된 구체적 사정 등을 종합적으로 고려할 필요가 있고, 이는 온전히 법원의 몫이다. 이러한 이유로 대표권 제한 쟁점에 관해 논의하기 위해서는, 우리 법원이 전개하여 온 기존 판례 법리에 대한 심도있는 분석과 고찰이 선행되어야 한다.

---

68) 민법 제41조는 '대표권 제한' 자체의 효력을 규정한 것이어서 구별된다.
69) 공익법인법 제19조 제1항(3년 이하의 징역 또는 3천만 원 이하의 벌금), 사립학교법 제73조의 2(2년 이하의 징역 또는 2천만 원 이하의 벌금), 사회복지사업법 제53조(5년 이하의 징역 또는 5천만 원 이하의 벌금), 의료법 제90조 (500만 원 이하의 벌금).

제2장

법인 대표자의 대표권 제한에 관한 비교법적 고찰

법인에 관한 법률은 비영리법인을 중심으로 하는 민법과 영리법인인 회사를 규율하는 상법을 포함하여 학교법인, 공익법인, 사회복지법인, 의료법인 등을 규율하는 개별법령이 다수 존재하지만, 그렇더라도 법인에 관한 핵심적 원리와 법인으로서의 규율은 기본적으로 민법과 상법의 규정에 의할 수밖에 없다. 그런데 1958. 2. 22. 법률 제471호로 제정되어 1960. 1. 1.부터 시행된 우리 민법전은 여러 외국의 민법을 계수하여 제정된 일본 민법과 그것을 학문적으로 가공한 일본 민법학을 기초로 한 점은 부인할 수 없고, 유럽의 여러 나라, 특히 독일과 프랑스의 각 민법전으로부터 여러 제도를 혼합계수함에 있어 일본적인 유럽대륙법을 계수하였다고 평가된다.[70] 상법 역시 다르지 않다. 1962. 1. 20. 제정되어 1963. 1. 1.부터 시행된 상법은 일제 강점기인 1912. 3.에 조선총독부제령인 조선민사령(제령 제7호)에 의하여 우리나라에서 시행되어 온 일본 상법을 모범으로 하여 제정되었다. 그런데 1899년 제정된 일본 상법은 주로 독일 1861년의 보통독일상법전(Allgemeines Deutsches Handelsgesetzbuch: ADHGBH)을 모범으로 하였으므로, 우리 상법도 결국 독일 상법을 계수한 것으로 볼 수 있고, 실제로도 주식회사의 경우 그 내용면에서 독일 주식법과 유사한 규정을 많이 포함하고 있다.[71] 그러면서도 순수한 독일식의 기관구조를 따르지 않고, 경영기구를 이사회 및 대표이사로 이원화하는 한편, 미국식의 이사회제도와 수권자본제도도 도입하였다.[72]

---

70) 민법주해[I] 총칙(1), 박영사(2000), 19-23(양창수).
71) 회사법 제정을 위한 법정책적 연구(2014년 법무부 연구용역 보고서), 사단법인 한국상사법학회(2014), 124.

따라서 법인 대표자의 대표권 제한 쟁점을 검토함에 있어서는, 우리 법에 많은 영향을 끼친 일본과 독일 및 판례법 국가이면서도 현대에 들어 그 영향력을 무시할 수 없는 미국의 법인 제도를 살펴볼 필요가 있다.

다만 어떠한 단체에게 법인격을 부여할 것인지, 법인의 지배구조를 어떻게 정할 것인지 등은 개별 국가가 그 사회적·경제적 현실을 감안하여 정책적으로 결정하는 문제로서, 각국의 입법에 따라 달리 정해져 있다.[73] 예를 들면, 우리 상법은 주주총회뿐 아니라 이사회와 대표이사 모두 주식회사의 필수기관으로 정하고 있지만, 일본은 2005년 회사법에서 이사만을 필수기관으로 하였을 뿐 공개회사가 아닌 한 이사회는 정관에 따라 설치하지 않아도 되도록 정하였고, 독일의 경우 업무집행을 담당하는 경영이사회와 이를 감독하는 감독이사회의 이원적 이사회 구조를 취하고 있다. 또한 조합의 성질을 가지는 합명회사나 합자회사의 경우 독일법에서는 법인이 아니지만 우리나라, 일본 및 프랑스에서는 법인으로 인정된다.[74]

비교법학의 목적은 외국에서의 다른 경험을 자기 고유의 법형성에 활용하려는 데 있다.[75] 이하 본장[76]에서는 자연인이 아닌 법인이 대표

---

72) 이에 대하여 '순수한 독일식도 아니고 미국식도 아닌 어정쩡하게 혼합된 모습'을 보여주고 있다는 평가가 있다{강희갑, "주식회사의 지배구조에 관한 미국법의 동향", 기업구조의 재판과 상사법: 박길준 교수 화갑기념 논문집, 정문사(1998), 247}.

73) 기업은 국가의 권한 부여에 의하여만 존재한다{Corporation exist only by grant of authority by the state[John C. Coffee, Ronald J. Gilson, Brian JM Quinn, Cases and Materials on Corporations (Aspen Casebook) 9th Edition, Aspen Publishing(2021), 51]}.

74) 주석 민법[총칙 1](제5판), 한국사법행정학회(2019), 543(송호영).

75) 정용상, "기업의 지배구조에 관한 비교법적 검토", 비교법학 제11집, 부산외국어대학교 비교법연구소(2000), 13.

76) 제2장에서 일본, 독일의 법률 조항을 번역함에 있어서는 다음 각 문헌의 예에 따랐다. 권철 역, 일본민법전, 법무부(2011); 권종호 역, 일본 회사법, 법무부(2014); 이형규 역, 독일 주식법, 법무부(2014); 양창수 역, 2021년판 독일민법

자를 통해 대외적 거래행위를 한 경우의 효력을 판단할 때에 법인의 이익과 거래안전 사이에서 어떻게 균형을 찾고 있는지에 중점을 두어 각국의 법률과 판례에 관한 비교법적 고찰을 시도함으로써 대표권 제한 쟁점에 관한 우리 법의 해석과 법리의 개선에 참고할 수 있는 유의미한 시사점을 발견하고자 기대한다.

제1절 일본의 논의

1. 회사 대표이사의 대표권 제한

가. 회사 지배구조에 관한 일본 회사법의 소개

일본은 1950년 상법 개정 시에 미국 회사법상의 이사회제도를 도입하면서 '대표이사(代表取締役)'라는 독자적 제도를 창설하였다.[77] 그러나 이는 수직적 위계질서로 형성되어 온 일본의 경영조직과 결합하여 원래 의미의 이사회 제도를 형해화시키는 주요 원인으로 지적되기도 하는 등[78] 새로운 업무집행체제에 대한 요구가 절실하였다. 이에 2005년 회사법 제정을 통해 주식회사의 기관구조와 업무집행체제를 대폭 개편하였다(이하 본절에서의 법률은 특별한 언급이 없으면 일본의 법률을 의미하고, 2005년 일본 회사법 제정 전 회사편이 편재되어 있던 일본 상

전 총칙·채권·물권, 박영사(2021).

77) 임중호, "대표이사와 대표집행임원의 법적 지위 비교 -업무집행의 의사결정권과 집행권의 소재를 중심으로-", 중앙법학 제10집 제1호, 중앙법학회(2008), 275.

78) 倉澤康一郎, "代表取締役制度の半世紀", 法學研究 第73卷 第12号, 慶応義塾大学法学研究会(2000), 136.

법을 '일본 구 상법'이라고 한다).

　그 내용을 간략히 살펴보면, 우선 회사를, ⑴ 규모에 따라 최종사업연도 대차대조표상 자본금으로 계산된 액수가 5억 엔 이상이거나 부채의 부에 계상된 액의 합계액이 200억 엔 이상인 대회사와 이에 해당하지 않는 중소회사로, ⑵ 폐쇄성 여부, 즉 주식양도 시에 회사 승인을 요구하는지 여부에 따라 비공개회사79)와 공개회사로 각 구분하였다.80) 또한 주식회사의 경우 이사회 설치를 강제하였던 일본 구 상법 제260조와 달리, 현재의 회사법에서는 주주총회 및 이사를 최소한의 필요기관으로 하는 한편 이사회를 포함한 나머지 기관에 대하여는 정관에서 정하는 바에 따라 스스로 결정할 수 있도록 하되, 공개회사는 반드시 이사회를 설치해야 하고(회사법 제327조 제1항 제1호),81) 이사회를 설치한 경우에는 감사 또는 위원회(지명위원회, 감사위원회, 보수위원회)를 설치해야 한다고(회사법 제327조 제2항) 정하였다. 이사회 비설치회사의 경우 이사의 각자 대표가 원칙인 반면(회사법 제349조 제1, 2항) 이사회 설치회사의 경우에는 이사 중에서 선임된 대표이사만 대표권을 가지게 된다(회사법 제362조 제2항 제3호, 제3항).

　이에 따라 현재 일본 회사법상 주주총회와 이사의 권한분배는 이사회를 설치하였는지 여부에 따라 차이가 있다.

　이사회 설치회사의 경우 주주총회의 권한은 법령과 정관에서 정한 사항에 한하는 반면, 이사회 설치회사가 아닌 경우 주주총회는 회사의 조직·운영·관리 등에 관한 일체의 사항을 결의할 권한을 가진다. 이사회 설치회사는 이사회가 회사의 중심적 의사결정기관인 반면, 그 이외의 회사에서는 주주총회의 역할이 크다.82) 이사회 설치회사의 경우에는 3인

---

79) 결국 발행주식 전부를 양도제한주식으로 하는 회사를 의미한다.
80) 이에 따라 현재 일본 회사법상 설계 가능한 주식회사의 기관구조는 약 24가지 유형이라고 설명된다[江頭憲治郎, 株式会社法(第8版), 有斐閣(2021), 314].
81) 이사회 설치회사의 경우 그 취지는 등기사항이다(회사법 제911조 제3항 제15호).

이상의 이사로 구성된 이사회가 그 결의에 의해 회사 업무집행의 결정
을 하게 되고 이사는 이사회 구성원으로서의 역할을 하게 되는 반면, 이
사회 설치회사가 아닌 경우에는 정관의 정함이 없는 이상 각 이사가 회
사의 업무를 집행할 수 있다(회사법 제348조 제1항). 이는 이사가 1인이
라면 단독으로 대표권을 포함하여 회사의 업무집행을 결정하고 행할 권
한을 가진다는 것을 의미한다. 이사가 수인이라면 원칙적으로 업무집행
에 관한 이사결정은 이사 과반수로 하고, 정관, 정관의 정함에 의한 이사
의 호선 또는 주주총회 결의로 이사 중에서 대표이사를 정할 수 있다(회
사법 제348, 349조).

무엇보다 대표권 제한 쟁점과 관련되는 일본 회사법의 규정들은 우
리 상법 규정들과 매우 유사하다.

일본 회사법 제467조는 우리 상법 제374조 제1항과 유사한 일본 구
상법 제245조 제1항을, 일본 회사법 제349조[83] 제5항은 우리 상법 제
209조 제2항(제389조 제3항에 따라 주식회사에 준용)과 유사한 일본 구
상법 제78조(제261조 제3항에 따라 주식회사에 준용)를, 일본 회사법 제
362조 제4항[84]의 규정은 우리 상법 제393조 제1항과 유사한 일본 구 상

---

82) 江頭憲治郎, 株式会社法(第8版), 有斐閣(2021), 309-310. 위 문헌에서는 나아
   가 이사회 설치회사 중 지명위원회 등 설치회사 이외의 회사에서는 이사 대
   부분이 경영자인데 반해 지명위원회 등 설치회사에서는 집행자가 경영자라고
   한다.
83) 일본 회사법 제349조(주식회사의 대표)
   ① 이사는 주식회사를 대표한다. 다만 달리 대표이사나 그 밖에 주식회사를 대표
      하는 자를 정한 경우는 그러하지 아니하다.
   ② 전항 본문의 이사가 2인 이상인 경우에는 이사는 각자 주식회사를 대표한다.
   ③ 주식회사(이사회설치회사는 제외한다)는 정관, 정관의 정함에 의거한 이사의
      호선 또는 주주총회결의에 의하여 이사 중에서 대표이사를 정할 수 있다.
   ④ 대표이사는 주식회사의 업무에 관하여 재판상 또는 재판외의 모든 행위를 할
      권한이 있다.
   ⑤ 전항의 권한에 관한 제한은 선의의 제3자에게 대항하지 못한다.
84) 일본 회사법 제362조(이사회의 권한 등)
   ④ 이사회는 다음의 사항 그 외에 중요한 업무집행의 결정을 이사에 위임할 수 없다.

법 제260조 제2항85)을 거의 그대로 계승하였고, 일본 구 상법 제260조 제2항에서 이사회 권한으로 정하였던 '중요한 재산'의 해석에 관해 당해 재산의 가액, 그 회사의 총자산에서 차지하는 비율, 당해 재산의 보유목적, 처분행위의 태양 및 회사에 있어서 종래의 취급 등의 사정을 종합적으로 고려하여 판단하여야 한다는 일본 판례86) 법리 역시 우리 상법 제393조 제1항의 해석에 관한 판례 법리와 거의 동일하며, 이를 둘러싼 학계의 논의 역시 우리의 그것과 크게 다르지 않다.

나. 주주총회 결의를 흠결한 경우

일본은 우리와 마찬가지로 영업의 전부 또는 중요한 일부의 양도에 관하여는 주주총회 결의사항으로 정하고 있고(회사법 제467조 제1호, 제2호87)), 그러한 결의 없이 이루어진 영업양도는 무효라고 보는 것이 통

---

  1 중요한 재산의 처분 및 양수
  2. 대규모의 차입
  3. 지배인 그 밖의 중요한 사용인의 선임 및 해임
  4. 지점 그 밖에 중요한 조직의 설치, 변경 및 폐지
  5. 제676조 제1호의 사항 그 외에 사채인수인의 모집에 관한 중요한 사항으로서 시행규칙으로 정하는 사항
  6. 이사의 법령 및 정관에 적합한 직무집행을 확보하기 위한 체제 그 밖에 주식회사의 업무의 적정성을 확보하기 위하여 필요한 것으로서 시행규칙으로 정하는 체제의 정비
  7. 제426조 제1항에 따른 정관의 정함에 의한 제423조 제1항의 책임의 면제
85) 일본 구 상법 제260조 ② 이사회는 아래 사항 그 외 중요한 업무집행에 관해 이사에게 결정하도록 할 수 없다.
  1 중요한 재산의 처분 및 양수
  2 다액의 차재(借財)
  3 지배인 그 외 중요한 사용인의 선임 및 해임
  4 지점 그 외 중요한 조직의 설치, 변경 및 폐지
86) 最高裁判所 1994(平成 6). 1. 20. 판결(民集 48卷 1号 1).
87) 일본회사법 제467조(사업양도 등의 승인 등)
  주식회사는 다음의 행위를 한 경우 그 행위의 효력이 발생하는 날(이하 이 장

설이다.88) 다만 최근에는 양도회사에 있어 사업의 중요한 일부인 것을 양수인이 몰랐을 때에는(또는 모르는 것에 중과실도 없는 때에는) 유효라고 보는 상대적 무효의 견해도 유력하다고 한다.89)

최고재판소 판례90)로는 회사 X와 설립중회사 Y 사이에서 이루어진 재산인수계약의 효력이 다투어진 사안이 사업인수에 관해 절대적 무효의 견해를 취한 것으로 평가된다.91) 판결 이유를 살펴보면 Y의 원시정

에서 '효력발생일'이라 한다)의 전날까지 주주총회 결의에 의하여 그 행위에 관한 계약의 승인을 받아야 한다.
1. 사업의 전부 양도
2. 사업의 중요한 일부 양도(양도에 따라 양도한 자산의 장부가액이 주식회사의 총자산액으로서 시행규칙으로 정하는 방법에 따라 산정된 가액의 1/5(이보다 낮은 비율을 정관으로 정한 경우에는 그 비율)을 초과하지 아니하는 경우는 제외한다)

88) 黒沼悦郎, 会社法, 商事法務(2017), 108; 神田秀樹, 会社法(第22版), 弘文堂 (2020), 369; 江頭憲治郎, 株式会社法(第8版), 有斐閣(2021), 447; 新注釈民法 (1) 総則(1), 有斐閣(2018), 681; 論点体系 判例民法(第3版) 1 総則, 第一法規 (2019), 149; 東京高判 1978(昭和53). 5. 24. 선고 判夕368号248[事業譲渡].

89) 神田秀樹, 会社法(第22版), 弘文堂(2020), 369; 前田 庸, 会社法入門(第13版), 有斐閣(2018), 807.

90) 일본 구 상법 제245조 제1항에 관한 最高裁判所 1986(昭和61). 9. 11. 판결 判時 1215号 125. 위 판결은 X회사가 신회사 Y를 설립하여 재산을 양도하였는데 20년이 지나도록 대금을 다 받지 못해 그 양도대금을 청구하자, Y측에서 Y의 원시정관에 그 재산양도가 기재되어 있지 않다는 점, X의 주주총회 결의가 없었다는 점 등을 이유로 무효 주장을 하였던 사안이다. 최고재판소는 위 재산양도는 설립중의 회사였던 Y의 발기인이 재산을 인수한 일본 구 상법 제168조 제1항 제6호의 재산인수에 해당하여 Y의 원시정관에 기재되지 않은 이상 절대적으로 무효라고 하면서도 Y가 이미 영업 양수를 전제로 여러 행위를 하였던 점 등의 사정을 고려하면 Y측의 무효 주장은 대금지급을 거부하기 위한 것이어서 신의칙에 반한다고 보아 받아들이지 않았고, 부기하여 위 판시로써 X의 주주총회 결의 흠결에 대한 Y의 주장에 대하여도 응답하는 부분이 포함되어 있다고 하였다.

91) 黒沼悦郎, 会社法, 商事法務(2017), 108; 前田 庸, 会社法入門(第13版), 有斐閣 (2018), 807.

관에 그 재산인수가 기재되어 있지 않음이 무효로 판단되는 주된 이유
이지만 이로써 X의 주주총회 결의 흠결의 주장에 대하여도 응답한 것이
라고 하고 있어,[92] 우리 상법 제374조 제1항에 관한 판례와 마찬가지로
절대적 무효의 법리를 취한 것으로 이해할 수 있다.

다. 이사회 결의를 흠결한 경우

1) 학설의 소개

일본의 학설은 대체로 정관 등 내부 규정에서 이사회 결의를 거치도
록 한 경우 이에 위반한 행위의 효력은 회사법 제349조 제5항(일본 구 상
법 제78조)에 따라 판단된다고 보는 데에 이론이 없는 것으로 보인다.[93]

이와 달리 이사회 결의를 요구하는 근거가 법률(회사법 제362조 제4
항)인 경우, 그 위반행위의 효력을 논하면서 회사법 제349조 제5항에 기
대기보다는 양자의 구별을 전제로 논하거나,[94] 명시적으로 회사법 제
349조 제5항의 대표권 제한은 내부적 제한만을 의미하고 법률적 제한은
포함되지 않는다는 견해[95] 등이 대부분이나, 최근에는 양자 모두 회사
법 제349조 제5항에서 말하는 '대표권 제한'에 포함된다는 견해[96]가 유
력하다. 구체적 내용은 다음과 같다.

---

92) 神作裕之, 藤田友敬, 加藤貴仁, 会社法 判例百選(第4版), 有斐閣(2021), 14.
93) 江頭憲治郎, 株式会社法(第8版), 有斐閣(2021), 446; 上柳克郎, 竹内昭夫, 鴻常
夫, 新版 注釈会社法(6), 有斐閣(1987), 167-168.
94) 新版 注釈会社法(6) 株式会社の機関 2, 有斐閣(1987), 164-168[山口幸五郎
筆]; 江頭憲治郎, 株式会社法(第8版), 有斐閣(2021), 446은 양자의 구별을 전
제하여 기술하면서, 선의·무과실의 상대방을 보호하는 판례의 기준에 따르면
과실(경과실) 있는 상대방이 보호되지 않는 점에서 회사법 제349조 제5항이
적용되는 경우와 다르고, 중소기업 등의 실태를 감안하여 무효 주장은 악의·
중과실의 상대방에 대해서밖에 주장할 수 없다고 해석해야 한다고 한다.
95) 黒沼悦郎, 会社法, 商事法務(2017), 107.
96) 会社法コンメンタール(8), 商事法務(2009), 20[落合誠一執筆].

① 일반악의의 항변설97)

전통적으로 일본의 다수설로 일컬어진다. 대표이사는 대표권한의 범위 내에서는 유효하게 회사를 대표하여 행위할 수 있고 이사회 결의는 내부적 의사결정절차이므로 그 절차가 없어도 대표행위의 효력에는 영향이 없음이 원칙이지만 "악의 또는 중과실인 상대방"이 권리를 주장하는 것은 신의칙 내지 권리남용에 해당하기 때문에 회사는 일반 악의의 항변으로 대항할 수 있고 따라서 거래행위의 효력을 부정할 수 있다는 견해이다.

이에 대하여는 일반조항 이외에 근거 규정이 없다거나,98) 기관질서의 근간에 관련된 문제를 심리유보와 닮았다고 하는 결론은 상법 이론의 포기라는99) 등의 비판이 있다.

---

97) 大隅健一郎, 今井宏, 新版会社法論(中巻)(第3版), 有斐閣(1992), 204; 米沢明, "代表取締役の代表権に関する制限", 会社判例百選(第5版), リチェンジ(1992), 97; 黒沼悦郎, 会社法, 商事法務(2017), 109; 上村達男, "代表取締役の権限濫用行為・専断的行為の効力", ジュリスト 増刊 法律學の爭點シリーズ No.4-I, 有斐閣(1993), 143은 일본 민법 제110조 유추적용설, 일본 회사법 제349조 제5항 적용설을 비판하며 일반악의의 항변설이 타당하다고 하면서도, "다만 중요한 사항에 대한 결정권이 이사회에 전속된다는 입장을 취하면서 이사회 결의 없는 대표행위를 원칙적으로 유효하다고 해석하는 것은 곤란하고 그 정도면 원칙은 무효로 한 다음 단순히 선의자 보호만 강조하는 상대적 무효설 쪽이 이치에 맞다."라고도 기술하고 있다.

98) 神田秀樹, "代表取締役の専断的行為・権利濫用行為の効力", 法学ガイド・商法II(会社法), 日本評論社(1986), 191; 來住野, "会社代表権の制限について", 法学研究 70巻 1号(1997), 339.

99) 上村達男, "代表取締役の権限濫用行為・専断的行為の効力", ジュリスト 増刊 法律學の爭點シリーズ No.4-I, 有斐閣(1993), 143.

② 일본 민법 제110조[100] 유추적용설[101]

이사회 결의를 거치지 않은 대표이사의 거래행위는 권한을 넘어 대표권을 행사한 경우에 준하는 것으로, 상대방은 선의·무과실이 아니면 보호받을 수 없다는 견해이다.

이는 법률에서 정한 이사회 결의사항, 즉 회사법 제362조 제4항에 따라 이사회 결의가 요구되는 사항은 회사법 제349조 제4항에서 대표이사의 권한으로 정한 '업무에 관한 행위'(일본 구 상법 제78조 제1항에서의 '영업에 관한 행위')를 넘는 사항으로서 대표이사의 대외적 업무집행의 권한 외이자 그 결정권한에 속하지 않는 행위라고 설명하면서, 이사회 결의의 성립이 대표이사 행위의 유효 요건을 이룬다고 한다. 해당 거래행위의 객관적 성질에서 볼 때 경상성과 반복계속성을 특질로 하는 이른바 '영업에 관한 행위'와는 달리 대표이사의 업무집행에 관한 결정권한의 범위를 넘는 것이 용이하게 식별될 수 있는 이상에는 역시 민법 110조에 의해 회사는 선의이고 무과실인 상대방에 대해서만 책임을 면할 수 없다고 해석하는 것이 논리적으로 일관되므로, 이사회 결의를 흠결한 경우에 대표이사의 결정권한을 초과하는 행위로 구성하여 원칙적으로 무권대리의 효과를 인정하는 것이 이론적으로 정합하다고 설명하는 견해이다.

이 견해는 이러한 관점에서 이사회 결의가 내부절차라는 이유로 이사회 결의를 흠결한 행위라도 원칙적으로 유효라는 판례를 비판한다.

위의 민법 제110조 유추적용설에 대해서는, 경과실이 있는 상대방이 보호받지 못하고,[102] 중요한 업무집행에 관한 결정권이 이사회에 전속

---

100) 일본 민법 110조(권한 외의 행위의 표현대리)
    전조 본문의 규정(대리권수여의 표시에 의한 표현대리, 괄호 필자 추가)은 대리인이 그 권한 외의 행위를 한 경우에 제3자가 대리인의 권한이 있다고 믿는데 정당한 이유가 있을 때에 준용한다.
101) 上柳克郎, 竹内昭夫, 鴻常夫, 新版 注釈会社法(6), 有斐閣(1987), 166.
102) 上村達男, "代表取締役の権限濫用行為·専断的行為の効力", ジュリスト 増

함을 전제하는 이상 본래의 권한을 넘는 대표행위라는 관념은 있을 수
없다거나,[103] 법령상 제한이든 정관상 제한이든 이사회 결의가 회사 내
부절차라는 점은 공통되는데 이사회 결의가 없다는 이유만으로 즉시 대
표이사의 행위가 월권이 되는 것은 아니라는[104] 등의 비판이 있다. 일본
구 상법 제260조 제2항의 결의사항의 범위는 각 회사상황에 따라 구분
되는데 (그 구분이 명료하지 않음을 전제로) 회사와 거래상대방이 예상
치 못한 손해를 입을 우려가 있고, 중요한 업무집행임이 비교적 명료하
다면 거래상대방의 중과실을 인정함으로써 처리하면 될 것이라는 견
해[105]도 있다.

③ 일본 회사법 제349조 제5항[106] 적용설(내부적 제한설)[107]

우리 상법 제209조 제2항과 같은 내용인 일본 회사법 제349조 제5항
에 따르자는 견해로, 이사회 결의를 대표이사의 대표권 행사를 위한 절
차상의 제약으로 보고, "선의의 제3자"에게 대항할 수 없다고 본다. 대

刊 法律學の爭點シリ-ズ No.4-I, 有斐閣(1993), 143; 大隅健一郎, 今井宏, 新
版会社法論(中巻)(第3版), 有斐閣(1992), 206.

103) 上村達男, "代表取締役の權限濫用行爲·專斷的行爲の効力", ジュリスト 增刊
法律學の爭點シリ-ズ No.4-I, 有斐閣(1993), 143.

104) 米沢明, "代表取締役の代表權に関する制限", 会社判例百選(第5版), リチェン
ジ(1992), 97.

105) 大隅健一郎, 今井宏, 新版会社法論(中巻)(第3版), 有斐閣(1992), 204.

106) 일본 회사법 제349조
④ 대표이사는 주식회사의 업무에 관한 모든 재판상 또는 재판외의 행위
를 할 권한을 가진다.
⑤ 전항의 권한에 관한 제한은 선의의 제3자에 대항할 수 없다.

107) 竹内昭夫, 判例商法 I, 弘文堂(1976), 232-233; 会社法コンメンタール(8) 機
関 [2], 商事法務(2009), 20[落合誠一執筆]; 前田 庸, 会社法入門(第13版), 有
斐閣(2018), 513에서는 일본 회사법 제349조 제5항을 적용해야 한다고 하면
서 "상대방이 악의가 아닌 한 과실의 유무를 문제로 하지 않고 이사회 결의
가 없었음을 대항할 수 없다고 해석해야 한다(이사회 승인을 받지 않는 이사
의 이익상반거래에 대해서도 결과가 같다)"라고 기술하고 있다.

표이사는 일체 업무집행에 관해 회사를 대표할 권한이 있으므로 회사법 제362조 제4항(일본 구 상법 제260조 제2항)에 위반한 대표이사의 행위에 대해 회사법 제349조 제5항(일본 구 상법 제261조 제3항)을 유추적용하면 된다는 견해[108] 또한 같은 맥락으로 이해할 수 있다. 현재 일본의 유력설이라고 한다.[109]

위 견해가 제시하는 근거는 다음과 같다.[110]

ⓐ 민법 제93조나 권한남용 등으로 법적 구성을 하는 것보다 회사법 규정을 직접 근거로 한다는 점에서 법체계상 위치설정으로 보다 세련되었고, 법해석으로서도 보다 적절하다. 대표권 행사와 제3자 보호를 해결하기 위한 법적 구성의 근거로는 회사법 규정의 원용 가능성이 먼저 탐구되어야 하고, 민법의 규정 또는 일반 법리에 의하는 것은 회사법 규정의 원용이 불가능할 때이어야 한다.

ⓑ 실질적으로도 중과실 있는 상대방을 악의와 같이 취급하는 것이 회사와 제3자 사이의 이해조정으로서 타당하다.

위 ③설에 대하여는 상대방의 주의의무를 전부 면제하는 것은 부당하다는[111] 비판이 있다.

---

108) 龍田節, 前田雅弘, 会社法大要(第3版), 有斐閣(2022), 127에서는 중과실 없이 몰랐던 거래상대방에게 회사가 무효를 주장하는 것이 허용되어서는 아니된다고 한다.
109) 松井智子, "取締役会決議を経ない取引の効力", 会社法判例百選(第4版), 有斐閣(2021), 127에서 유력한 견해로 소개하고 있다.
110) 会社法コンメンタール(8) 機関 [2], 商事法務(2009), 20[落合誠一執筆].
111) 大隅健一郎, 今井宏, 新版会社法論(中巻)(第3版), 有斐閣(1992), 207.

④ 상대적 무효설[112]

이사회 결의를 결여한 대표이사의 전횡적 거래행위는 원칙적으로 무효이지만, 거래안전의 보호를 고려해 선의·무중과실의 제3자를 상대로는 무효를 주장할 수 없다고 보는 견해이다.

이에 대해서는 명문의 근거규정이 없다거나,[113] (이사와 회사 사이의 이익상반거래 등에 관하여는 충실의무를 근거로 하는 회사이익 보호의 요청이 거래안전보다 강하기 때문에 상대적 무효라는 학설과 판례 법리가 확립되어 있지만) 본 쟁점인 이사회 결의를 거치지 않은 대표이사의 행위의 경우에는 일본 구 상법 265조[114]와 같은 이사의 충실의무위반이 존재하지 않는다는[115] 등의 비판이 있다.

2) 판례의 태도

대표이사가 이사회 결의를 거치지 않고 제3자와 거래행위를 한 경우의 대표적 일본의 판례로 소개되는 것은 일본 구 상법 하의 사안인 1965년 최고재판소 판결[116]이다. 판결 원문은 우리나라의 기존 판례 법리와 거의 유사한데, 발췌하면 다음과 같다.

"주식회사의 일정한 업무집행에 관한 내부적 의사결정을 할 권한이 이사회에 속하는 경우, 대표이사는 이사회 결의에 따라 주식회사를 대표하여 업

---

112) 北沢正啓, 会社法(第6版), 靑林書院(2001), 400.
113) 田中誠二, "商法265条についての相対的無効説と有効説", 商事法務 592号 (1972), 2.
114) 일본 구 상법 제265조 ① 이사가 회사의 제품 그 외 재산을 양수받아 회사를 상대로 자기의 제품 그 외 다른 재산을 양도하여 회사로부터 금전의 대부를 받아 그 외 자기 또는 제3자를 위해 회사와 거래를 할 때에는 이사회의 승인을 받아야 한다. 회사가 이사의 채무를 보증하거나 그 외 다른 이사 이외의 자 간에 회사와 이사간의 이익에 상반하는 거래행위를 할 때에도 이와 같다.
115) 上柳克郎, 竹内昭夫, 鴻常夫, 新版 注釈会社法(6), 有斐閣(1987), 166.
116) 最高裁判所 1965(昭和40). 9. 22. 판결(民集 19巻 6号 1656).

무집행에 관한 법률행위를 할 필요가 있다. 그러나 대표이사는 주식회사의 업무에 관하여 모든 재판상 또는 재판외의 행위를 할 권한을 가지는 점에 비추어 보면, 대표이사는 이사회 결의를 거칠 필요가 있는 대외적인 개별 거래행위에 관해 결의를 거치지 않고 한 경우에도, 그 거래행위는 내부적 의사결정을 결여하는 것에 그치기 때문에 원칙적으로 유효하고, 다만, 상대방이 그 결의를 거치지 않은 것을 알았거나 또는 알 수 있었던 때에 한하여 무효이다라고 해석하는 것이 상당하다."

위 판결은 대표권남용에 관하여 심리유보(비진의 의사표시)에 관한 일본 민법 제93조[117](우리 민법 제107조와 같은 규정이다) 단서의 규정을 유추적용하여 해결하고 있던 판례[118]와 같은 법리에 따른 것으로 이해된다.[119] 즉, 이사회의 결의와 대표이사의 행위를 진의와 표시의 관계로 보아 그 사이에 불일치가 있다고 이해하는 것인데, 이에 대하여는 ⓐ 이사회 결의 없이 행위한 대표이사라도 대표행위의 효과를 회사에 귀속시킬 의도(진의)를 가지고 있었기 때문에 대표이사의 진의와 표시의 불일치가 존재한다고 볼 수 없다거나,[120] ⓑ 경과실인 상대방이 보호되지 않는다거나[121] ⓒ 사실상 상대방에게 엄격한 주의의무를 요구하는 결과

---

117) 일본 민법 제93조(심리유보)
    의사표시는 표의자가 그 진의가 아님을 알고 있었던 때라 하더라도 이를 위해 그 효력을 방해받지 않는다. 다만, 상대방이 표의자의 진의를 알거나 또는 알 수 있었던 때에 그 의사표시는 무효이다.
118) 일본 최고재판소는 대표이사의 권한남용행위에 관하여도 같은 태도를 보이고 있다[最高裁判所 1963(昭和38). 9. 5. 판결(民集 17卷 8号 909)].
119) 위 1965년 판결의 조사관 해설에서, 이사회 결의의 존부를 외부에서는 쉽게 알기 어렵기 때문에 일본 민법 제93조 유추적용설을 취하였다고 기술하고 있다[最高裁判所判例解説 民事篇 1965(昭和40), 法曹會(1973), 350, 351].
120) 米沢明, "代表取締役の代表權に関する制限", 会社判例百選(第5版), リチェンジ(1992), 97.
121) 竹内昭夫, 判例商法Ⅰ, 弘文堂(1976), 232-233; 前田 庸, 会社法入門(第13版), 有斐閣(2018), 513; 黒沼悦郎, 会社法, 商事法務(2017), 109; 大隅健一郎, 今

가 되는데 이는 중소기업 등의 실태를 감안하면 공평의 견지에서 타당하지 않다는 등의[122] 비판이 존재하여 왔다.

사실 위 판결 사안은 정관에 따라 이사회 결의를 요하는 사안이었는데, 당시에는 중요재산 처분에 관한 이사회 결의를 법정하기 전이어서 정관상의 제한과 별도로 법률상 제한이 대표권 제한에 해당하는지의 문제가 원래 존재하지 않았다. 그 이후인 1981년(昭和 56년) 중요재산의 처분에 이사회 결의를 요구하는 내용이 일본 구 상법 제260조 제2항에 규정되고 또 상법 회사편의 규정이 현재와 같이 변경되었음에도 아래의 2009년 판결과 같이 위 1965년 판결의 법리는 여전히 유지되고 있고,[123][124] 실제로도 회사법 하에서 이사회 설치회사의 이사회 결의(일정한 조건을 만족하는 경우의 특별이사에 의한 결의를 포함)를 거치지 않은 중요 재산의 처분에 대해서 판례로서의 의의가 유지된다고 평가되고 있다.[125]

일본 회사법이 개정된 이후인 2009년에 대표권쟁점이 문제된 사안에서도 일본 최고재판소는 재차 앞서의 1965년 판결 법리에 따라 판단하였다.[126] 2009년 판결의 구체적 사실관계는 다음과 같다. 사실상 도산한 A 회사의 대표이사 B가, A의 피고 주식회사에 대한 차입채무 과대지불금(過払金)에 관한 부당이득반환청구권을 원고 회사에게 양도한다는 합의를 하였다. A 회사는 다른 재산이 없었는데, B는 이 채권양도에 관해 A회사의 이사회 결의를 거치지 않았고, 원고는 이를 알고 있었다. 원고

井宏, 新版会社法論(中巻)(第3版), 有斐閣(1992), 204.

122) 江頭憲治郎, 株式会社法(第8版), 有斐閣(2021), 447.

123) 神作裕之, 藤田友敬, 加藤貴仁, 会社法 判例百選(第4版),有斐閣(2021), 127.

124) 最高裁判所 1999(平成11). 11. 30. 판결(金判 1085号 14); 最高裁判所 2000 (平成12). 10. 20. 판결(金法 1602号 49) 등 다수.

125) 山下友信, "株式会社: 代表取締役の代表権に対する制限", 商法判例集(2012), 183.

126) 最高裁判所 2009(平成21). 4. 17. 판결(民集 63巻 4号 535).

가 피고를 상대로 과대지불금 반환소송을 제기하였는데, 피고는 해당 채권양도가 무효라며 지불을 거절하였다.

최고재판소는 앞서의 1965년 판결을 참조판례로 거시하면서 "회사법 제362조 제4항은, 동항 제1호에 정하는 중요한 재산의 처분도 포함해 중요한 업무집행에 대한 결정을 이사회 결의사항으로 정하고 있으므로 대표이사가 이사회의 결의를 거치지 않고 중요한 업무집행을 하는 것은 허락되지 않지만, 대표이사는 주식회사의 업무에 관하여 일체의 재판상 또는 재판 외의 행위를 할 권한을 가지는 것에 관해 보면, 대표이사가 이사회의 결의를 거치지 않았던 중요한 업무집행에 해당하는 거래도 내부적인 의사결정이 부족할 뿐이므로 원칙적으로 유효하며 거래상대방이 이사회의 결의를 거치지 않은 것을 알거나 알 수 있을 때에 한하여 무효가 된다고 해석된다"고 한 다음, 이러한 무효는 회사만이 주장할 수 있다는 기존의 법리에 따라 A회사 아닌 피고가 무효 주장을 할 수는 없다고 보았다.

위 2009년 판결에 관한 조사관 해설에 의하면, 법개정에도 불구하고 다시 1965년 판결의 법리를 채용한 이유에 관하여, 1965년 판결 법리에 의하면 상대방에게 경과실만 있는 경우에도 무효주장이 가능하다는 지적이 많았는데, 민법 제93조 유추적용의 경우에는 무효를 주장하는 자가 악의 또는 과실의 입증책임이 있다는 점에서 본다면, 중과실의 경우로 한정하는 것과 큰 차이가 있다고 보기 어렵다고 설명하고 있다.[127]

---

127) 最高裁判所判例解説 民事篇 2009(平成21)(上), 法曹會(2012), 285.

2. 비영리법인 대표자의 대표권 제한

가. 비영리법인 기관구조에 관한 관련 법률의 소개

1) 법인 관련 법률의 정비

일본은 우리와 같이 민법에서 법인에 관한 규정을 두고 있었는데, 2006. 5. 26. 성립되어 2008. 12. 1.부터 시행되고 있는 법인개혁 3법, 즉 「일반사단법인 및 일반재단법인에 관한 법률」(이하 '일반법인법'), 「공익사단법인 및 공익재단법인의 인정 등에 관한 법률」, 「일반사단법인 및 일반재단법인에 관한 법률 및 공익사단법인 및 공익재단법인의 인정 등에 관한 법률의 시행에 따른 관계법률의 정비 등에 관한 법률」에 따라, 민법전 규정 중 법인의 성립, 법인의 능력, 외국 법인, 등기, 외국법인의 등기에 관한 5개 조문(일본 민법 제33조 내지 제37조)만 남고 법인 관련 조문인 제38조부터 제84조까지가 모두 삭제되었고, 비영리법인에 관한 규정도 수정 또는 삭제되었다(이하 개정 전 일본 민법을 '일본 구 민법'이라고 한다).

법인개혁 3법의 핵심적인 내용은, 법인격취득과 공익성의 판단을 분리하고 공익성 유무에 관계없이 준칙주의에 의해 간편하게 설립할 수 있는 일반적인 비영리법인 제도가 창설되었다는 점이다.[128] 일반법인법은 종래 사실상 존재에 불과하였던 이사회와 평의원회에 법률상의 근거를 부여하고, 사원총회(평의원회)의 권한을 명확히 하였다. 구 민법 하의 공익법인에 대하여는 주무관청이 감독을 하였으나, 현재 일반법인법에서 규율하는 일반사단법인과 일반재단법인은 더 이상 주무관청의 감독을 받지 않는다.[129]

---

128) 주석 민법[총칙 1](제5판), 한국사법행정학회(2019), 565(송호영).
129) 권철, "일본의 새로운 비영리법인제도에 관한 소고 -최근 10년간의 동향과 신법의 소개-", 비교사법 제14권 제4호, 한국비교사법학회(2007), 156.

2) 일본 구 민법의 내용

우선 일본 구 민법 제53조는 모든 이사는 법인의 사무에 대해 대표권(법인 업무에 관한 일체의 재판상·재판 외의 행위를 이루는 포괄적 권한)을 가진다고 하면서도 정관 기부행위나 사원총회 결의에 의한 제한 가능성을 규정하고 있었다. 일본 구 민법 제54조에서 이러한 대표권의 제한은 선의의 제3자에게 대항할 수 없다고 규정하였고, 이 조항은 특별법상의 법인에도 많이 준용되었다(본절 제2의 나.항에서 후술하는 1985년 판결의 수산업협동조합법도 그 예이다).

3) 일반법인법의 내용

이하에서는 일반법인법을 규정된 법인 기관구조에 관한 내용을 간략히 소개한다.

이사는 법인을 대표하나(다수인 경우 각자 대표) 대표이사 또는 대표하는 자를 정한 경우에는 그렇지 않다(일반법인법 제77조 제1항, 제4항). 일반사단법인은 이사회를 둘 수 있고(일반법인법 제60조 제2항), 일반재단법인은 이사회를 두지 않으면 안 된다(일반법인법 제170조 1항). 이사회의 권한에 관한 규정도 존재하는데(일반법인법 제90조, 제197조), 이사회는 모든 이사에 의하여 조직되고 업무집행의 결정을 하는 외에 업무를 집행하는 대표이사나 업무집행이사를 감독하는 한편, '중요한 재산의 처분 및 양수'(제1호), '고액의 빚'(제2호) 등 각호에서 정한 중요한 업무집행의 결정은 이사회가 이사에게 위임할 수 없다(일반법인법 제90조 제4항, 위 조항은 일본 회사법 제362조 제4항을 참조한 것으로, 물론 이사회 비설치 사단법인에서는 의미가 없을 것이다).

일반재단법인에서는, 이사회와 함께 평의원·평의원회도 설치해야 하고(일반법인법 제170조 제1항), 평의원·평의원회에 관한 일련의 규정도 마련되어 있다(일반법인법 제178조 이하). 일반사단법인에 있어서 사원

총회의 결의권한이 '일체의 사항'에 미치는 것에 비하여(일반법인법 제
35조 제1항) 이사회가 설치된 일반 사단법인에서는 사원총회 권한이 그
보다 축소되어, 이사회설치 일반사단법인의 사원총회 및 일반재단법인
평의원회의 결의권한은 '이 법률의 규정하는 사항 및 정관에서 정한 사
항'에 한한다(일반법인법 제35조 제2항, 제178조 제1항).

일본 구 민법과 현재의 일반법인법을 비교하면, 대표권 있는 이사의
제한에 관한 규율이 포함된 점은 다르지만, 이사의 포괄적 대리권과 그
제한 가능성을 전제로 제삼자의 보호를 도모한다는 기본적 건립은 변하
지 않았다.130) 따라서 현재의 일반법인법 제77조 제5항131)과 동일한 내
용으로 규정되었던 구 민법 제54조에 관한 해석론을 살펴보는 것은 여
전히 의미가 있다.

나. 비영리법인의 대표권 제한에 관한 학설과 판례

일본 구 민법 제54조에 관하여 일본의 판례 및 통설은 위 규정에서
말하는 대표권 제한은 정관상 제한 또는 사원총회 결의에 의한 제한을
의미할 뿐 특별법상 법인에 가해지는 법령에 의한 대표권의 제한은 해
당하지 않는다는 견해를 취하였다.132) 외부에서는 용이하게 인식할 수
없는 정관 등에 의한 대표권의 제한과 법령에 의한 대표권의 원시적 제
한을 같이 취급하는 것은 법령의 부지를 보호하는 것이며 법령의 존재

---

130) 中原太郎, "代表理事の代表權の制限と民法110", ジュリスト別冊民法判例百
    選(No. 237), 有斐閣(2015), 65.
131) 제77조(일반사단법인의 대표)
    ⑤ 전항의 권항에 대한 제한은 선의의 제삼자에게 대항할 수 없다.
132) 民法注解 財産法, 靑林書院(1989), 268-269. 이와 달리, 내부적 제한이든 법
    률상 제한이든 모두 일본 구 민법 제54조가 적용된다는 견해로 來住野, "会
    社代表權の制限について", 法学研究 70巻 1号(1997), 338; 潮見 佳男, 民法
    (全)(第3版), 有斐閣(2022), 33-34.

의의를 몰각하는 것이 되므로 허용될 수 없고, 따라서 법령에 의한 대표
권의 제한에 반해서 행하여진 월권행위에 대하여 민법의 대표권의 제한
에 관한 규정이 적용될 수는 없고 그와 같은 행위는 원칙으로 무효라고
할 수밖에 없다고 하는 것이 그 논거이다.

그러나 그렇다고 해서 법인과 거래하는 모든 자가 그 법인 이사의 대
표권을 제한한 법령의 존재와 내용을 모두 알고 있을 것을 요구하는 것
은 현실적으로 난점이 있는바, 일본의 통설은 법령상 제한 사안에 대해
일본 구 민법 제54조를 정면에서 적용할 것은 아니라고 하면서도, 이사
의 대표권을 신뢰하고 거래한 제3자에 대하여 표현대리 규정을 유추적용
하여 보호함으로써 법인과 제3자간의 이해의 조정을 도모한다는 견해를
취하였고,133) 일본 최고재판소 역시 마찬가지의 법리를 선언하였다.134)

이후 판례135)는 정관에 규정된 이사회 결의를 거치지 않아 문제가
된 구 민법 제54조 사안에서도, 이사회 결의가 있었다고 믿은 제3자에
대하여 민법 제110조의 유추적용을 통해 보호된다는 법리를 선언하였

133) 新版 注釈民法(2) 總則(2), 有斐閣(1991), 381-382.
134) 最高裁判所 1959(昭和34). 7. 14. 판결(民集 13卷 7号 960)은 현금출납권한
    이 없는 마을의 촌장이 마을 명의로 대주와 소비대차계약을 체결한 경우, 마
    을과 대주 사이에는 소비대차계약이 성립하지 않고 다만 민법 제110조의 유
    추적용에 의해 그 책임을 인정함이 상당하다고 하였다. 이 판례는 공공단체
    의 장에 관한 것이지만 일반 사법인의 이사에 대하여도 당연히 마찬가지의
    법리가 적용될 것이라고 한다[新版 注釈民法(2) 總則(2), 有斐閣(1991), 382].
135) 最高裁判所 1985(昭和60). 11. 29. 판결(民集 39卷 7号 1760), 수산업협동조
    합 조합장이 어업권을 포함한 부동산을 매매하는 계약을 체결하면서 정관에
    규정되어 있는 이사회 결의를 거치지 않은 사안에서, 수산업협동조합법에서
    준용하도록 되어 있는 민법 제54조에서 말하는 상대방의 '선의'가 인정되지
    않고, 설령 상대방에게 '이사회 승인이 있어 조합장이 정당한 매매계약 체결
    의 권한이 있는 것으로 믿었다'고 하더라도 그와 같이 믿는 것에 대하여 정
    당한 이유가 있다고 할 수 없다는 이유로, 그 상대방의 부동산 소유권이전
    청구를 기각한 원심이 타당하다고 하였다. 현재의 수산업협동조합법은 회사
    법 제349조 제5항을 준용하고 있다.

다. 원문을 발췌하면 다음과 같다.

"정관의 규정 또는 총회의 결의에 따라 특정사항에 대해 이사가 대표권을 행사하기 위해 이사회의 결의를 거치는 것을 필요로 하는 등으로 정하여 이사의 대표권을 제한할 수 있지만 선의의 제삼자에 대해서는 그 제한으로 대항할 수 없는 것인데, 이때 선의란 이사의 대표권에 제한이 가해지고 있다는 것을 모른다는 의미로 해석해야 하고, 또 선의에 대한 주장·입증 책임은 제3자에게 있는 것으로 풀어야 한다. 제3자가 선의라고 할 수 없는 경우라도 제3자가 이사가 해당 구체적 행위에 대해 이사회 결의 등을 얻어 적법하게 어업협동조합을 대표할 권한을 가지는 것으로 믿고 그와 같이 믿는데 정당한 이유가 있을 때에는 민법 제110조를 유추적용하여 어업협동조합이 그 행위에 대해 책임을 지는 것으로 풀이함이 상당하다."

주목할 것은, 위 판결이 구 민법 제54조에서 규정한 '선의'란 이사의 대표권에 제한이 가해지고 있음을 모른다는 의미라고 하였다는 점이다(통설[136]은 구 민법 제54조에 따라 보호되는 선의의 제3자에 관하여, 중과실이 없을 것을 요한다고 보고 있다). 위 1985년 판결과 같이 구 민법 제54조의 선의를 문언 그대로 '대표권 제한'을 알지 못하는 것이라고 풀이하는 이상, 이사회 결의를 거쳐야 한다는 대표권 제한이 있음은 알았으나 이사회 결의를 거쳤다고 믿은 자는 '악의'로 보게 된다. 이러한 논리에 따른다면, 정관에 의한 대표권 제한조차 몰랐던 부주의한 제3자는 보호되는 반면 이러한 대표권 제한을 조사한 후에 그 요건이 충족되었다고 오신한 다소 주의깊은 제3자는 보호되지 않아 균형을 잃게 되는바, 위 판결은 이를 해결하기 위해 민법 제110조를 유추적용한 것으로 이해

---

136) 新版 注釈民法(2) 總則(2), 有斐閣(1991), 380; 論点体系 判例民法(第3版) 1 總則, 第一法規(2019), 147; 四宮和夫=能見善久, 民法總則(第9版), 弘文堂(2018), 132.

된다.137)

이와 같이 해결하는 것이 거래안전과 법인 대표자의 대표권을 제한한 법의 취지를 조화시켜 가장 타당한 결과를 얻을 수 있다는 평가이고,138) 현재는 권한을 넘은 표현대리에 관한 민법 제110조의 유추적용을 통해 제3자를 보호하는 법리가 확립된 것으로 이해된다.

또한 위 1985년 판결에서는 거래상대방인 제3자가 '선의'를 주장하여야 한다고 하였는데, 이에 찬성하는 견해139)와 이에 대하여 구 일본 민법 제53조에서 이사의 포괄적 대리권을 규정하였던 점에 비추어 법인이 상대방의 악의를 증명해야 한다는 견해140)가 병존한다.

흥미로운 점은, 위 1985년 판결의 상고이유로, 주식회사에 관한 앞서 본 1965년 판결이 근거로 제시되었다는 점이다. 이에 대하여 위 1985년 판결은 "사안을 달리한다"고만 하여 배척하고 달리 언급하지 않았다. 그러나 일반법인법을 비롯하여 법인 관련 법률이 정비되고, 일본 회사법 제362조 제4항과 유사한 내용이 일반법인법 제90조 제4항141)에 규정된

---

137) 內田 貴, 民法 1 總則·物權叢論 (第3版), 財團法人 東京大學出版会(2006), 249.
138) 新版 注釈民法(2) 總則(2), 有斐閣(1991), 382-383.
139) 新版 注釈民法(2) 總則(2), 有斐閣(1991), 378.
140) 內田 貴, 民法 1 總則·物權叢論 (第3版), 財團法人 東京大學出版会(2006), 249; 四宮和夫=能見善久, 民法總則(第9版), 弘文堂(2018), 133.
141) 일반법인법 제90조(이사회의 권한 등)
    ④ 이사회는 다음 각 호의 사항, 기타 중요한 업무집행 결정을 이사에게 위임할 수 없다.
    1. 중요한 재산의 처분 및 양수
    2. 고액의 빚
    3. 중요한 사용인의 선임 및 해임
    4. 종된 사무소 기타 중요한 조직의 설치, 변경 및 폐지
    5. 이사의 직무집행이 법령 및 정관에 적합한 것을 확보하기 위한 체제 기타 일반사단법인 업무의 적정한 확보를 위해 필요한 것으로 법무성령으로 정한 체제의 정비

현재에 있어서는, 구 민법 제54조에 관한 1985년 판결의 해석론이 그대로 유지될 것이라고 섣불리 단정하기는 조심스러운 면이 있다. 일본 구 민법 제54조에 관한 1985년 판결에 관한 판례해설 중에서도, 주식회사에 관한 1965년 판결 법리가 계속 답습되고 있는 점, 일반법인법이 회사법과 같은 규정을 채용한 점 등에 비추어 "일반법인법 제77조 제5항의 적용범위를 정함에 있어 비영리법인인지 영리법인인지의 관점이 대표권 제한의 구조적 차이(대표권의 범위의 축소인지 내부적 제한인지 및 그로 인한 제3자 보호의 틀과 주장·입증의 차이)를 가져오는지 여부를 검토하는 것이 종전보다 중요하다"고 평가하는 견해가 있다.[142)]

아직 이 부분 쟁점에 관한 명시적인 최고재판소 판결은 찾아볼 수 없었고, 학설로는 다음과 같은 견해들이 병존하고 있다.

① 먼저 일반법인법 제90조 제4항의 법률상 제한도 대표권의 제한으로 풀어야 한다고 하면서 법률상 요구되는 이사회 결의를 거치지 않은 대표이사의 행위는 무권대리로 평가되고 상대방의 보호는 역시 민법 제110조의 법리에 의해 처리되는 것이 적절하다는 견해[143)]가 있다.

② 법률상 제한과 내부적 제한을 구별하여, 일반법인법 제90조 제4항의 법률상 제한을 위반하여 행해진 대표이사의 전단적 행위는 대표이사가 재판상 또는 재판외의 일체 행위를 할 권한을 가진다는 일반법인법 제77조 제4항 등에 비추어, 주식회사에 관한 앞서의 1965년 판결 법리에 따라 내부적 의사결정절차가 부족한 것에 불과하여 원칙적으로 유효이고 상대방이 악의 또는 과실인 경우에 한하여 무효라고 보고, 내부적 제한은 일반법인법 제77조 제5항 및 앞서 본 1985년 판결 법리에 따른다는 견해[144)]가 있다.

---

142) 中原太郎, "代表理事の代表権の制限と民法110", ジュリスト別冊民法判例百選(No. 237), 有斐閣(2015), 65.
143) 潮見 佳男, 民法(全)(第3版), 有斐閣(2022), 33-34.
144) 新注釈民法(1) 總則(1), 有斐閣(2018), 679, 682; 論点体系 判例民法(第3版) 1

③ 일반법인법 제90조 제4항에 따른 제한은 단순한 정관상 제한이 아닌 법률상 제한임을 전제하여, (정관상 제한에 관한) 일반법인법 제77조 제5항의 적용이 한정될 것이라고 기술하는 견해[145]도 ②와 가까운 것으로 보인다.

3. 소결

일본은 영리법인의 경우 우리와 법률(회사법) 내용도 사실상 동일하고 대표이사와 이사회의 관계 및 대표권 제한 쟁점에 관한 판례와 학설의 내용도 대법원 2015다45451 전원합의체 판결이 선고되기 전 국내의 논의와 거의 유사하다. 즉, 영리법인에 관한 일본 판례는 비진의의사표시에 관한 민법 규정을 유추적용하여 선의·무과실의 거래상대방을 보호하여 왔다. 학설은 분분하나 내부적 제한과 법률상 제한을 불문하고 모두 일본 회사법 제349조 제5항에 따라 해결하자는 견해가 유력하다. 이는 우리 대법원 2015다45451 전원합의체 판결이 취한 견해이기도 하다.

이와 달리 비영리법인 대표자의 대표권 제한에 관한 일본 구 민법 제54조는 "선의의 제3자에게 대항할 수 없다."고 규정하여, 등기설을 택한 우리 민법 제60조와 구별된다. 일본 구 민법 하에서의 통설·판례는 개별 특별법에서 대표권을 제한한 법률상 제한과 구 민법 제54조의 내부적 제한을 구별하면서도 양자 모두 권한을 넘은 표현대리에 관한 민법 제110조를 유추적용하여 선의·무과실의 거래상대방을 보호하였다.

즉, 영리법인과 비영리법인 모두 선의·무과실의 거래상대방을 보호하였으나 그 근거 법리는 달랐다.

그런데 일반법인법이 제정되면서 일본 구 민법 제54조가 일반법인법 제77조 제5항으로 승계되는 한편, 우리 상법 제393조 제1항과 같은 내

總則, 第一法規(2019), 147-148.
145) 四宮和夫＝能見善久, 民法總則(第9版), 弘文堂(2018), 133.

용, 즉 중요재산의 처분에 관하여는 이사회 결의로 한다는 취지의 일반법인법 제90조 제4항이 새로 규정됨으로써 적어도 비영리법인 중 이사회 설치 사단법인과 재단법인에 관하여는 일본 회사법과 법률 체계가 거의 동일하게 되었다. 이러한 점에 비추어 일반법인의 대표권 제한 쟁점에 관해 현재에도 일본 구 민법 하의 판례 법리가 유지될 것인지, 아니면 일본 회사법의 법리에 따르게 될 것인지는 지켜볼 필요가 있다. 그러나 어느 쪽이든, 선의·무과실의 상대방이 보호된다는 결과는 동일할 것으로 보인다.

제2절 독일의 논의

독일법상 광의의 회사에는 독일 민법상의 사단, 민법상의 조합 등이 모두 포함되는데, 민법상 조합, 합명회사, 합자회사 등은 인적회사(Personengesellshaft)에 속하고, 우리에게 익숙한 주식회사는 유한회사와 함께 자본회사로서 단체(Körpershaft)에 속한다.[146] 독일의 주식회사에 관하여는 민법상 사단(Verein)에 관한 규정인 독일 민법 제21조 내지 제79조가 총칙적 규정으로 적용되므로{독일 합명회사는 본질이 조합(Gesellschaft)으로 독일 민법상의 조합에 관한 규정이 그 총칙적 규정이 된다},[147] 독일 민법상 사단(Verein)에 관한 규정을 살펴보는 것은 주식회사 법리를 이해하는 데에도 중요하다. 또한 독일은 민법상의 비영리법인에 관해 목적에 의한 제한을 두지 않고, 회사에 관해서도 목적에 의한 제한을 두지 않으므로 이사의 대표권도 회사의 목적에 의해 제한되지 않는다.

---

146) 高橋英治, ドイツ会社法概説, 有斐閣(2012), 5-6.
147) 高橋英治, ドイツ会社法概説, 有斐閣(2012), 98.

1. 회사 대표자의 대표권 제한

가. 회사의 기관구조

현재 독일의 회사에 관한 법제는 하나의 법률로 통합되어 있지 않고 회사의 종류에 따라 별도의 법으로 입법되어 있다. 즉, 합명회사와 합자회사는 상법(Handelsgesetzbuch, 이하 'HGB')에서, 주식회사와 주식합자회사는 주식법(Aktiengesetz, 이하 'AktG')에서, 유한회사는 유한회사법(Gesetzbetreffed die Gesellschaften mit beschränkter Haftung, 이하 'GmbHG')에서 각각 규율하고 있고, 회사의 합병, 분할, 영업양도 및 조직변경 등에 관하여는 회사의 형태에 관계없이 조직재편법에서 규율한다. 익히 알려진 것처럼 회사의 약 95% 이상이 주식회사 형태인 우리와 달리, 독일은 유한회사, 합명회사, 합자회사의 수가 많고, 특히 주식회사는 대규모 기업으로 엄격한 규율이 필요하다는 특수성을 반영하여 1937년 상법전에서 분리하여 특별법으로 제정한 이래 몇 차례의 개정을 거쳐 현재에 이르고 있다.

독일 주식회사의 기관구조는 이원적 이사회(two-tier board)로 특징지어진다. 즉, 업무집행은 경영이사회(Vorstand)에서 담당하지만 그에 대한 감독을 감독이사회(Aufsichtsrat)에서 담당하도록 하고 있다.[148]

독일 주식회사에 있어서는 이사 개인이 아닌 이사회가 주식회사의 지휘권 및 재판상 또는 재판외의 대표권을 가진다(AktG §76, 78). 이사회가 수인으로 구성되어 있는 경우 이사 전원이 공동으로만 업무집행을 할 권한을 가지지만, 정관 또는 이사회의 업무규정으로 이와 달리 정할 수 있다(AktG §77). 대표권 역시 이사회가 수인으로 구성된 경우 이사 전원이 공동으로만 회사를 대표할 권한을 가지지만, 정관으로 각 이사

---

148) Vorstand와 Aufsechtsrat의 번역은 김건식 외 7인, 회사법의 해부, 소화(2020)에 따랐다.

단독으로 또는 지배인과 공동으로 회사를 대표할 권한을 가지는 것으로 정할 수 있고, 정관으로 감독이사회에 이와 같은 결정을 할 권한을 부여한 때에는 감독이사회가 이를 정할 수 있다(AktG §78). 실무에서는 이사 2인씩 공동으로 대표권을 행사하도록 하는 부진정공동대표와 이사가 지배인과 함께 대표권을 행사하도록 하는 혼합공동대표가 주로 이용된다.149) 이러한 점에서 주로 1인의 대표이사 또는 대표이사 단독으로 대표권을 행사함에 따라 대표권 제한의 문제가 빈번히 발생하는 우리와는 법문화가 다른 측면이 있다.

나. 대표권 제한의 효력

독일 주식법 제82조 제1항은 이사회가 기관으로서 가지는 대표권은 그 내용을 제한할 수 없다고 정하고 있다(AktG §82①150)). 이사회가 회사 기관으로서 제3자와 체결한 법적 거래는 법(Gesetz)에 의해 제한되지 않는 한 회사에 구속력을 갖고, 그 결과 대외적으로는 무제한으로 유효하게 회사에 의무를 부담시킬 수 있다. 이때 이사회의 권한이 법에 의해 제한되는 경우란, 법에서 주주총회(Hauptversammlung)의 권한으로 부여한 행위(회사의 중요한 기반과 법적·경제적 구조에 영향을 미치는 경우로 정관의 변경, 증자 또는 자본 감소, 회사의 합병, 해산 등), 법에 의해 감독이사회(Aufsichtsrat)의 권한으로 부여한 행위(AktG §111④,151) §112152)

---

149) 임중호, "대표이사와 대표집행임원의 법적 지위 비교 -업무집행의 의사결정권과 집행권의 소재를 중심으로-", 중앙법학 제10집 제1호, 중앙법학회 (2008), 278에서 재인용.
150) 독일 주식법 제82조(대표권 및 업무집행권의 제한)
　　① 이사회의 대표권은 제한될 수 없다.
151) 독일 주식법 제111조(감독이사회의 직무와 권리)
　　④ 업무집행의 조치는 감독이사회에 위임될 수 없다. 다만 정관 또는 감독이사회는, 일정한 종류의 업무는 감독이사회의 동의를 얻은 때에만 실행될 수 있다는 것을 정할 수 있다. 감독이사회가 동의를 거절한 경우에 경

등), 회사의 이사에 대한 청구권 포기 등 법에서 경영이사회 단독으로 체결하지 못하도록 정한 행위 등을 뜻한다.153) 즉, 경영이사회의 대표권은 권한의 법적 분배로 인해 의무적으로 제한된다.154)

그러나 앞서 본 법에 의한 제한이 아닌 경우라면, 이사회가 정관, 감독이사회, 주주총회 또는 업무규칙에서 정한 기준에 위반하였더라도155) 회사를 대표하여 제3자와 체결한 거래는, 외부적으로 유효하다. 이사회는 회사에 대하여 내부적으로 책임을 부담할 뿐으로, (회사에 의한) 이사회에 대한 손해배상청구 또는 고용관계의 철회, 해임 고지 등이 있을 수 있으나, 이는 이미 이루어진 이사회 행위의 효력을 변경하는 것이 아니다.156)

여타 유형의 회사의 경우에도 이러한 법리, 즉 대표권의 제한이 회사 외부(거래상대방)에 대하여 효력이 없다는 원칙은 동일하다. 독일 합명회사의 사원은 모든 재판상 및 재판 외의 법률행위와 법적 행위를 할 수 있고(HGB §126 ①), 대표권의 범위에 가해진 제한은 '제3자에 대해' 효

영이사회는 주주총회가 동의에 관하여 결의하도록 청구할 수 있다. 주주총회가 동의하는 결의에는 적어도 투표한 의결권의 4분의 3을 포함하는 다수결이 필요하다. 정관으로 이와 다른 다수결 또는 가중된 요건을 규정하지 못한다.

152) 독일 주식법 제112조(이사에 관한 회사의 대표)
이사에 대하여는 감독이사회가 재판상 또는 재판 외에서 회사를 대표한다. 제78조 제2항 제2문의 규정이 이에 준용된다.

153) Münchener Kommentar zum AktG: Band 2, 5. Auflage, C. H. Beck(2019), §182. Rn. 18-22.

154) Münchener Kommentar zum AktG: Band 2, 5. Auflage, C. H. Beck(2019), §182. Rn. 18.

155) 독일 주식법 제82조 제2항은 이사가 회사에 대한 관계에서 정관, 감독이사회, 주주총회 및 이사회와 주주총회의 업무규정이 업무집행권에 관하여 정한 제한을 준수할 의무를 부담한다고 정하고 있다.

156) ヴェルンハルト・メーシェル(Möschel, Wernhard) 著/小川浩三 訳, ドイツ株式法, 信山社(2011), 71.

력이 없다(HGB §126 ②).[157] 특히 상법 제126조 제2항은 거래안전을 위한 것으로서[158] 이를 대표권의 '제한 불가성 원칙'(Grundsatz der Unbeshränkbarkeit)이라고 한다.[159] 유한회사의 경우에도 업무집행자가 재판상·재판외의 대표권을 가지는데(GmbHG §35①[160]), 이에 대한 제한 역시 제3자에 대해 효력이 없다고 규정되어 있다(GmbHG §37②[161]).

---

157) 독일 상법 제126조(대표권의 범위)
　　① (합명회사) 사원의 대표권은 부동산의 양도와 부담 설정 및 업무대리권 (Prokura)의 부여와 철회를 포함한 모든 재판상 및 재판외의 거래와 법적 행위에까지 미친다.
　　② 대표권의 범위에 대한 제한은 제3자에 대해 효력이 없다. 이것은 특히 대표행위가 특정한 거래 또는 특정한 종류의 거래에만 인정된다는 제한 이나, 대표행위가 특정한 상황 하에서만, 특정한 기간 동안에만 또는 특정한 장소에서만 이루어져야 한다는 제한에 적용된다.

158) 그러나 상법 제126조 제2항의 내용은 그 규정의 문언과 목적론을 고려하여, "회사 외부의 제3자에 대해서(Außenstehenden gegenüber)"라는 의미로 이해해야 하고, "외부관계에서(im Außenverhältnis)"라고 이해되어서는 안 된다. 따라서 대표권의 내부적인 제한에 대해 알 수 있는 회사와 그 사원에 대해서는 거래안전이 우선되지 않는다[Münchener Kommentar zum HGB, 4. Auflage, C. H. Beck(2022), §126. Rn. 17].

159) Baumbach/Hopt, Handelsgesetzbuch, 40. Auflage, C. H. Beck(2021), §126, Rn. 5; 최문희, "이사회 결의가 필요한 전단적 대표행위의 상대방 보호 법리의 재검토 -대법원 2021. 2. 18. 선고 2015다45451 전원합의체 판결의 분석을 겸하여-", 상사법 연구 제40권 제3호, 한국상사법학회(2021), 37.

160) 독일 유한회사법 제35조(회사의 대표)
　　① 회사는 재판상 및 재판 외에서 업무집행사원에 의해 대표된다. 회사에 업무집행사원이 없다면(경영진의 부재), 회사를 상대로 한 의사표시가 행해지거나 회사에게 문서가 송달되는 경우에는 회사는 사원들에 의해 대표된다.

161) 독일 유한회사법 제37조(대표권의 제한)
　　② 회사를 대표하는 업무집행사원의 권한을 제한하는 것은 제3자에 대해 효력이 없다. 대표행위가 특정한 거래 또는 특정한 종류의 거래에만 인정된다거나 특정한 상황 하에서만 또는 특정한 기간 동안에만 또는 특정한 장소에서만 이루어져야 한다는 제한이나 일부 거래에 대해서는 회사의 사원들 또는 기관의 동의가 요구된다는 제한에 적용된다.

대표자(이사회, 사원, 업무집행자)의 대표권은 회사계약(정관) 또는 주주총회 결의나 사원결의 등에 의해 제한될 수 있다.162) 예를 들어 특정한 거래행위 또는 일정한 금액 이상의 거래행위는 오직 사원들 또는 사원총회의 결의를 얻어야만 유효하다는 식으로 제한하는 것도 가능하고,163) 어떤 행위가 그런 동의를 필요로 하는 경우에는 사원결의가 성립되지 않은 경우만이 아니라 그 사원결의가 무효인 경우에도 대표권은 부정된다.164) 그러나 이러한 대표권 제한에 위반하였다는 사정은 회사와의 내부 관계에만 영향을 미칠 뿐 행위의 외부적 효력에는 영향이 없음이 원칙이다.165)

다. 대표권의 남용

이에 대한 한계는 대표권의 남용(Missbrauch)이다. 독일에서 대표권의 남용은 대표자가 자신의 대외적 대표권한 범위 내에서 그러나 내부적 의무를 위반하여 행위한 경우에 인정된다. 이는 회사 대표권을 규정한 독일 상법 제126조, 주식법 제82조, 유한회사법 제37조 등에서 공통적으로 등장하는 법리이다.166)

이때 대표자 행위의 의무위반을 이유로 거래상대방에게 대항할 수 있

---

162) Münchener Kommentar zum AktG: Band 2, 5. Auflage, C. H. Beck(2019), §182. Rn. 27, 34, 35.; Münchener Kommentar zum HGB, 4. Auflage, C. H. Beck(2022), §126. Rn. 18.

163) BGHZ 38, 26 (33) = NJW 1962, 2344; BGH WM 1973, 637; OLG Stuttgart NZG 2009, 1303 (1305).

164) BGH WM 1973, 637.

165) Münchener Kommentar zum AktG: Band 2, 5. Auflage, C. H. Beck(2019), §182. Rn. 46; Münchener Kommentar zum HGB, 4. Auflage, C. H. Beck(2022), §126. Rn. 17; 高橋英治, ドイツ会社法概説, 有斐閣(2012), 44.

166) Münchener Kommentar zum HGB, 4. Auflage, C. H. Beck(2022), §126 Rn. 21.

는지 여부는 전적으로 거래상대방의 신뢰보호가능성(Vertrauens situation)에 따라 결정된다. 예전의 판례는 여전히 의무에 반하여 행위한 대표자가 "알면서" 본인, 즉 회사에게 불리하게 행위하였는지를 기준으로 삼았으나,[167] 현재의 실무는 이런 견해에서 벗어났다. 대표자 측면에서는 오직 그 행위의 객관적 의무위반성만 기준이 되고, 대표자가 고의로 회사에 해를 끼치는 행동을 했는지 또는 남용에 대한 인식이 있었는지 여부는 중요하지 않다.[168] 즉, 주관적 요소는 거래상대방의 측면에서만 의미가 있다.

이때 거래안전 보호를 고려하여 거래상대방에게 단순한 과실(경과실)만 있다는 것만으로는 부족하고, 상대방이 알았거나 중과실로 알지 못한 경우에 그 행위의 효력이 부정된다.[169] 법률은 거래상대방에게 원칙적으로 특별한 조사의무를 부과하지 않는다.[170]

개별 사안에서 대표권이 남용되었음을 이유로 대표권의 제한불가능

---

167) Vgl. etwa zu §126 BGH WM 1960, 611 (612); WM 1984, 730 (731) zur KG; BAG BB 1978, 964 f. = NJW 1978, 2215; zu §50 BGHZ 50, 112 (114) = LM §50 Nr. 1; zu §37 GmbHG BGH BB 1976, 852; WM 1981, 66 (67).

168) Münchener Kommentar zum AktG: Band 2, 5. Auflage, C. H. Beck(2019), §182. Rn. 64; Gerald Spindler, Eberhard Stilz, Aktienrecht: Band 1, C. H. Beck(2022), Rn. 14; BGH NJW 2006, 2776; OLG Dresden NJW-RR 1995, 803 (804).

169) Baumbach/Hopt, Handelsgesetzbuch, 40. Auflage, C. H. Beck(2021), §126, Rn. 11; Münchener Kommentar zum AktG: Band 2, 5. Auflage, C. H. Beck(2019), §182. Rn. 65; Münchener Kommentar zum HGB, 4. Auflage, C. H. Beck(2022), §126. Rn. 22.

170) Münchener Kommentar zum AktG: Band 2, 5. Auflage, C. H. Beck(2019), §182. Rn. 65; Baumbach/Hopt, Handelsgesetzbuch, 40. Auflage, C. H. Beck(2021), Rn. 11; Münchener Kommentar zum HGB, 4. Auflage, C. H. Beck(2022), §126. Rn. 22에서는 상법 제126조 제2항은 대표권의 법적 외관을 전제로 하는 것이 아니라, 실제로 존재하는 대표권을 전제하고 있다고 설명한다.

성의 주장을 배제하는 법적 근거로는 독일 민법 제242조[171])에 따르자는
견해와 독일 민법 제177조[172]) 이하를 유추적용하자는 견해가 병존하고
있다.[173])

　　나아가 대표자와 거래상대방이 통모(Kollusion)에 의한 행위를 한 경
우, 즉 양측이 회사에 손해를 주려는 가해의 의도를 가지고 협력한 경우
에는 그 대표행위는 독일 민법 제138조[174])에 따라 무효이다.[175]) 제3자
는 민법 제826조[176]) 등에 따라 이사회 구성원과 함께 회사에 손해를 배

---

171) 독일 민법 제242조(신의성실에 좇은 급부)
　　채무자는 신의성실이 거래관행을 고려하여 요구하는 대로 급부를 실행할 의
　　무를 부담한다.
172) 독일 민법 제177조(무권대리인에 의한 계약체결)
　　① 어떤 사람이 대리권 없이 타인의 이름으로 계약을 체결한 때에는 본인에
　　대한 계약의 효력 유무는 그의 추인에 달려 있다.
　　② 상대방이 본인에게 추인 여부의 의사표시를 최고한 경우에, 그 의사표시
　　는 상대방에 대하여만 이를 할 수 있다; 최고 전에 본인에 대하여 한 추
　　인이나 추인 거절의 의사표시는 효력이 없게 된다. 추인은 최고를 수령
　　한 때로부터 2주일 이내에만 할 수 있다; 그 기간 내에 추인의 의사표시
　　가 없으면, 추인은 거절된 것으로 본다.
173) 구체적 내용은 Münchener Kommentar zum AktG: Band 2, 5. Auflage, C. H.
　　Beck(2019), §182. Rn. 66 및 Gerald Spindler, Eberhard Stilz, Aktienrecht:
　　Band 1, 5. Auflage., C. H. Beck(2022), Rn. 16 참조.
174) 독일 민법 제138조(양서위반의 법률행위; 폭리)
　　① 선량한 풍속에 반하는 법률행위는 무효이다.
　　② 특히 타인의 궁박, 무경험, 판단능력의 결여 또는 현저한 의지박약을 이
　　용하여 어떠한 급부의 대가로 자신에게 또는 제3자에게 그 급부와 현저
　　히 불균형한 재산적 이익을 약속하게 하거나 공여하게 하는 법률행위는
　　무효이다.
175) Münchener Kommentar zum AktG: Band 2, 5. Auflage, C. H. Beck(2019),
　　§182. Rn. 60; Baumbach/Hopt, Handelsgesetzbuch, 40. Auflage, C. H.
　　Beck(2021), Rn. 11.
176) 독일 민법 제826조(양속위반의 고의적 가해)
　　선량한 풍속에 위반하여 타인에게 고의로 손해를 가한 사람은 그 타인에게
　　손해를 배상할 의무를 진다.

상해야 한다.177) 통모는 그 대표행위가 내부관계에서 의무위반에 해당
하는지 여부와 무관하다.178)

2. 민법상 사단(Verein) 대표자의 대표권 제한

독일 민법상 사단(Verein)의 대표권(Vertretungsmacht) 역시 이사 개개
인이 아니라 이사회(Vorstand)에 속한다(독일 민법 제26조 제2항 제1
문179)). 이사회의 대표권은 제3자에 대한 효력이 있는 정관에 의해 제한
될 수 있고, 독일 민법 제26조에 따른 대표권의 제한과 정관변경은 등기
부에 기재되어야 한다.180) 관련하여 주석서에서도 "이사회의 대표권 항
목은 정관에 대한 다른 변경사항과 마찬가지로 등기부에 표시되어야 할
뿐만 아니라, 내용 측면에서도 설명되어야 한다."거나,181) 법인등기부에
기재될 내용으로 "정관의 개정안을 기재하고 … 내용을 명확히 언급해야
한다."고182) 기술하고 있다.

---

177) Münchener Kommentar zum AktG: Band 2, 5. Auflage, C. H. Beck(2019),
   Rn. 60; Dr. Gerald Spindler, Eberhard Stilz, Aktienrecht: Band 1, C. H.
   Beck(2022), Rn. 14에 의하면, 이러한 경우에 경영이사회의 의무위반으로
   회사가 불이익을 받았어야 했는지에 대해 논란이 있다고 한다.
178) Baumbach/Hopt, Handelsgesetzbuch, 40. Auflage, C. H. Beck(2021), Rn. 11;
   BeckOK HGB/Klimke, 39. Ed. 15.1.2023, HGB §126 Rn. 14.
179) 독일 민법 제26조(이사회와 대표)
   ① 사단에는 이사회를 두어야 한다. 이사회는 재판상 및 재판외에서 사단을
   대표한다; 이사회는 법정대리인의 지위를 가진다. 정관에 의하여 대표권
   의 범위는 제3자에 대하여 효력에 있는 제한을 받을 수 있다.
180) 독일 사단등기부규칙(Vereinsregisterverordnung) 제3조(Gestaltung und Benutzung
   des Registerblatts)
181) Münchener Kommentar zum BGB: Band 1, 8. Auflage, C. H. Beck(2018),
   §70, Rn. 3.
182) Münchener Kommentar zum BGB: Band 1, 8. Auflage, C. H. Beck(2018),
   §71, Rn. 12.

실제의 독일 등기부를 살펴보면, 대표에 대한 일반규정(Allgemeine Vertretungsregelung) 항목에 경영이사, 무한책임사원 등의 인적사항, 대표권자와 특별대리권 등의 내용이, 지배권(Prokura) 항목에는 독일 상법상의 지배인 또는 대표이사와 지배인 등 (두 명 이상의) 지배인에 관한 내용이 각 기재되고, 만약 지배인에게 부동산 처분과 담보 등 특별한 권한이 부여되었다면 그러한 내용까지 명시하여 등기됨을 알 수 있다(독일 합자회사와 유한회사의 각 등기부등본을 일부 발췌한 별지 1-1, 2[183] 참조).

독일 민법 제70조[184])에 의하여 준용되는 제68조의 2문에서는 "(대표권 제한이) 등기된 경우에 제3자가 이를 알지 못하고 또 그 부지가 과실로 인한 것이 아닌 때에는, 제3자는 이를 자신에 대하여 효력있는 것으로 할 필요가 없다"라고 규정하고 있다. 즉, 독일 민법 제68조[185])는 정당한 신뢰를 보호하는 것을 목표로 하는데, 직설적으로 말하면, 보호의 대상은 등록되지 않은 것이 법적으로 유효하지 않다는 선의(negative Publizität)이지, 등록된 것이 법적으로 유효하다는 선의(positive Publizität)가 아니다.[186] 따라서 악의의 제3자에 대하여는 대표권 제한이 등기되

---

183) 다만 별지 1-2에서와 같이 "대표이사 1인과 다른 지배인 1인과 공동으로 부동산 매각 및 담보 설정 권한에 대한 공동지배권을 갖는 지배인은 다음과 같음"이라고만 기재되는 이상에는, 대표자 또는 지배인의 특정 거래행위가 권리남용에 해당하는지 여부는 관련 법률과 정관 등의 분석을 통해 이루어질 수밖에 없을 것이다.

184) 독일 민법 제70조(대표권 등기에서의 신뢰보호)
제68조는 이사회의 대표권을 제한하는 정함이나 이사회의 대표권을 제26조 제2항 제1문과 달리 규율하는 정함에 대하여도 적용된다.

185) 독일 민법 제68조(사단등기부에 대한 신뢰보호)
종전의 이사회 구성원과 제3자 사이에 법률행위가 행하여진 경우에, 이사회의 변경이 법률행위 당시 사단등기부에 등기되어 있거나 제3자가 이를 알고 있는 때에만, 이사회의 변경을 제3자에게 대항할 수 있다. 변경이 등기된 경우에, 그가 이를 알지 못하고 또 그 부지가 과실로 인한 것이 아닌 때에는, 제3자는 이를 자신에 대하여 효력 있는 것으로 할 필요가 없다.

기 전이라도 대항할 수 있고, 악의에 대한 입증책임은 사단에게 있다는 것이 통설이다.[187]

한편 독일 민법 제54조는 비법인사단(Nicht rechtsfähiger Verein, 권리 능력 없는 사단)에 관하여 조합에 관한 규정을 준용하도록 하고 있으나, 독일의 학설과 판례는 비법인사단을 실질적으로 사단법인과 마찬가지로 다루거나 사단법인 규정들을 유추적용하는 방향으로 발전하고 있다.[188][189]

3. 소결

독일은, 주식회사의 경우 법에 의한 제한이 아니고서는 경영이사회의 대표권은 제한될 수 없다고 규정하고, 합명회사, 합자회사, 유한회사에 대하여도 그 대표권 제한은 제3자에 대해 효력이 없다고 규정하고 있다. 이때 법에 의한 제한이란 주주총회의 권한인 정관 변경, 증자 등, 합병, 회사의 이사에 대한 청구권 포기 등의 경우로, 우리 상법 제393조 제1항과 같은 내용이 아니라는 점을 주의해야 한다. 즉, 앞서의 법에 의한 제한이 아닌 한 정관이나 이사회 규칙 등에 위반한 경우는 모두 법인이 그 위험을 부담함을 원칙으로 하여 제3자와의 관계에서 의무위반의 행위는

---

186) Münchener Kommentar zum BGB: Band 1, 8. Auflage, C. H. Beck(2018), §68, Rn. 1.
187) Münchener Kommentar zum BGB: Band 1, 8. Auflage, C. H. Beck(2018), §68, Rn. 7.
188) 법무부, 2013년 민법개정시안 총칙편, 법무부(2013), 36.
189) 법인격없는 사단에는 조합에 관한 조항이 아니라, 법인격을 전제로 한 것이 아닌 한, 법인격있는 사단의 각 조항이 유추적용되어야 한다는 것이 현재 독일의 통설이라고 소개하면서, 이러한 해석이 비록 실정법상 명문규정에 반하지만(contra legem), 학자들은 이를 사물의 본성(Natur der Sache)으로부터 도출되는 법관에 의한 법형성(Rechtsfortbildung)이라고 정당화한다고 설명하는 문헌으로, 송호영, "법인이론과 관련한 독일 사법학계의 최근 동향", 비교사법 제4권 제2호, 한국비교사법학회(1997), 631.

유효하다고 본다. 그리고 그 경우에도 이사회의 의무위반에 대해 악의이
거나 중과실 있는 거래상대방에 대하여는 대표권 남용의 법리에 따라
거래행위의 효력을 부정하고 있다. 독일 법에서의 '대표권 남용'은 회사
를 해할 의도를 요구하는 우리 법상의 대표권 남용과 달리 객관적 의무
위반만 있으면 성립하기 때문에, 결국 본고에서 논하는 우리 법 하의 대
표권 제한 쟁점은 독일의 경우 대표권 남용을 통해 해결될 것이다. 독일
민법은 사단에 대하여 대표권 제한에 관한 등기 여부와 상대방의 선·악
의 모두를 기준으로 삼아 규정하고 있다.

제3절 미국의 논의

1. 개괄

앞서 살펴본 일본과 독일이 성문법 국가로서 단체의 영리성 유무에
따라 서로 다른 법률을 기본법으로 적용하고 있는 반면, 미국은 익히 알
려진 것처럼 판례법 국가로서 증권법(Securities Law), 파산법(Bankruptcy
Law) 등 일부 연방법을 제외하고는 각 주(州)마다 서로 다른 법률이 존
재한다. 따라서 모든 영리법인에 대하여 상법 제209조 제2항이, 모든 비
영리법인에 대하여 민법 제60조가 각 적용됨을 전제하고 대표권 제한
쟁점을 논할 수 있는 우리의 경우와는 논의의 국면이 다소 다른 측면이
있다.

미국은 대체로 단체에 관하여 '법인격'과 더불어 '영리성' 유무를 기
준으로 하여, (1) 법인격 있는 단체로서 영리회사(business corporation)와
비영리법인(nonprofit corporation)에 대한 제도가 짝을 이루고, (2) 법인격
없는 단체로서 파트너쉽(partnership) 제도와 법인 아닌 비영리단체가 짝

을 이루어190) 각 주법에 따라 규율하고 있다. 그러나 적어도 모든 회사
가 (영리성을 불문하고) 이사회(board of directors) 제도를 채택한 점은
공통적이다. "영리를 목적으로 하는지 여부를 불문하고 모든 회사는 이
사회의 결의를 통하여 행위한다. 특별한 사정이 없는 한 이사회에 의한
그러한 행위는 회사의 행위가 되고 만일 그것이 위법행위이면 회사가
그 결과에 대해 책임을 진다"는 뉴욕 남부연방법원의 판시191)는 이사회
와 회사간의 관계에 관하여 자주 인용된다.

본고에서 검토하는 대표권 제한 쟁점에 견주어 상정 가능한 논제는,
"법인의 임원(officer)이 이사회의 위임에 반하여 행위한 경우 그 효력이
법인에 귀속되는지 또는 법인격 없는 파트너쉽의 파트너나 법인격 없는
단체의 구성원이 한 행위의 효력이 파트너쉽이나 단체에 귀속되는지 여
부"라 할 것인데, 미국은 회사 등 단체와 단체를 대표하여 실제의 행위
를 하는 자 사이에서는 단체를 본인으로 하고 행위자를 대리인으로 하
는 대리관계가 성립한다고 보고 있으므로,192) 앞서의 대표권 제한 쟁점
은 결국 대리(agency)의 법리에 따라 규율되게 된다.193)

---

190) 김태선, "미국의 단체에 관한 법제도", 중앙법학 제19집 제4호, 중앙법학회
(2017), 153, 163.
191) Bishop v. Commodity Exch., Inc., 564 F.Supp. 1557, 1563 n.6(S.D.N.Y.
1983). 원문은 "All Corporations, whether or not profit making, act through
the actions of their boards of directors. Absent exceptional circumstances,
such an act by the board of directors is and act of the corporation, and, if
it is illegal, the corporation is liable for the consequences."이다.
192) 회사의 임원은 회사와, 파트너쉽의 파트너는 파트너쉽 또는 다른 파트너들
과 상호간에 각 대리 관계가 성립된다고 본다[Stephen M. Bainbridge,
Corporate Law(3rd Edition), Foundation Press(2016), 101].
193) 이때, 대리인과 본인 사이 또는 이사와 회사(주주) 사이에 신인관계가 인정
된다는 것이 확립된 미국의 판례 법리이고, 최근 델라웨어주 법원은 임원
(officer) 역시 회사와 주주에 대해 신인의무를 부담한다고 판결하였다[Gantler
v. Stephens, 965 A.2d 695 (Del. 2009)]. 다만 신인의무와 관련된 논의는 이
사(임원)와 회사(주주) 사이의 관계에 대한 것으로 회사와 제3자 사이의 관

그런데 미국은 회사법 또는 파트너쉽을 다루는 법률이 주(州)마다 각각 존재하고, 마찬가지로 하나의 통일된 미국의 대리법(agency law)도 존재하지 않기 때문에, 어느 주의 회사법 또는 대리법을 기준으로 하는지에 따라 세부적인 내용이 달라질 수 있다. 이에 본고에서는 대표권 제한 쟁점과 관련된 범위 내에서, 회사에 관한 법률로는 2016년 모범회사법(Model Business Corporation Act 2016 Revision, MBCA)과 델라웨어주의 2020년 일반회사법(Delaware General Corporation Law, DGCL)을 중심으로, 대리의 법리에 관하여는 2006년 작성된 미국의 리스테이트먼트(Restatement) 제3판을 중심으로 각 살펴보고자 한다. 모범회사법은 비록 강제력은 없으나 미국 법률가협회(American Law Institute)가 각 주마다 서로 다른 회사법을 통일시키고자 노력하였던 결과물로 현재 미국 내 30개 이상의 주가 모범회사법의 전부 또는 일부를 그대로 또는 수정하여 채택하고 있다. 델라웨어주 회사법은, 델라웨어주 자체가 회사에 매우 우호적인 법환경을 제공하고 있고, 델라웨어주의 형평법원(Chancery Court)과 최고법원(Supreme Court)이 회사법 사건을 신속히 처리하는 한편 양적으로도 풍성한 회사법 판례를 내놓으며 미국 회사법을 지배하고 있으며 이에 따라 우리나라의 판례 및 성문법(회사법)에도 막대한 영향력을 행사하고 있다.194) 리스테이트먼트는 미국 법률가협회가 주요 법 분야별로 판례 법리를 조문화하여 발간하고 있는 일종의 평석서로, 비록 그 자체에 법적 구속력이 인정되는 것은 아니지만 수많은 판례 및 입법에 상당한 영향을 미칠 정도로 그 권위가 인정되고 있고, 미국의 대리 법리에 관한 고찰은 주로 리스테이트먼트를 중심으로 이루어지고 있다.

이하에서는 먼저 미국에 존재하는 각 유형에 따른 단체 지배구조(특

계, 즉 회사가 제3자와 체결한 거래행위의 효력을 중점적으로 다루는 본고의 주제와는 거리가 있으므로, 본고에서는 추가적인 검토는 생략하기로 한다.

194) 김정호, "미국 델라웨어주 회사법이 우리 회사법에 미친 영향", 경영법률 제23집 제1호, 한국경영법률학회(2012), 127-131.

히 이사회와 임원의 관계)와 대리 법리를 살펴본 다음, 대표권 제한 쟁점과 관련하여 유의미한 미국의 판례 법리를 검토한다.

2. 단체 지배구조의 소개

가. 법인의 경우

미국법상 법인격을 가진 대표적 단체는 회사(corporation)로서, 그 목적에 따라 영리성을 가진 영리회사(Business corporation)와 비영리법인(nonprofit corporation)으로 나뉘고, 특히 비영리법인 중에서도 공익법인(charitable corporation)은 세법상 면세혜택을 받기 때문에 별도로 분류된다.

비영리법인과 영리회사는 유사한 법제도로 규율된다. 즉, 미국법상 비영리법인에 관하여는 미국 변호사협회(American Bar Association, ABA)가 1952년 마련한 「비영리법인에 관한 모델법률(Model Nonprofit Corporation Act)」(이하 '모델 비영리법인법')이 수차례 개정되어 현재 다수 주에서 채택되어 이에 따라 규율되고 있는데, 미국 변호사협회는 모델 비영리법인법의 제·개정 시에 "성질이 허용하는 한 모범회사법과 같게"함을 원칙으로 하였다고 밝히고 있다.[195] 특히 본고에서 다루는 대표권 제한 쟁점과 관련하여 보면, 비영리법인의 업무집행기관인 이사와 임원(Directors and officers)에 관한 8장의 내용은 후술하는 모범회사법의 관련규정과 상당부분 유사한데, 비영리법인은 필요적으로 이사회를 두어야 하고 법인의 모든 권한은 이사회에 의해 혹은 이사회의 권한 하에

---

195) Model Nonprofit Corporation Act(Third Edition), Offitial Text with Official Comments and Statutory Cross-references, ABA(2009), Foreword ⅹⅹ-ⅹⅹ ⅰ; James J. Fisherman, Stephen Schwarz, Lloyd Hitoshi Mayer, Nonprofit Organizations, cases and materials(5th edition), Foundation Press(2015), 109-110.

이루어지도록[§8.01(a), (b)[196)] 규정하고 있다. 따라서 적어도 대표권 제한 쟁점과 관련하여서는 법인의 종류를 불문하고 대리(agency)의 법리를 포함하여 동일한 법리가 적용되고 있다고 볼 수 있다.

2016년 모범회사법 §8.01(b)[197)는, "회사의 모든 권한은 기본정관 또는 §7.32에 의한 주주간계약에 의하여 제한되는 경우를 제외하고, 이사회에 의하여 또는 이사회의 수권에 의하여(by or under the authority of the board of directors) 행사되어야 하고, 회사의 영업과 업무는 이사회에 의하여 또는 이사회의 지시 하에 수행되어야 한다"라고 규정하고 있고, 델라웨어주 회사법 §141(a)[198) 역시 "이 장에 의하여 설립된 모든 회사의 영업 및 업무는, 이 장 또는 회사 기본정관에 달리 규정하는 경우를

---

196) MNCA §8.01 Requirement for and functions of board of directors
 (a) A nonprofit corporation must have a board of directors.
 (b) Except as provided in Section 8.12, all corporate powers must be exercised by or under the authority of the board of directors of the nonprofit corporation, and the activities and affairs of the corporation must be managed by or under the direction, and subject to the oversight, of its board of directors.
197) MBCA §8.01 Requirement for and functions of board of directors
 (b) Except as may be provided in an agreement authorized under section 7.32, and subject to any limitation in the articles of incorporation permitted by section 2.02(b), all corporate powers shall be exercised by or under the authority of the board of directors, and the business and affairs of the corporation shall be managed by or under the direction, and the subject to the oversight, of the board of directors.
198) DGCL §141 Board of directors; powers; number, qualifications, terms and quorum; committees; classes of directors; nonstock corporations; reliance upon books; action without meeting; removal.
 (a) The business and affairs of every corporation organized under this chapter shall be managed by or under the direction of a board of directors, except as may be otherwise provided in this chapter or in its certificate of incorporation.

제외하고 이사회에 의하여 또는 이사회의 지시 하에 수행되어야 한다"
라고 하여 마찬가지로 정하고 있다. 특히 델라웨어법 상의 '이사회에 의
하여 또는 이사회의 지시 하에(managed by or under the direction of a
board of directors)'라는 문언은 종래 '이사회에 의하여(managed by a
board of directors)'라고만 되어 있던 것이 개정된 표현으로, 이는 이사회
가 그의 경영권을 집행임원(officer)에게 위임하는 것을 인정하는 동시에
이사회의 감독기능을 강화하기 위한 입법적 조치로 이해되고 있다.[199]

미국 회사법상 이사회는 주주총회에서 선임된 이사들로 구성된 최고
의 그리고 고유한 경영기관으로, 이러한 경영권이 개별 이사가 아닌 기
관으로서의 이사회에 부여되고 있다는 점을 특징으로 한다. 이러한 이유
로, 이사들은 의결권 행사를 위임장에 의해 행사할 수 없고, 의결권 행사
에 관한 계약에 의해 구속될 수도 없다(이와 달리 주주는 위임장에 의한
의결권 행사가 허용되고, 의결권 행사에 관하여도 주주간 계약을 통해
구속할 수 있다).[200] 이사회 결의 없이 이루어진 회사의 행위는 효력이
없다. Baldwin v. Canfield 판결을 통해, 개별 이사들(이사회를 구성하는
사람들)이 이사회를 소집하지 않고 개별적으로 한 행위는 이사회의 행
위가 아니라는 점이 확인되었다.[201] 따라서 원칙적으로는 경영권, 즉 업
무집행권과 회사대표권이 이사회에 속한 이사 전원에 의하여 공동으로
이루어져야 하겠지만 이는 현실적으로 어려움이 많아 대부분 집행임원

---

199) Stephen M. Bainbridge, "Why a Board? Group Decisionmaking in Corporate
    Governance", Vanderbilt. L. Rev., Vol 55(2002), 5.
200) Richard D. Freer, The Law of Corporations in a nutshell, West Academic
    Publishing(2020), 164-165.
201) Baldwin v. Canfield, 1 N. W. 261(1879). "회사의 이사는 이사회 회의에 모
    이지 않으면 아무런 행위를 할 권한이 없다. 이사회를 구성하는 자들이 개별
    적으로 한 행위는 이사회의 행위가 아니다(The members of a corporation's
    board of directors have no authority to act, save when assembled at a board
    of meeting. The separate action, individually, of the persons composing such
    governing body is not the action of board)."

(officer)이나 위원회가 일부 기능을 위임받아 행사하고 있다. 반드시 회의체로 행위하여야 하는 이사회와 달리, 임원은 개인이 개별적으로 행동한다. 이때 집행임원에 의해 수행되는 대외적 법률행위를 대리에 유사한 행위로 보고 대리 법리(agency law)를 적용하는 것이다.[202)203)]

미국의 성문 법률에서 요구하는 임원은 극히 소수이지만,[204)] 일반적으로 최고경영자(chief executive officer, CEO) 및 최고운영책임자(chief operating officer, COO), 최고 재무책임자(chief financial officer),[205)] 법률고문(general counsel)[206)]과 같은 C급 임원들로 칭해지는 자들이 이사회에 의해 자유롭게 임원으로 임명된다.[207)]

임원 중 사장(president)은 통상 회사의 최고집행임원(the principal

---

202) 임중호, "대표이사와 대표집행임원의 법적 지위 비교 -업무집행의 의사결정권과 집행권의 소재를 중심으로-", 중앙법학 제10집 제1호, 중앙법학회(2008), 274.

203) 이사(director)는 단순한 회사의 대리가 아니라 회사의 기관(organ)이라거나 본인(principal) 그 자체라고 보는 등 대리 이상의 무엇으로 파악하려는 일부 견해{R. Grantham, "The limited Liability of Conmany Directors", Lloyd's Martime and Commercial Law Quarterly(2007); S. Watson, "Conceptual Confusion: Organs, Agents and Identity in English Courts", Singapore Academy of Law Journal(2011); C. Witting, "The Small Company: Directors' Status and Liability in Negligence", King's Law Journal(2013) 등}도 있으나, 적어도 이사와 회사 사이의 관계가 대리법(agency law)에 따라 규율된다는 데에는 이론이 없어 보인다.

204) 예를 들어 델라웨어주 회사법은 기업 비서(corporate secretary)의 임명만을, 모범회사법은 사장(president), 기업 비서, 회계담당자(treasurer)를 요구한다.

205) 일반적으로 회사의 재정관리를 담당한다.

206) 통상 회사의 변호사로서 이사회 회의를 문서화하는 등 이사회의 비서 (secretary) 역할을 하고, 주주총회를 조직, 수행, 문서화하는 등의 업무도 담당한다{John C. Coffee, Ronald J. Gilson, Brian JM Quinn, Cases and Materials on Corporations (Aspen Casebook) 9th Edition, Aspen Publishing (2021), 56}.

207) John C. Coffee, Ronald J. Gilson, Brian JM Quinn, Cases and Materials on Corporations (Aspen Casebook) 9th Edition, Aspen Publishing(2021), 55.

executive officer)으로 이사회의 지시에 따라 회사의 업무를 처리한다. 대부분의 주에서 사장은 회사의 '일상업무'에 관하여 일반적으로 회사를 대리할 권한이 있지만,[208] 일상업무가 아닌 비일상업무에 관하여는 이사회의 특별한 수권행위가 있어야 대리권을 행사할 수 있다("일상적이고 정규적인 업무과정에서 한 행위는 회사를 구속하지만, 비일상적인 업무는 그러하지 아니하다…"[209])고 판시한 Lee v. Jenkins Bros. 판결[210] 참조).

이때 법령에 의해 이사회에 위임된 행위는 비일상적인(extraordinary) 것으로 보는 것이 합리적이다.[211] 예를 들면, 모범회사법 §8.25(d)에서 이사회가 위원회에 위임할 수 없다고 명시한 행위들, 즉 "배당 또는 기타 분배를 승인하는 것, 모범회사법에서 주주의 승인을 요구하는 주주의

---

208) Richard D. Freer, The Law of Corporation in a Nutshell(8th ed.), West Academic Publishing(2020), 187; Stephen M. Bainbridge, Corporate Law(3rd Edition), Foundation Press(2016), 103.

209) 원문은 "the president only has the authority to bind his company by acts arising in the usual and regular course of business but not for contracts of an 'extraordinary' nature…"이다.

210) Lee v. Jenkins Bros., 268 F.2d 357 (2d Cir, 1959). 위 사건은 원고인 Lee가 피고 회사의 사장과 구두로 하였던 연금 지급, 정년 등의 약정을 주장하며 소를 제기하였는데, 당시 이를 승인하는 회사 이사회 결의가 없었기 때문에 그 효력이 다투어졌다. 법원은 본문과 같은 법리에 따라, 종신고용계약 (lifetime employment contract)을 체결하는 것은 비일상적인 업무이고, 피고 회사 사장이 원고와 원고 주장의 고용계약을 체결 권한은 없었으며, 결국 이 사건에서 다투어지는 고용계약의 유효성은 외관대리(apparent authority)의 범위 내에 있는 통상의 업무에 속하는지 여부에 따라 판단될 것인데 이는 사실인정의 문제로 배심원들이 결정해야 한다고 하였다. 배심원들은 이 사건 고용계약을 통상의 업무에 속하지 않는 종신고용계약이라고 인정하였고, 이에 법원은 사장이 이사회 승인 없이 체결하였음을 이유로 원고 청구를 기각하였다.

211) Stephen M. Bainbridge, Corporate Law(3rd Edition), Foundation Press(2016), 104; William L. Cary, Melvin Aron Eisenberg, Corporations, Cases and materials(6th edition), Foundation Press(1988), 238.

행위를 승인하거나 제안하는 것, 이사회 또는 이사회 내 위원회(어떤 위원회이든)의 결원을 보충하는 것, 부속정관(bylaws)을 채택·개정 또는 폐지하는 행위"는 비일상적인 업무에 포함된다고 볼 수 있다. 참고로 우리 상법에서도 이익배당은 주주총회 결의로 정함을 원칙으로 하되 이사회 결의로도 가능하도록 규정하였고(상법 제462조), '주주총회의 승인을 요하는 사항의 제안, 대표이사의 선임 및 해임' 등의 권한은 이사회가 위원회에 위임할 수 없도록 정하고 있다(상법 제393조의2 제2항). 그 밖에 비일상(extraordinary) 업무의 예로 통상 거론되는 것들은, 장기간의 부채 또는 상당한(significant) 규모의 부채 생성, 채무의 재인수, 상당한 규모의 자본 투자, 사업 결합, 신규 사업에의 진출 등이 있다.212)

사장과 달리 부사장(vice-president)이 회사를 대표하여 한 행위에 관하여는, 정관이나 이사회에서 명백하게 부여한 권한에 한정하여 묵시적(implied) 대리권 또는 외관(apparent) 대리권이 인정되는 경향이 있다.213)214)

일반적으로, 어떠한 행위가 일상업무인지 여부(ordinary or extraordinary)를 판단할 때에는, 회사 자산이나 수입 중 어느 정도의 비중을 차지하는 행위인지, 어느 정도의 위험이 수반되는지, 그 행위가 회사에 얼마나 장기적인 영향을 미칠 것인지, 그 결정을 되돌릴 경우 어느 정도의 비용이 소요될 것인지 등의 요소가 고려될 수 있다.215)

그러나 대부분의 경우 그 경계는 모호하다. 일상업무인지 여부는 문

---

212) William L. Cary, Melvin Aron Eisenberg, Corporations, Cases and materials (6th edition), Foundation Press(1988), 238.
213) Stephen M. Bainbridge, Corporate Law(3rd Edition), Foundation Press(2016), 103.
214) 부사장(vice-president)의 권한을 제한하거나 특별히 정의하는 부속정관이 없는 경우, 부사장은 사장 부재시에 사장으로서 (사장의 권한을) 행위할 수 있다고 한 Anderson v. Campbell, Sr., 223 N.W. 624(Minn. 1929) 판결.
215) Stephen M. Bainbridge, Corporate Law(3rd Edition), Foundation Press(2016), 105.

제된 거래행위가 발생한 상황에 크게 의존하고, 발생 가능한 거래의 유형은 무한하게 다양하기 때문이다.[216) 그러한 이유로 회사가 타인을 위해 보증을 제공하는 등의 기본적인 행위의 효력에 관하여도 판례의 일관성은 찾아보기 힘들다고 평가된다.[217)

나. 비법인의 경우

미국법상 비법인으로서 대표적인 유형은 영리성을 요건으로 하는 '파트너쉽(partnership)'인데[218) 대부분의 주에서 1997년 개정 통일파트너쉽법(Revised Uniform Partnership Act 1997, 이하 'RUPA 1997')의 법리에 따르고 있다. 각 파트너는 파트너쉽의 통상적인 업무를 대리할 권한을 가진다. 따라서 파트너쉽의 이름으로 행한 파트너의 행위는, 파트너가 특정 행위에 관해 파트너쉽을 위해 행위할 권한이 없고 상대방이 권한없음을 알았거나 권한없음의 통지를 받은 경우가 아닌 한, 파트너쉽을 구속한다. 파트너쉽의 통상적인 업무가 아닌 경우에는 다른 파트너들로부터 그러한 행위를 할 권한을 위임받아야 한다[RUPA 1997 §301(1), (2)[219)].

---

216) William L. Cary, Melvin Aron Eisenberg, Corporations, Cases and materials (6th edition), Foundation Press(1988), 237-238.

217) Stephen M. Bainbridge, Corporate Law(3rd Edition), Foundation Press(2016), 105.

218) 1991년 통일파트너쉽법(Uniform Partnership Act 1914) §6(1)과 1997년 개정 통일파트너쉽법(Revised Uniform Partnership Act 1997) §101(6)에서는 파트너쉽에 관하여, '영리사업을 영위하기 위한 2인 이상의 단체(an association of two or more persons to carry on as co-owners a business for profit)'라고 정의하고 있다.

219) RUPA 1997 §301

(1) Each partner is an agent of the partnership for the purpose of its business. An act of a partner, including the execution of an instrument in the partnership name, for apparently carrying on in the ordinary course the

반면, 법인격이 없는 단체(unincorporated association)로서 영리성이
없는 단체에 관하여는, 미국 통일법률위원회(Uniform Law Commission,
ULC)가 2008년 마련한 「법인 아닌 비영리단체에 관한 통일법」(Uniform
Unincorporated Nonprofit Association Act 2008, 이하 '2008년 통일법')
§8(a)에서 유한책임의 원칙(법인 아닌 단체의 채무에 대한 책임은 오로
지 그 단체가 부담한다, 구성원이나 업무집행자는 그가 단체의 구성원
또는 업무집행자이거나 그러한 지위에서 행위를 했다는 것만으로는 단
체의 채무에 대해 개인적인 책임을 지지 않는다[220])을 규정하고 있다.
또한 2008년 통일법 §14[221]는 구성원이라는 이유만으로 단체의 대리인
(agent)이 되는 것은 아니라고 명시하고 있어 파트너쉽에서 파트너가 일
반적인 파트너쉽의 대리인으로 여겨지는 것과 대비된다. 따라서 대리 법
리에 따라, 비영리·비법인 단체의 구성원은 실제 대리권이 있거나 외견

---

partnership business or business of the kind carried on by the partnership
binds the partnership, unless the partner had no authority to act for the
partnership in the particular matter and the person with whom the partner
was dealing knew or had received a notification that the partner lacked
authority.

(2) An act of a partner which is not apparently for carrying on in the
ordinary course the partnership business or business of the kind carried on
by the partnership binds the partnership only if the act was authorized by
the other partners.

220) SECTION 8. LIABILITY.

(a) A debt, obligation, or other liability of an unincorporated nonprofit
association is solely the debt, obligation, or other liability of the association.
A member or manager is not personally liable, directly or indirectly, by way
of contribution or otherwise for a debt, obligation, or other liability of the
association solely by reason of being or acting as a member or manager.
This subsection applies regardless of the dissolution of the association.

221) SECTION 14. MEMBER NOT AGENT

A member is not an agent of the association solely by reason of being a
member.

상 대리권이 있다고 보이는 경우에 그 대리행위의 효과를 단체에 귀속
시킬 수 있고, 단체 구성원이라는 이유만으로 대리권이 인정되는 것은
아니다(2008년 통일법 §14 comment).

3. 대리의 법리

미국의 대리 법리(agency law)는 우리의 그것과 유사하다. 요컨대 실
제의 대리권(actual authority) 또는 외관대리권(apparent authority, '표현
대리권'으로 번역할 수도 있으나, 본고에서는 우리 민법상의 용어와 구
분하여 이와 같이 번역한다)[222)]이 인정되는 경우에 대리의 효과가 발생
하고, 대리권이 없는 경우에도 본인의 추인(ratification)이 있었거나 금반
언의 원칙(estoppel)이 적용되면 대리인의 행위는 본인을 구속한다.[223)]

먼저 실제의 대리권은, ① 본인이 구두 또는 서면으로 대리인에게 명
백하게 대리권 수여의 의사를 표시한 경우에 인정된다(express
authority). ② 묵시적 대리권(implied authority)도 여기에 포함되는데, 리
스테이트먼트 제3판[Restatement of the Law(Third), Agency]에 의하면,
㉮ 명시된 책임을 달성하거나 이를 위해 대리인이 필요로 하는 통상적이
고 적절한 행위, ㉯ 또는 대리인이 본인의 목적이나 대리인에게 알려진
사실을 토대로 본인의 의사를 합리적으로 해석하였을 때에 본인이 대리
인이 그렇게 행위하기를 바랄 것이라고 대리인이 믿는 방법으로 행위하
기 위해 필요한 대리권을 의미한다.[224)] 묵시적 대리는 수권이 명시되지
않았을 뿐 실제 대리권이 존재하므로, 대리권이 없는 외관대리와 구별된

---

222) 참고로 Principles of European Contract Law를 국내에 번역한 문헌[김재형
역, 유럽계약법 원칙, 박영사(2013)]에서는 'apparent agent'를 '표현대리'로
번역하였다.

223) Restatement of the Law(Third) Agency §2.01, 2.03, 2.05

224) Restatement of the Law(Third) Agency §2.01 comment b.

다. ③ 본인의 목적을 달성하는데 필수적·부수적 행위를 하기 위해 필요
한 부수적 대리권(incidental authority)도 실제의 대리권에 해당한다.225)

외관대리권은 사실상 행위자에게 대리권이 없으나 행위자가 거래한
제3자가 대리인이 본인을 위하여 행위할 권한이 있다고 합리적으로 믿
고, 그 믿음이 본인의 표시(manifestation)에 기인한 경우에 인정된다.226)

대표권 제한 쟁점과 관련하여 특히 의미를 가지는 것은 묵시적 대리
및 외관대리이다. 미국은 체계적인 상업등기제도가 존재하지 않고, 회사
의 지배구조 내지 기관에 대한 사항이 외부에 등록되지 않기 때문에 거
래상대방이 실사 또는 회사와의 협의를 통해 개별적으로 정보를 확보하
고 있는데,227) 이와 같이 확보된 정보들이 결국, 다투어지는 회사의 행
위가 일상업무인지 여부 또는 대리권이 인정되는 행위인지 여부의 판단
요소로 고려되는 것으로 보인다.

리스테이트먼트 제3판에서는 폐기되었으나 제2판에서 주요하게 논의
되었던 내재적 대리권(inherent authority)의 개념228)을 살펴보는 것은, 행
위자가 회사 이름으로 행한 어떠한 행위가 일상업무인지 여부를 판단하
는 데에 도움이 된다. 내재적 대리권의 개념은 대리인에게 실제의 대리
권이 없고 외관대리도 성립하지 않으며 금반언 원칙도 적용할 수 없는
상황에서 대리인의 행위에 의해 해를 입은 제3자가 있을 때 적용되었다.
예를 들어 일반인들이 사장이라면 당연히 가질 것이라고 믿는(즉 사장

---

225) Restatement of the Law(Third) Agency §2.02 comment d.
226) Restatement of the Law(Third) Agency §2.03.
227) 서울대학교 금융법센터, 각국의 상업등기제도에 관한 연구, 법원행정처(2017),
    44.
228) 그러나, 리스테이트먼트 제3판에 의하더라도, 사장(president)에게는 일상적인
    업무(ordinary course of business)에 관하여 외관대리권(apparent authority)이
    있다고 인정되므로, '내재적 대리권'의 개념을 폐기하였다고 해서 결론에 차
    이를 가져오지는 않는다{Richard D. Freer, The Law of Corporations in a
    nutshell(8th ed.), West Academic Publishing(2020), 34-35}.

의 지위에 취임함으로써 당연히 가질 것으로 생각되는), 임원 아닌 사용인의 고용과 해고, 일상적인 상거래 계약(기업의 일상적인 원료 조달을 위한 매매계약, 회사의 생산제품 판매계약 등)의 체결 등에 관하여는 사장이 내재적 대리권을 가지는 것으로 해석되었다. 이와 달리 회사의 사업구조 또는 지배구조에 중대한 변화를 가져오는 것(신주의 발행, 상당한 금액의 채무부담, 상당한 금액의 투자, 회사 중요 영업의 처분, 종신고용계약 등)은 비일상 업무로 해석되었다.[229]

내재적 대리권의 개념은 대리인의 권한없는 행동으로 인한 손실을 공평하게 배분하고자 하는 취지에서 몇몇 법원에서 적용되었으나, 널리 받아들여지지 못하였고 결국 리스테이트먼트 제3판에서 폐기되었다. 대신 리스테이트먼트 제3판은 내재적 대리권의 원칙을 통해 다루어졌던 상황을 커버하기 위해 §1.03에서 "표시(manifestation)"라는 광범위한 정의를 추가하였고, 이로써 손해를 입은 제3자를 구제하기 위해 외관대리권이 사용되는 잠재적 범위가 확대되었다.[230]

이와 구별되는(구별되어야 하는) 개념인 '묵시적 실제 대리권'은, 대표적으로 이사회가 과거에 작위 또는 부작위에 의하여 사장에게 실제 대리권을 묵시적으로 수여한 경우 인정된다. 예를 들어 통상 사장에게 잉여 공장을 처분할 권한이 일상적 업무로서 허용되지 않는다 하더라도, 과거 이사회가 그와 같은 사장의 계약 체결을 이의없이 허용하거나 묵인한 적이 있다면, 이로써 이사회는 사장에게 현재의 잉여 공장 처분계약을 체결할 수 있는 묵시적 실제 대리권을 수여한 것으로 해석될 수 있다.

한편, 무권한자의 행위라도 본인이 이를 추인(ratification)하였다면 본인은 제3자에 대하여 책임을 지는데, 이때 본인은 추인의 대상인 대리인

---

229) Robert W. Hamilton, The Law of Corporations in a Nutshell(4th ed.), West Academic Publishing(1996), 274.

230) Lawrence A. Cunningham, Corporations and Other Business Organizations: Cases and Materials(10th Edition), Carolina Academic Press(2020), 34.

의 행위에 관한 모든 중요한 사실을 잘 알고 있는 상태에서 추인했어야
한다. 대리인의 무권한 행위에 대하여 본인이 책임지게 되는 두 번째의
원칙은 금반언(estoppel)이다. 본인이 제3자로 하여금 문제의 행위가 본
인을 대표하여(on behalf of) 행해진 것이라고 믿도록 하였고, 제3자가
그 믿음에 불이익하게(detrimentally) 의존하였다면, 본인은 대리권의 존
재를 부인할 수 없다.231)

4. 미국 판례의 소개

먼저 일상적인 업무범위 내의 행위인지 여부가 문제된 판결로, Plant
v. White River Lumber Co. 사건232)에서는, 목재회사이던 White Lumber
가 1919년 7월에 아칸소 주의 벌목작업관리자로 고용한 Keaton이 수년
간 같은 직위에서 일해 오던 중(매년 유사한 조건의 고용계약이 1년 단
위로 갱신되었다), 1927년 White Lumber를 대표하여(on behalf of) Plant
회사와 사이에 체결한 계약의 효력이 다투어졌다. 문제의 계약은 아칸소
주에서 White Lumber가 소유한 모든 상품성 있는 목재를 자를 수 있는
권리를 Plant에게 부여하는 내용으로, White Lumber가 아칸소 주에 보유
하고 있는 목재 전부를 처분하는 것에 다름 아니었고 그 계약 이행을 위
해서는 총 자본금의 4배 이상의 돈을 12년 이상 지출할 것이 요구되었
다. 그런데, 당시 위 계약은 White Lumber 이사회에 의해 승인된 바 없
었고, Keaton이 그 계약서를 White Lumber에 제출하거나 이사회에 보고
하지도 않았다. 1927년부터 1929년까지 계속된 홍수로 위 계약에 따른
이행 등은 고려되지 않았고, 수년이 지나서야 Plant가 White Lumber를
상대로 위 계약에 위반하여 타에 목재 등을 처분한다고 주장하며 손해

---

231) Lawrence A. Cunningham, Corporations and Other Business Organizations:
Cases and Materials(10th Edition), Carolina Academic Press(2020), 40.
232) Plant v. White River Lumber Co., 76 F.2d 155 (8th Cir. 1935).

배상을 구하는 이 사건 소송을 제기하였다. 법원은 "알려진 사업과정에서 본인을 구속하는 일반 권한과 회사 전체를 처분하는 권한 사이에는 차이가 있다."[233]고 하면서, Keaton에게는 문제된 계약을 체결할 권한(적법한 대리권)이 없었다고 판단하였다.

In re Drive-In Development Corp. 사건은 Drive-In Development Corp. 이 그 모회사를 위해 모회사의 거래은행에 대해 보증한 행위의 효력이 다투어진 사안이다.[234] 보증 당시 보증서에는 Maranz가 Drive-In을 대표하여 회장(Chairman)으로서 서명하였고, 비서(secretary)였던 Dick이 회사 이사회가 보증을 결의하였다는 이사회 의사록과 적법하게 결의되었다는 인증서 사본을 제공하였다. 이후 사실은 Drive-In의 이사회에서 그와 같은 결의를 한 바 없음이 밝혀졌으나, 법원은 일반적으로 회사 기록을 보관하고 이사들이 결의를 적절하게 기재하는 것은 비서의 의무(duty)이고, 문제되는 결의가 이루어졌음을 증명하는 것은 비서(secretary)인 Dick의 권한(authority) 내에 있었으므로, 거래 과정에서 적법한 대리인인 (권한을 가진 자인) Dick의 진술은 회사인 Drive-In을 구속한다고 보았다. 따라서 Drive-In은 금반언(estoppel)에 따라 보증에 대한 책임을 부정할 수 없다고 판단하였다.[235]

반면 임원의 개인 대출을 회사가 보증한 행위에 대하여 효력을 부정한 예가 있다. Molasky Enterprises, Inc. v. Carps, Inc. 사건[236]에서,

---

233) "There is a difference between general authority to bind a principal in the course of a known business, and one to dispose of the entire corpus of a corporation."

234) In re Drive-In Development Corp., 371 F.2d 217(7th Cir. 1966).

235) 반면 제3자가 인증된 결의안의 "의심스러운 성격을 알고 있었음에 틀림없었기 (must have been aware of the suspect nature)" 때문에, 회사는 비서(secretary)가 인증한 기업 결의에 구속되지 않는다고 판단한 판결로 Keystone Leasing v. Peoples Protective Life Ins., 514 F. Supp. 841 (E.D.N.Y. 1981).

236) Molasky Enterprises, Inc. v. Carps, Inc., 615 S.W.2d 83 (Mo. Ct. App. 1981).

Carps 회사의 사장(president)이었던 Herbert Carp 및 형제인 Emile Carp 가 개인 대출을 받으면서 Carps 회사를 보증인으로 내세운 행위의 효력 이 다투어졌다. Carps 회사는 임원 대부분이 가족들로 이루어져 있었고, Molasky 측은 당시 이사들 사이에서 Carps 회사의 보증에 관한 결의가 구두로 이루어졌다고 주장하였으나, 법원은 공식적인 이사회 소집도 없 었고 그러한 거래를 승인하는 이사회 회의록이 작성되지 않았던 등의 사정을 들어(이사들 중 Herbert와 Emile은 이해관계인이었음) 이사 세 명(Herbert의 삼촌들)에게 대출에 관한 노트(note)를 보여주고 "승인 (blessing)"을 받았다는 사정만으로는 이사회 결의가 있었다고 인정할 수 없다고 판단하여 명시적 대리권 주장을 배척하였다. 당사자들은 묵시적 대리권도 주장하였으나, 법원은 이는 본인과 대리인 사이의 관계에 관한 것으로 제3자가 그 관계에 대해 들은 말이나 제3자가 믿은 바에 따라 달 라지지 않는다고 보아 인정하지 않았고, 외관대리권은 대리인의 행위가 아니라 (제3자에게 대리권이 있다는 믿음을 주는) 본인의 행위에 근거하 여 인정되는 것이므로, 외관대리권 역시 인정되지 않는다고 하였으며, 회사의 추인도 없었다고 판단하였다.

외관대리(apparent authority)에 관한 최근의 판례로는, 감독자(super-visor)에게 직원을 해고할 외관대리권이 인정된다고 본 In Chavez-Lavagnino v. Motivation Educ. Training, Inc. 판결[237]이 있다. 두 명의 직 원이 고용주와 감독자를 상대로 부당해고(불법적인 지시에 따르지 않았 음을 이유로 해고함)를 주장하며 제소하였는데, 회사는 감독자가 직원을 해고할 권한이 없고 오로지 집행이사(executive director)만이 그러한 권 한을 가진다고 다투었으나, 법원은 감독자에게 직원 해고에 관한 (표현) 대리가 성립한다고 보아 회사의 위 주장을 배척하였다. 즉, 직원 1과 관 련하여서는 해고를 직접 수행 한 감독자(supervisor)가 상사와 지속적으

---

237) In Chavez-Lavagnino v. Motivation Educ. Training, Inc., 767 F.3d 744(8th Cir. 2014).

로 접촉하였다는 증언 및 그 상사가 집행이사에 해당 직원 1의 해고를
추천하였고 이러한 내용이 집행이사에 전달되었으며 대부분 집행이사가
이를 그대로 따랐다는 상사의 증언을 받아들여서 회사의 책임을 인정하
였다. 직원 2와 관련하여서는, 감독자가 미네소타와 노스다코타 지역(직
원 2가 일한 지역)을 담당하였고 집행이사는 위 지역 내 사무실을 관리
하기 위해 감독자에게 크게 의존하였다는 감독자의 증언을 받아들여, 해
당 직원 2로서는 감독자가 해고할 권한이 있다고 믿을 것이고 이에 회사
는 구속된다고 보아, 회사의 책임을 인정하였다.

  부여된 권한을 넘은 행위, 즉 100만 달러 한도 내에서만 채권을 발행
할 권한을 부여받은 자가 120만 달러의 채권을 발행한 사안에 관하여
외관대리권을 인정한 United States v. Great Am. Ins. Co. of New York
사건238)도 있다. 중국산 가재꼬리를 수입하는 회사(New Phonix)가 반덤
핑 관련 세금이 발생할 경우를 대비하여 Great American이 발행한 surety
bonds를 제공하였고, 추후 미국 세관이 Great American을 상대로 위
bonds에 기한 채무이행을 구하였다. Great American은 Davis가 대리인으
로서 서명한 surety bonds의 액면가가 120만 달러인데, Davis가 부여받은
권한은 100만 달러로 제한되었기 때문에 권한을 초과하여 유효하지 않
다고 주장하였다. 그러나 법원은, Davis가 Great American의 surety
Bonds를 발행할 명백한 권한을 가졌고, 과거에 Great American은 Davis
가 100만 달러를 초과하는 bonds를 수차례 발행한 사실이 기재된 보고
서를 받은 적이 있다는 사정이 기록상 인정되는 점(Great American이 위
보고서를 받아보고도 침묵한 이유가 Davis의 행위를 묵인하였기 때문인
지 아니면 감독 결함 등의 이유로 Davis의 권한 초과 행위를 알지 못하
였기 때문인지 여부는 중요하지 않다) 등을 들어 정부가 Davis에게 100
만 달러를 초과하는 채권을 실행할 권한이 있다고 믿는 것이 비합리적

---

238) United States v. Great Am. Ins. Co. of New York, 738 F.3d 1320.

이었다고 볼 수 없다고 판단하였다(쟁점은, Great American이 Davis의 권한이 100만 달러로 제한되었다고 말하였는지가 아니라, 그럼에도 불구하고 정부의 입장에 있는 합리적인 사람이라면 Great American의 일련의 행동이 Davis에게 100만 달러를 초과하여 bonds를 발행할 외관대리권을 수여하였다고 믿었을 것인지 여부이다[239]). 또한 Great American이 Davis의 권한을 제한하는 서면의 사본이 교부되었다고 볼 자료도 없고 이러한 권한 제한을 알고 있었다는 자료도 없다는 점 등의 사정도 거시되었다.

원래 권한이 있었으나 회사 규정, 정책 등이 변경되어 그 권한이 없어진 자의 행위에 관하여 외관대리권을 인정한 판결로는 Digital Ally, Inc. v. Z3 Technology, LLC 판결[240]이 있다. 비디오 시스템 배분업자 (Digital)가 하드웨어 모듈 제조업자 Z3을 상대로, 당사자 사이에 체결된 일련의 계약이 권한없는 임원(officer)에 의해 사인되었음을 이유로 취소 또는 무효라고 주장하는 소를 제기하였다. 위 당사자 사이의 PLA 2008과 PLA 2009 계약은 모두 Haler가 Digital을 대표하여 체결하였는데, PLA 2008 체결 당시 Haler는 Digital의 엔지니어링 및 생산 담당 부사장 (Executive Vice President for Engineering and Production)이자 Digital의 임원이었고, 당시 Digital의 내규와 부속 정관 등에 의해 부사장인 Haler는 Digital을 대표하여 계약을 체결할 실제 권한(actual authority)이 있었다는 점에는 다툼이 없었다.[241] 약 2달 후에 PLA 2009 계약이 체결되었

---

239) The question, then, is not whether Great American told the government that Mr. Davis's authority was limited to $1 million—we assume, as the trial court did, that the disputed Form 5297 was filed—but whether a reasonable person in the government's position would nevertheless believe that Great American's subsequent conduct gave Mr. Davis apparent authority to issue bonds in excess of $1 million.

240) Digital Ally, Inc. v. Z3 Technology, LLC, 754 F.3d 802 (2014).

241) Digital의 사장(President and Chief Executive officer) 역시 Haler가 이러한

는데 계약의 형태와 구조는 PLA 2008과 유사하였고 당시 Haler는 여전히 Digital의 엔지니어링 및 생산 담당 부사장(Executive Vice President for Engineering and Production)이었다.

Digital은, 이사회가 종전에 부속정관(bylaws)에서 임원들에게 부여하였던 권한을 제한하는 내용의 서명권한정책(Signature Authorities Policy)을 채택하였고 그 결과 Digital의 모든 계약은 (PLA 2009를 포함하여) 두 명의 임원들에 의해 승인되어야 하고, 따라서 Haler 혼자 체결한 PLA 2009는 Digital을 구속하지 않는다고 주장하였다.

그러나 법원은, Porter v. Tempa Min. & Mill. Co. 판결[242]을 각주로 인용하여 "부사장(vice president)이나 비서(secretary)의 직함을 가진 자는 회사의 대리인으로서 행위할 외관대리권이 있다."[243]고 하면서, 당시 Harler가 Digital의 부사장이었음에 주목하였다. 무엇보다 Haler가 부속정관과 이사회의 승인에 따라 적어도 PLA 2008 계약을 체결할 정당한 권한이 있었고 이는 (PLA 2009 계약 체결에 있어서) 외관대리권의 근거가 될 수 있으며, 실제의 대리권이 종료되었다고 해서 그 자체로 대리인이 보유하는 외관대리권한까지 종료되는 것은 아니라는 점[244]을 명시하고, 사안에서 Digiral이 계약 상대방인 Z3에게 자신들의 이중서명정책을 알려주었다는 자료도 없거니와 Z3이 Haler가 Digital을 대리하여 계약을 체결할 권한이 있는지를 의심했어야 한다는 점을 암시하는 증거도 제출하지 못하였다고 하였다.

계약을 체결할 예정임을 잘 알고 있었고 체결 직후 그 사실을 알고 있었다.
242) Porter v. Tempa Min. & Mill. Co., 59 Nev. 332, 93 P.2d 741, 744 (1939).
243) "where a person is clothed with a title such as vice-president or secretary of a corporation he has apparent authority as the agent of the corporation to act."
244) "termination of actual authority does not, by itself, terminate the apparent authority held by an agent". 이는 리스테이트먼트 제3판 §3.11 (1)항의 내용이기도 하다.

5. 소결

미국은, 영리회사의 임원이 이사회 결의 없이(권한을 벗어나) 한 행위가 회사에 대하여 유효한지 여부, 파트너쉽의 파트너가 한 행위에 파트너쉽이 구속되는지 여부 등 대표권 제한 쟁점에 관하여, 법인격의 유무·영리성의 유무와 상관없이 대표기관의 위임을 받아 행위한 자를 단체(법인)의 대리인으로 보고 대리의 법리에 따라 거래상대방을 보호하고 있다.

다만 모범회사법과 델라웨어주 회사법에서는 임원의 종류와 기능 등에 관하여 부속정관(bylaws) 또는 이사회가 정하도록 하고 있을 뿐이다(MBCA §8.40,[245]) §8.41[246]) 및 델라웨어주 회사법 §142[247])). 따라서 임원의 행위가 수권범위 내의 행위인지 여부 또는 대리권이 인정되지 않는 경우라도 외관대리나 금반언의 법리를 통해 본인이 대리인(파트너, 임원)의 행위에 구속되는지 여부의 판단은 판례를 통해 이루어졌고, 그

---

245) MBCA §8.40 Officers

(a) A corporation has the officers described in its bylaws or appointed by the board of directors in accordance with the bylaws.

(b) The board of directors may elect individuals to fill one or more offices of the corporation. An officer may appoint one or more officers if authorized by the bylaws or board of directors. ···(이하 생략)

246) MBCA §8.41 Functions of Officers

Each officer has the authority and shall perform the functions set forth in the bylaws or, to the extent consistent with the bylaws, the functions prescribed by the board of directors or by direction of an officer authorized by the board of directors to prescribe the functions of other officers.

247) DGCL §142 Officers; titles, duties, selection, term; failure to elect; vacancies.

(b) Officers shall be chosen in such manner and shall hold their officers for such terms as are prescribed by the bylaws or determined by the board of directors or other governing body. ···(이하 생략)

주된 기준은 "회사의 일상업무인지 여부(ordinary or extraordinary)"라는 법리가 확립되어 있다. 이는 우리 상법 제393조 제1항에서 "중요한 업무집행"에 관한 의사결정권을 이사회의 권한으로 정함으로써 동일한 쟁점이 법률 해석의 문제로 귀결되는 우리의 법체계와는 구별된다. 같은 이유로 미국에서는, 우리 상법 제393조 제1항에 따른 제한과 정관 등에 의한 제한이 질적으로 구별되어야 함을 전제로 상대방의 보호에도 차이를 두어야 한다는 국내의 논의(후술하는 제4장 제2절 4.항 참조)는 찾아보기 어렵다.

그러나 실제 사안에서 미국 판례가 일상 업무인지 여부를 판단하는 것과 우리 판례가 상법 제393조 제1항의 중요한 업무인지 여부를 판단하는 것은 크게 다르지 않아 보인다. 구체적으로는, 모범회사법 등 법령에서 위원회에 위임하는 것이 불가능하다고 명시한 배당 승인, 부속정관의 제·개정 등의 업무는 원칙적으로 비일상업무로서 특별한 수권이 필요하다고 본다. 그렇지 않은 행위라 할지라도 해당 거래행위의 경제적 규모(회사 자산 대비), 행위와 관련된 거래위험 등의 요소를 고려하여 해당 거래행위의 일상업무성 여부가 판단된다(회사의 사업 전체를 처분하는 계약은 비일상업무에 속한다는 Plant v. White River Lumber Co. 판결). 또한 비록 일정 액수 내에서만 채권을 발행할 권한이 있는 대리인이 그 액수를 넘어서서 회사 명의의 채권을 발행하였더라도 이미 과거에 그 한도를 넘는 채권을 발행한 적이 있고 회사도 이를 알았다면 거래상대방이 대리인의 권한을 믿은 데에 합리적 이유가 있다고 보아 외관대리권을 인정한 United States v. Great Am. Ins. Co. of New York 판결 및 회사의 정책변경으로 대리인(부사장)의 권한이 제한되었는데, 회사가 이러한 사정변경을 거래상대방에게 알려주었다고 볼 자료도 없고 상대방이 이를 의심했어야 함을 암시하는 증거도 없다는 이유로 외관대리권을 인정한 Digital Ally, Inc. v. Z3 Technology, LLC 판결 등에 비추어 보면, 회사가 과거에 대리인(행위자)에게 그와 같은 종류의 대리권을 부여한 경험이 있는지, 회사가 상대방에게 대리권의 존재에 관해 어떠한 신뢰를 부여하였는지(합리적인 상대방이라면 주어진 상황 하에서 대리인에게 권한이 있다고 믿었을 것인지) 등의 사정을 고려하여 회사가 행위자(대리인)의 행위에 구속되는지 여부를 판단하고 있음을 알 수 있다.

요컨대 대표권 제한 쟁점을 상정하고 살펴본 미국 판례들은 비록 대리 법리라는 형식을 취하고는 있지만, 법원에서 대리권 인정 여부 또는 추인이나 금반언을 이유로 대리인의 행위에 본인인 회사가 구속되는지 여부를 판단하는 데에 고려하는 요소들은 우리 판례가 대표권 제한 쟁점에 관하여 상대적 무효설의 기준에 따른 판단요소로 고려하는 사정들과 크게 다르지 않음을 알 수 있다. 예를 들어 "회사가 타인을 위해 보증한 행위"에 대하여 그 효력을 일괄하여 판단할 수 없고 구체적 상황에 따라 판단이 달라지며248) 이러한 결과가 당연한 것이라고 평가되는249) 점 역시 이러한 맥락에서 이해할 수 있다.

---

248) 비서(secretary)가 회사 이사회가 회사의 보증행위를 결의하였다는 이사회 의사록 등을 제공한 경우에 이사회 의사록을 포함한 회사 기록을 보관하고 기재하는 것은 비서의 권한이라는 이유로 비서의 진술이 회사를 구속한다고 본 In re Drive-In Development Corp. 판결 및 주채무자가 이사 중 일부이고 공시적인 이사회 소집도 없었던 상황에서 주채무자인 이사들이 나머지 이사들로부터 회사의 보증행위에 관해 구두로 승인을 받았다고 해서 이사회 결의가 있었다고 볼 수 없다고 한 Molasky Enterprises, Inc. v. Carps, Inc. 판결 등.

249) Stephen M. Bainbridge, Corporate Law(3rd Edition), Foundation Press(2016), 105.

제4절 비교법적 고찰에 대한 소결

일본 회사법상 이사회는 업무집행에 관한 의사를 결정하고(일본 회사법 제362조 제2항 제1호), 대표이사는 업무를 집행하도록(일본회사법 제363조 제1항 제1호) 되어 있어, 주식회사 업무집행에 관한 권한이 의사결정의 기능과 집행의 기능으로 분리되어 별개 기관의 권한으로 규정되어 있다.[250] 이와 달리 독일 주식법은 의사결정권과 집행권 모두를 개별 기관인 이사의 집합체인 경영이사회(Vorstand)에 귀속시키고 있고, 미국 모범회사법 역시 회의체로서의 이사회(board of directors)에 의사결정권과 집행권을 함께 부여하였다. 그러나 '이사회'가 업무집행을 하기 어려운 현실을 고려하여 독일은 정관 또는 업무규정을 통해 자연인인 이사에게 업무집행권을 부여하고 있고 미국은 이사회의 대리인으로서 임원(officer)이 업무집행권을 행사하고 있으므로, 이론상 본고의 논제인 대표권 제한 쟁점의 문제가 발생할 가능성은 어느 나라이건 존재한다.

성문법 국가인 독일과 일본은 법률에 대표권의 포괄성(내지 불가제한성)을 규정하고, 특히 영리법인의 경우 대표권 제한에 위반한 행위라도 유효함을 원칙으로 하고 있다. 심지어 독일 주식법은 대표권은 제한될 수 없다고 명시하고 있기도 하다.

일본과 독일, 미국의 모범회사법 모두 회사 합병 등 조직변경에 관한 사항, 자본에 관한 사항 등은 주주총회 권한으로 규정하고 있고, 이 영역은 대표권 제한 쟁점에서 크게 문제되지 않는다.

주로 문제되는 것은 이사회 결의를 거치지 않고 대표자가 행위한 경

---

250) 업무집행을 의사결정과 집행으로 분리하여 별개 기관의 권한으로 분속시키는 일본의 입법례는 이례적이라는 평가로 임중호, "대표이사와 대표집행임원의 법적 지위 비교 -업무집행의 의사결정권과 집행권의 소재를 중심으로-", 중앙법학 제10집 제1호, 중앙법학회(2008), 284.

우인데, 이에 관하여 각국의 입법례와 접근방법이 일치하지는 않으나, 앞서 살펴본 모든 국가에서 대표권 제한 쟁점을 해결함에 있어 법인의 보호와 거래안전의 보호 사이에서 균형을 잡고자 하는 기본 원칙은 공통적으로 찾아볼 수 있다.

　독일은 민법의 경우 등기설에 따르면서도 악의자를 보호하지 않는 단서조항을 함께 입법하였고, 회사 대표자의 대외적 대표권은 제한될 수 없다는 원칙 하에서도, 대표권 남용 또는 통모의 법리를 통해 악의·중과실의 상대방은 보호범위에서 제외하여 구체적 타당성을 도모하고 있다. 일본은 우리와 법률 체계와 논의되는 학설의 내용이 거의 유사하고, 판례의 경우 비록 근거는 다르지만 비영리법인에 관하여는 우리와 마찬가지로 선의·무과실의 제3자를 보호하고, 영리법인 역시 동일한 결론을 취한다(다만 영리법인의 경우 표현대리 규정을, 비영리법인의 경우 심리유보 규정을 각 유추적용하는 점이 다를 뿐이다). 판례법 국가인 미국도, 상대방의 인식을 기준으로 거래안전을 보호하되 그 과정에서 중요한 업무, 즉 회사에 미치는 영향이 큰 거래행위일수록 이사회의 명시적이거나 특별한 수권을 필요로 한다고 보는 반면 일상적인(usual, ordinary) 행위일수록 대표권 제한에 위반하였을지라도 쉽게 회사를 구속한다고 보고 있음을 알 수 있다. 회사와 제3자 사이의 어떠한 행위가 일상적인지 여부는 그 행위를 둘러싼 여러 상황(행위의 중요성, 회사에 미치는 영향, 회사 자산 등과 대비한 경제적 규모, 취소의 용이성 또는 취소비용 등)을 종합적으로 고려하여 결정될 수밖에 없으므로, 그 기준이 모호하고 일률적으로 판단될 수 없다는 측면에서 우리의 상대적 무효설과 기본 법리를 같이 한다고 하겠다.

　요컨대 이사회 결의를 거치지 않은 대표자의 행위에 관하여, 악의 또는 (중)과실 있는 상대방에 대한 관계에서는 법인의 종류를 불문하고 대표권 제한에 위반된 행위를 유효라고 보지 않는다는 점은 동일하다. 그리고 이는 대표권 제한에 관하여 본고가 상정한 상대적 무효설 중 인식

설의 태도로, 우리 판례가 영리법인과 비영리법인 대표자가 이사회 결의
없이 행위한 사안에서 취하는 법리와 크게 다르지 않다.

제3장

법인 대표자의 대표권 제한에 관한 기존 법리

제1절 주식회사 대표이사의 경우

1. 대표권 제한의 접근방법

대표권 제한 쟁점에 접근하는 정의 또는 분류의 기준은 학자마다 달라서 통일되어 있지는 않다. 그러나 대표권 제한을 어떻게 파악하고 접근하는지에 따라 결국 그 위반행위의 효력을 판단하는 시각이 달라지게 되므로, 먼저 그 개념과 분류(유형화)의 기준을 정립할 필요가 있다.

가. 다수 견해

대체로 상법의 규정에서 주주총회나 이사회 결의를 거치도록 정한 '법률상 제한'과 정관이나 이사회 규칙 등으로 주주총회·이사회 결의를 거치도록 정한 '내부적 제한'의 두 가지 부류로 나누어 설명하는 것이 지배적인 경향이다. 이때 상법 제393조 제1항에 의하여 이사회결의를 요하는 경우는 전자에 속하게 된다. 다만 소송에서의 대표권을 제한하거나(상법 제394조, 이하 '소송상 제한') 수인의 공동대표이사가 함께 대표하도록 정한 경우(상법 제389조 제2항)를 '법률상 제한'에 포함시키는지 여부는 조금씩 달라진다.

먼저 주석 상법(제6판)에서는 "대표권에 대한 제한"이라는 표제 하에 그 구체적 제한 내용을 『소송상 제한(상법 제394조 제1항), 법률상 제한(주주총회 결의의 흠결 및 이사회 결의의 흠결), 내부적 제한』의 세 부류로 나누어 설명하고 있다.[251] 대표권의 제한을 소송상의 제한과 법률 또

---

251) 주석 상법 [회사 3](제6판), 한국사법행정학회(2021), 291-293(이완희).

는 내부 규정에 의하여 주주총회·이사회 결의가 필요한 대표행위의 두 가지로 크게 분류한 다음 후자를 전단적 대표행위로서 설명하는 견해[252]도 사실상 같은 분류방법을 취한 것으로 이해된다.

그 밖의 국내 문헌들을 살펴보면, 법률상 제한과 내부적 제한으로 구별하되 소송상 제한과 공동대표이사를 모두 전자에 포함시켜 설명하는 견해,[253] 법률상 제한과 내부적 제한으로 구별하되 주주총회·이사회 결의를 요하는 경우와 함께 소송상 제한을 전자에 포함시켜 설명하는 견해,[254] 상법 제394조의 소송상 제한이나 상법 제389조 제2항의 공동대표이사는 대표권 제한에서 다루지 않고, 주주총회·이사회 결의를 요하는 경우만을 대표권 제한으로 보는 전제 하에 법률상 제한과 내부적 제한으로 구별하여 설명하는 견해[255] 등이 있다.

---

252) 송옥렬, 상법강의(제13판), 홍문사(2023), 1025-1026.
253) 권기범, 현대회사법론(제8판), 삼영사(2021), 1007-1011; 최준선, 회사법(제12판), 삼영사(2017), 498-500. 한편 정찬형, 상법강의(상)(제24판), 박영사(2021), 1011-1016에서는 '대표권 제한'에 관하여 법률상 제한과 내부적 제한으로 나누어 설명하면서 대표이사의 대표권이 법률에 의하여 제한을 받는 경우는 한 가지뿐이라고 하면서 상법 제394조만을 들고 있으나, 이어서 주주총회·이사회 결의를 흠결한 경우의 효력에 관하여 위법한 대표행위로서 설명하고 있다.
254) 김홍기, 상법강의(제6판), 박영사(2021), 588-589; 정동윤, 상법(상)(제6판), 법문사(2012), 616-617; 최기원, 신회사법론(제14대정판), 박영사(2012), 632- 634. 특히 최기원, 신회사법론(제14대정판), 박영사(2012), 634에서는 "상법 제389조 제2항의 공동대표이사는 대표권의 범위를 제한한 것이 아니라 대표권의 행사방법을 정한 것"이라는 의견을 명시하고 있다.
255) 김건식·노혁준·천경훈, 회사법(제7판), 박영사(2023), 400-403; 이철송, 회사법강의(제31판), 박영사(2023), 733-738; 임재연, 회사법 II, 박영사(2020), 419-422.

나. 그 밖의 견해

이와 달리 형식과 내용 또는 방법과 내용 등의 기준에 따라 좀더 세분화하여 대표권 제한에 접근하는 견해가 있다.

① 먼저 대표이사의 대표권 제한에 관하여 『(1) 대표권자의 제한(상법 제394조 제1항 등), (2) 대표권의 행사방식과 범위의 제한, (3) 의사결정권의 제한』의 세 부류로 구분하여 설명하는 견해256)가 있다. 위 견해에서는 공동대표이사의 경우뿐 아니라 정관이나 내부규칙을 통해 수인의 대표이사 사이에 업무분담을 정하거나 대표이사가 대표할 행위의 종류·금액·장소·시기 등을 제한한 경우는 (2)로 분류하고, 상법 또는 정관 등에 따라 주주총회나 이사회 결의를 거쳐야 하는 경우는 (3)으로 각 설명하고 있다.

② 다음으로, 『(1) 권한 행사의 형식적 측면에서 대표권자에 대한 제한(상법 제394조 제1항), 대표권의 행사방법에 대한 제한(공동대표이사제도), 대표권의 행사범위에 대한 제한(수인의 대표이사 중 특정 대표이사의 권한은 특정거래에 한정하도록 정관 등이 정하는 경우), 의사결정권의 제한(법률 또는 정관 등에서 주주총회·이사회 결의를 요하는 경우)으로, (2) 권한 행사에 대한 내용적 측면에서 대표권의 남용의 경우로』각 분류하는 견해257)가 있다. 특히 이 견해는 대표권의 행사범위에 대한 제한과 의사결정권의 제한은 같은 법리가 적용될 수 없다고 하면서 전자는 단순히 업무관장의 범위에 대한 제한으로서 대표이사간의 업무분배라는 의미를 갖지만 후자는 대표행위의 내용을 정하는 의사결정과정에 대한 제한으로서 대표이사, 이사회, 주주총회라는 회사기관 사이의 권한분배를 정하는 의미를 가진다고 한다. 따라서 전자는 당연히 상법

---

256) 주식회사법대계 II, 법문사(2022), 626-629(강대섭).
257) 김재범, "대표이사 권한의 제한과 대표행위의 효력", 기업구조의 재편과 상사법: 희명 박길준 교수 화갑기념 논문집 I, 정문사(1998), 597.

제389조 제3항에 따른 상법 제209조 제2항의 문제이지만, 후자는 그 행위가 내부행위인지 외부행위인지, 집단적 행위인지 개별 거래행위인지, 주주총회결의를 요하는지 이사회결의를 요하는지, 그 근거가 법률인지 정관 등 내부 규정인지 등의 요소를 종합적으로 고려하여 이익형량의 결과로 결정되어야 한다는 입장을 취한다.

③ 상법 제394조 제1항의 소송상 제한은 대표권이 부분적으로 제한되는 것이 아니라 완전히 박탈되어 다른 기관에 의한 보완이 불가능하다는 점에서 대표권의 부분적 제한(대표이사의 대표권의 오용과 남용을 방지하기 위하여 대표행위에 회사 내 다른 기관의 협력이 필요한 경우의 제한)과 구별된다고 하면서, 다른 공동대표이사와 공동으로 회사를 대표하도록 한 공동대표이사 제도, 상법에 의하여 주주총회·이사회 결의가 요구됨에도 이를 거치지 않은 '전단적 대표행위' 및 정관 등 내부 규정에 따라 주주총회·이사회 결의가 요구되는 내부적 제한을 '대표권의 부분적 제한'으로 보는 견해도 있다.[258]

③설과 ②설의 차이점은, 내부적 제한 즉 상법 제389조 제3항에 따라 준용되는 상법 제209조 제2항에서 정한 제한을 의사결정권의 제한으로 보는지 여부이다. 전술한 것처럼 ②설에서는 이를 의사결정권의 제한이 아니라 대표권의 범위에 관한 제한으로 본다. 그러나 ③설에서는, 대표권의 범위를 제한한다는 의미가 그러한 제한을 넘어서는 대표권이 없다는 의미라면 포괄적인 대표권을 규정한 상법의 규정(제289조 제3항, 제209조 제1항)에 반한다고 하면서 이 역시 의사결정권의 제한에 해당한다고 보고 있다. 요컨대, ③설은 대표이사가 '포괄적 대표권'을 가진다는 점에 착안하여 다른 기관의 협력(필요한 결의를 거치는 등)이 필요한 것에 불과하여 그 협력을 거쳐 보완이 가능한 행위를 대표권의 부분적 제한으로 보고, 상법 제394조 제1항과 같이 보완이 불가능한 행위(대표이

---

258) 정영진, "대표이사의 대표권 제한에 대한 재고찰", 기업법연구 제28권 제2호, 한국기업법학회(2014), 215-216.

사는 어떠한 방식에 의하더라도 이사와 회사 사이의 소송에서 회사를 대표할 수 없다)는 대표권의 부분적 제한과 구별하여 논하고 있다.

다. 소결

대표권 제한에 관하여 행사방식의 제한, 행사범위의 제한, 의사결정 권의 제한 등으로 구별하는 것이 논리적으로는 타당할 수 있으나 이론 적으로 각 개념이 구별되는 것만큼 현실에서 그 구별이 명확할 것으로 생각되지는 않는다. 예를 들어 이사가 일정한 절차나 방법에 의해서 대 표권을 행사해야만 하도록 행사방법을 제한하면서 그 일정한 절차를 '이사회 의결을 거칠 것'이라고 정한 경우와 '반드시 2인이 함께 행사할 것'이라고 정한 경우, 양자가 다른 방식으로 판단되어야 하는지는 의문 이다. 또한 전자의 경우처럼 '이사회 의결을 거치도록' 행사방법을 제한 한 것과 해당 대표행위를 위해 이사회나 총회 결의를 거쳐 행위하도록 대표권 범위를 제한한 것(즉 의사결정권이 대표이사 아닌 이사회나 총 회에게 있는 경우)이 실제 사안의 적용에서 유의미하게 구별되는 것도 어려워 보인다.

본고는 법인 대표자의 대표권 제한을 다루면서 기존 판례 법리의 타 당성을 검증하는 것을 주된 방법론으로 하고자 하므로, 이하에서는 일응 판례와 다수설의 접근방법에 따라 법률상 제한과 내부적 제한으로 나누 어 살펴보기로 한다.

2. 대표권 제한의 내용

가. 법률의 규정에 의한 제한

1) 상법 제394조의 경우

상법 제394조는 이사와 회사 사이의 소송에서 대표이사가 아닌 감사가 회사를 대표하도록 함으로써 대표이사의 대표권을 제한한다. 이는 이사와 회사 양자 사이에 이해의 충돌이 있기 쉬우므로 그 충돌을 방지하고 공정한 소송수행을 확보하기 위한 것이다.[259] 따라서 이사와 회사 사이에서 이익충돌의 가능성이 없는 경우, 예를 들어 제소 당시 이미 이사가 퇴임하거나 사임한 경우,[260] 법원이 선임한 일시대표이사가 회사를 대표하여 이사와 사이에서 소송을 진행하는 경우[261] 등에는 본조의 적용이 없다고 보고 있다.

통설과 판례[262]는 모두, 본 규정에 위반하여 대표이사가 회사를 대표하여 소송행위를 진행하였다면 그 소송행위는 무효라고 본다.[263]

---

259) 대법원 2002. 3. 15. 선고 2000다9086 판결, 대법원 2018. 3. 15. 선고 2016다275679 판결 등.
260) 대법원 2002. 3. 15. 선고 2000다9086 판결, 대법원 2013. 9. 9. 자 2013마1273 결정 등.
261) 대법원 2018. 3. 15. 선고 2016다275679 판결.
262) 대법원 1990. 5. 11. 선고 879다카15199 판결 등.
263) 다만 대법원 1990. 5. 11. 선고 89다카15199 판결은, 이러한 무효인 소송행위가 있었다 하더라도 소송 계속 중에 회사 대표이사를 감사로 정정함으로써 문제된 흠결이 보정되고 이와 같이 정정된 소장 등이 회사에 송달되어 소송계속의 효과가 발생한다면 이로써 법원과 원·피고의 3자간에 소송법률관계가 유효하게 성립하고 이는 회사의 감사가 무효인 종전 소송행위를 추인하는지 여부와 관계없다고 판시하였는데, 이는 소송행위가 갖는 특수성에 따른 법리로 이해된다.

2) 상법 제389조 제2항의 경우

상법 제389조 제2항에 따라 수인의 대표이사가 공동으로 회사를 대표하도록 정하였음에도 불구하고 이에 위반하여 공동대표이사 중 1인이 단독으로 대표행위를 한 경우, 통설은 이를 무권대표행위로서 상대방의 선·악의를 불문하고 무효라고 본다.[264] 다만 공동대표이사는 등기사항으로 정해져 있고(상법 제317조 제2항 제10호) 나아가 판례는 표현대표이사 법리를 이용하여 제3자 보호를 도모하고 있다.[265]

3) 주주총회 결의가 필요한 경우

상법 제374조 제1항에서는 영업의 전부 또는 중요한 일부의 양도 등 행위를 할 때에, 상법 제375조에서는 사후설립 시에 각 주주총회 결의가 있어야 한다고 규정하고 있다. 그 밖에도 상법은 정관변경(제433조 제1항), 자본금감소(제438조) 등을 주주총회의 권한으로 정하고 있으나 이는 대표이사의 대외적 거래행위와 무관하고, 합병(제522조), 분할(제530조의3) 등은 합병무효의 소(제529조)와 같이 그 무효를 다투는 별도의 절차를 규정하고 있으므로, 결국 대표이사의 대표권 제한 쟁점과 관련하여 주로 논의되는 것은 상법 제374조가 된다.

통설은 상법 제374조 제1항에서 요구하는 주주총회 결의가 흠결된 거래행위는 상대방의 선·악의를 불문하고 무효라고 본다. 그 이유로는 대체로, 이사회 결의를 요하는 경우와 달리, 법률이 강행적으로 주주총회의 특별결의를 요하는 사항은 회사 또는 주주의 이익을 위한 중대한 사항이고, 또 그 제한이 법률에 명시되어 있어서 제3자도 이를 미리 예

---

264) 주석 상법 [회사 3](제6판), 한국사법행정학회(2021), 305(이완희); 권기범, 현대회사법론(제8판), 삼영사(2021), 1009; 김건식·노혁준·천경훈, 회사법(제7판), 박영사(2023), 405; 송옥렬, 상법강의(제13판), 홍문사(2023), 1032; 이철송, 회사법강의(제31판), 박영사(2023), 748.

265) 대법원 1991. 11. 12. 선고 91다19111 판결 등.

견할 수 있기 때문에 제3자보다는 회사 또는 주주의 이익을 보호하는 것이 비교형량의 측면에서도 바람직하다는 등의 설명을 하고 있다.

판례 역시 상법 제374조 제1항 제1호에 관하여 "주식회사가 주주의 이익에 중대한 영향을 미치는 계약을 체결할 때에는 주주총회의 특별결의를 얻도록 하여 그 결정에 주주의 의사를 반영하도록 함으로써 주주의 이익을 보호하려는 강행법규"라고 하여[266] 같은 태도를 취한다.

4) 이사회 결의가 필요한 경우

상법에서 이사회 결의를 요하도록 한 규정은 크게 ① 순수한 내부적 사항이라고 할 수 있는 지배인 선임(제393조 제1항), 재무제표의 승인(제449조의2), 준비금의 자본전입(제461조) 등, ② 회사의 집단적 사항이라고 할 수 있는 신주발행(제416조)과 사채발행(제469조), ③ 중요한 자산의 처분 및 양도 등 중요한 업무집행(제393조 제1항)의 경우, ④ 이사 등과 회사 간의 거래(제398조)로 각 나누어 볼 수 있다.

① 먼저 대외적 거래행위와 무관한 순수한 내부사항에 관하여는 이사회 결의를 거치지 않았다면 그 효력을 무효로 보는 것이 통설이다. 거래안전을 고려할 필요가 없으므로 원칙에 따라 판단하는 것이다. 준비금의 자본전입 역시 기존 주주들의 법률관계에만 영향을 미치므로 이사회 결의가 흠결된 경우 무효로 본다.[267]

② 반면 집단적 행위로서 그 효력이 모두에게 획일적으로 정해져야 하는 신주발행과 사채발행의 경우, 이사회 결의가 없더라도 그 발행은

---

266) 대법원 2018. 4. 26. 선고 2017다288757 판결. 그 밖에 주주총회 특별결의 없이 회사 존속의 기초가 되는 영업재산(공장부지)을 처분하는 내용의 매매계약은 상대방의 선악의를 불문하고 무효라고 본 원심을 수긍한 대법원 2012. 4. 12. 선고 2011다106143 판결도 같은 취지로 이해된다.

267) 주석 상법 [회사 4](제6판), 한국사법행정학회(2021), 504(이원석); 송옥렬, 상법강의(제13판), 홍문사(2023), 1027.

유효하다고 본다(통설). 판례도 마찬가지이다.[268]

③ 현실에서 주로 문제되는 것은 상법 제393조 제1항에서 정한 "중요한 자산의 처분 및 양도, 대규모 재산의 차입 등 업무집행" 행위의 효력이다. 대법원 2015다45451 전원합의체 판결이 판례를 변경한 사안도 본 영역인바, 이에 관하여는 항을 바꾸어 구체적으로 논한다.

④ 상법 제398조는 이사 등과 회사 사이의 거래(제398조)에 관하여 원칙적으로 금지하면서 "이사회의 승인"을 요건으로 예외적으로 허용하고 있는데, 여기서 말하는 "이사회의 승인" 역시 이사회 결의를 통해 대표이사의 대표권을 제한하는 한 유형으로 볼 여지도 있다. 그러나 대표권의 제한은 대표자에게 원래 부여된 대표권에 한계를 가져오는 규정인 데 반하여, 상법 제398조에서의 "이사회 승인"은 원래 금지된 회사의 행위를 허용하는 요건으로 규정되어 있는 것이므로, 이는 대표권 제한과 구별된다. 따라서 이는 본조의 논의범위에서 제외하기로 한다.

나. 정관·이사회 규칙 등에 의한 제한

상법 제393조 제1항과 같은 법률이 아니라 회사의 정관이나 이사회 규칙으로, 수인의 대표이사 사이에서의 업무분장내용을 정하거나 대표이사의 권한을 특정 영업이나 영업소에 한정하는 경우, 일정 액수 이상의 어음을 발행하거나 일정 규모 이상의 채무를 부담할 때에는 이사회 결의를 요하도록 한 경우 등이 통상 '내부적 제한'으로 분류된다. 국내 다수설은 대법원 2015다45451 전원합의체 판결 선고 이전부터도, 이러

---

268) 신주발행의 하자가 다투어진 사안에서 "대표이사가 그 권한에 기하여 신주를 발행한 이상 신주발행은 유효하고, 설령 신주발행에 관한 이사회의 결의가 없거나 이사회의 결의에 하자가 있더라도 이사회의 결의는 회사의 내부적 의사결정에 불과하므로 신주발행의 효력에는 영향이 없다"고 한 대법원 2007. 2. 22. 선고 2005다77060, 77077 판결.

한 대표권의 제한을 소위 '내부적 제한'으로 칭하면서 이에 위반한 행위의 효력은 상법 제389조 제3항에 의해 준용되는 상법 제209조 제2항에 따라 판단된다고 보아 왔다.269)270)

관련하여 염두에 두어야 할 점은, '형식상' 정관 등에서 주주총회나 이사회 결의를 거치도록 정한 사항이라 할지라도 법률의 규정과 동일한 내용이거나 상법 제393조 제1항에 해당한다고 해석되는 사항이라면, 즉, 문제의 정관이 부존재하더라도 법률에 따라 주주총회·이사회 결의를 거쳐야 하는 사항이라면, 이를 가리켜 법률상 제한이 아니라고 할 수 없다는 점이다. 요컨대 형식상으로 정관 등 내부규칙에서 이사회 결의를 거치도록 규정된 '내부적 제한' 사항 중에는, '법률상 제한'에도 해당하는 사항과 '법률상 제한'에는 해당하지 않는 사항이 병존한다(이하 편의상 후자를 '순수한 내부적 제한'이라고 한다).

그런데 '법률상 제한'과 '내부적 제한'에 관한 기존의 논의가, 위와 같이 '순수한 내부적 제한'과 '법률상 제한과 중복되는 내부적 제한'이 병존하고 있음을 인식하고 양자를 구별하여 이루어졌다고 볼 수 있는지 의문이다. 대표권 제한 쟁점에 관한 그동안의 판례 역시 해당 거래행위가 내부적 제한 중 법률적 제한과 중복되는 사안인지 아니면 '순수한 내부적 사안인지' 여부는 명시적으로 고려하지 않았던 것으로 보인다.271)272)

---

269) 권기범, 현대회사법론(제8판), 삼영사(2021), 1011; 김건식·노혁준·천경훈, 회사법(제7판), 박영사(2023), 402; 김홍기, 상법강의(제6판), 박영사(2021), 590; 송옥렬, 상법강의(제13판), 홍문사(2023), 1026; 임재연, 회사법 II, 박영사(2020), 421; 이철송, 회사법강의(제31판), 박영사(2023), 734; 최기원, 상법학신론(상)(제19판), 박영사(2011), 634.

270) 정영진, "대표이사의 대표권 제한에 대한 재고찰", 기업법연구 제28권 제2호 (2014), 216, 237은 법률상 제한과 내부적 제한 모두 대표이사가 가지는 "의사결정권의 제한"이라고 보면서도, 양자를 구별하여 전자의 경우 종래 판례와 같이 과실있는 상대방은 보호받지 못하고, 후자는 상법 제209조 제2항에 따라 과실있는 상대방이라도 보호된다고 보고 있다.

현실에서 '순수한 내부적 제한'에 해당하는 경우를 찾아보기도 어렵다. 상법 제393조 제1항에서 정한 사항이 아님에도 굳이 개별 법인이 이사회 결의를 거쳐 대표이사가 행위하도록 정하는 경우를 상정하는 것은 쉽지 않다.

결국 현실에 존재하는 내부적 제한의 대부분은 법률상 제한을 구체화한 것으로, 다만 그 형식이 정관 등 내부 규정이라는 의미로 이해해도 좋을 것이다. 이하의 논의에서는 판례 및 다수설과 같이 법률상 제한에도 해당하는 경우이든 아니면 순수한 내부적 제한이든 상관없이 이사회 결의를 요하는 근거가 정관 등 내부 규정이라면 모두 '내부적 제한'이라고 칭하기로 하되, 그 개념이 위와 같이 구별된다는 점은 염두에 두기로 한다.

한편, 상법 제209조 제2항에 따라 보호되는 '선의의 제3자'의 해석론은 대법원 2015다45451 판결에서 기존 판례를 변경한 부분과도 관련되

---

271) 상법 제393조 제1항에 관한 대법원 96다48282 판결은 "기록에 의하면 피고의 정관 등이 증거로 제출된 바가 없어 이 사건 약정 내용이 피고의 이사회의 결의를 거쳐야 할 사항인지 아니면 이사회의 결의를 거칠 필요가 없는 사항인지의 여부가 확실한 것은 아니지만, 만일 이 사건 약정 내용이 정관 등에 의하여 또는 피고 대표이사의 일상 업무에 속하지 아니한 중요한 업무에 해당하여 피고의 이사회의 결의를 거쳐야 할 사항인데 피고의 대표이사가 이를 거치지 아니하고 원고와 위와 같은 약정을 한 것이고, 이 사건 약정 당시 원고가 이사회의 결의가 없었음을 알았거나 알 수 있었다면 이 사건 약정은 피고에 대하여 효력이 없다."라고 하기도 하였다.

272) 이는 실무자 입장에서는 당연한 결과로 생각된다. 판례는 이사회 결의를 요구하는 근거가 정관 등 내부 규칙이든 상법 제393조 제1항과 같은 법률 조항이든, 이사회 결의를 해태한 거래행위의 효력을 판단할 때에 동일한 법리(상대적 무효설 중 인식설)를 취해 왔다. 따라서 어떠한 거래행위가 정관 등에 따라 이사회 결의를 요구한다는 점이 명백하다면 구태여 상법 제393조 제1항에도 해당하는 행위인지를 심리할 부담을 감수할 이익이 없다. 상법 제393조 제1항에 해당하는 행위인지의 판단이 쉽지 않다는 점에 비추어 보면 더욱 그렇다.

므로, 뒤에서 자세히 논한다.273)

다. 상법 제393조 제1항과 대표이사의 권한

1) 상법 제393조 제1항의 연혁

상법 제393조 제1항은 요컨대, 회사의 업무집행은 이사회의 결의로 함을 규정하고 있다. 대표이사와 이사회의 관계를 어떻게 이해할 것인지를 논의하기 위해서는 본 조항을 살펴볼 필요가 있다. 아래에서 보는 것처럼 상법 제393조는 1962년 상법이 제정된 이후 두 차례에 걸쳐 개정되었는데, 그 개정 방향은 결국 이사회의 권한을 강화하고자 함이었던 것으로 이해된다. 이는 우리 상법이 주주총회와 이사회 모두를 주식회사의 의사결정기관으로 규정하되 점차 이사회에 그 권한을 집중시키는 방향으로 변화되어 왔음을 보여주기도 한다.

1962. 1. 10. 제정 당시의 상법 제393조는 '업무집행의 결정'이라는 제목으로 '회사의 업무집행과 지배인의 선임이나 해임은 이사회의 결의로 한다.'고만 규정하였다. 그러던 것이 20여년만인 1984. 4. 10. 법률 제3724호로 이루어진 상법 개정에서 그 제목을 '이사회의 권한'으로 바꾸고 그 내용도 '① 회사의 업무집행, 지배인의 선임 또는 해임과 지점의 설치·이전 또는 폐지는 이사회의 결의로 한다. ② 이사회는 이사의 직무의 집행을 감독한다.'로 구체화함으로써 이사회의 이사에 대한 감독권을 명시하는 등 이사회의 권한을 강화하였다.274)

그 이후인 2001. 7. 24. 법률 제6488호로 이루어진 개정에서 제1항의 '회사의 업무집행'이라는 문구를 현재의 "중요한 자산의 처분 및 양도, 대규모 재산의 차입 … 등 회사의 업무집행"으로 구체화시키고 제3, 4항

---

273) 제4장 제2절 3.항 참조.
274) 최기원, "개정상법의 해석과 문제점 2", 고시계 제29권 제9호, 국가고시학회 (1984), 107.

에서 이사의 이사회에 대한 보고의무를 신설하였다. 당시 법무부의 개정 이유로는 "이사회 활성화를 위해 이사회 결의사항의 범위를 구체화한다"고 되어 있고, 주석서에서는, "일반적으로 자산의 처분·양도나 재산 차입이 회사의 일상업무로 대표이사가 단독으로 결정하는 경우가 많기 때문에 중요자산과 대규모 재산은 그 처분·양도·차입에 이사회 결의를 필요로 하며, 대표이사에게 위임할 수 없다는 점을 명시하기 위한 입법"이라고 설명하였다.275)

2001년의 상법 개정 이후 대표이사의 대표권 제한과 관련하여 상법 제393조 제1항의 해석론이 특히 중요해졌고, 이러한 사정 역시 대표권 제한 법리에 관한 판례 형성에 영향을 미친 것으로 보인다.

2) 대표이사와 이사회의 관계

대표이사는 대외적으로 회사를 대표하고(상법 제389조 제1항) 대내적으로 업무를 집행하는 주식회사의 필요적 상실기관이다(통설). 상법 제389조 제3항에 따라 대표이사에 준용되는 제209조에 의하여, 이러한 대표이사의 권한은 회사영업에 관한 재판상·재판외의 모든 행위에 미치고[포괄성], 이 권한에 대한 제한은 선의의 제3자에게 대항하지 못한다[획일성].

상법 제393조는 이사회가 이사의 직무집행 감독권과 회사의 업무집행에 관한 권한을 가진다는 점을 명시하고 있지만, 앞서 본 것처럼 이사회는 회의체기관으로서 현실적인 집행을 담당하기에는 부적합하므로 이를 담당할 자연인이 필요하고, 주식회사 역시 법인으로서 권리능력을 가지지만 실제로 행동을 할 수는 없으므로 회사의 행위를 실제로 할 자연인이 필요하다. 이러한 이유로 상법은 대표이사에게 대내적인 업무집행권과 대외적 대표권을 집중시키고 있다.

---

275) 주석 상법 회사(Ⅲ)(제4판), 한국사법행정학회(2003), 257(권재열).

상법 제389조 제3항에 의해 준용되는 상법 제209조 제1항에 따라 '재판상 또는 재판 외의 모든 행위를 할 권한'이 있는 대표이사와 상법 제393조의 권한을 가진 이사회의 관계를 어떻게 이해할 것인지에 관하여, 전통적으로 파생기관설과 독립기관설의 대립이 있다. 어느 설에 의하더라도 현재의 우리 상법 해석론으로는 대표이사는 주주총회와 이사회에서 결의된 사항을 집행할 권한을 가지고, 일상업무에 대한 의사결정권과 집행권을 가진다는276) 동일한 결론에 이르기 때문에 양설의 실제적 차이는 없고,277) 판례278)도 마찬가지의 태도를 취하고 있다(각 설에 대한 구체적인 언급은 생략한다).

본고에서 다루는 대부분의 사안에서는 대표이사의 행위가 대표권 제한에 위반하였는지 여부가 다투어지므로 과연 "일상업무의 범위"가 무엇인지가 주된 쟁점이 되고, 이는 결국 대표이사 권한(일상업무 의사결정권)의 한계와 맞닿아 있는 상법 제393조 제1항의 해석 문제로 이어지게 된다.

3) 판례의 태도

가) 2001년 상법 개정 전

이사회 결의사항에 관하여 "회사의 업무집행"이라고만 규정하고 있었던 2001년 상법 개정 전의 판례279)는, 이에 관하여 "법률 또는 정관

---

276) 주석 상법 [회사 3](제6판), 한국사법행정학회(2021), 289-290(이완희).
277) 주석 상법 [회사 3](제6판), 한국사법행정학회(2021), 289-290(이완희); 송옥렬, 상법강의(제13판), 홍문사(2023), 1021; 이철송, 회사법강의(제31판), 박영사(2023), 730.
278) 대법원 1997. 6. 13. 선고 96다48282 판결 등 다수.
279) 대법원 1997. 6. 13. 선고 96다48282 판결. 위 판결 사실관계는 다소 복잡하지만, 간략히 소개하면 다음과 같다. A가 B에게 부동산을 담보로 사용할 수 있도록 제공하고 B로부터 오피스텔 2, 3층 부분을 분양받기로 약정하였음을 이유로, C회사(수분양자 59명이 B의 사업을 인수한 후 설립한 회사)에게 이

등의 규정에 의하여 주주총회 또는 이사회의 결의를 필요로 하는 것으로 되어 있지 아니한 업무 중 이사회가 일반적·구체적으로 대표이사에게 위임하지 않은 업무로서 일상 업무에 속하지 아니한 중요한 업무"라고 해석하고 있었다.

나) 2001년 상법 개정 후

2001. 7. 24.의 상법개정 이후 상법 제393조 제1항의 해석에 관한 첫 판단은 대법원 2005. 7. 28. 선고 2005다3649 판결[280)에서 이루어졌다.

를 인정하여 줄 것을 요구하자, C회사의 대표이사 X가 A의 권리를 인정하되 그 분양대금을 금 8억 원으로 정하고, 오피스텔이 완공될 때까지 A 소유의 부동산에 설정된 근저당권설정등기를 말소하여 주는 경우 분양계약을 무효로 하고, 그 대신 C회사가 A에게 그 동안의 담보제공의 대가로 금 2억 원을 지급하며, 위 공사가 완공될 때까지 위 각 의무를 이행하지 못하는 경우에는 C회사가 A에게 위 2, 3층 오피스텔에 관한 소유권이전등기를 하여 주기로 약정하였다.

　　원심(대전고등법원 1996. 9. 24. 선고 96나1021 판결)은, C회사는 자본금이 5,000만원인 회사로서 오피스텔이 유일한 재산이고, 특히 2, 3층 오피스텔 부분이 사우나시설 부분으로 오피스텔의 중요한 부분이며, X가 비록 대표이사이기는 하지만 위 59명의 수분양자의 한 사람에 불과하여 나머지 수분양자의 의사를 무시하고 독자적으로 이 사건 건물 부분을 처분할 권한이 있다고 보이지 아니하는 점 등에 비추어, 거래가격이 십수억 원에 이르는 2, 3층 오피스텔 부분을 아무런 대가도 없이 원고에게 증여하는 것과 같은 내용의 이 사건 약정은 피고의 일상적인 업무의 범위 내에 속하는 것이라거나, 이와 같은 의사결정이 대표이사에게 위임된 사항이라고 쉽게 인정되지 아니한다고 판단하였고, 대법원은 이러한 원심판단을 수긍하였다.

280) 위 사안 피고 회사는 1998. 9. 10. 회사정리절차가 개시되었다가 이 사건 매매계약 체결 직전인 2002. 11. 19. 회사정리절차종결결정을 받은 회사로, X에게 160억 6,400만 원에 그 소유 부동산을 매매하는 계약을 체결하면서 이사회 결의를 받지 않아 문제가 되었다.

　　대법원은, 본문의 법리에 비추어 보면, 피고 회사의 경우, 대차대조표상 자산총계는 2001. 12. 31. 현재 321,107,717,000원이고, 2002. 12. 31. 현재 276,980,648,000원으로서 이 사건 부동산은 그 매매가격을 기준으로 할 때

위 판결은 제393조 제1항에서 말하는 "중요한 자산의 처분"에 해당하는
지 여부에 관하여 다음과 같이 판시하였다.

"당해 재산의 가액, 총자산에서 차지하는 비율, 회사의 규모, 회사의 영업
또는 재산의 상황, 경영상태, 자산의 보유목적, 회사의 일상적 업무와 관련
성, 당해 회사에서의 종래의 취급 등에 비추어 대표이사의 결정에 맡기는
것이 상당한지 여부에 따라 판단하여야 할 것이다. …(중략) … 중요한 자산
의 처분에 해당하는 경우에는 이사회가 그에 관하여 직접 결의하지 아니한
채 대표이사에게 그 처분에 관한 사항을 일임할 수 없는 것이므로 이사회규

2001년 말 자산총액의 5% 상당이고, 2002년 말 자산총액의 5.8% 상당하는
점, 피고 회사는 의류 제품의 생산·판매를 주된 사업으로 하는 회사로서 부
동산 매매는 특별한 경우에 한하여 행하였고 이 사건 부동산은 그 매매가격
을 기준으로 할 때 2001년 및 2002년 말 부동산총액의 각 19.7%인 점, 이
사건 부동산은 피고 소유의 부동산 중 세 번째로 규모가 큰 부동산인 점 등
의 사정을 들어, 이 사건 매매계약이 상법 제393조 제1항에서 정한 중요한
자산의 처분에 해당한다고 판단하여, 이와 달리 본 원심이 잘못되었음을 지
적하였다.
    다만, "주식회사의 대표이사가 이사회의 결의를 거쳐야 할 대외적 거래행위에
관하여 이를 거치지 아니한 경우라도, 이와 같은 이사회 결의사항은 회사의 내
부적 의사결정에 불과하다 할 것이므로, 그 거래상대방이 그와 같은 이사회결의
가 없었음을 알았거나 알 수 있었을 경우가 아니라면 그 거래행위는 유효하다
할 것이고, 이 경우 거래의 상대방이 이사회의 결의가 없었음을 알았거나 알 수
있었음은 이를 주장하는 회사측이 주장·입증하여야 한다(대법원 1999. 10. 8.
선고 98다2488 판결, 2003. 1. 24. 선고 2000다20670 판결 등 참조)"는 종래 판
례 법리에 비추어 볼 때, 이 사건 매매계약에 이르게 된 협상과정과 체결 경위,
X가 이 사건 매매계약 체결 후 그 체결사실이 한국증권거래소의 전자거래공시
사항에 공시될 것으로 생각하고 있다가 공시가 되지 아니하자 그 이유를 피고
전무에게 물었고, 피고 전무가 피고 이사회 규정을 제시하면서 피고 이사회 규
정상 자산총액의 10% 이하에 해당하는 자산의 처분에는 이사회 결의를 요하지
아니하므로 이 사건 매매계약 체결사실이 공시되지 아니한 것이라는 취지의 설
명을 한 점 등을 종합하면 거래상대방의 악의 또는 과실을 인정하기 부족하다
고 본 원심판단이 정당하다고 하여, 결국 상고를 기각하였다.

정상 이사회 부의사항으로 정해져 있지 아니하더라도 반드시 이사회의 결의를 거쳐야 한다."

특히 후자의 법리와 관련하여 위 판결은 "중요한 재산의 처분"을 중요한 업무집행으로 보아 그에 관한 의사결정권을 대표이사에게 일임하지 못한다는 일본 구 상법 제260조 제2항의 규정내용을 우리 상법의 해석론으로 채택한 것으로 평가된다.[281]

대법원 2005다3649 판결의 위와 같은 법리는, 상법 제393조 제1항의 "대규모 재산의 차입"에 해당하는지 여부에 관하여도 "당해 차입재산의 가액, 회사의 규모, 회사의 영업 또는 재산의 상황, 경영상태, 당해 재산의 차입목적 및 사용처, 회사의 일상적 업무와 관련성, 당해 회사에서의 종래의 취급 등 여러 사정에 비추어 대표이사의 결정에 맡기는 것이 상당한지 여부에 따라 판단하여야 할 것"이라고 하여 같은 취지로 반복되었고,[282] 소위 종합적 고려의 법리는 여전히 상법 제393조 제1항의 해석론으로 중요한 의미를 지닌다(후술하는 대법원 2015다45451 전원합의체 판결에서 대법원 2005다3649 판결과 대법원 2007다23807 판결을 변경대상 판례로 적시하였으나 변경된 부분은 "대표이사가 이사회 결의를 거쳐야 할 대외적 거래행위에 관하여 이를 거치지 않은 경우에 거래상

---

281) 이동원, "이사회결의를 요하는 중요한 자산처분에 해당하는지의 판단기준", 대법원판례해설 제57호, 법원도서관(2006), 395에서는 위 판결에 관하여, "이사회가 나름대로의 기준을 정하여 중요자산의 범위를 획정한 이사회규정을 마련하여 두고, 그 규정에서 중요자산의 처분으로 정한 사항만을 이사회 부의사항으로 결정하고, 그 외의 자산 처분에 대하여는 대표이사에게 일임하였다고 하더라도, 법원의 판단은 이사회 규정에 기속되지 않고, 이사회 부의사항의 범위에 속하지 않는 자산이 중요자산으로 인정되는 경우에는 그 자산의 처분이 이사회 부의사항으로 정해져 있지 않은 이사회규정의 내용에도 불구하고 당해 자산의 처분에 관하여는 이사회의 결의를 얻어야 하는 것으로 보아야 한다"고 분석하고 있다.
282) 대법원 2008. 5. 15. 선고 2007다23807 판결 등.

대방인 제3자가 보호받기 위해서는 선의 이외에 무과실이 필요하다"는 판시에 한하는 것으로 해석함이 타당하다).

그 밖에 상법 제393조 제1항의 적용 여부가 다투어진 사안들로는, ① 아파트 및 오피스텔을 건축하여 분양하는 시행사인 원고 회사의 대표이사가, 피고 보조참가인에 대한 대여금 및 미지급 공사대금채무의 변제조로 원고 소유 미분양 아파트 182채(총 235 세대 중 약 77%)를 양도하기로 약정한 사안에서, '원고가 실제로 보유한 재산 전부가 분양가의 85%로 할인된 가액에 일괄 처분되고 그 대금이 모두 보조참가인에 대한 채무 변제를 위해 보조참가인에게 입금되는 점' 등을 고려하면 위 양도계약은 "중요한 자산의 처분"에 해당하여 원고 이사회 결의가 필요하다고 본 사안,283) ② 자본 총액 60억여 원, 자산 총계 192억여 원 규모로 자금 사정이 극도로 악화되어 있던 甲 주식회사의 대표이사 乙이 甲 회사 최대주주로서 경영에 적극적으로 관여하던 丙 주식회사의 제안에 따라 丙 회사에 28억여 원 상당의 약속어음을 발행하는 행위는 "대규모 자금 차입"으로 이사회 결의가 필요하다고 본 사안,284) ③ 피고의 이 사건 자금차입은 한번에 5천만 원에서 3억 원까지 이루어졌으며 이와 같은 자금차입이 반복되면서 그 차입금의 규모가 50억 원에 달하게 되었는데, 피고의 연 매출규모는 700억 원 정도인 사실을 인정한 다음, (비록 피고 회사의 전결규정이 자금의 차입 등을 대표이사의 전결사항으로 규정하고 있지만), 이 사건에서 문제된 반복된 자금 차입(총 50억 원)의 개별행위들은 상법 제393조의 '대규모재산의 차입'에 해당하지 않고, 따라서 이사회 결의가 필요하지 않다고 본 사안285) 등이 있다.

위 판결들 모두 공통적으로, 이사회 결의가 흠결된 당해 행위에서 "문제된 거래행위의 규모"와 "회사의 자본, 자산, 매출 등"과의 비교를

---

283) 대법원 2011. 4. 28. 선고 2009다47791 판결.
284) 대법원 2012. 8. 17. 선고 2012다45443 판결.
285) 대법원 2008. 5. 15. 선고 2007다23807 판결.

거쳐 상법 제393조 제1항의 업무집행에 해당하는지 여부를 결정하고 있음을 알 수 있다.

4) 소결

요컨대, 상법 제393조 제1항은 일본 구 상법 제260조 제1항 전단과 제2항을 압축적으로 규정한 내용으로, 구체적으로는, ① 이사회가 업무집행에 관한 의사결정기관이라는 점, ② 다만 이사회는 중요한 업무 이외의 일상업무에 관하여는 대표이사에게 그 집행에 관한 의사결정권을 위임할 수 있다는 점, ③ 중요한 업무의 집행에 관하여도 이사회는 이사회규칙, 이사회결의에 따라 대표이사에게 구체적으로 의사결정권을 위임할 수 있으나, 적어도 기본적인 사항은 이사회가 결정하여야 하고 이를 포괄적으로 일임할 수는 없다는 점,[286] ④ 이사회가 대표이사에게 위임할 수 있는 범위에 있는 업무에 관하여도 그 의사결정권을 위임하지 않고 이사회에 유보하여 둘 수도 있다는 점, ⑤ "중요한 자산의 처분 및 양도"와 "대규모 재산의 차입" 등은 이사회의 결의가 필요하고 포괄적 위임이 불가한 '중요한 업무집행'을 구체화하여 예시한 사항이라는 점을 함축하고 있는 규정으로 이해함이 타당하다.

3. 대표권 제한에 위반한 행위의 효력

가. 쟁점의 정리

앞서 살펴본 것처럼, 대표이사의 대표권은 법률에 따라 주주총회를 요하는 경우와 이사회결의를 요하는 경우, 소송절차에서 대표권이 제한

---

286) 결국 대표이사에게 위임된 사항은 중요한 사항에 대하여 기본적인 사항이 결정된 다음, 그 나머지 세부적인 사항에 관한 것이 될 것이므로, 이미 개념적으로 중요한 사항의 범주에서 벗어난다고 보아야 할 것이다.

되는 경우 및 정관 등 내부 규정에 따라 주주총회나 이사회 결의를 요하
도록 제한되는 경우 등 다양한 방법으로 제한되지만, 그럼에도 불구하고
대표이사가 대표권 제한을 위반하여 한 행위의 효력을 판단함에 있어서
는 다툼이 있는 하나의 쟁점을 제외하고는 대체로 견해가 일치하고 있다.

요컨대 ① 상법 제394조에 위반하여 진행된 소송행위는 무효이고, ②
상법 제374조 제1항의 주주총회결의를 거치지 않은 행위는 상대방의
선·악의를 불문하고 무효이며, ③ 이사회 결의가 흠결된 준비금의 자본
전입은 무효이고, ④ 이사회 결의가 흠결된 신주발행은 유효라고 보고
있다. 판례 역시 상대방과의 거래행위가 문제되는 ②의 행위를 포함한
①, ②, ③의 영역에서 절대적 무효설을 취하고 있고, ②의 영역 중 후술
하는287) 특수법인 사안에서와 같이 신의칙 법리에 따라 거래행위가 유
효라고 본 예는 찾아볼 수 없었다.

결국 실무상 주식회사의 대표권 제한과 관련하여 주로 논의되고 다
투어지는 쟁점은, "대표이사가 이사회결의를 거치지 않고 상대방과 사
이에서 한 '거래행위'의 효력"이다. 현재 주식회사의 주요 의사결정이
이사회에서 이루어지고(물론 매우 중요한 의사결정은 주주총회 결의에
의하도록 되어 있으나, 이는 영업양도, 합병 등 이례적인 이벤트에 해당
할 경우이므로, 일상적인 기업활동에서 문제되는 행위의 대부분은 이사
회 결의와 관련되어 있을 뿐이다). 대부분의 회사에서 상법 제393조 제1
항의 내용과 거의 유사하거나 이를 구체화시킨 내용의 정관을 두고 있
어 법률적 분쟁의 대부분이 '상법 제393조 제1항 또는 정관 등에 따라
이사회 결의를 거쳐야 함에도 이를 거치지 않고 대표이사가 행위한 경
우 이를 어떻게 볼 것인지'에 집중되어 있다는 점에서 그 중요성은 더욱
크다.

이하에서는 주식회사 대표이사가 이사회 결의를 거치지 않고 한 거

---

287) 제3장 제3절 3의 나.항 참조.

래행위의 대표권 제한 쟁점을 중심으로 그 효력을 검토한다.

나. 대법원 2015다45451 전원합의체 판결 이전의 판례 법리

1) 선의·무과실의 상대방 보호

가) 법리

이사회 결의 없이 대표이사가 대외적 거래행위를 한 경우에 거래상
대방이 이사회 결의가 없었음을 알거나 알 수 있었을 경우가 아니라면
그 거래행위는 유효하고, 이때 상대방의 악의는 이를 주장하는 주식회사
측에서 주장·증명해야 한다는 법리는 대법원 1978. 6. 27. 선고 78다389
판결288)289) 이후 확립되어 있었다. 이러한 법리는 같은 취지에서 "거래

---

288) 78다389 판결 사안은 다음과 같다.
　　회사(자본금 3,000만 원)의 정관과 사규에 회사업무집행에 관한 중요사항 또
　　는 중요한 사유자산의 처분에 관한 사항은 이사회 결의를 거치도록 되어 있
　　었는데, 대표이사가 이사회 결의 없이 회사 자산(냉장고, TV 등)을 300만 원
　　에 양도하였다. 대법원은, 회사가 상대방의 악의 또는 과실을 입증하지 못한
　　이상 그 양도계약(거래행위)은 유효하다고 하여, 이와 달리 양도계약이 무효
　　라고 본 원심을 파기한 사안이었다.
289) 78다389 판결에서 참조 판결로 들고 있는 대법원 1963. 8. 31. 선고 63다254
　　판결은 그 구체적 사안을 살펴보면 "이사회 결의 유무"와는 무관한 "대표권
　　의 유무"에 관한 사안임을 알 수 있다.
　　즉 원고의 건물 인도청구에 대해 피고는, 원고 대표이사가 피고와 사이에
　　"원고 명의의 주택공사에 관한 전권을 피고에게 양도"하기로 하는 합의를
　　하였다는 이유로 항변하였고, 원심은 그 합의 당시 원고 대표이사가 원고 주
　　식을 전부 타인에게 매각하여 "원고회사에 대한 아무런 실권이 없었는데"
　　은행과의 융자관계상 원고 대표이사로 있었을 뿐이므로 그 대표이사는 주택
　　공사 전권을 양도할 권한이 없었고, 이러한 사정을 피고도 알고 있었다고 하
　　여 그 합의는 원고에 대해 효력을 발생할 수 없다고 판단하였다.
　　이에 대해 대법원은 구 상법 제261조(1912년 조선민사령에 의하여 우리나
　　라에 의용되던 일본 구 상법 제261조를 의미한다, 현재 우리 상법 289조와
　　동일한 내용이다)를 근거로 들면서"대표이사의 권한은 그가 회사 주주인 여

상대방이 그 이사회결의의 부존재 또는 무효사실을 알거나 알 수 있었다면 그 거래행위는 무효"라는 법리로 변형되기도 하였다. 290)

특히 대법원은, 상대방이 이사회 결의 없었음을 "알았거나 중대한 과실로 인하여 이를 알지 못한 경우가 아니라면 그 거래행위는 유효하다"고 본 원심에 관하여, 앞서 본 법리에 비추어 "중대한 과실" 부분은 잘못이라고 지적함으로써, 중과실과 경과실을 구별하지 않고 모두 보호대상에서 제외함을 분명히 하였다.291)

또한 판례는 상법 제393조 제1항에 따라 이사회결의를 요하는 경우와 정관 등 내부 규정에 따라 이사회 결의를 요하는 경우를 구분하지 않았다.

나) 판단의 구체적 고려 요소

요컨대, 판례는 대표이사가 정관 또는 상법 제393조 제1항에 따라 요구되는 이사회 결의를 거치지 않고 행위한 경우에 "선의·무과실의 제3자"를 보호하여 왔고(이하 편의상 '기존 판례 법리'라고 한다), 그 과정에서 구체적 사안에서 드러나는 여러 사실관계를 상대방 과실 판단의 요소로 고려하였다. 이를 유형화하면 다음과 같은데, 어느 하나의 요소만이 일률적으로 작용하기 보다는 사안에 따라(드러나는 사실관계에 따라) 종합적으로 고려되어 왔음을 알 수 있다.

부에 관계없는 것이고 단지 그 대표권에 제한이 있을 때에는 그 사실을 아는 제3자에게 대항할 수 있을 뿐"이라고 하여, 이와 달리 원심이 대표이사가 주식을 전부 매각하였다는 이유만으로 원고 대표이사로서 주택공사에 관한 원고의 권리를 양도할 권한이 없다고 판단한 것은 잘못이라고 하면서 원심을 파기하였던 것이다.

290) 대법원 1995. 4. 11. 선고 94다33903 판결 등 다수.

291) 대법원 1993. 6. 25. 선고 93다13391 판결.

⑪ 이사회 회의록 등 관련 서류의 제출·하자 여부

거래 당시에 이사회 회의록 등을 비롯하여 필요한 서류가 제출되었는지, 제출되었다면 외형상 하자가 없었는지, 거래상대방이 회사 측에 이사회 회의록 등의 제출을 요구하였는지, 또는 제출된 서류 자체에 하자가 명백하였는지 여부 등이 고려된다.

거래 당시 이사회 회의록이 제출되었다면, 그 내용 상의 하자 여부를 살펴보아야 하지만(아래의 ④, ⑤ 판결), 그렇다고 해서 반드시 이사회 회의록이 제출되어야 하거나 상대방이 회사에 이를 요구해야 하는 것은 아니다.292)

또한 당해 거래행위에 관한 이사회 결의가 있었다는 내용의 이사회 회의록이 제출된 경우 설령 그 회의록이 위조되었다 하더라도 위조에 관한 상대방의 악의·과실이 없는 이상 위조된 회의록을 신뢰한 상대방을 보호하는 것으로 보이고,293) 거래상대방 내부 규정상 회사 정관을 제출받도록 되어 있음에도 이를 제출받지 않은 것은 잘못이지만, 정관을 제출받았더라도 회사 이사회 결의가 있었는지 여부를 판단하는 데에는 영향을 미치지 않으므로 이를 이유로 거래상대방의 과실을 인정할 수 없다고 본 판결294)도 주목할 만하다.

그 밖에 ① 회사가 채권자인 원고 은행에 대해 연대보증을 할 때에

---

292) 금융기관이 회사와 연대보증계약을 체결하면서 회사의 이사회 회의록을 징수하지 않았지만 그 사정만으로 거래상대방인 금융기관의 과실을 인정할 수 없다고 보았던 대법원 2014. 6. 26. 선고 2012다73530 판결, 특히 당해 금융기관 내부 업무지침서에는 주식회사인 차주나 연대보증인으로부터 이사회 회의록을 징구하도록 규정하고 있지 않고, 한국금융연수원의 금융법률실무 책자나 다른 시중 금융기관들의 업무 규정과 교육 교재 등에서 차주 또는 연대보증인인 주식회사로부터 이사회 회의록 징구를 의무화하고 있다 하더라도 그것만으로 원고인 금융기관이 이사회 회의록을 징구할 의무를 부담한다고 볼 수 없다고 판단하였다.

293) 대법원 1999. 10. 8. 선고 98다2488 판결.

294) 대법원 2014. 6. 26. 선고 2012다73530 판결.

원고 은행이 이사회입보결의서가 누락되었으니 보완해 달라고 요청하였고 이에 따라 입보결의사가 제출되었던 사안,295) ② 거래행위를 승인하는 내용의 이사회 회의록이 제출되었던 사안,296) ③ 대표이사가 이사회 기채결의서를 위조하였다고 볼 증거가 부족하다고 판단하거나,297) 회사 회장이 평소 보관하던 대표이사와 이사들 인장을 이용하여 임의로 연대보증을 의결하는 내용의 이사회 의사록을 위조하여 제출한 사안298) 등에서 이사회 결의가 흠결된 거래행위가 유효라고 판단되었다.

이와 달리 제출된 서류 자체에서 이사회 결의가 없다거나 관련하여 하자가 있음이 명시적으로 드러난 경우에는, 거래상대방의 과실을 인정하였다. ④ 원고가 정리회사의 대표이사와 사이에 연대보증계약을 체결함에 있어서 위 정리회사의 이사회결의시 의사정족수에 미달되는 이사가 참석하였음이 드러나고 있는 각 입보결의서 등의 관계서류를 제출받아 그 검토절차까지 마친 이상 상대방인 원고의 악의·과실을 인정한 사안,299) ⑤ C회사가, A은행이 1991. 4. 29.부터 1992. 4. 3.까지 사이에 B회사에게 총 4회에 걸쳐 합계 금 38억 3,000만원(4억 원 + 1.3억 원 + 18억 원 + 15억 원)을 대여함에 있어 위 각 채무를 연대보증하였는데 4회의 연대보증 중 처음 1회는 이사회결의가 있어 거래의 효력을 인정하였으나, 나중의 3회에 관하여 제출된 이사회 입보결의서 자체로서 이사 총 12인의 과반수에 미달하는 6인의 이사만이 출석하여 의결한 것이어서 상법 소정의 의사정족수를 갖추지 못하였고, 당시 A은행이 C회사의 정관과 법인등기부등본을 함께 제출받았으므로 입보결의서가 의사정족수를 갖추지 못한 것임을 알았거나 쉽게 알 수 있었다고 본 사안300) 등

---

295) 대법원 1996. 1. 26. 선고 94다42754 판결.
296) 대법원 1998. 7. 24. 선고 97다35276 판결.
297) 대법원 1998. 7. 24. 선고 97다35276 판결.
298) 대법원 1999. 10. 8. 선고 98다2488 판결.
299) 대법원 1995. 4. 11. 선고 94다33903 판결.
300) 대법원 2003. 1. 24. 선고 2000다20670 판결.

이 그 예이다.

　②　당사자들 사이의 특수관계

소규모 회사, 가족회사가 많은 우리나라의 특성상 회사와 거래상대방 사이의 인적관계, 특수관계가 문제되는 사안이 다수 존재한다. 회사가 거래상대방에 대한 제3자의 채무를 보증하는 사안에서는 제3자와의 관계 역시 중요한 고려요소가 된다.

그런데 이 점은 사안에 따라, 상대방의 과실을 인정하는 요소로 작용하기도 하고 부정하는 요소로 작용하기도 한다.

실제로 회사가 제3자의 채무를 연대보증한 행위가 문제된 경우에, 항소심은 회사와 제3자를 사실상 지배하는 자가 동일인이라고 해서 거래상대방이 회사 이사회의 승인이나 이사회 결의가 당연히 있었을 것으로 추단할 수 없다고 판단하여 양자 사이의 연대보증계약이 무효라고 한 반면, 대법원은 같은 요소를 들어 거래상대방인 원고가 회사의 연대보증계약에 관하여 이사회 결의나 승인이 없었다고 의심할 만한 특별한 이유가 있었다고 보기 어렵다고 판단하여 양자 사이의 연대보증계약은 유효라고 하였다.301) 이는 법원이 개별 사안에서 거래상대방의 선악의 또는 과실 여부를 판단하면서 겪는 어려움을 보여주는 단적인 예라 하겠다.

그 밖에, ① 자본 총액 약 60억 원, 자산 총계 약 192억 원 규모의 회

---

301) 대법원 2014. 6. 26. 선고 2012다73530 판결, 원고와 D로지스틱스가 D조선해양을 피보험자로 하는 이행보증보험계약을 체결함에 있어 피고가 D로지스틱스의 원고에 대한 채무를 연대보증하였는데, 그 연대보증계약의 효력이 다투어진 사안이다. 피고 대표이사와 D로지스틱스의 대표이사(X)가 동일인이었고, 연대보증 당시 피고 이사회 결의가 없었기 때문에, 상법 제393조 제1항에 따라 요구되는 이사회 결의가 흠결된 점 및 상법 제398조 소정의 이사의 자기거래행위로서 요구되는 이사회 승인이 흠결된 점이 모두 문제되었다. 당시 D로지스틱스가 피고 회사 지분의 72.8%를 소유하고 있었고, X가 D로지스틱스와 피고 회사 모두를 사실상 지배하고 있었다.

사로 자금 사정이 극도로 악화되어 있던 甲 주식회사의 대표이사 乙이
甲 회사 최대주주로서 경영에 적극적으로 관여하던 丙 주식회사의 제안
에 따라 丙 회사에 28억여 원 상당의 약속어음을 발행한 행위의 효력에
관하여, 피고(丙) 대표이사와 원고(甲)의 전 대표이사가 사촌형제 사이이
고, 피고는 원고회사의 경영에 적극적으로 관여해온 점, 이 사건 약속어
음 발행은 피고의 제안으로 이루어진 점 등을 바탕으로, 피고의 악의·과
실을 인정한 사안,302) ② 피고 회사가 원고 회사로부터 그 소유의 47억
원 상당의 X주식을 매수하면서 제출한 피고 이사회 회의록은 허위로 작
성된 것이었는데, 원고 대표이사가 피고의 대주주로서 피고의 이 사건
주식 매수계약 등을 주도하고 또 피고 의사결정에 영향을 미쳤을 것으
로 보이는 점 등을 들어 원고의 악의·과실을 인정한 사안303) 등이 있다.

③ 거래 당시의 물리적 상황

회사 대표이사가 거래 당시에 직접 참석하였다면 통상 상대방의 과
실이 부정되는 요소로 작용한다.304)

반면 회사 대표이사가 사실상 거래상대방 측에 의해 감금되다시피
한 상황에서 회사의 거의 유일한 재산을 증여하는 계약이 체결된 경우,
이러한 사정을 구체적으로 설시하면서 거래상대방의 과실이 인정될 여
지가 있다고 판단한 예도 있다.305)

---

302) 대법원 2012. 8. 17. 선고 2012다45443 판결.
303) 대법원 2014. 9. 25. 선고 2012다98782 판결.
304) 대법원 1996. 1. 26. 선고 94다42754 판결.
305) 대법원 1997. 6. 13. 선고 96다48282 판결은, 피고 회사가 사실상 유일한 재
    산인 오피스텔 중 이 사건 건물부분(사우나시설)을 원고에게 증여하는 것과
    같은 내용의 약정을 체결한 사안에서, "위 약정이 이루어지기 전에는 원고와
    피고 대표이사 甲이 이 사건 약정관계로 만나거나 논의한 일이 없고, 甲은
    신병 관계 등으로 회사에 제대로 출근도 하지 못하고 있는 상태였는데,
    1993. 7. 15. 원고와 그의 친구가 피고의 사무소 앞에서 甲을 기다리다가 0
    9 : 00경 사무실에서 나오는 甲을 위 두 사람이 근처의 다방으로, 그 후 계속

2) 거래상대방의 조사 또는 확인 의무

가) 법리

주식회사의 업무 중 상법 제393조 제1항에 정한 사항의 의사결정권은 이사회에 있다. 그런데 이러한 이사회의 의사결정절차, 즉 이사회 결의사항이 회사의 내부적 의사결정에 불과하다는 점은, 앞서 본 대법원 78다389 판결306)에서부터 명시적으로 선언되어 확립되어 있었다.

한편 주식회사의 대표이사는 회사의 업무에 관하여 재판상 또는 재판 외의 모든 행위를 할 권한, 즉 포괄적 대표권을 가진다. 이러한 이유로 판례307)는 "대표이사와 거래한 상대방으로서는 '특별한 사정이 없는 한' 회사의 대표자, 즉 대표이사가 거래에 필요한 회사의 '내부절차'는 마쳤을 것으로 신뢰하였다고 보는 것이 일반 경험칙에 부합하는 해석"이라고 판시하여 왔다(작은 따옴표는 강조를 위해 필자가 임의로 부기함).

이러한 법리를 결합하면, 주식회사 대표이사와 거래하는 상대방은 특별한 사정이 없는 한 회사 대표이사가 회사 내부절차인 이사회 결의를 마쳤을 것으로 신뢰하였다고 볼 수 있다는 결론에 이른다. 즉, 회사와 거래하는 자는 당해 거래행위를 위해 회사가 이사회 결의를 거쳤는지 여

하여 ··· 호텔 커피숍까지 데리고 가서 甲이 회사 등 외부와 접촉을 하지 못한 상태에서 같은 날 11 : 00경 원고의 요구에 의하여 약정을 체결하게 된 사정" 등을 고려하면 상대방인 원고의 악의·과실이 인정될 여지가 있다고 판단하여 이와 달리 본 원심을 파기하였다.

306) 원문은, "주식회사의 대표이사가 이사회의 결의를 거쳐야 할 대외적 거래행위에 관하여 이를 거치지 아니하고 한 경우라도 이와 같은 이사회결의사항은 회사의 내부적 의사결정에 불과하다 할 것이므로···"이다.

307) 대법원 1990. 12. 11. 선고 90다카25253 판결, 대법원 2009. 3. 26. 선고 2006다47677 판결, 2014. 6. 26. 선고 2012다73530 판결 등. 이러한 법리는 상법 제393조 제1항에 따라 요구되는 이사회 결의가 흠결된 경우뿐 아니라 상법 제398조에 따라 자기거래를 위해 요구되는 이사회 승인의 유무가 문제되는 사안에서도 반복되었다(대법원 2005. 5. 27. 선고 2005다480 판결).

부를 조사하거나 확인할 의무를 부담하지 않음이 원칙이다. 이때 이사회 결의사항이 회사의 내부 절차라는 점은, 그 결의를 요하는 이유가 법률의 규정인지 아니면 회사 정관 등 내부 규정인지에 따라 달라지지 않으므로, 어느 경우이든 원칙적으로 거래상대방의 조사·확인의무는 없다고 보게 됨은 동일하다.

나) 참조 판결의 검토

그렇다면 어떠한 경우에 거래상대방의 조사·확인의무가 인정되는 특별한 사정이 있다고 볼 것인가.

대표권 제한 쟁점에 관한 대법원 판결 중에서 명시적으로 "거래상대방의 조사 또는 확인 의무"라는 관점에서 이를 다룬 예는 많지 않다. 그 중 대법원 2006다47677 판결은 동일한 손실보상 약정을 체결한 다수 당사자들 사이에서 그 약정의 효력을 판단하면서, 피고들 모두 이사회 결의가 흠결되었으나 피고 1과의 관계에서는 피고 이사회 결의 흠결에 대한 원고의 과실을 인정하고, 피고 2에 대하여는 원고의 과실을 인정하지 않았던 사안이다. 따라서 피고 1, 2에 관한 법원의 판단을 비교하여 살펴보는 것은 조사·확인의무의 인정에 관한 기준을 수립하는 데에 도움이 될 수 있다.

사안의 사실관계는 다음과 같다.

피고 1이 피고 2의 주선·중개 하에 캐나다은행으로부터 자금을 차입하면서 그 소유의 주식환매조건부 주식매매계약을 체결하였는데, 당시 피고 1, 2와 동일 기업집단 내 계열회사였던 원고가 피고 1을 위해 캐나다은행과 주식매수청구권 부여계약(풋옵션 계약)을 체결하면서 피고 1, 2로부터 "손실보상각서"를 교부받았다. 이후 캐나다은행의 풋옵션 행사에 따라 원고가 주식매매대금을 지급하고 주식을 인수한 다음, 피고 1, 2등을 상대로 이 사건 손실보상 약정 등의 이행을 구하였는데, 당시 피고 1, 2 모두 손실보상 약정 체결을 위한 이사회 결의를 거치지 않았기 때문에 그 효력이 다투어졌다.

원고와 피고 1 사이에서는,308) ⓐ 주식매매계약과 주식매수청구권 부여계약의 관계, 각 체결의 경위와 동기, 체결 후의 당사자들의 태도 및 경과 등에 비추어 보면, 피고 1의 이사회가 (캐나다은행과의) 주식매매계약을 승인하면서 필수불가결한 (캐나다은행과 원고 사이의) 주식매수청구권 부여계약의 체결 또는 (원고에 대한) 그 계약 체결의 위탁에 관하여는 승인하지 않았다는 것은 매우 이례적인 사정이라는 점(두 계약이 필수불가결인데 하나만 승인하고 하나는 승인하지 않았다는 것은 이례적이고, 둘 다 승인하였다고 보는 것이 당연함), ⓑ 원래 피고 1이 캐나다은행에 대해 부담하여야 할 채무를 사정상 원고가 대신 부담하였던 것이므로, 원고로서는 이 사건 각서를 통해 피고 1에게 법률상 의무 없는 거액의 새로운 채무를 부담시킨다고 인식하기보다는 원래 피고 1의 채무를 원고가 대신 사무처리하면서 발생한 비용을 상환받을 권리가 있다고 믿고 그러한 권리를 확약받은 것에 불과한 점 등에 비추어 보면, 설령 이 사건 약정의 체결 등에 관하여 피고 1 이사회의 명시적인 승인 결의가 없었다 하더라도 원고가 그 점에 관하여 이를 확인하는 등의 조치를 취할 의무가 있다고 보기는 어렵다고 판단하였고, 결국 원고의 과실이 인정되지 않았다.

반면 원고와 피고 2 사이에서는, ㉮ 원고는 그 당시 금융기관으로부터 자금을 차입하려는 그룹 내의 다른 계열사를 위하여 지급보증을 해주는 경우에는 금융기관의 요구에 따라 원고의 이사회 의사록을 첨부하여 금융기관에 제출하는 방식으로 업무처리를 해 왔는데 피고 2로부터 이 사건 각서를 교부받을 당시에는 피고 2에게 그와 같은 요구를 하지

---

308) 원고의 피고 1에 대한 청구는 주위적으로 수탁보증인의 구상권에 기한 청구 또는 약정금 청구를 선택적으로 구하고, 제1예비적으로 위임 등에 기한 비용상환청구권 청구, 제2예비적으로 불법행위에 기한 손해배상청구였는데, 그중 본문에서 문제된 부분은 약정금 청구이다.

아니한 점, ㉯ 피고 2는 이 사건 주식매매계약이나 이 사건 주식매수청구권 부여계약의 당사자가 아니라 다만 그 각 계약의 체결을 주선하거나 중개해 준 역할을 한 것으로서, 피고 1과 달리 원고가 그 거래로 인하여 입게 될 비용 기타 손실 등을 보상하여 줄 법적 의무는 없었던 점, ㉰ 당시 시행되던 증권거래법 관계 법령 등에 의하면, 피고 2와 같은 증권회사는309) 일정한 경우를 제외하고는 특수관계인에 대한 금전대여나 신용공여가 금지되었던 점 등을 들어 원고로서는 이 사건 약정에 관하여 피고 2의 이사회결의가 존재하였는지 여부에 관하여 확인하는 등의 조치를 취할 것이 요구된다 할 것이고, 이러한 조치를 취하지 아니한 이상 과실이 있다고 판단하였다.

다) 판단의 구체적 고려 요소

위 판결에서 대법원이 거래상대방의 조사의무 인정 여부를 판단하면서 설시한 요소들을 유형화하면, ① 거래행위의 내용(문제된 거래행위로 인해 상대방이 부담하는 의무의 내용이 원래 상대방이 부담할 것이 예정되어 있는 내용인지 아니면 이례적으로 그 거래를 통해 부담하게 되는 것인지), ② 당해 회사 또는 거래행위에 적용되는 관련 법령의 내용, ③ 동일 유형의 거래행위와 관련된 회사 또는 거래상대방의 기존 관행 등으로 정리할 수 있다.

그런데 이는 앞서 본 상법 제393조 제1항의 업무집행에 해당하는 행위인지 여부 및 거래상대방의 선의·과실 여부를 판단할 때에 고려되는 요소와도 중복되는 측면이 있다. 따라서 거래상대방에게 조사·확인의무가 있는지 여부는 대표권 제한 쟁점을 판단함에 있어 거래상대방의 과실 여부를 가늠하는 한 요소로 작용한다.

회사의 이사회 결의 존부에 대한 거래상대방의 조사·확인 의무가 인

---

309) 피고 1은 증권회사가 아니었다.

정된다면(특별한 사정이 있는 경우) 이사회 결의 흠결에 대한 거래상대
방의 과실이 보다 쉽게 인정될 수 있을 것이지만, 우리 판례는 거래상대
방의 조사·확인 의무가 특별한 경우에만 인정된다고 함으로써 거래상대
방을 보호해 왔음을 알 수 있다.

3) 회사의 손해배상책임의 인정 가능성

상법 제210조는 대표사원이 업무집행으로 인해 타인에게 손해를 가
한 때에 회사가 대표사원과 연대하여 배상하도록 규정하였다. 이는 합자
회사의 사원(상법 제269조), 주식회사의 대표이사(상법 제389조 제3항),
유한회사의 이사(상법 제210조)에 그대로 준용되고, 유한책임회사의 경
우에도 같은 내용으로 대표 업무집행자의 불법행위로 인한 회사의 책임
을 규정하고 있다(상법 제287조의20). 민법 제35조 역시 비영리법인의
대표자가 행한 불법행위에 관하여 비영리법인이 손해배상책임을 부담하
도록 정하고 있는바, 같은 취지의 규정이다. 다만 대표자 아닌 일반 사원
의 불법행위에 관하여는 영리법인과 비영리법인 모두 민법 제756조에
의하게 되는데,[310] 이 경우 사용자인 법인의 면책가능성이 존재한다는

---

310) 따라서 대표기관 외의 피용자의 불법행위와 관련된 민법 제756조 제1항의
책임과 대표기관의 불법행위와 관련된 민법 제35조 제1항, 상법 제210조의
책임은 서로 법률상의 근거를 달리한다(대법원 2005. 2. 25. 선고 2003다
67007 판결 참조). 같은 취지로 대법원 2011. 7. 28. 선고 2010다103017 판
결{민법 제35조 제1항은 "법인은 이사 기타 대표자가 그 직무에 관하여 타
인에게 가한 손해를 배상할 책임이 있다"고 규정하고 있고, 주식회사의 경
우에는 민법 제35조 제1항의 특칙으로서 상법 제389조 제3항에 의하여 준
용되는 상법 제210조가 "회사를 대표하는 사원이 그 업무집행으로 인하여
타인에게 손해를 가한 때에는 회사는 그 사원과 연대하여 배상할 책임이 있
다"고 규정하고 있으며, 민법 제756조 제1항은 "타인을 사용하여 어느 사무
에 종사하게 한 자는 피용자가 그 사무집행에 관하여 제3자에게 가한 손해
를 배상할 책임이 있다"고 규정하고 있다. 따라서 특별한 사정이 없는 한 법
인 자체에 대하여 불법행위책임을 물을 수 있는 것은 그 대표기관이 '직무

점에서(민법 제756조 제1항 단서) 민법 제35조 및 상법 제210조, 제287조의20과 차이가 있다.

법원은 종래 대표이사가 이사회 결의 없이 행한 거래행위에 관하여 상대방의 악의·과실이 인정되어 그 효력이 무효라고 판단되는 경우에도, "대표이사가 상법이 정한 이사회결의 절차를 거치지 아니하여 거래행위가 효력을 갖지 못하게 한 것은 업무의 집행자로서의 주의의무를 다하지 못한 과실행위이고, 그 대표이사가 위와 같이 이사회결의의 절차를 거치지 아니하여 거래행위가 무효임에도 불구하고 그 거래가 유효한 것으로 오신한 상대방으로 하여금 그 거래를 계속하게 하여 손해를 입게 한 경우에는, 이는 주식회사의 대표이사가 그 업무집행으로 인하여 타인에게 손해를 가한 때에 해당한다"고[311] 보아 거래상대방의 청구에 따라[312] 본 조항에 기한 회사의 책임을 인정하였다. 그리고 불법행위로 인한 손해배상액수를 정함에 있어서는 공평 내지 신의칙의 견지에서 과실상계를 통해 가해자와 피해자의 고의·과실의 정도, 위법행위의 발생 및 손해의 확대에 관하여 어느 정도의 원인이 되어 있는가 등의 제반 사정을 고려하여 배상액의 범위를 정할 수 있다는 법리가 확립되어 있으므로, 이로써 법원은 당해 거래행위를 무효로 보면서도 일정 범위 내에서 회사의 책임을 인정할 수 있었고, 이로써 손해의 공평한 분담을 도모한 것으로 평가된다.

에 관하여' 또는 '업무집행으로 인하여' 불법행위를 한 경우에 한정된다는 것이 민법 제35조 제1항 또는 상법 제389조 제3항, 제210조의 취지이고, 법인의 대표기관 이외의 피용자가 불법행위를 한 경우에는 민법 제756조 제1항에 해당될 경우에 한하여 법인의 손해배상책임이 인정된다고 할 것이다} 등.

311) 앞서 본 대법원 2006다47677 판결 등.

312) 물론 이사회 결의 흠결에 대한 상대방의 과실이 인정되어 거래행위가 무효라고 판단되더라도 상대방이 별도로 손해배상의 청구를 하지 않았다면 이를 인정할 여지가 없음은 당연하다(대법원 1997. 6. 13. 선고 96다48282 판결, 대법원 1997. 12. 9. 선고 97다40315 판결, 대법원 2014. 9. 25. 선고 2012다98782 판결 등).

대법원 판결 중 회사의 손해배상책임을 인정한 예로는, ① 회사가 제 3자의 거래상대방에 대한 리스료채무를 연대보증하였는데, 거래 당시 회사로부터 제출받은 이사회 의사록 자체로 의사정족수 미달이 명백하 여 상대방의 과실이 인정되었으나, 회사의 사용자책임이 인정된 사안(거 래상대방의 과실 30% 인정),313) ② 회사 대표이사가 이사회 결의 없이 거래상대방의 은행에 대한 채무를 연대보증한 행위가 다투어진 경우에, 당시 제출된 회사 이사회 입보결의서 자체로서 이사 과반수에 미달하는 6인의 이사만이 출석하여 의결하는 등의 하자가 명백하여 회사의 과실 을 인정하면서도 회사가 은행인 피고에게 손해배상책임을 부담한다고 본 사안(거래상대방의 과실 40% 인정)314) 등이 있다.315)

다. 대법원 2015다45451 전원합의체 판결의 소개

대법원 2015다45451 전원합의체 판결은, 크게 두 가지 중요한 법리 를 선언하였다. 먼저, 주식회사 대표이사가 이사회 결의에 따라 일정한 거래행위를 하도록 되어 있는데도 이사회 결의 없이 거래행위를 한 경 우에 거래상대방인 제3자는 상법 제389조 제3항, 제209조 제2항에 따라 선의 또는 무중과실이라면 보호받는다고 하여(이하 '제1법리'라고 한다), 그 동안 선의·무과실의 제3자를 보호하였던 것에 비하여 그 보호범위를 넓히는 것으로 기존 판례 법리를 변경하였다.

다음으로, 이러한 법리는 대표이사 대표권의 내부적 제한뿐 아니라 상법 제393조 제1항에 따른 법률상 제한의 경우에도 마찬가지라고 명시 히였는데(이하 '제2법리'라고 한다), 이처럼 내부적 제한과 법률상 제한

---

313) 대법원 1995. 4. 11. 선고 94다33903 판결.
314) 대법원 2003. 1. 24. 선고 2000다20670 판결.
315) 그 밖에 앞서 본 대법원 2006다47677 판결 역시 피고 2의 원고에 대한 손해 배상책임을 인정하였다(원고의 과실 20% 인정).

을 상대방 보호에 있어 같이 취급하는 것은 기존 판례 법리에서도 그러하였던 것으로 새로운 내용은 아니다. 그러나 상법 제393조 제1항의 개정 과정을 비롯하여 대표이사에의 권한 집중을 경계하고 의사결정기관으로서 이사회 기능을 강화하고자 하였던 우리 상법의 특수한 연혁에 비추어 볼 때, 최근의 전원합의체 판결에서 제2법리를 재차 확인하였다는 점은 그 의미를 되새겨 볼 필요가 있다. 이에 판례가 변경된 제1법리 못지않게 판례가 변경되지 않은 부분인 제2법리 역시 큰 의미를 가진다.

1) 제1법리(선의·무중과실의 상대방 보호)

그 동안 이사회 결의를 흠결한 대표이사의 행위에 관하여 상대방이 이를 알았거나 알 수 있었을 경우가 아니라면 그 거래행위는 유효라고 본 판례의 태도는 일본 판례의 태도에서 유래한 것으로 소위 비진의의 사표시설을 유추적용하여 선의·무과실의 거래상대방을 보호하는 것으로 평가되어 왔다. 이에 관하여는 상법 제389조 제3항에 따라 준용되는 상법 제209조 제2항의 명문의 규정이 존재함에도 이를 도외시한 것이라는 지적이 있었다.

가) 상법 제209조 제2항의 준용

대법원 2015다45451 전원합의체 판결은 명시적으로 회사 정관이나 이사회 규정 등에서 이사회 결의를 거치도록 대표이사의 대표권을 제한한 경우 선의의 제3자는 상법 제389조 제3항에 따라 준용되는 제209조 제2항에 따라 보호됨을 선언하였다.

나) 상법 제209조 제2항의 '선의'

대법원 2015다45451 전원합의체 판결은 회사와 거래한 상대방이 상법 제209조 제2항에 따라 보호받기 위해 선의 이외에 무과실까지 필요하지는 않지만, 중과실이 있는 경우에는 그 신뢰를 보호할 만한 가치가 없으므로 거래행위가 무효라고 함으로써, 선의·무과실의 상대방만 보호하였던 기존 법리보다 보호범위를 넓혔다.

나아가 중과실의 의미에 대하여 "중과실이란 제3자가 조금만 주의를 기울였더라면 이사회 결의가 없음을 알 수 있었는데도 만연히 이사회 결의가 있었다고 믿음으로써 거래통념상 요구되는 주의의무를 현저히 위반하는 것으로, 거의 고의에 가까운 정도로 주의를 게을리하여 공평의 관점에서 제3자를 구태여 보호할 필요가 없다고 볼 수 있는 상태를 말한다. 제3자에게 중과실이 있는지는 이사회 결의가 없다는 점에 대한 제3자의 인식가능성, 회사와 거래한 제3자의 경험과 지위, 회사와 제3자의 종래 거래관계, 대표이사가 한 거래행위가 경험칙상 이례에 속하는 것인지 등 여러 가지 사정을 종합적으로 고려하여 판단하여야 한다"라고 하였다.

2) 제2법리(법률상 제한과 내부적 제한 비구별)

대법원 2015다45451 전원합의체 판결은, "대표이사의 대표권을 제한하는 상법 제393조 제1항은 그 규정의 존재를 모르거나 제대로 이해하지 못한 사람에게도 일률적으로 적용된다. 법률의 부지나 법적 평가에 관한 착오를 이유로 그 적용을 피할 수는 없으므로, 상법 제393조 제1항에 따른 제한은 내부적 제한과 달리 볼 수도 있다"는 점을 인정하면서도, 다음과 같은 이유로 이를 내부적 제한과 마찬가지의 기준에 따라 상대방보호 여부를 판단해야 함을 분명히 하였다. 이 부분 근거를 밝힌 다수의견을 발췌하면 다음과 같다.

(1) 어떠한 거래행위가 상법 제393조 제1항에서 정한 '중요한 자산의 처분 및 양도, 대규모 재산의 차입 등'에 해당하는지는 재산의 가액과 총자산에서 차지하는 비중, 회사의 규모, 회사의 영업이나 재산 상황, 경영상태,

자산의 보유 목적 또는 차입 목적과 사용처, 회사의 일상적 업무와 관련성, 종래의 업무 처리 등에 비추어 대표이사의 결정에 맡기는 것이 적당한지 여부에 따라 판단하여야 한다(대법원 2005. 7. 28. 선고 2005다3649 판결, 대법원 2008. 5. 15. 선고 2007다23807 판결 참조). 그런데 대표이사와 거래하는 상대방의 입장에서는 회사의 구체적 상황을 알기 어려울 뿐만 아니라, 회사와 거래행위를 한다는 이유만으로 위와 같은 사정을 알아야 할 필요도 없고, 알아야만 하는 것도 아니다. 설령 상대방이 그러한 사정을 알고 있더라도, 해당 거래행위가 대표이사의 결정에 맡겨져 있다고 볼 수 있는지를 판단하기는 쉽지 않다. 구체적인 사건에서 어떠한 거래행위가 상법 제393조 제1항에서 정한 '중요한 자산의 처분 및 양도, 대규모 재산의 차입 등'에 해당하는지는 법률전문가조차 판단이 엇갈릴 수 있는 영역으로 결코 명백한 문제가 아니다.

(2) 이러한 점을 고려할 때 이사회 결의를 요구하는 근거가 상법 제393조 제1항인지 아니면 정관 등 내부 규정인지에 따라 상대방을 보호하는 기준을 달리한다면 법률관계가 불분명하게 될 수밖에 없다. 중과실과 경과실의 구별은 상대적이고 그 경계가 모호하며, 개별 사건에서 구체적 사정을 고려하여 과실의 존부와 그 경중을 판단할 수밖에 없다. 이사회 결의가 없는 거래행위의 효력을 판단할 때 상법 제393조 제1항에 따라 이사회 결의를 거쳐야 하는 경우에는 '선의·무과실'의 상대방을 보호하되 정관 등에서 이사회 결의를 거치도록 정한 경우에는 '선의·무중과실'의 상대방을 보호하는 식으로 구별하는 이른바 이원론은 회사를 둘러싼 거래관계에 불필요한 혼란과 거래비용을 초래한다. 이러한 이원론에 따른다면, 정관 등 회사 내부 규정에서 이사회 결의를 거치도록 정한 경우에도 회사로서는 거래행위가 상법 제393조 제1항에서 정한 사항에 해당한다고 주장·증명하여 상대방의 보호 범위를 좁히려고 할 것이다. 그러나 거래행위가 상법 제393조 제1항에서 정한 '중요한 자산의 처분 및 양도, 대규모 재산의 차입 등'에 해당하는지는

위 (1)에서 본 여러 구체적 사정을 고려하여 판단해야 하기 때문에 법원의 심리부담이 가중될 우려가 있다.

이와 달리 상법 제393조 제1항의 경우에도 내부적 제한의 경우와 마찬가지로 상법 제209조 제2항을 적용한다면, 회사가 정관 등 내부 규정에서 이사회 결의를 거치도록 정한 거래행위는 상법 제393조 제1항이 적용되는지와 상관없이 이사회 결의가 없었다는 점에 대해 거래상대방에게 악의 또는 중과실이 있었는지 여부만을 판단하면 되고, 이로써 법률관계를 단순화하여 명확하게 하는 데 도움이 된다.

(3) 지배인이나 표현대표이사와 거래한 상대방은 과실이 있더라도 중과실이 아닌 한 보호받는다(대법원 1997. 8. 26. 선고 96다36753 판결, 대법원 1999. 11. 12. 선고 99다19797 판결 참조). 대표이사는 지배인이나 표현대표이사보다 강력한 권한을 가진다. 상법 제393조 제1항에서 요구하는 이사회 결의를 거치지 않았다는 이유만으로 거래상대방에게 무과실을 요구하는 것은 진정한 대표이사와 거래한 상대방을 지배인이나 표현대표이사와 거래한 상대방에 비하여 덜 보호하는 결과가 되기 때문에 형평의 관점에서 보더라도 납득하기 어렵다.

(4) 대표이사가 회사를 대표하여 거래행위를 할 때 이사회 결의는 회사의 내부적 의사결정절차에 불과하다. 대표이사가 필요한 내부절차를 밟았을 것이라는 점에 대한 거래상대방인 제3자의 신뢰는 이사회의 결의를 필요로 하는 근거에 따라 달라지지 않는다. 그런데도 내부적 제한을 위반한 경우에만 경과실 있는 상대방을 보호함으로써 상법 제393조 제1항에 해당하는 행위인지 아니면 단순한 내부적 제한에 해당하는 행위인지에 따라 거래상대방이 기울여야 할 주의의무의 정도를 달리 본다면, 상대방으로서는 회사의 내부적 사정까지 파악해야 하기 때문에 결국 불필요한 거래비용을 증가시켜 회사에도 바람직하지 않은 결과를 초래한다.

(5) 상법 제393조 제1항에 따라 이사회 결의가 필요한 경우와 정관 등 내부 규정에 따라 이사회 결의가 필요한 경우를 구별할 수 있지만, 종래 대법원은 이를 구분하지 않고 단순히 이사회 결의 흠결에 대해 상대방이 선의·무과실인지에 따라 거래행위의 효력을 판단해 왔다. 이것은 대표이사의 권한이 어떠한 방식으로 제한되었는지와 상관없이 대표이사가 한 대외적 거래행위의 효력에 관해서는 상법 제393조 제1항의 경우를 내부적 제한의 경우와 완전히 구별하여 다루기보다는 개별 사건에서 사안에 따라 거래상대방의 선의나 과실을 고려하여 판단하는 것이 타당하다고 보았기 때문이다.

(6) 상법 제393조 제1항에서 요구하는 이사회 결의가 흠결된 거래행위에 대해서 어떠한 기준에 따라 그 유·무효를 판단할 것인지는 회사의 대외적 거래관계에서 회사와 거래상대방, 나아가 이해관계인 사이에서 이사회 결의 흠결로 인한 위험을 어떻게 합리적으로 분배할 것인지를 정하는 문제이다. 주식회사에서 이사회 결의는 회사 내부의 절차이다. 제3자가 회사의 이사회 결의가 없었다고 의심할 만한 특별한 사정이 없다면, 회사 내부에서 발생한 위험을 대표이사와 거래한 상대방에게 전가하는 것은 바람직하지 않다. 그동안 판례가 내부적 제한을 위반한 거래행위와 상법 제393조 제1항의 법률상 제한을 위반한 거래행위를 구분하지 않고 그 효력을 같은 기준으로 판단한 데에는 위와 같이 합리적인 이유가 있다. 따라서 상법 제393조 제1항에 따라 이사회 결의를 거쳐야 하는데도 이를 거치지 않고 대표이사가 거래행위를 한 경우에도 대표이사의 대표권이 내부적으로 제한된 경우와 마찬가지로 규율하는 것이 타당하다. 대표이사가 상법 제393조 제1항의 법률상 제한에 따라 이사회 결의를 거쳐야 하는지 아니면 단순한 내부적 제한에 따라 이사회 결의를 거쳐야 하는지는 거래상대방의 악의 또는 중과실을 판단하는 단계에서 개별적으로 고려할 요소 중 하나일 뿐이고, 이러한 구별을 이유로 대표이사의 행위를 신뢰한 제3자를 보호하는 기준 자체를 달리 정할 것은 아니다.

이중 (4)의 근거는 회사 대표이사와 거래하는 제3자의 주의의무(조사 또는 확인의무)와 관련된다. 앞서 보았듯이 "제3자가 회사 대표이사와 거래행위를 하면서 회사의 이사회 결의가 없었다고 의심할 만한 특별한 사정이 없다면, 일반적으로 이사회 결의가 있었는지를 확인하는 등의 조치를 취할 의무까지 있다고 볼 수는 없다"는 법리가 이미 기존에 확립되어 있었다.

라. 대법원 2015다45451 전원합의체 판결 이후의 판례 법리

1) 개괄

이론상 제1법리에 따라 보호되는 거래상대방의 범위가 넓어졌음은 분명하나, 한편 과실과 중과실의 경계가 모호하고 종전에도 법원이 이사회 결의를 흠결한 사안에서 거래상대방의 과실을 쉽게 인정하지 않음으로써 거래안전을 도모해 왔던 점을 고려한다면, 현실적인 차이는 크지 않을 수도 있다. 또한 소위 법률상 제한과 내부적 제한을 구별하여 취급하는 경우보다 제2법리에 따라 양자를 동일하게 취급하는 경우 법원의 심리 부담이 경감된다는 점은 분명하지만316) 이는 종전에도 마찬가지였고, 상법 제393조 제1항의 해당 여부는 상대방의 (중)과실 유무를 판단하는 사정 중의 하나로 고려되는 것이어서 2015다45451 전원합의체 판결 이후에 달라진 점으로 평가하기는 어렵다.

대법원 2015다45451 전원합의체 판결이 선고된 지 3년 남짓 경과하였다. 2024. 2. 1.을 기준으로 "2015다45451"을 검색어로 하여 검색되는 하급심 판결은, 대표권 제한 법리와 무관한 사안들 및 상급심 판결이 선고된 경우를 제외하면 94건이다[확정되지 않고 상급심에 사건이 계속

---

316) 법원으로서는 해당 거래행위를 위해 이사회 결의를 요한다는 내부 규정의 존재만 증명된다면(이 부분 증명은 매우 용이하다) 상법 제393조 제1항에 해당하는지 여부를 판단할 필요가 없다.

중인 경우 포함, 구체적 내용은 별지 2 표(하급심 판결)317) 기재와 같고 이하 편의상 순번 판결로만 특정한다]. 회사가 채무자가 되는 소비대차 계약 또는 회사가 제3자의 채무를 보증하는 행위의 효력이 다투어진 경우가 다수였고, 그 밖에 회사가 채무를 부담하기로 하거나 회사 재산에 관해 담보를 설정해 주거나 회사 재산을 매매하는 계약 등 '회사가 의무를 부담하는 행위'의 효력이 주로 다투어짐을 알 수 있었다.

요약하면, 법률상 제한과 내부적 제한을 막론하고 이사회 결의를 요하는 거래행위임에도 대표이사가 이를 거치지 않고 회사 명의로 한 거래행위에 관하여, 분석대상으로 삼은 총 94건 중 (1) 거래상대방의 악의·중과실이 부정된 경우는 1 내지 56번의 56건(확정된 판결은 44건), (2) 거래상대방의 악의·중과실이 인정된 경우는 57 내지 73번의 17건(확정된 판결은 11건), (3) 이사회 결의가 필요없다고 하는 한편 가정적으로 설령 이사회 결의가 필요하더라도 거래상대방의 악의·중과실이 부정된다고 본 경우는 74 내지 90번의 17건(확정된 판결은 13건), (4) 기타 4건(91 내지 94번, 확정된 판결은 4건)이다.

[표 4] 하급심 판결 분석

(1) 악의·중과실 부정	(2) 악의·중과실 인정	(3) 이사회 결의 불필요 (가정적 판단: 악의·중과실 부정)	(4) 기타
56건 (1~56) (확정 44건)	17건 (57~73) (확정 11건)	17건 (74~90) (확정 13건)	4건 (91~94) (확정 4건)

317) 공개된 판결문 내용만을 기초로 한 것이므로 정확한 사실관계를 파악하는 데에는 한계가 있을 수 있다. 대법원에서 심리불속행 기각 판결된 경우 항소심 판결을 우선으로 소개하였고, 비고란에 확정 여부를 표기하였다.

숫자만으로 본다면, 거래상대방의 악의·중과실이 인정된 비율은 약 18%{만약 ⑴과 ⑵만을 분모로 한다면 약 23%}로 매우 낮다고 보기는 어렵지만, 그 구체적 사안을 살펴보면 거래상대방의 악의를 인정하거나 (57번), 회사 대표이사의 배임죄가 유죄로 인정되거나(60번) 거래당사자인 회사들의 대표이사가 동일인이라는(68번) 등의 사실관계가 뒷받침되었던 사안임을 알 수 있다. 그리고 거래상대방의 악의·중과실이 부정된 ⑴ 영역에서는 상급심의 판단까지 이루어진 26건(형사판결 1건 제외) 중에서 대표권 제한 쟁점에 관한 1심과 항소심의 판단이 달랐던 사안이 1건(14번)만 발견되는 반면, 거래상대방의 악의·중과실이 긍정된 ⑵ 영역에서는 항소심의 판단까지 이루어진 7건 중 3건(59, 63, 65번)에 관하여 1심과 항소심의 판단이 달랐다.

2) 하급심 판결의 구체적 분석

개별 사건에서 거래상대방의 (중)과실의 존부와 그 경중을 판단하는 것은 쉽지 않을 뿐 아니라, 정량화된 수치, 객관적 요소의 존부에 따라 계산될 수 있는 사항도 아니다. 이하 3)항의 ②에서 언급할 '회사와 거래상대방 사이에 과거 거래관계가 있었는지 여부'의 요소처럼, 구체적 사실관계와 별도로 생각한다면 중과실 긍정의 요소인지 부정의 요소인지 여부를 확정하기 어려운 사정들도 다수 존재한다.

이 점은 특히, 대법원 2015다45451 전원합의체 판결 선고 이후에 판단되었음에도 심급을 달리하는 과정에서 거래상대방의 악의·중과실 여부에 관한 판단이 달라진 14번, 59번, 63번, 65번의 판결들을 살펴보면 더욱 명확해진다(이하 이해를 돕기 위해, 1, 2심 판결의 표현 일부를 생략하는 등 판결 원문을 가감하였다).

먼저 14번 판결[318])의 원고는 투자전문회사로, A회사와 T회사에 부동

---

318) 서울고등법원 2022. 6. 8. 선고 2021나2031321 판결. 대법원 2022. 10. 14.

산 취득 및 투자를 위해 돈을 대여하고 위 회사들은 그 차용금으로 E회사의 출자지분 100%를 인수하였으며, E회사는 D빌딩 등을 매수하였다. 피고는 E회사의 용역대금(D빌딩에 관해 발생한 용역대금) 채권자이다. 원고와 피고는, 원고의 A, T에 대한 대출금채권을 피고의 E에 대한 모든 채권보다 우선하여 회수할 수 있다는 후순위약정을 체결하였다.

1심[319]과 2심 모두 이 사건 후순위약정 체결이 상법 제393조 제1항에 따라 이사회 결의를 요한다고 하면서도 이사회 결의 흠결에 대한 상대방의 악의·중과실 판단에 관하여는 결론을 달리하였는데, 1심 법원은 다음의 사정들을 거시하여 원고의 중과실을 인정하였다.

"㉠ 원고는 전문적인 투자회사로서 상법상 중요한 자산의 처분 등 행위에 관하여 이사회의 결의가 필요함을 잘 알고 있었던 것으로 보아야 하는 점, ㉡ 원고는 D빌딩의 취득 및 관련 사업을 실질적으로 진행하고 있던 X와 이 사건 후순위약정에 관한 논의를 하였을 뿐 피고의 의사에 대하여는 아무런 확인을 하지 않은 점, ㉢ X가 피고의 위임을 받아 원고와 이 사건 후순위약정 체결에 관한 논의를 하였던 것으로 보이지도 않는 점, ㉣ 이 사건 후순위약정서는 원고 측에서 만든 것으로서 그 문안 자체가 이 사건 대출계약 체결일 무렵 비로소 확정되었고, 피고가 약정서 초안을 교부받고 불과 1주일도 지나지 않아 이 사건 후순위약정이 체결되는 등 피고로서는 이사회를 소집할 시간적 여유도 없었던 점, ㉤ 원고는 이 사건 대출계약에 관한 A와 T의 이사회 회의록을 요구하였으면서도 이 사건 후순위약정에 관한 피고의 이사회 회의록은 요구하지 않았고, 피고가 이사회 결의를 거쳤는지 여부를 확인하려는 시도조차 하지 않은 점, ㉥ 원고는 이 사건 대출계약 이전에 피고와 아무런 거래를 한 적이 없었으므로, 피고가 원고와의 관계에서 업무를 처리함에 있어 이사회 결의를 거쳤을 것이라고 신뢰하였을 가능성도 거의

자 2022다252820 판결로 심리불속행 기각되었다.
319) 서울중앙지방법원 2021. 7. 16. 선고 2019가합565569 판결.

없는 점, ㉂ 이 사건 후순위약정의 체결은 피고 대표이사의 통상적인 업무 내용과는 무관하다고 볼 수 있을 정도로 이례적인 성격의 것에 해당하는 점, ◎ 원고는 이 사건 소송과정에서 이 사건 후순위약정의 체결이 이사회 결의사항이 아니라고 주장하고 있을 뿐 자신이 피고의 이사회 결의가 없었음을 중대한 과실 없이 알지 못하였다고 주장하고 있지는 않은 점 등에 비추어 보면, 원고는 이 사건 후순위약정 체결에 관한 피고의 이사회 결의가 없음을 알고 있었거나 적어도 중과실로 인하여 이를 알지 못하였다고 봄이 타당하다."

반면 항소심은 다음과 같은 사정들을 이유로 원고의 악의·중과실을 인정할 수 없다고 보아 이 부분 1심 판단을 뒤집고, 원고의 청구를 인용하였다.

"㉠ 피고가 이 사건 대출계약 및 후순위약정 체결과 관련하여 밀접한 이해관계를 가지고 있었던 점, ㉡ 후순위약정 내용 자체만 놓고 보면 피고에게 불리해 보이지만 그 경위 등에 비추어 볼 때 피고 대표이사 甲이 당시 상황에서 원고로부터의 자금 조달이 더 이익이라는 경영판단에 따라 이 사건 후순위약정 체결에 이르게 된 것으로 보이는 점, ㉢ 당시 원고가 피고에게 이사회 결의서 등을 요구한 바는 없지만, 피고 이사회 결의가 없었다고 의심할만한 특별한 사정이 없었으므로 원고에게 일반적으로 이사회 결의가 있었는지 확인하는 등의 조치를 취할 의무까지 있다고 볼 수 없는 점, ㉣ 피고는 대표이사 甲과 임직원이 지분 100%를 보유하고 있는 회사로 2012. 2.경부터 2017. 8.경까지 개최된 모든 이사회에서는 대표이사 甲이 특정 의안을 부의하면 나머지 사내이사와 감사가 전원 동의하여 해당 의안을 결의하여 왔고, 이 사건 후순위 약정서도 甲에게 개인적으로 전달된 것이 아니라 피고 경영지원실 실장을 통해 전달되어 날인된 점, ㉤ 피고가 후순위약정서 초안을 교부받고 1주일도 지나지 않아 이 사건 후순위약정의 체결에 이르렀다고 하더라도, 상법 제390조 제3항에 따르면 이사회 소집 기간은 단축할 수 있는데, 피고의 정관 제24조 제5항에는 '이사회를 소집함에는 1일 전에 각 이사 및 감사에게 통지서를 발송하여야 하되, 이사 및 감사 전원의 동의가 있을 때에는 위 절차를 생략할 수 있다'고 정하고 있고, 여러 회사들의 정관도 유사한 규정이 있을 수 있으므로, 약정서 초안 교부 후 1주일 내 계약을 체결한 사정만으로 원고에게 이사회 결의가 불가능하다는 인식이 있었다고 보기 어려운 점 등"

다음으로 59번, 63번, 65번 판결은 1심에서 거래상대방의 중과실이 부정되었다가 항소심에 이르러 인정된 경우이다.

59번 판결320)은 1심321)과 달리 거래상대방과 회사 임원진 사이의 인적관계를 이유로 거래상대방의 악의·중과실을 인정하였다.

63번 판결322)은 원고가 2018. 7. 31. 채무자 X를 위해 피고에게 연대보증(대여금 30억 원)을 하겠다는 확약서를 작성하고 2018. 8. 9. 위약금으로 30억 원을 지급하겠다는 합의서를 작성한 행위의 효력이 다투어진 사안이다. 1심323)은, ⓐ 원고의 당시 자본금이 110억 원이었는데 이 사건 연대보증 및 위약금 약정으로 원고가 부담할 수 있는 채무액은 60억 원으로 자본금의 절반 이상인 점, ⓑ 이 사건 연대보증 및 위약금 약정

---

320) 수원지방법원 2022. 11. 24. 선고 2022나55200 판결, 미상고 확정되었다. 다만 거래상대방(피고)의 과실이 인정됨에도 불구하고 원고 회사 주장의 돈이 피고(과거 원고 대표이사로 이사회 결의 없이 스스로에게 근저당권설정등기를 마쳐준 자)의 행위와 인과관계 있는 손해라고 보기 어렵다는 이유로 손해배상을 구하는 원고 청구가 이유 없다고 판단하여 원고의 항소를 기각하였다.
321) 수원지방법원 2022. 1. 18. 선고 2020가단568541 판결.
322) 서울고등법원 2023. 3. 8. 선고 2021나2029496 판결, 위 사안 원고 회사는 6번 판결인 서울회생법원 2020가합100067호 판결의 원고와 동일하다(거래상대방인 피고는 다름). 이 판결에 대한 상고가 기각되어 그대로 확정되었다(대법원 2023. 7. 27. 자 2023다227630 판결).
323) 서울회생법원 2021. 6. 9. 선고 2020가합100074 판결.

은 원고의 일상적인 영업활동과는 관련이 없는 점, ⓒ 실제 이 사건 합의서 작성 당시 이 사건 연대보증에 대한 이사회 의사록이 작성되어 피고에게 교부되었던 점을 인정할 수 있고, 위 인정사실에 의하면 이 사건 연대보증 약정 및 위약금 약정은 상법 제393조 제1항에 따른 이사회 결의사항에 해당한다고 판단한 다음, 증거에 의하면 실제로는 당시 위 연대보증과 위약금 약정에 대한 원고의 적법한 이사회 결의는 없었던 것으로 보인다고 하면서도, 다음의 사정들을 들어 피고에게 이 사건 연대보증 및 위약금 약정에 대한 원고의 이사회 결의가 없었다고 의심할 만한 특별한 사정이 있어 원고의 이사회 결의를 확인할 의무가 있었다거나, 피고에게 원고의 이사회 결의가 없었음을 알지 못한 것에 대한 중대한 과실이 있다고 인정하기 어렵다고 하여 위 연대보증 및 위약금 약정의 효력을 인정하였다(다만 위약금을 일부 감액하였다).

  "㉠ 피고는 원고 연대보증의 의사가 담긴 이 사건 합의서 작성 당시 원고의 법인인감증명서를 교부받았고 이 사건 합의서에도 원고의 법인인감이 날인되었던 점, ㉡ 피고는 이 사건 합의서 작성 당시 '의안: 보증 승인의 건, 채무자 X, 차용금 30억 원, 보증인 원고'라고 기재된 원고의 2018. 7. 31. 자 이사회 의사록을 교부받았던 점, ㉢ 원고 대표이사는 2018. 8. 9. 이 사건 연대보증 및 위약금 약정을 확인하는 내용의 이 사건 이행확약서에 직접 서명·날인하여 피고에게 교부하였던 점 등"

  그러나 항소심은 피고의 악의·중과실은 피고 대리인인 H를 기준으로 판단해야 함을 전제한 다음, 다음과 같은 이유로 피고의 중과실을 인정하였다.

  "당시 H가 교부받은 이사회 의사록 상단에는 '이사총수 및 참석이사수가 각 7명'이라고 기재되어 있음에도 하단에는 이사 5인의 기명날인만 되어 있

고, 그 기재내용도 명백하게 모순되는[324] 점, 합의서 작성 당시 원고 대표이
사가 직접 참석하지도 않았고 위임서류가 제대로 갖추어지지도 않았던 점 등"

65번 판결[325]은 공동주택 건설사업을 하는 피고 회사가 채권자인 원
고에게 일정 기한까지 돈을 변제하지 못할 경우 피고 소유 토지 등을 이전
해 주겠다는 이행각서(2017. 2. 13. 자 대물변제약정)를 작성한 사안에서
피고 이사회 결의가 부존재하였음을 이유로 각서의 효력이 다투어졌다.

1심[326]과 항소심 모두 대법원 2015다45451 전원합의체 판결의 법리
에 따라 판단하면서도 거래상대방인 원고의 악의·중과실 여부를 달리
판단하였는데, 먼저 1심은 다음과 같은 사정을 들어 원고의 악의·중과실
을 부정하였다.

"① 2017. 2. 13. 자 대물변제약정에 앞서 2016. 10. 7. 자로 이미 사업부지
내 토지들의 소유권을 양도한다는 취지의 각서가 작성된 점, ② 위 각서에
는 당시 대표이사인 A, 사내이사 B, C, D의 날인이 있고, 문제의 대물변제약
정 당시의 피고 이사회 구성원은 위 4인을 포함한 7인이었던 점, ③ 이와
같이 과반수 이사의 날인이 포함된 각서를 받은 원고가 변제기한을 연장해
주었다고 하여 다시 이사회결의가 있었는지를 확인하거나 이사회결의서를
요구하였어야 한다고 보기 어려운 점 등"

---

324) 항소심 판결문에 의하면, "본문에 '의장은 전환사채 발행 관련 담보제공의
건에 대하여 자세히 설명하고 이에 관해 가부를 물으니 전원 이의 없이 찬
성하므로 다음과 같이 가결하다'라고 기재되어 있음에도 그 아래에는 위 가
결되었다는 의안과는 전혀 무관한 '의안 보증 승인의 건, 채무자 甲, 차용금
30억 원, 보증인 원고'라고 기재되어 있는 등 명백하게 모순된 기재가 존재
한다."라고 지적하고 있다.
325) 청주지방법원 2023. 7. 7. 선고 22나54423 판결, 미상고 확정되었다.
326) 청주지방법원 2022. 6. 9. 선고 2021가단1612 판결.

그러나 항소심은 피고 자본금은 3억 원에 불과하였고, 대물변제 목적 부동산들 중 일부만의 가치가 약 87억 원에 달하는 등 대물변제 목적 부동산의 가치가 상당하였던 점, 이 사건 부동산이 원고에게 이전될 경우 피고의 유일한 사업이었던 공동주택 건설사업의 목적달성이 불가능해 보이는 점 등을 들어 이 사건 대물변제약정은 피고 이사회 결의를 거쳐야 한다고 전제한 다음, 다음과 같은 이유로 원고의 중과실을 인정하였다.

"① 대물변제약정은 피고의 거의 유일한 사업이자 유일한 자산인 공동주택 건설사업 부지의 상당 부분을 원고에게 양도하는 것을 그 내용으로 하고 있어 … 피고의 영업상 그 중요성이 현저하였는데, 원고 또한 피고의 이와 같은 사업추진 과정에서 그 아파트 부지 매입대금 등의 명목으로 자금을 수차례 대여하는 등 이를 잘 알고 있었다. ② 최초 피고가 원고로부터 돈을 차용하였던 2014. 4. 30.경 피고는 이사회를 열어 차용을 결의하였고 이사회 회의록 또한 작성하여 원고에게 이를 교부하였던 것으로 보인다 … 원고는 이와 같은 이사회 회의록 내용을 통하여 이 사건 대물변제약정 또한 이사회의 결의를 거쳐야 하는 내용임을 충분히 인지하였다고 볼 것이다. ③ 이 사건 이행각서 작성에 앞서 원고에게 이미 사업부지 내 토지들의 소유권을 양도한다는 취지의 각서가 2016. 10. 7. 자로 작성된 점 및 위 각서상에 당시 대표이사인 A, 사내이사 B, C, D의 날인이 있었던 사실은 인정되나, 위 각서상의 날인행위를 이사회의 결의와 동일시 할 수는 없다. … ④ …원고는 대물변제약정 체결이 피고 이사회의 결의를 필요로 하는 사항인지, 피고 이사회의 결의가 있었는지 여부 등을 피고 측에 전혀 문의하지 아니한 것으로 보인다."

3) 판단의 구체적 고려 요소
이처럼 판단의 어려움과 모호함이 존재함에도 불구하고, 법원이 거래상대방의 선·악의 또는 중과실 여부를 판단하는 사정으로 공통적으로 고려하는 요소들을 다음과 같이 유형화해 볼 수 있다.

　① 회사와 거래상대방 사이의 관계(당사자들 사이의 특수 관계)

　회사 대표이사 또는 회사를 대표해서 (회사 명의 서류를 작성하는 등) 실제로 거래행위를 한 자와 거래상대방 사이의 인적 관계(친인척 관계인지), 거래상대방도 법인이라면 서로의 주주 구성 또는 임원진 등이 중복되는지 여부 등의 사정이다.

　① (중)과실 부정의 근거가 되는 사정으로는, 회사의 거래상대방이 회사의 일개 직원에 불과한 점(4번), 거래행위를 한 당사자가 회사의 사실상 지배자였고 배우자가 명목상 대표이사였던 점(77번), (소규모회사이고) 거래행위 협의를 한 자가 사실상 회사 운영에 관한 의사결정권을 보유한 자라는 점(79번, 82번) 등이 있다. 또한 거래당사자의 각 대표이사가 친밀한 관계에 있었다는 등의 사정만으로는 중과실이 부정된다는 판단도(13번) 있었다.

　② (중)과실 긍정의 근거가 되는 사정으로는, 회사와 거래상대방의 이사 또는 주주 구성이 겹치거나 상호 주식을 보유하고 있는 점(3, 29, 66, 71번), 회사와 상대방 회사가 모자회사 관계인 점(71번), 회사와 거래상대방의 대표이사가 동일인인 점(73번), 거래상대방이 과거 회사의 대표이사(59번) 또는 회사 설립자이자 회사의 그룹 회장이었거나(68번), 과거 회사의 (사내)이사로 회사 경영에 적극적으로 참여하였기 때문에 회사 내부 사정을 잘 알 수 있는 위치에 있었던 점(58, 62번), 상대방이 회사 운영이사로 재직 중이었던 기간에 회사로부터 퇴직수당을 지급받는 합의를 한 점(72번), 거래상대방의 아들과 조카가 회사 이사로 재직하고 있었던 점(59번), 거래상대방의 대리인이, 회사 대표이사 개인이 거래상대방에게 채무를 부담하는 상황에서 회사 명의의 차용증을 작성해 주는 것임을 잘 알고 있었던 점(61번) 등이 있다.

☑ 거래의 유형과 내용

회사가 체결한 거래가 회사에게도 이익이 되는 것인지 아니면 대가 없는 보증과 같이 회사에게 부담만 되는 거래인지 여부도 따져보아야 한다. 물론 보증계약 체결이라 할지라도 그 경위를 살펴 회사가 보증을 하는 것이 회사 사업에 이익이 되거나 사업상 필요한 행위였다고 판단된다면 거래상대방의 악의·중과실을 부정하는 요소로 작용하게 된다.

① (중)과실 부정의 근거가 되는 사정으로는, 문제된 행위가 과거에 계속적, 반복적으로 일어난 행위이거나 종래 거래관계의 일환으로 행해진 것이라는 점(3, 50, 53번), 종전에 문제없이 체결되었던 연대보증계약의 후속조치로 이 사건에서 이사회결의 흠결이 다투어지는 양도담보약정이 체결된 점(28번), 회사가 채무인수계약을 한 후 실제 수회에 걸쳐 일부 돈을 거래상대방(채권자)에게 변제한 점(15번), 회사를 지배하는 자와 회사가 채무를 보증한 주채무자 회사를 지배하는 자가 동일인인 점(77번), 계약 체결의 경위와 진행상황에 비추어 보면 사실상 회사가 해당 보증행위를 하는 것이 이례적이라고 보기 어려운 점(16번), 금전 차용행위는 대표이사의 거래행위로서 경험칙상 이례적이라고 보기 어려운 점(36번), 해당 행위가 회사에 이익이 되는 점(37번) 등이 거시되었다.

한편, 당사자 사이에 과거 거래관계가 없는 점(16번, 82번, 85번) 역시 과실 부정의 사정으로 거시되었다. 이는 언뜻 앞서 본 종래 거래관계의 일환이거나 과거 거래관계의 계속이라는 사정과 모순되는 요소로 보이기도 한다. 사견으로는, 거래의 내용에 따라서 당사자 사이에 과거 거래관계가 없었다면 거래상대방이 회사 내부 사정이나 업무처리방식을 알기 어려웠을 것이라는 판단과 다투어지는 거래가 종래 거래관계의 일환·계속으로 일어난 거래였다면 거래상대방이 종전과 마찬가지로 절차를 모두 갖추었을 것이라고 신뢰하였을 것이라는 판단 모두 가능할 것인데, 어느 쪽이 보다 합리적인지 여부는 구체적 사안에 따라 달리 판단될 수 있을 것으로 생각한다.

② (중)과실 긍정의 근거가 되는 사정으로는, 당사자 사이에 과거 거래관계가 없는 점(14번의 1심, 23번), 회사가 일방적인 의무를 부담하게 되는 거래이거나(58, 66번) 회사와 거래상대방이 얻는 이익 사이에 현저한 차이가 있는 거래인 점(67, 69번), 효력이 다투어지는 거래(대물변제약정)가 회사의 유일한 사업(공동주택건설사업)의 사업부지를 양도하는 내용인 점(65번), 회사 자본금 전액에 달하는 액수를 주채무자 대신 변제하기로 하는 약정은 경험칙상 이례에 속하는 거래행위인 점(62번) 등이 거시되었다.

③ 거래 당시의 상황

다투어지는 거래행위가 체결된 장소, 거래에 관여한 자 또는 참석자들의 지위(1인주주 등 회사를 사실상 지배하는 자인지 여부), 물리적으로 이사회 결의가 불가능할 정도로 짧은 시간 사이에 거래가 체결되었는지 등이 고려되었다.

① (중)과실 부정의 근거가 되는 사정으로는, 회사 대표이사실에서 회사 전무 등 담당실무자들이 배석한 상태에서 거래가 이루어진 점(8번), 회사 대표이사가 직접 참석한 점(9번), 장차 회사를 양수하기로 계약을 체결한 상태에서 거래 당시 회사의 경영지배인으로 선임되어 있었던 자가 회사 대표로 계약을 체결한 점(6번), 회사의 주요주주(또는 사실상 1인주주)와 (대표)이사들이 거래행위(대여약정)에 관여한 점(10, 12, 88번), 회사 대표이사가 회사의 1인주주이고 유일한 사내이사인 점(33번) 등이 거시되었다.

② (중)과실 긍정의 근거가 되는 사정으로는, 거래상대방이 계약서 초안을 작성한 다음 회사에 교부하였는데 짧은 기간 안에 계약이 체결되는 등 이사회가 소집될 시간적 여유가 없었던 점(14번의 1심) 등이 있다.

④ 이사회 의사록 등 관련 서류의 제출·하자 여부

법인등기부등본은 물론이고 (법인)인감증명서, 주주명부, 정관, 이사회 의사록 등의 구비서류를 요구하였는지 또는 교부받았는지 여부가 주로 검토된다. 특히 최근에는 이와 같이 교부된 이사회 의사록 자체에 단순 오기로 보기 어려운 하자가 명백히 존재할 경우 이를 어떻게 평가할 것인지도 고민되는 요소로 보인다.

① (중)과실 부정의 근거가 되는 사정으로는, 회사 실질 사주의 인감증명서가 첨부되고 그 직인이 날인된 점(20번의 1심), (대표이사가 참석하여) 회사 법인인감도장을 소지하고 날인한 점(6번, 9번, 17번, 63번의 1심), 회사 대표이사의 인감증명서를 지참한 대리인과 사이에서 공정증서가 작성된 점(48번), 합자조합의 경우 조합 고유번호증, 인감등록부 등이 교부된 점(22번), 당해 거래행위 안건이 가결되었다는 이사회 의사록을 교부받은 점(35번, 63번의 1심, 74번), 회사의 인감증명서와 대표이사를 비롯한 임원들의 각 신분증이 첨부된 점(46번), 이사회 의사록 사본을 이메일로 전달받았고 회사 대표이사, 등기이사가 메일 참조인으로 되어 있었던 점(11번), 회사 이사회 의사록 외에도 법인등기부등본, 정관, 주주명부 등 회사 관련 서류를 징구받은 점(12번), 이사 전원이 출석하여 회사의 연대보증 안건을 만장일치로 결의하였다는 이사회 의사록을 징구한 점(32번), 해당 각서에 대표이사를 비롯한 이사들 과반수가 날인한 점(65번의 1심, 다만 항소심은 이러한 날인이 이사회 결의와 동일시될 수는 없다고 하여 거래상대방의 중과실을 인정하였다), 거래계약서 자체에 "회사는 이사회의 승인을 비롯하여 본건 계약서의 체결 및 유지를 위해 회사가 이행해야 하는 모든 조치를 취하였으며…"라는 내용의 회사의 진술·보증조항(27번) 또는 "계약 체결 및 근질권설정에 필요한 내부수권절차를 거쳤다"는 조항이(31번) 직접 기재되어 있는 점 등이 있다.

특히 이사회 의사록이 교부된 사안들 중에서, 11번 판결은 매매계약서 최종본이 회사에 전달되기 전의 시점에 이사회가 개최된 것으로 표기된 점만으로는 이사회 결의가 없었다고 의심할 만한 특별한 사정이 있다고 보기 어렵다고 판단하였고, 32번 판결은 주채무자인 제3자의 이사회와 회사 이사회가 같은 날, 같은 시간, 같은 장소에서 개최된 것으로 이사회 의사록이 작성되어 있다는 등의 사정만으로는 거래상대방이 회사 이사회 결의의 존재나 효력을 의심할 만한 특별한 이유가 없다고 판단하였으며, 12번 판결[327] 역시 이사회 의사록에는 2명의 이사 전원이 출석하여 찬성한 것으로 기재되어 있었으나 회사 등기부상 이사는 4명이었던 사정만으로는 거래상대방의 악의·중과실을 인정하지 않았음을

---

327) 이에 관하여 1심 법원은 "피고로서는 단순한 업무상의 착오로 이 사건 이사회 의사록의 흠결을 발견하지 못한 것으로 보이고, 원고의 이사회 결의가 없다는 것을 알았거나 이에 거의 가까운 정도로 주의의무를 게을리하여 공평의 관점에서 피고를 구태여 보호할 필요가 없다고 볼 수 있는 상태에까지 이르렀다고는 보이지 않는다."라고 하여 거래상대방인 피고의 중과실을 인정하지 않았다.
항소심 역시 다음과 같은 사정을 추가하면서 중과실이 인정되지 않는다는 1심의 판단이 타당하다고 보았다. "원고는 산업용 폐축전지 등을 제련하여 순연, 합금연과 같은 재생연을 생산하는 회사인데, 위와 같이 재생연을 생산하는 과정에서 폐기물인 광재가 다량 발생하는바, 원고는 이 사건 사업을 통해 설립된 폐기물처리시설을 사용하여 위와 같은 광재를 처리하려 하였기 때문에, X가 이 사건 사업을 추진하는 데 필요한 대출계약에 대하여 연대보증을 하였고, 피고도 원고가 위 폐기물처리시설을 사용할 예정이라는 사정을 알고 있었다. 또한 피고는 K가 원고와 X 두 회사 모두의 사실상 1인 주주로서 위 두 회사를 지배하고 있다는 사실도 인식하고 있었는바, 사실관계가 이러하다면 '원고와 지배주주가 동일한 X가 원고의 폐기물 처리와 관련성이 있는 이 사건 사업을 진행하고, 그 사업 진행에 필요한 대출계약에 대하여 원고가 연대보증을 하는 것'에 관하여, 금융기관인 피고의 입장에서는 이를 '원고의 재생연 생산 업무와 관련성이 있는 정상적인 법률행위'라고 인식하였을 여지가 크다. 이처럼, 외관상 원고가 자신의 사업 영위를 위해 이 사건 연대보증계약을 체결하는 것으로 보이고, 그러한 계약 체결 과정에 원고의 대표이사 및 지배주주가 직접 참여한 이 사건에 있어서, 피고가 원고의 이사회 결의 등 내부적 의사결정절차가 결여되었다고 의심할 만한 특별한 사정이 있었다고 보기 어렵다."

주목할 만하다.

② (중)과실 긍정의 근거가 되는 사정으로는, 이사회 의사록을 교부받았으나 거기에 문제의 안건(회사 소유 골프회원권을 거래상대방에 담보로 제공함)이 결의되었다는 내용은 포함되어 있지 않았던 점(57번), 이사회 의사록을 교부받았으나 그 상단에는 이사 총수와 참석이사수가 각 7명이라고 기재되어 있었던 반면 하단에는 이사 5인의 기명날인만 되어 있고 기재내용도 명백하게 모순되는 점(63번의 2심), 거래상대방이 회사 대표이사의 배임죄 수사 과정에서 "회사측이 허가권 담보제공 내지 양도를 위한 의사록을 준비하지 않아서 우리(거래상대방)가 먼저 이사회 의사록 초안을 직접 작성한 뒤 피고측 날인을 요구하여 날인이 이루어졌다"는 취지로 진술한 점(60번), 해당 거래가 한 장의 문서에 일부는 수기로 내용을 가필하여 작성되어 있는 데다가 법인인감증명서도 첨부되어 있지 않은 점(64번), 과거의 거래행위(회사의 차용)에는 이사회 의사록을 교부받았으나 문제된 거래(대물변제)에서는 교부받지 않은 점(65번), 대표이사가 법인인감을 날인하지 않고 개인서명만 한 점(70번) 등이 있다. 거래상대방이 회사 명의 차용증의 양식을 마련해 왔고 회사 대표이사는 그 양식에 인감을 날인하기만 한 점(61번)도 거래상대방의 중과실을 인정하는 근거로 거시되었다. 또한 해당 거래의 근간이 된 과거의 거래 당시에는 회사 이사회 의사록을 교부받았던 점을 이유로, 해당 거래가 이사회 결의사항임을 알고 있었을 것이라고 판단한 사안(69번)도 있었다.

⑤ 거래상대방의 특성

거래상대방이 단순한 채권자에 불과하여 회사의 내부관계에 관해 구체적으로 파악할 수 있는 지위에 있지 않았다는 점은 중과실이 부정되는 요소이다(39번).

반면 14번의 1심은, 거래상대방이 전문적인 투자회사로서 상법상 중요한 자산 처분 등 행위에 관해 이사회 결의가 필요함을 잘 알고 있었던 것으로 보아야 하는 점을 들어 거래상대방의 중과실을 인정하였다(그러나 항소심에서는 거래상대방의 중과실을 부정하였다).

4) 대법원 2015다45451 전원합의체 판결의 의의

대법원 2015다45451 전원합의체 판결 선고 전후를 불문하고 회사와의 거래행위 효력을 좌우하는 거래상대방의 악의·(중)과실 여부의 판단은 "개별 사안에서 여러 사정을 종합적으로 고려"하여 이루어져 왔고, 그 구체적 고려 요소들의 내용은 크게 다르지 않아 보인다(앞서 본 나.의 1)의 나)항과 라.의 3)항 참조). 이러한 점에서 2015다45451 전원합의체 판결은 그 반대의견이 지적한 것처럼 "강학적인 의미에서 '무과실'을 '무중과실'이라는 용어로 대치하는 것"에 그치는 것에 불과한 것이 아닌가라는 의문이 제기될 수 있다.

그러나 상대적 무효의 법리에서 인식설을 취하는 한, 거래주체의 인식(선·악의 여부)을 판단하는 데에서 자유로울 수 없고, 그 판단은 수식의 계산처럼 명료할 수 없다. 이는 인식설이 태생적으로 가지고 있는 약점이다. 등기설을 취한다면 이러한 모호함에서 해방될 수는 있겠으나 뒤에서 보는 것처럼 적어도 대표권 제한 쟁점에 관하여는 인식설을 택함으로써 얻는 이익이 보다 크기 때문에 인식설을 포기할 수는 없다.

인식설에 따른 판단 과정에서 고의에 가까운 정도이자 상대방의 보호가치가 없는 정도의 중과실이 인정된다는 판단은 경과실이 인정된다는 판단보다 용이하다. 대법원 2015다45451 전원합의체 판결이 거래상대방의 경과실을 선의와 같이 취급하도록 함으로써, 이제 적어도 영리법인의 대표권 제한 쟁점에 있어서는 악의와 거의 동일한 중과실의 거래상대방만을 가려내면 충분하게 되었다.

대표권 제한 쟁점과 관련하여 회사의 보호범위가 좁아짐에 따라, 회

사의 지배구조, 이사회 운영의 실무 측면에서도 비정상적 거래가 이루어
지지 않도록 이사들과 이사회의 감시·감독 기능이 강화되는 긍정적 효
과를 기대할 수 있다.[328] 뿐만 아니라 (경영진 변경을 이유로 거래상대
방에게 거래위험을 부담시키려는 등의) 회사의 기회주의적 태도에도 경
종을 울릴 수 있을 것이다.

마. 대법원 2015다45451 전원합의체 판결과 회사의 손해배상책임

대법원 2015다45451 전원합의체 판결에서 이사회 결의 흠결에 대한
선의·무중과실의 상대방을 보호하는 것으로 기존 판례 법리를 변경함에
따라, 기존에 거래상대방의 악의 또는 과실이 인정되어 거래행위가 무효
인 경우에 회사에 대해 상법 제210조에 기한 손해배상책임을 물을 수
있었던 영역이 줄어드는 것은 아닌가 하는 의문이 제기된다.

즉, 회사는 대표이사의 행위가 그 업무 내지는 직무권한에 속하지 아
니함을 상대방이 알았거나 중대한 과실로 알지 못한 때에는 상법 제210
조의 손해배상책임을 부담하지 아니하는데,[329] 여기에서 중과실의 의미
는 판례상 '거래의 상대방이 조금만 주의를 기울였더라면 피용자의 행
위가 그 직무권한 내에서 적법하게 행하여진 것이 아니라는 사정을 알
수 있었음에도 만연히 이를 직무권한 내의 행위라고 믿음으로써 일반인
에게 요구되는 주의의무에 현저히 위반하는 것으로 거의 고의에 가까운
정도의 주의를 결여하고, 공평의 관점에서 상대방을 구태여 보호할 필요
가 없다고 봄이 상당하다고 인정되는 상태'라고 해석된다.[330] 그런데 이

---

328) 최문희, "이사회 결의가 필요한 전단적 대표행위의 상대방 보호 법리의 재검
　　토- 대법원 2021. 2. 18. 선고 2015다45451 전원합의체 판결의 분석을 겸하
　　여", 상사법 연구 제40권 제3호 한국상사법학회(2021), 61.
329) 대법원 2005. 2. 25. 선고 2003다67007 판결 등.
330) 대법원 2011. 11. 24. 선고 2011다41529 판결 등 다수.

는 대법원 2015다45451 판결에서 이사회 결의 흠결에 대한 거래상대방의 중과실에 관한 해석331)과 거의 유사하다.

이러한 이유로 실제 사안에서는 대부분 양 쟁점에서 중과실의 유무에 관하여 마찬가지로 판단될 가능성이 높다고 볼 수도 있다. 대법원 2015다45451 전원합의체 판결의 반대의견332)에서도 이러한 전제 하에 구체적 타당성의 결여에 대한 우려를 표시한 바 있고, 선의·무중과실의 상대방을 보호하고 있는 표현대표이사 사안에 관하여도, "표현대표이사 책임이 제3자의 중과실로 면책되면서 사용자책임은 피해자의 중과실로 면책되지 아니하고 과실상계만 인정되는 경우는, 상정하기 어렵다"333)

---

331) "제3자가 조금만 주의를 기울였더라면 이사회 결의가 없음을 알 수 있었는데도 만연히 이사회 결의가 있었다고 믿음으로써 거래통념상 요구되는 주의의무를 현저히 위반하는 것으로, 거의 고의에 가까운 정도로 주의를 게을리하여 공평의 관점에서 제3자를 구태여 보호할 필요가 없다고 볼 수 있는 상태"

332) "거래상대방을 보호하는 기준을 '선의·무과실'에서 '선의·무중과실'로 변경하는 것은 거래안전 보호만을 중시하여 회사법의 다른 보호가치를 도외시하는 것일뿐더러 '전부 아니면 전무'의 결과가 되어 개별 사건을 해결할 때 구체적이고 합리적인 타당성을 기하기 어렵다. 지금까지의 판례는 선의·무과실의 거래상대방을 보호한다는 원칙하에 주식회사의 여러 다양한 실질관계에 따라 보호되는 '과실'의 범위를 해석하는 데에 집중하는 한편, 보호되지 않는 경과실의 거래상대방은 회사에 대한 손해배상청구가 가능하도록 제도를 운용함으로써 과실상계를 통한 손해의 공평·타당한 분담을 도모하고 있다. 이러한 관점에서 지금까지의 판례가 보호기준으로 삼고 있는 '선의·무과실'은 단순한 '선의·무과실'이라는 표현에 그치는 것은 아니다. 다수의견과 같이 거래상대방의 보호기준을 '선의·무중과실'로 판례를 변경하는 것은 강학적인 의미에서 '무과실'을 '무중과실'이라는 용어로 대치하는 것 외에 이 사건의 판결 결과에 영향이 없고 재판실무에도 큰 변화를 가져올 것으로 보이지 않는다. 오히려 판례를 변경한다면, 거래상대방의 과실의 정도가 큰 경우에도 중과실에 해당하지 않는 한 그 거래행위를 유효하다고 보게 될 것이어서, 특히 보증과 같은 거래행위를 한 경우에는 회사의 재정건전성을 악화시키는 결과를 가져올 수 있다. 결론적으로 구체적 타당성과 쌍방의 이해관계 조정에 있어 지금까지의 판례가 더 우월하기 때문에 판례 변경의 필요성이 없다는 것이다."

는 평가가 있다. 그러나 이론상으로는 상대방 인식의 대상이 "직무권한 내인지 여부"와, 아니면 "이사회 결의를 거쳤는지 여부"로 다르기 때문에 중과실 여부를 달리 판단하는 것이 충분히 가능하고, 특히 사용자책임은 외관책임이라는 점을 고려한다면 양자가 달리 판단될 가능성을 무조건 배제하는 것은 타당하지 않다.

그보다는 기존 판례 법리에 따를 경우 경과실의 상대방과의 사이에서는 거래행위가 무효라고 판단되는 대신 회사의 손해배상책임이 인정될 수 있었던 반면, 대법원 2015다45451 판결의 법리에 따른다면 경과실의 상대방에 대하여도 거래행위가 유효라고 판단될 것이므로 회사를 상대로 상법 제210조의 손해배상책임을 청구할 유인이 없어질 것이고, 결국 회사를 상대로 손해배상책임(사용자책임)을 청구하는 사안 자체가 줄어들 것으로 생각된다.

실제 2023. 4. 7. 기준 필자가 법원의 판결문검색시스템을 이용하여 "2015다45451"과 "손해배상"의 두 검색어를 모두 포함하는 판결문을 검색한 결과, 거래행위에 관하여 이사회 결의 흠결을 이유로 무효 여부가 다투어지면서 동시에 해당 거래행위가 무효일 경우 회사의 손해배상책임의 존부가 판단된 하급심 판결은 단 1건(앞서 소개한 별지 2 표 순번 6번 판결[334])이었다. 이하에서 보듯 법원은 대표권 제한 쟁점에 관하여 상대방의 악의·중과실이 증명되지 않았고, 사용자책임에 관하여도 상대방이 선의·무중과실이었다고 판단하였다.

간략히 소개하자면, 코스닥 상장회사인 원고의 경영지배인 X가 대표이사 인감을 이용하여, X의 처인 Y가 피고로부터 돈을 차용함에 있어 원고가 연대보증하겠다고 약정한 사안인데, 법원은 일응 X가 원고의 표

---

333) 신용석, "표현대표이사가 다른 대표이사의 명칭을 사용한 경우, 제3자의 선의나 중과실의 대상 및 제3자의 중대한 과실의 의미", 대법원 판례해설 (2004), 136.
334) 서울회생법원 2021. 9. 1. 선고 2020가합100067 판결(미항소 확정).

현대리(민법 제126조)라고 본 다음, 이사회 결의 흠결 주장에 대하여는 피고의 악의 내지 중과실이 증명되지 않았다고 보았다. 그러나 위 연대 보증약정은 결국 상법 제542조의9 제1항에서 금지하는 신용공여에 해당 하고 이 점에 대한 피고의 악의를 인정하여 위 연대보증약정이 무효라 고 판단하였고,335) 이에 원고의 손해배상책임이 문제되었다. 다만 X는 대표이사가 아니어서 상법 제389조 제3항에 따라 준용되는 상법 제210 조가 아니라 민법 제756조 제1항이 적용되었는데,336) 이때 피고는 이 사

---

335) 대법원 2021. 4. 29. 선고 2017다261943 판결(상법 제542조의9 제1항의 입 법 목적과 내용, 위반행위에 대해 형사처벌이 이루어지는 점 등을 살펴보면, 위 조항은 강행규정에 해당하므로 위 조항에 위반하여 이루어진 신용공여는 허용될 수 없는 것으로서 사법상 무효이고, 누구나 그 무효를 주장할 수 있 다. 그리고 위 조항의 문언상 상법 제542조의9 제1항을 위반하여 이루어진 신용공여는, 상법 제398조가 규율하는 이사의 자기거래와 달리, 이사회의 승 인 유무와 관계없이 금지되는 것이므로, 이사회의 사전 승인이나 사후 추인 이 있어도 유효로 될 수 없다. 다만 앞서 보았듯이 상법 제542조의9는 제1항 에서 신용공여를 원칙적으로 금지하면서도 제2항에서는 일부 신용공여를 허 용하고 있는데, 회사의 외부에 있는 제3자로서는 구체적 사안에서 어떠한 신용공여가 금지대상인지 여부를 알거나 판단하기 어려운 경우가 생길 수 있다. 상장회사와의 상거래가 빈번한 거래현실을 감안하면 제3자로 하여금 상장회사와 거래를 할 때마다 일일이 상법 제542조의9 위반 여부를 조사·확 인할 의무를 부담시키는 것은 상거래의 신속성이나 거래의 안전을 해친다. 따라서 상법 제542조의9 제1항을 위반한 신용공여라고 하더라도 제3자가 그 에 대해 알지 못하였고 알지 못한 데에 중대한 과실이 없는 경우에는 그 제3 자에 대하여는 무효를 주장할 수 없다고 보아야 한다) 참조.

336) 대법원 2011. 7. 28. 선고 2010다103017 판결{민법 제35조 제1항은 "법인은 이사 기타 대표자가 그 직무에 관하여 타인에게 가한 손해를 배상할 책임이 있다"고 규정하고 있고, 주식회사의 경우에는 민법 제35조 제1항의 특칙으 로서 상법 제389조 제3항에 의하여 준용되는 상법 제210조가 "회사를 대표 하는 사원이 그 업무집행으로 인하여 타인에게 손해를 가한 때에는 회사는 그 사원과 연대하여 배상할 책임이 있다"고 규정하고 있으며, 민법 제756조 제1항은 "타인을 사용하여 어느 사무에 종사하게 한 자는 피용자가 그 사무 집행에 관하여 제3자에게 가한 손해를 배상할 책임이 있다"고 규정하고 있 다. 따라서 특별한 사정이 없는 한 법인 자체에 대하여 불법행위책임을 물을

건 연대보증이 X개인의 이익을 위한 것으로 사용자인 원고의 사무집행에 해당하지 아니하는 행위임을 알았거나 적어도 중대한 과실로 알지못하였다고 봄이 상당하므로 결국 피고는 원고에 대하여 사용자책임을물을 수 없다고 판단하였다.

종래 법원이 경과실의 상대방에 대하여 과실상계를 통한 사용자책임을 인정함으로써 손해의 공평·타당한 분담을 꾀하는 긍정적 기능을 하여왔다고 본다면, 대법원 2015다45451 전원합의체 판결 선고 이후에 그러한 긍정적 기능이 사라질 것이라는 점은 분명히 우려할 만하다.

그러나 한편, 대표이사의 대표권 제한에 위반한 행위의 문제를 회사의 불법행위책임을 인정함으로써 상대방을 구제하는 것이 바람직한 해결책인지 의문이다. 또한 거래행위가 대표권 제한의 법리에 따라 무효가되더라도 원칙적으로는 회사와 상대방 모두 이미 이행한 급부를 원상회복할 것이므로 쌍방 모두에게 특별히 손해가 되거나 특별히 이익이 되지 않을 것이고, 다만 회사의 보증행위와 같이 회사가 일방적으로 편익을 제공하는 행위의 사안에서 문제가 발생할 것인데, 이러한 류의 거래행위를 통해 일방적으로 이익을 향유하였던 상대방을 손해배상책임의인정을 통해 보호해야 할 정도로 상대방의 보호가치가 높을 것인지에대해서도 재차 생각해 보아야 할 것이다.

수 있는 것은 그 대표기관이 '직무에 관하여' 또는 '업무집행으로 인하여' 불법행위를 한 경우에 한정된다는 것이 민법 제35조 제1항 또는 상법 제389조제3항, 제210조의 취지이고, 법인의 대표기관 이외의 피용자가 불법행위를한 경우에는 민법 제756조 제1항에 해당될 경우에 한하여 법인의 손해배상책임이 인정된다고 할 것이다}.

제2절 민법상 비영리법인 대표자의 경우

1. 대표권 제한의 접근방법

가. 다수 견해

국내 대부분의 견해는, 민법의 규정에 따라 정관에 의한 제한(민법 제41조)과 사원총회 결의에 의한 제한(민법 제59조)으로 나누어 기술하면서 그 모두를 '대표권의 제한'으로 설명하고 있다.

현재 민법에서 대표권의 제한을 구별하여 규정하고 있지 않고(이와 달리 상법은 대표권의 방식과 대표권한의 제한을 구분하여 규정하고 있다고 설명한다), 사원총회의 결의를 요하는 정관의 기재 등도 모두 대표권 제한으로 취급하고 있는 판례의 태도 등을 들어, 대표권의 행사방식과 내용, 범위에 관한 제한이 모두 대표권 제한이라고 보는 견해,337) 대표권 제한의 방법을 기준으로 정관에 의한 제한과 사원총회 결의에 의한 제한으로 나누되 공동대표 규정, 일정한 사항에 관해 총회·이사회 결의 등을 거치도록 한 규정 모두 대표권 제한으로 설명하는 견해,338) 이사 대표권의 제한에 관하여 정관상 제한과 총회결의에 의한 제한, 법인

---

337) 남효순, "민법상 이사의 대표권제한 –대표권제한의 정관기재의 의미와 대표권제한의 등기 전 악의의 제3자에 대한 대항력의 유무", 서울대학교 법학 제50권 제3호, 서울대학교 법학연구소(2009), 136-137.

338) 민법주해[Ⅱ] 총칙(2), 박영사(2022), 210-215(천경훈). 민법주해[Ⅰ] 총칙(1), 박영사(2000), 618(홍일표)에서는 "대표권 제한의 방법·태양"이라는 표제 하에 정관과 사원총회에 의한 대표권 제한을 항을 나누어 기술하면서 "(정관으로) 일정한 행위에 관하여 총회의 동의를 받아야 하는 것으로 하거나 이사 전원이 공동으로 대표해야 한다고 하는 경우"를 정관에 의한 대표권 제한의 예로 들고 있다.

과 이사 이익이 상반하는 경우(민법 제64조), 복임권의 제한 등으로 나누어 논하는 견해339)도 같은 취지로 이해된다.

나. 그 밖의 견해

① 먼저 다수 견해와 같은 견지에서 대표권의 제한을 논하면서도, 학교법인이 기본재산을 매도하는 등의 행위를 하려고 할 때에 관할청의 허가를 받도록 하는 사립학교법 제28조 제1항과 같은 효력규정을 예로 들면서 이는 "대표권의 제한이 아니라 일정한 대표행위에 법률이 요구하는 특별한 유효요건"이라고 보는 견해340)가 있는데, 위 견해는 사립학교법 등 개별 법령에서 특정 행위를 위해 '이사회의 결의'를 거치도록 정한 경우를 대표권의 제한으로 볼 것인지 아니면 대표행위의 특별한 유효요건으로 볼 것인지에 관하여는 명시적 언급이 없다.

② 다음으로, 특정 이사에게 대표권을 부여하거나 공동대표를 정하는 것만이 민법 제41조에서 말하는 대표권의 제한이라고 보는 유력한 견해가 있다.341) 대표권의 유무에 관한 제한, 대표권의 행사방법에 관한 제한은 대표권의 범위에 관한 제한과 구분되는데, 전자(대표권의 유무, 대표권의 행사방법에 관한 제한)만이 민법 제41조 및 민법 제60조에서 말하는 '대표권의 제한'에 해당한다고 하면서, 후자인 대표권의 범위에 관

---

339) 곽윤직·김재형, 민법총칙[민법강의Ⅰ](제9판), 박영사(2020), 194; 김상용, 민법총칙(제3판), 화산미디어(2014), 260-262; 이영준, 민법총칙(개정증보판), 박영사(2007), 957; 주석 민법 [총칙 1](제5판), 한국사법행정학회(2019), 811-812(문영화)

340) 송덕수, 민법총칙(제6판), 박영사(2021), 662.

341) 양창수, "법인 이사의 대표권 제한에 관한 약간의 문제", 민법연구 제1권, 박영사(2004), 128-131; 민법주해[Ⅰ] 총칙(1), 박영사(2000), 680-681(최기원)에서도 양창수 교수의 위 논문을 근거로 마찬가지로 기술하고 있다.

한 제한도 등기만 하면 제3자에게 대항할 수 있다는 것으로 이해되어서는 안된다고 한다. 이 견해는 그 논거로서 한국 민법전 제정 당시 이사의 대표권 제한에 관한 현재의 민법 제41조와 제60조에 대해 작성된 민법안심의록에 "등기는 신시대의 발달된 제도이고 이 제도를 활용함으로써 제3자의 불측의 불이익을 예방하는 동시에 법인의 이익을 충족하여 운영의 묘를 기할 수 있다면 그 제도를 신설함이 적절한 것이다. 뿐만 아니라 이렇게 하는 것이 상법 제188조 제2항 제9호{현재의 상법 제317조 제2항 제10호(둘 이상의 대표이사 또는 대표집행임원이 공동으로 회사를 대표할 것을 정한 경우에는 그 규정)를 의미한다}에서 주식회사 취체역의 대표권에 대한 제한을 등기사항으로 한 것과도 보조가 맞는 것"이라고 기재되어 있는 점을 논거로 설명하고 있다.

③ 한편 "대표권의 범위에 대한 제한이 아니라 대표권의 행사방법에 대한 제한만이 본조(민법 제41조)에의 '이사의 대표권에 대한 제한'을 의미한다"고 하면서도, 특정 이사에게만 대표권을 인정하거나 공동대표로만 대표권을 행사할 수 있도록 한 경우 이외에도, "정관상 이사가 대표권을 행사하기 위해서는 사원총회의 의결로 사전승인 또는 사후승낙을 필요로 한다든지 또는 이사회의 결의를 요하도록 한다든지" 등도 여기에 해당한다고 하는 견해[342]도 있다.

다. 소결

특정 이사에게만 대표권을 부여하거나 공동대표이사를 두는 경우만이 '대표권의 제한'으로서 민법 제41조에서 정한 정관의 기재가 필요하고, 일정 거래행위에 관하여 이사회·사원총회 결의를 요하도록 하는 등의 내용은 '대표권 제한'이 아니므로 민법 제41조의 적용대상이 아니라

---

342) 주석 민법 [총칙 1](제5판), 한국사법행정학회(2019), 727(송호영).

고 보는 유력설(나.항에서 살펴본 ②의 견해)은, 일응 '대표권 제한'이라
는 개념을 현재의 등기실무와 일치하게 파악한다는 점에서 매력적이다.
후술하듯, 영리법인과 비영리법인을 불문하고 현재의 법인등기 실무에
관하여는, 특정이사에게 대표권을 부여한다거나 공동대표에 관한 내용
만을 등기할 수 있고 특정 거래행위에 관하여 이사회·사원총회 결의를
요한다는 등의 내용은 등기할 방법이 없다고 설명되고 있고,343) 현실에
서 그러한 내용의 법인등기를 찾아보기 어려운 것도 사실이기 때문이다.

그러나, "대표권의 제한"이라는 개념이 ②설에서와 같이 구분될 수
있는 것인지, 그리고 설령 입법 당시 입법자의 의사가 그러하였다고 가
정하더라도 적어도 현 시점에서 그와 같이 구분하여 '대표권 제한'을 해
석하는 것이 타당한가라는 근본적 의문을 제기하지 않을 수 없다.

「법인의 등기사항에 관한 특례법」 제3조에서는 분사무소의 등기사항
에 관하여 정하면서 "6. 법인을 대표할 임원의 성명·주소와 주민등록번
호, 7. 여러 명이 공동으로 법인을 대표할 것을 정한 경우에는 그 규정,
8. 법인의 이사의 대표권을 제한한 경우에는 그 제한"이라고 정하고 있
는데, 이러한 규정 역시 적어도 위 법률을 입법할 당시에는 단독대표나
공동대표와 구별되는 그 밖의 "대표권 제한"이라는 개념이 상정되었다
는 근거가 된다.344)

또한 ②의 견해에 의하더라도, 이사회 결의를 거치도록 규정되었음에
도 그에 위반하여 대표이사가 행위한 경우 그 행위의 효력을 어떻게 판
단할 것인지의 문제는 여전히 존재한다. 즉, ②설에 따른다면, 이사회 결
의를 거치지 않고 대표이사가 제3자와 거래행위를 한 경우에 민법 제60
조의 적용은 문제되지 않겠지만, 그 효력을 어떠한 법리에 따라 판단할

---

343) 민법법인등기실무, 법원행정처(2018), 348; 상업등기실무, 법원공무원교육원
(2022), 361.
344) 고상현, "비영리법인에서 계약상의 제문제", 재산법연구 제36권 제4호, 법문
사(2019), 21 각주 73도 같은 취지로 기술하고 있다.

것인지의 문제는 잔존한다(②설은 정관 등에 일정 거래행위에 관하여 이
사회 등 결의를 요하도록 정한 경우 이는 '대내적인 업무집행에 있어 따
라야 할 지침'에 불과하다고만 밝히고 있을 뿐345) 그 경우의 판단에 관
하여는 구체적 언급이 없다).

이미 특정 유형의 거래에 관하여 사원총회 또는 이사회 결의를 거치
지 않고 대표이사가 행위한 경우의 문제를 전형적인 대표권 제한의 쟁
점으로 보아 해결하는 판례 법리가 확립되어 있고,346) 현실의 인식 역시
그러하다. 따라서 이하에서는 판례와 다수설의 접근방법에 따라 정관과
사원총회 결의에 따른 제한으로 각 구분하여 대표권 제한 쟁점에 관해
기술한다.

2. 대표권 제한의 내용

민법에서는 이사의 대표권 제한에 관하여 각 효력요건과 대항요건으
로 정관과 등기의 두 가지 측면에서 각 규정하는(민법 제41조, 제60조)
한편, 특히 사단법인의 경우 총회 의결에 의하여 대표행위를 한다는 규
정을 두고 있어, 각 규정을 조화롭게 해석할 필요가 있다. 그중 민법 제
41조와 제59조 제1항 단서는, '정관의 기재'와 '사원총회 결의'라는 서로
다른 방식에 의한 대표권 제한의 가부에 관한 규정이고, 민법 제60조는
어떠한 방식으로 대표권 제한을 정하였는지를 불문하고 제3자에 대한
대항요건으로서의 '등기'에 관한 규정이다. 이하에서는 먼저 비영리법인
의 대표권 제한에 관한 등기실무를 소개한 다음, 정관과 사원총회 결의

---

345) 양창수, "법인 이사의 대표권 제한에 관한 약간의 문제", 민법연구(1), 박영
사(2004), 128.
346) 민법 제60조에 관한 대법원 74다410 판결 등 다수 및 "신용협동조합법에서
조합의 조합원에 대한 대출에 관하여 이사회의 결의를 거치도록 규정한 것
은 … 그 대표자의 대표권을 제한한 취지"라고 판시한 대법원 2004. 1. 15.
선고 2003다56625 판결 등 참조.

에 의한 각 대표권 제한의 내용을 검토하기로 한다.

가. 정관에 의한 대표권 제한

이사의 대표권 제한은 정관에 기재되지 않으면 효력이 없다(민법 제41조).

이론상 상정할 수 있는 정관상 대표권 제한의 내용으로는 크게 ① (수인의 이사 중) 특정 이사에게만 대표권을 부여하거나 또는 수인의 이사들이 공동대표권을 가진다고 정하는 경우, ② 일정한 대표행위에 관하여는 사원총회 또는 이사회 결의를 거치도록 하거나 특정한 방식(공증을 거칠 것)에 의하도록 요구하는 경우, ③ 업무분야별로 수인의 이사에게 각 대표권을 부여하는 경우 등을 생각해 볼 수 있다.

공동대표를 정하였더라도 의사표시를 수령하는 수동대표권은 공동대표 중 1인에게만 하면 된다. 대표권이 부여된 특정이사가 아닌 다른 이사가 대표행위를 한 경우 또는 공동대표 규정에 위반하여 일부만이 행위한 경우, 이는 적법한 대표행위가 아니므로 원칙적으로 법인에 법률효과를 발생시키지 않는다.

정관에 의해 이사의 대표권을 아예 박탈하는 것이 가능한가.

학설은 (모든 이사의 대표권을 박탈하는 경우가 아닌 한) 가능하다는 것이 다수설이고,[347] 민법 제59조에 비추어 볼 때 대표권이 전적으로 박탈된 이사는 민법상 이사가 아니라 정관상의 이사에 불과하다[348]는 견해도 있다.

---

347) 민법주해[Ⅰ] 총칙(1), 박영사(2000), 673(최기원); 김소영, "임기만료 후 후임자가 없는 비법인사단의 대표자의 사무권한범위 및 종기", 민사판례연구 제31권, 박영사(2009), 99.
348) 김진우, "재단법인의 조직과 의사결정", 법조 통권 제674호, 법조협회(2012), 112-113.

판례는, 민법상 재단법인 사안에서 정관에서 이사의 대표권을 제한할
수는 있으나, "대표권 자체를 박탈할 수는 없다"고 본 의용민법 하의 판
결349)과 민법상 사단법인 사안에서 "법인의 자치규범인 정관에서 법인
을 대표하는 이사인 회장과 대표권이 없는 일반 이사를 명백히 분리함
으로써 법인의 대표권이 회장에게만 전속되도록 정하고 회장을 법인의
회원으로 이루어진 총회에서 투표로 직접 선출하도록 정한 경우 일반
이사들에게는 처음부터 법인의 대표권이 전혀 주어져 있지 않기 때문에
회장이 궐위된 경우에도 일반 이사가 법인을 대표할 권한을 가진다고
할 수 없고"라고 본 판결350)이 병존한다.

결국 판례는, 모든 이사로부터 대표권을 박탈하는 것은 '(법인) 대표
권 자체의 박탈'이어서 허용되지 않지만, 이사 중 1인에게 대표권을 인
정하고 나머지 이사들에게 인정하지 않는 것은 허용된다는 입장으로, 다
수설과 같은 태도로 이해된다. 의용민법 하의 판결을 들면서 "정관의 규
정으로 전이사(全理事)로부터 그 대표권을 빼앗는다는 것은 대표기관으
로서의 이사의 성질상 허용되지 않는다고 해석되지만,"이라고 분석하는
한편 "이사 중 특정자에 대표권을 집중케 하는 정관의 정함은 물론 적법
하다고 해석할 것이다"라고 하는 의견351) 역시 같은 취지라 하겠다.

---

349) 대법원 1958. 6. 26. 선고 4290민상659 판결. 사안이 오래되어 대법원 4290
    민상659 판결의 구체적 사실관계를 알기는 어려우나, 일응 재단법인 대표자
    인 이사장의 직무집행정지가 결의되어 이에 관하여 법인과 그 이사장 사이
    에서 다툼이 계속되는 상황에서 법인과 이사장을 각 신청인과 피신청인으로
    하는 가처분 사건으로서, 그 소송에서 법인의 대표자를 다른 이사(직무대행
    이상)로 표시한 것을 다툼에 대해 법원이 판단하는 과정에서 위와 같은 판
    시가 이루어졌던 것으로 보인다.
350) 대법원 2003. 3. 14. 선고 2001다7599 판결.
351) 민법주해[I] 총칙(1), 박영사(2000), 617(홍일표).

나. 사원총회 결의에 의한 대표권 제한의 가부

1) 문제의 제기

사단법인의 경우 이사의 대표권을 규정하면서 "총회의 의결에 의하여야 한다"는 내용을 부가한 민법 제59조 제1항 단서로 인해 논란이 있다. 물론 사원총회에서 대표권을 제한하는 내용의 결의, 이를테면 일정 금액 이상의 채무부담행위, 거래행위에 관하여는 반드시 사원총회 또는 이사회 결의를 거치도록 한다는 결의를 하고, 나아가 그와 같은 내용이 정관에 기재까지 된 경우라면 전혀 문제될 것이 없다.

문제는 대표권 제한에 관한 사원총회의 결의만 이루어지고 그 내용이 정관에 기재되지 않은 경우에 발생한다{이론상으로는 사원총회 결의 없이 정관에만 기재된 경우도 상정가능하지만, 사단법인의 정관 변경은 총회에 의하여야 하므로(민법 제42조), 이러한 경우는 현실적으로 상정하기 어렵다}. 과연 이러한 경우에 사원총회의 결의에 따라 이사 대표권이 제한되었다고 볼 것인가.

2) 견해의 대립

이러한 문제는 민법 제정과정에서 의용민법의 규정과 신설 규정간의 정합성을 충분히 고려하지 않은 데서 발생한 것으로 보인다.[352] 즉 의용민법 당시에는 존재하지 않았던 현행 민법 제41조가 신설된 반면, 이사의 대표권에 관하여 정관과 총회 결의에 의하도록 하였던 의용민법 제54조(이사는 각자 법인의 사무에 관하여 법인을 대표한다. 단 정관의 규정 또는 기부행위의 취지에 위반할 수 없고 또한 사단법인에 있어서는 총회의 결의에 따라야 한다)가 현행민법 제59조에 유사한 내용으로 계수되면서 위 쟁점이 문제된 것이다.

---

352) 민법주해[Ⅱ] 총칙(2), 박영사(2022), 212(천경훈).

세부적인 표현의 차이는 존재하나, 대체로 정관의 기재 없이 사원총회 결의만으로도 대표권 제한의 효력이 있다고 보는 견해(아래 ①설)와 정관에 기재 없이 사원총회 결의만으로는 대표권 제한의 효력이 없다고 보는 견해(아래 ②, ③설)로 나누어 지고, 절충적인 견해로 대내적으로는 사원총회 결의만으로도 대표권 제한의 효력이 발생하지만 대외적 효력을 갖기 위해서는 정관의 기재가 필요하다고 보는 견해(아래 ④설), 그 밖에 '대표권 제한'의 개념을 정립하는 관점에서 이를 바라보는 견해(아래 ⑤설) 등이 있다.

① 정관의 기재가 없더라도 사원총회의 결의로 이사 대표권을 제한할 수 있다는 견해353)는 민법 제41조와 제59조 모두 나름의 의미를 가진다고 보는 것으로 이해되는데, 결과적으로는 제41조에도 불구하고 정관 외의 방법으로 대표권을 제한할 수 있게 되므로, 민법 제59조를 제41조보다 우위에 두는 결론에 이르는 것으로 이해된다.

② 이와 달리 이사의 대표권 제한의 효력은 대내외를 불문하고 오직 정관에 기재함으로써 효력이 생긴다고 보는 견해354)가 있다. 사원총회의 의결은 단지 이사가 법인에 대하여 이를 준수하여야만 하는 의무만을 부담하게 할 뿐이며 그것이 '대표권 제한의 효력을 발생'시키는 것은 아니라고 한다.

③ 민법 제41조와 제59조 제1항 단서 모두 대표권 제한을 기능하게 하지만, 사원총회의 결의에 의한 제한은 정관변경 및 등기되어야 대외적

---

353) 곽윤직·김재형, 민법총칙[민법강의 I](제9판), 박영사(2020), 194-195; 김상용, 민법총칙(제3판), 화산미디어(2014), 262; 이영준, 민법총칙(개정증보판), 박영사(2007), 958.

354) 남효순, "민법상 이사의 대표권제한 –대표권제한의 정관기재의 의미와 대표권제한의 등기 전 악의의 제3자에 대한 대항력의 유무–", 서울대학교 법학 제50권 제3호, 서울대학교 법학연구소(2009), 132-137; 고상헌, "비영리법인에서 계약상의 제문제 –이사의 대표권의 제한을 중심으로–", 재산법연구 36권 4호, 법문사(2019), 6630.

으로 효력이 있으므로, 민법 제59조 제1항 단서의 규정은 선량한 관리자의 주의로 사무를 집행하여야 하는 이사가 법인의 정관 및 최고의사결정기관인 사원총회의 결의에 따를 의무를 진다는 것을 주의적으로 규정한 것에 불과하다는 견해[355] 역시 정관의 기재가 있어야만 대표권이 제한된다고 본다는 점에서는 ②설과 맥락을 같이 한다.

④ 민법 제41조와 제59조 모두 이사의 대표권 제한을 규정하는 규정으로서, 그 사이에 충돌이 있다고 보고 그에 대한 절충적 해결의 측면에서, 사원총회의 결의는 있었으나 아직 그 제한이 정관에 기재되지 아니한 경우에는, 대내적으로는 제한의 효력이 있는 것으로 해석하자는 견해[356]가 있다. 이에 따르면, 이사는 대내적으로 사원총회의 의결에 의한 대표권 제한에 따를 의무를 사단법인에 대해 부담하고, 이에 반하여 행위할 경우 법인에 대한 의무를 위반한 것이므로 법인에게 손해가 발생하면 손해배상책임도 지지만, 그와 별도로 제3자에 대하여 한 대표행위는 전적으로 유효하게 된다.

⑤ 이와 달리 민법 제41조와 제59조에서 말하는 대표권 제한의 개념 자체가 다른 것일 뿐, 모순이나 충돌의 문제가 아니라고 보는 견해가 있다.

의용민법과 현행 민법의 규정이 달라진 이상 의용민법 제54조에 관한 해석론을 현행민법 제59조에 그대로 적용할 수 없고, 현행 민법의 해석론으로는 대표권을 가지는 이사를 한정하거나 공동대표를 정한 경우가 입법자가 원래 대표권 제한에 관한 규정을 마련하면서 염두에 둔 규정이고, 이와 달리 법인 내부의 의사결정절차에 관한 정관의 규정, 가령 일정한 사항에 대해 사원총회의 동의를 요한다는 등의 규정은 원칙적으로는 단순히 대내적인 업무집행상 지침에 불과하고 대외적으로 이사의 대표권을 제한하는 것은 아니라고 보는 견해[357]가 그러하다. 이에 따르

---

355) 주석 민법 [총칙 1](제5판), 한국사법행정학회(2019), 812(문영화).

356) 이호정, "사원총회의 결의에 의한 이사의 대표권의 제한", 고시계 제31권 제8호, 국가고시학회(1986), 106-107.

면 민법 제59조 제1항 단서는 이사가 대내적인 관계에 있어 부담하는 의무에 관한 규정일 뿐 대외적인 법인 대표권의 제한에 관한 규정은 아니다.

민법 제41조에서의 "대표권의 제한"은 이사 중에 대표권이 있는 이사를 특정하거나 공동대표를 정한 경우(즉, 앞서 본 ①유형의 제한)를 의미하고, 이는 민법 제60조에서 말하는 "대표권에 대한 제한"도 마찬가지이며, 반면 민법 제59조 제1항 단서는 대표권의 범위에 관한 정관 또는 총회의 결의를 이사가 내부적으로 준수할 의무를 진다는 것을 규정한 것일 뿐 이러한 대표권의 범위에 관한 제한은 민법 제60조의 대표권 제한에 속하지 않는다는 견해(이러한 이유로 대표권의 범위에 관한 사항은 등기능력이 없다고 한다)358) 역시 같은 입장으로 해석된다. 이와 같이 "대표권의 제한"이라는 개념 자체를 조문별로 달리 본다면 민법 제41조와 제59조 제1항 단서 사이에는 충돌이 발생할 여지가 없다는 것이다. 주된 근거로는 민법 입법과정에서의 논의, 대표권 제한의 등기를 제3자에 대한 대항요건으로 규정하면서 거시하였던 상법 규정(당시의 상법 제188조 제2항 제9호)은 공동대표이사의 등기에 관한 현행 상법 제317조 제1항 제10호였다는 점 등을 내세운다.

3) 소결

우선 정관의 기재 없이 사원총회 결의만으로 대표권이 유효하게 제한된다고 보는 ①의 견해는, 현재 민법 제42조 제1항에서 정관변경을 위하여는 사원총회의 특별결의(총사원 2/3 이상의 동의)를 요하도록 하고 있다는 점에 비추어 보면 받아들이기 어렵다. 즉, 민법 제75조에 따라 사원 과반수의 출석과 출석사원 결의권의 과반수로써만 대표권의 제한

---

357) 김증한·김학동, 민법총칙, 박영사(2013), 224; 양창수, "법인 이사의 대표권 제한에 관한 약간의 문제", 민법연구(1), 박영사(2004), 128-131.
358) 민법주해[Ⅰ] 총칙(1), 박영사(2000), 680-682(최기원).

을 결의하였다면, 이는 단순히 정관 기재를 해태한 사안에 불과한 것이 아니라, (최초의 원시정관 작성시가 아닌 한) 원천적으로 정관 변경이 불가능한 상황이어서 민법 제41조의 정관변경이 불능이기 때문이다. 이러한 경우에까지 대표권의 제한이 유효하다고 보는 것은 민법 제41조를 사실상 사문화시키는 결과가 되어 받아들이기 어렵다.

다음으로, 특정 이사에게만 대표권을 부여하거나 공동대표이사를 두는 경우만이 '대표권의 제한'으로서 정관의 기재가 필요하고 또한 등기되어야만 제3자에 대항할 수 있는 사항이고, 일정 거래행위에 관하여 사원총회 결의를 요하도록 하는 등의 내용은 '대표권 제한'이 아니므로 민법 제41조와 제60조의 적용대상이 아니라고 보는 ⑤의 견해는, 전술하였듯이 현실적으로 그 전제를 받아들이기 어렵다.

사견으로는 현행 민법의 해석론으로는 ②설 내지 ③설이 타당하다고 본다. 다만, 앞서 살펴본 모든 견해들은, 대표권 제한을 제3자에게 대항하기 위해서는 민법 제60조에 따라 등기를 마쳐야 한다고 보고 있고, 실무상 대표권 제한의 등기를 하려면 그러한 내용이 기재된 정관이 첨부되어야 하므로, 결국 대표이사가 한 대외적 거래행위의 효력은 주로 민법 제60조의 해석론에 따라 해결될 것이어서 위와 같은 논의의 실익은 크지 않다. 그러나 특히 ⑤의 견해와 관련하여, 과연 "대표권 제한"이란 무엇인지에 관한 의문이 대표권 제한 쟁점에 관한 논의의 저변에 있음을 재확인할 수 있다.

다. 대표권 제한 법리의 확장 가능성

1) 정관 변경을 요하는 재단법인의 기본재산 처분행위

민법은 사단법인과 재단법인 모두 그 정관에 '자산에 관한 규정'을 기재하도록 규정하고 있으므로(민법 제40조 제4호 및 제43조), 민법상 법인이 그 재산을 처분하게 되면 일응 정관이 변경될 것이다. 그런데 민

법에서는 사단법인이든 재단법인이든 정관의 변경은 주무관청의 허가를
얻지 않으면 효력이 없다고 정하고 있다(민법 제45조 제3항, 제42조 제2
항). 다만 이때의 '허가'는 그 문언에도 불구하고 '인가'라고 보아야 한
다는 것이 판례359)이다.

사단법인과 달리, 재단법인은 일정한 목적에 바쳐진 재산, 즉 재단이
그 실체를 이루는 법인이므로, 재단법인이 기본재산을 처분하게 되면 그
목적 자체를 수행할 수 없게 될 수 있다.

이러한 이유로 판례는 일찍부터, ① 주무관청의 허가가 없는 재단법
인의 기본재산의 매매계약이나 교환계약은 그 효력이 발생할 여지가 없
고,360) ② 재단법인과 사이에 주무부장관의 허가를 얻지 않고 체결된 부
동산 교환계약에 관하여 그 계약은 물권계약으로도 무효일 뿐 아니라
채권계약으로서도 무효이며,361) ③ 재단법인이 기존의 기본재산을 처분

---

359) 대법원 1996. 5. 16. 선고 95누4810 전원합의체 판결{민법 제45조는 제1항
에서 재단법인의 정관은 그 변경방법을 정관에 정한 때에 한하여 변경할 수
있다. 제2항에서 재단법인의 목적달성 또는 그 재산의 보전을 위하여 적당
한 때에는 전 항의 규정에 불구하고 명칭 또는 사무소의 소재지를 변경할
수 있다. 제3항에서 제42조 제2항(정관의 변경은 주무관청의 허가를 얻지
아니하면 그 효력이 없다)의 규정은 전 2항의 경우에 준용한다고 규정하고,
같은 법 제46조는 재단법인의 목적을 달성할 수 없는 때에는 설립자나 이사
는 주무관청의 허가를 얻어 설립의 취지를 참작하여 그 목적 기타 정관의
규정을 변경할 수 있다고 규정하고 있는바, 여기서 말하는 재단법인의 정관
변경 "허가"는 법률상의 표현이 허가로 되어 있기는 하나, 그 성질에 있어
법률행위의 효력을 보충해 주는 것이지 일반적 금지를 해제하는 것이 아니
므로, 그 법적 성격은 인가라고 보아야 할 것이다}.

360) 재단법인을 상대로 허가 없이 체결된 매매계약에 기한 원고의 소유권이전등
기청구를 기각한 대법원 1969. 2. 18 선고 68다2323 판결 및 같은 취지의
학교법인을 상대로 한 청구를 기각한 대법원 1974. 4. 23 선고 73다544 판
결. 대법원 73다544 판결은 또한, 재단법인의 기본재산 처분에 관한 주무부
장관의 허가는 반드시 사전에 받아야 하는 것이 아니라 이를 처분할 때까지
받으면 족하므로 소유권이전등기청구소송의 경우 늦어도 사실심변론종결시
까지 받으면 된다고도 판시하였다.

하는 행위는 물론 새로이 기본재산으로 편입하는 행위 역시 주무관청의 허가가 있어야만 유효하고,362) ④ 해당 재산이 명의신탁되어 있던 것이라 하더라도 그 재산을 처분(반환)하는 것은 정관의 변경을 초래하는 점에 있어서는 다를 바 없으므로 주무관청의 허가가 필요하다고 하였다.363) ⑤ 나아가 이러한 주무관청의 허가는 반드시 기본재산의 처분 전에 받아야만 하는 것은 아니고 매매 등 계약 성립 후에 받더라도 그 매매계약이 유효하게 된다고 한다.364)

주무관청의 허가 없이 행해진 재단법인의 기본재산 처분행위에 관한 일련의 판례 법리는 후술하는365) 특수법인 사안, 즉 개별 법령에서 학교법인이나 공익법인 등 특별법인의 기본재산 처분에 관하여 총회·이사회 결의를 요하거나 또는 주무관청의 허가를 받도록 한 규정과 관련하여 그 요건이 흠결된 경우의 법리와 매우 유사한 측면이 있다. 다만 기본재산의 처분 등을 직접 결의사항 내지 허가사항으로 정한 개별 법령 규정과 달리, 민법에서는 정관의 변경을 주무관청의 허가사항으로 정함과 동시에 법인의 '자산에 관한 규정'을 정관 기재사항으로 정함으로써(민법 제40조 제4호 및 제43조), 위 두 규정의 결합을 통해 비로소 정관에 기재하여야 하는 법인의 자산에 관한 처분행위에 주무관청의 허가가 필요하다는 논제가 도출됨을 주의해야 한다. 따라서 민법상의 재단법인 재산에 관하여 저당권을 설정하는 등의 행위라 하더라도 정관의 기재를 변경할 필요가 없다면 주무관청의 허가 없이 행해졌더라도 그 행위는 유효하다. 판례366) 역시 마찬가지이다.

---

361) 대법원 1974. 6. 11. 선고 73다1975 판결.
362) 대법원 1982. 9. 28. 선고 82다카499 판결.
363) 대법원 1991. 5. 28. 선고 90다8558 판결.
364) 재단법인 지덕사에 관한 대법원 2011. 9. 8. 선고 2011다9297 판결.
365) 제3장 제3절 참조.
366) "재단법인 정관에서 그 소유 재산을 기본재산과 보통재산으로 구분하면서 각 목록을 별지에 기재하도록 규정하였고 그 별지에는 부동산 소재지와 지

2) 특별대리인의 선임에 관한 민법 제64조

특별대리인에 관한 민법 제64조(법인과 이사의 이익이 상반하는 사항에 관하여는 이사는 대표권이 없다. 이 경우에는 전조의 규정에 의하여 특별대리인을 선임하여야 한다)를 '법령에 의한 대표권 제한'으로 분류한 다음, 이에 관하여는 민법상의 대표권 제한에 관한 규정인 민법 제60조가 적용되지 않는다는 견해367)가 있어 이에 관해 간략히 검토한다.

먼저, 국내에서 민법 제64조의 내용이 개별 법인의 정관에 기재되지 않았으므로 이익상반 사항에 관해서도 대표권이 있다고 보거나 또는 민법 제64조의 내용이 개별 법인의 법인등기부에 등기되지 않았으므로 제3자에게 대항할 수 없다고 보는 등의 견해는 찾아볼 수 없다. 대부분의 학자들은 민법 제64조의 내용을 정관 또는 사원총회 결의에 의한 대표권 제한과는 별개의 차원에서 다루고 있는 것으로 보인다{일응 상법학계에서 이사 등의 자기거래 등에 관해 이사회 승인을 요구하는 상법 제398조에 관해 이를 법률상 제한(상법에 따라 이사회 결의가 요구됨)의 일종으로 보는 듯 하면서도 적어도 대표권 제한의 쟁점을 논할 때에는 상법 제398조를 부각시켜 다루지는 않고 있는 것과 유사하다}. 또한 민법 제64조에 위반하여 이사가 법인을 대표하여 한 법률행위에 관하여는, 대표권 없는 자의 행위로 보아 무권대리행위에 관한 규정이 준용된다는

목, 면적만이 기재되었다면, 기본재산에 속하는 토지에 관하여 지상권을 설정한 행위는 정관의 기재사항을 변경하여야 하는 경우에 해당하지 아니하므로 주무관청의 허가 없이 지상권을 설정한 행위가 무효라고 할 수 없다"고 한 대법원 2014. 7. 10. 선고 2012다81630 판결 및 민법상 재단법인의 기본재산에 관한 저당권 설정행위에 관해 특별한 사정이 없는 한 정관의 기재사항을 변경하여야 하는 경우에 해당하지 않으므로, 그에 관하여도 주무관청의 허가를 얻을 필요가 없다고 판단한 대법원 2014. 7. 10. 선고 2012다81630 판결 등.
367) 문용선, "사회복지법인의 대표자가 이사회의 의결 없이 한 재산처분행위의 효력", 대법원 판례해설 제40호, 법원도서관(2002), 380-381.

것이 통설368)인 점에 비추어 보더라도, 본조를 대표권 제한의 법리로 설명하기는 어렵다고 하겠다.

3) 이사회 결의를 요하는 특수법인에 관한 개별 법령 등

학교법인과 공익법인, 사회복지법인 등 개별법령에서 규율하는 특별법인 대부분은 민법상 비영리법인에 속하고 민법상 법인에 관한 규정이 일반법으로 적용되지만, 개별 법령에서 특정 사항(주로 기본재산이나 주요재산의 처분 등)에 관해 이사회 결의를 거치도록 정한 경우가 많다. 특수법인의 대표권 제한은 본장 제3절에서 구체적으로 다루기로 하되, 이러한 '법령상 제한'369)을 민법 제60조(대표권 제한)와 구별하여 취급할 것인지에 관하여는 소위 '법률상 제한'과 '내부적 제한'의 구별 쟁점과 함께 제4장 제2절 4.항에서 검토한다.

3. 대표권 제한에 위반한 행위의 효력

정관 또는 사원총회의 결의에 따라 대표자의 대표권이 제한되었음에도 불구하고, 이에 위반하여 대표이사가 행위한 경우 그 효력을 어떻게 판단할 것인가. 이에 관하여 의용민법 제54조는 "이사의 대표권에 대한 제한은 선의의 제3자에게 대항하지 못한다"라고 하였으나, 민법 제정 시에 현재의 민법 제60조와 같이 "이사의 대표권에 대한 제한은 등기하지 아니하면 제3자에게 대항하지 못한다"라고 바꾸어 규정되었다.

① 대표권 제한이 등기되었고 상대방이 대표권 제한 사실을 알고 있

---

368) 민법주해[Ⅱ] 총칙(2), 박영사(2022), 255-256(천경훈); 주석 민법 [총칙 1](제5판), 한국사법행정학회(2019), 853(문영화).
369) 문용선, "사회복지법인의 대표자가 이사회의 의결 없이 한 재산처분행위의 효력", 대법원 판례해설 제40호, 법원도서관(2002), 380-381에서는 민법 제64조와 함께 이러한 경우도 대표권의 '법령상 제한'으로 보고 있다.

는 악의인 경우, 회사는 상대방에 대항할 수 있으므로 대표권 제한에 위반한 거래행위가 무효라고 주장할 수 있다. 물론 법인은 사후적으로 대표권 제한에 위반된 대표행위를 추인할 수 있고, 법인이 추인하면 그 행위는 유효하게 된다(민법 제59조 제2항, 제133조).[370][371]

② 대표권 제한이 등기되지 않았고 상대방도 대표권 제한 사실을 모르고 있는 선의인 경우, 회사는 상대방에 대항할 수 없으므로 대표권 제한에 위반한 거래행위가 무효라고 주장할 수 없다.

문제는 ③ 대표권 제한이 등기되었으나 상대방이 대표권 제한 사실을 모르고 있는 선의인 경우 및 ④ 대표권 제한이 등기되지 않았으나 상대방이 대표권 제한 사실을 알고 있는 악의인 경우, 즉 대표권 제한의 등기 여부와 상대방의 인식에 차이가 존재하는 경우에 발생한다. 뒤의 제4장 제2절 제2항에서 후술하듯 현재 등기실무상 대표이사의 거래행위에

---

370) 주석 민법 [총칙 1](제5판), 한국사법행정학회(2019), 815(문영화).
371) 비영리법인인 신용협동조합의 이사장이 구 신용협동조합법 규정에 위반하여 이사회 결의 없이 조합원에게 대출을 하였고, 신용협동조합의 파산 이후 그 대출계약의 효력이 다투어진 사안에서, 대법원 2004. 3. 25. 선고 2003다 63227 판결은, "이 사건 대출계약 당시 시행되던 구 신용협동조합법(1998. 1. 13. 법률 제5506호로 개정되기 전의 것) 제1조, 제2조, 제23조 제4항, 제27조, 제29조 제5호, 제31조 제1항 제2호 등의 각 규정을 종합하여 보면, 신용협동조합의 이사장은 조합의 사무를 통할하고 조합을 대표하는 권한을 가지며, 위 법이 신용협동조합의 조합원에 대한 대출에 관하여 이사회의 결의를 거치도록 규정한 것은 비영리법인인 신용협동조합의 특수성을 고려하여 그 재산의 원활한 관리 및 유지 보호와 재정의 적정을 기함으로써 조합의 건전한 발달을 도모하고 조합으로 하여금 본래의 목적사업에 충실하도록 하기 위하여 그 대표자의 대표권을 제한한 취지라고 할 것인바, 이와 같이 신용협동조합의 대출에 관한 대표자의 대표권이 제한되는 경우 그 요건을 갖추지 못한 채 무권대표행위에 의하여 조합원에 대한 대출이 이루어졌다고 하더라도 나중에 그 요건이 갖추어진 뒤 신용협동조합이 대출계약을 추인하면 그 계약은 유효하게 되는 것이고(민법 제59조 제2항, 제130조, 제133조 참조)…"라고 하였다. 같은 취지로 대법원 2004. 1. 15. 선고 2003다56625 판결, 대법원 2004. 5. 14. 선고 2004다3291 판결 등이 있다.

총회·이사회 결의를 요한다는 내용의 대표권 제한은 거의 등기되지 않고 있기 때문에, 보다 문제되는 것은 ④의 영역이다.

이와 관련하여 민법 제60조의 '제3자'에 악의의 제3자 또는 (중)과실의 제3자가 포함되는지에 관하여 학설의 대립이 있다.

가. 견해의 대립

① 무제한설372)은 민법 제60조의 문언 그대로 해석하여, 대표권 제한이 등기되지 않은 이상 선의와 악의를 불문하고 제3자에게 대항할 수 없다고 본다. '등기'만을 기준으로 한 본조의 문언, 의용민법에서 '선의의 제3자'라고 규정되어 있던 것을 현재와 같이 고쳐 규정한 것은 입법자의 결단의 표현으로 보아야 한다는 점, 등기 여부만을 기준으로 법률관계를 간명하게 정할 수 있어 거래안전에 기여한다는 점, 법인에 관한 다른 등기도 제3자의 선·악의를 불문하고 대항요건으로 정하고 있는 점(민법 제50조 내지 제52조, 제54조)과의 균형 등을 근거로 내세운다.

② 제한설373)은 민법 제60조의 문언에도 불구하고 대표권 제한사실을 알고 있는 악의의 제3자는 본조의 제3자에서 제외되어야 한다고 본다. 이는 민법 제60조의 문언보다는 그 규범목적을 중시하는 견해로, 악의의 제3자를 보호할 이유는 없다는 점,374) 상법 제37조 제1항(그리고 상법 제209조 제2항)에서 '선의의 제3자'라고 규정함에 따라 보다 거래

---

372) 곽윤직·김재형, 민법총칙[민법강의 I](제9판), 박영사(2020), 194; 양창수, "법인 이사의 대표권 제한에 관한 약간의 문제", 민법연구(1), 박영사(2004), 122-126에서는 무제한설을 취하면서도, 악의의 제3자가 포함되는 것으로 해석한다면 현저히 정의관념에 반하는 것으로 느껴지는 경우에는 '신의칙'을 통해 해결할 수 있다는 취지로 기술하고 있다.

373) 민법주해[I] 총칙(1), 박영사(2000), 685-686(최기원); 김학동, "등기되지 아니한 이사의 대표권제한의 대외적 효력", 판례월보 제147호, 판례월보사(1982), 141.

374) 김상용, 민법총칙(제3판), 화산미디어(2014), 261.

안전이 중요한 상사거래에서도 등기하지 않은 경우에 선의의 제3자에게
만 대항할 수 없도록 하는데 거래안전이 덜 중시되는 민사거래에서 악
의의 제3자까지 대항할 수 없다고 하는 것은 균형이 맞지 않고, 부동산
거래에서와 달리 법인과의 거래에서 등기는 별로 참조되지 않는 것이
현실인 점[375] 등을 내세운다.

나. 판례의 태도: 무제한설

　판례는 사단법인 사안에서 비록 중요하고 유일한 재산이라 하더라도
그 처분에 반드시 사원총회의 결의를 필요로 하지 않으므로, 정관에 그
와 같이 기재되었더라도 그 내용이 등기되지 않은 이상 "내부관계에서
효력을 가지는데 불과"하다고 하는 한편 "그러한 등기가 없는 이상 총회
결의를 필요로 하는 정관 규정 있음을 알았거나 알 수 있었다 하여도 그
효력에 다를바 없다"고 판단하여 무제한설을 택한 이후,[376] 사단법인과
재단법인을 불문하고 이러한 태도를 일관하여 유지하고 있다.[377]

---

375) 김증한·김학동, 민법총칙, 박영사(2013), 223.
376) 대법원 1975. 4. 22. 선고 74다410 판결. 구체적으로는 후술하겠지만, 위 판
　　결에서 대법원은 "소론 판례는 상사회사에 관한 것으로서 본건에 적절한 것
　　이 못된다"라고도 판시하였던바, 당시 상법상 회사의 대표권 제한에 관하여
　　는 상대방이 이사회 결의 없었음을 알았거나 알 수 있었다면 그 거래는 유
　　효라고 하여 선의·무과실의 제3자를 보호하고 있었던 판례의 태도가, 민법
　　상의 사단법인에는 적용되지 않음을 분명히 하였다.
377) 사단법인에서 채무인수에 관해 사원총회와 이사회 결의를 각각 거치도록 정
　　하였다면 이는 대표권 제한에 해당하므로, 등기되었다는 주장·증명이 없는
　　한 상대방에게 이를 들어 채무인수의 효력을 부인할 수 없다고 본 대법원
　　1987. 11. 24. 선고 86다카2484 판결 등 및 재단법인 정관에 법인의 대표자
　　가 법인의 채무를 부담하는 계약을 함에 있어서 이사회의 결의를 거쳐 노회
　　와 설립자의 승인을 얻고 주무관청의 인가를 받도록 정관에 규정되어 있다
　　면 이 규정은 법인대표권의 제한에 관한 규정으로서 등기하지 아니하면 제3
　　자에게 대항할 수 없으므로, 위 제한이 등기되어 있다는 주장·입증이 없는

다. 소결

결론적으로 현행 민법 제60조의 문언상 그 해석론으로 무제한설을 취한 판례를 수긍할 수 있다. 그러나 후술하는 것처럼[378] 무제한설을 취한 현재의 민법 제60조는 불합리한 결과를 가져오고 있다. 이에 규범적 해석을 빌려 악의의 제3자에게는 대표권 제한을 대항할 수 있다고 보는 제한설이 여전히 다수설로 보인다.

제3절 특수법인 대표자의 경우

1. 대표권 제한의 내용

상법의 회사편 규정이 적용되지 않는 비영리법인 중 민법을 일반법으로 하면서 특별법의 적용을 받는 법인들, 즉 사립학교법의 학교법인, 공익법인법에 따른 공익법인, 사회복지사업법에 따른 사회복지법인, 의료법에 따른 의료법인, 도시정비법에 따른 재건축조합 등 특수법인에도 대표이사, 이사장, 조합장 등의 명칭을 가진 대표자가 존재하지만, 적어도 '중요한' 의사결정은 대표자 1인이 하는 것이 아니라 이사회 또는 총회 등의 회의체에서 하도록 설계되어 있다. 특히 (주요)재산의 처분에 관한 사항은 개별 법령마다 표현방법은 조금씩 다르지만 예외없이 이사회의 의결사항 및 관할청의 허가사항으로 정하고 있는데, 다만 특수법인에 관한 시행령이나 시행규칙 등의 내용을 종합하면, 결국 관할청의 허

이상 법인은 제3자(원고)의 선·악의에 관계없이 보증계약의 효력을 부인할 수 없다고 한 대법원 1992. 2. 14. 선고 91다24564 판결 등.
378) 제4장 제2절 2.항 참조.

가를 요하는 행위는 전체 재산 중에서 "기본재산"의 처분 등에 관한 사항으로 이사회 결의를 요하는 사항보다 그 범위를 좁게 정한 것으로 이해된다. 먼저 개별 법령별로 규정된 법률 내용을 구체적으로 살펴본다.

가. 관련 법률규정

1) 사립학교법

사립학교법은 사립학교의 특수성에 비추어 그 자주성을 확보하고 공공성을 앙양함으로써 사립학교의 건전한 발달을 도모함을 목적으로(제1조) 1963. 6. 26. 제정되었다. 제정 당시부터 현재까지, 이사회의 기능에 관한 사립학교법 제16조와 기본재산의 매도 등에 관해 감독청의 허가를 받아야 한다는 사립학교법 제28조는 크고 작은 개정을 거듭하며 존치하고 있는데, 양 규정을 종합하면 사립학교의 경우 결국 이사회의 심의·의결 또는 관할청의 허가를 얻어야 하는 일정한 사항이 존재한다는 결론에 이르고, 이를 흠결한 거래행위의 효력이 문제된다.

구체적으로 규정을 살펴보면, 사립학교법 제16조 제1항에서는 '학교법인의 예산·결산·차입금 및 재산의 취득·처분과 관리에 관한 사항', '정관 변경에 관한 사항' 등을 이사회의 심의·의결사항으로 정하고 있고, 제28조 제1항에서는 학교법인이 그 기본재산에 대하여 매도·증여·교환·용도변경하거나 담보로 제공하려는 경우 또는 의무를 부담하거나 권리를 포기하려는 경우에는 관할청의 허가를 받아야 한다고 규정하면서 다만 그 단서에서 '대통령령이 정하는 경미한 사항'은 관할청에 신고하도록 예외를 두고 있다.[379]

---

379) 사립학교법 시행령 제5조 제1항은 '부동산, 정관에 의하여 기본재산으로 되는 재산, 이사회의 결의에 의하여 기본재산에 편입되는 재산, 학교법인에 속하는 회계의 매년도 세계잉여금 중 적립금'을 기본재산으로 한다고 정하고, 시행령 제11조(기본재산의 처분) 제5항에서 신고사항인 '대통령령이 정하는

관할청 허가의 예외를 규정한 사립학교법 제28조 제1항 단서는 1997. 1. 13. 법률 제5274호로 신설되었는데, 이러한 단서가 신설되기 전에는 법문언상 사립학교법 제28조 제1항에서 정한 '의무의 부담' 일체에 관할 청의 허가를 요하는 것으로 해석되어 위헌적 규정이라는 비판[380])이 있 었다. 단서 규정 신설 이후의 사립학교법 제28조 제1항 본문에 관하여 위헌소원이 제기되었는데 다음과 같이 합헌이라고 판단되었다.[381])

"이 사건 법률조항이 학교법인으로 하여금 의무의 부담을 하고자 할 때 관할청의 허가를 받도록 하고 있어 사립학교운영에 관한 자유를 제한하고 있다 하더라도, 이는 공공복리를 위하여 필요한 권리를 제한한 경우에 해당 하는 것이며, 일정액 미만의 넓은 범위에서 허가를 받지 않도록 예외를 두 고 있고 시행상 일반적인 학교운영과 관련된 통상적인 의무부담은 허가에 서 제외하고 있으며 일정액이상이라도 허가를 받아 자유롭게 처리할 수 있 는 점 등을 보면 합리적인 입법한계를 일탈하였거나 기본권의 본질적인 부 분을 침해하였다고 볼 수 없다. … 이 사건 법률조항에 의하면 사립학교법 인의 자율적인 경제활동이 제약되며 거래의 상대방은 경우에 따라 거래행 위가 무효로 됨으로써 예측할 수 없는 경제적 손실을 입게 되므로 재산권에

경미한 사항'을 구체적으로 정하고 있다.
380) 양창수, "「의무의 부담」에 관할청의 허가를 요하는 법규정에 대하여", 민법 연구 제5권, 박영사(1999), 365-375. 법인을 포함하여 어떠한 사람이라도 그 존재목적을 추구, 달성하면서 제대로 생존·활동하려면 다른 사람에 대해 의 무를 부담하지 않을 수 없다는 점, 위 문언에 따라 (의무부담행위로 해석될 수밖에 없는) 학교법인의 금전차용행위 일반에 대해 관할청의 허가를 받도 록 하는 것은 학교법인의 '일반적 행동의 자유'를 지나치게 광범위하게 제 약하는 것으로 허용될 수 없다는 점 등을 근거로 들면서, 사립학교법 제28 조 제1항에 관하여 가능한 유일한 헌법합치적 해석 내지 효력유지적 축소해 석의 결과로 가능한 유일한 입장은 '의무의 부담'을 무상행위로 인한 의무 부담에 한정하는 것이라는 견해를 취하였다.
381) 헌법재판소 2001. 1. 18. 선고 99헌바63 전원재판부 결정.

대한 중대한 제한이 됨을 부인할 수는 없으나, 학교법인과 관련된 각종 재산권의 행사는 학교법인이 설립한 학교의 학생 및 교직원 그리고 학부모 다수의 생활에 큰 영향을 미치는 것으로서 공동체의 이익과 밀접하게 연관되어 있으므로, 입법자가 이 사건 법률조항의 입법을 위하여 거래의 안전이나 거래의 상대방의 재산권보다 학교재정의 건전화에 대한 공익적 요구를 더욱 중요한 가치로 선택한 것은 합리적인 근거가 없는 자의적인 침해라고 볼 수 없어 헌법 제23조에 위반된다고 할 수 없다."

다만 대법원은 위 단서가 신설되기 전부터 위 조항에서 말하는 '의무의 부담'에 학교법인의 모든 의무가 일률적으로 포함되지는 않는다는 법리382)를 통해 개별 사안에서 구체적 타당성을 도모하여 왔다(구체적 내용은 후술383)).

또 하나 주목할 점은 사립학교법 제27조에서는 학교법인의 이사장과 이사에 관하여 민법의 일부 규정들(제59조 제2항, 제61조, 제62조, 제64조 및 제65조)을 준용하고 있는데, 이사의 대표권 제한 대항요건에 관한 민법 제60조는 준용하지 않고 있다는 점이다. 이는 같은 재단법인이지만 의료법상 이사회에 관한 조항이 없고, 민법 제60조를 포함하여 재단법인에 관한 민법규정이 준용되는 의료법인384)과 구별된다.385)

2) 공익법인법과 사회복지사업법

공익법인법은 '재단법인 또는 사단법인으로서 사회일반의 이익에 공여하기 위하여 학자금·장학금 또는 연구비의 보조나 지급, 학술·자선에

---

382) 대법원 1978. 5. 23. 선고 78다166 판결 등 다수.
383) 본절 2.의 가.의 1)의 나)항 참조.
384) 대법원 2002. 6. 14. 선고 2001다75677 판결 등.
385) 도시정비법 제49조는 정비사업조합에 관하여 민법 중 사단법인에 관한 규정을 준용하도록 규정하였는데, 이에 따라 준용되는 민법 규정에는 민법 제60조가 포함된다는 것이 판례이다(대법원 2014. 9. 4. 선고 2011다51540 판결).

관한 사업을 목적으로 하는 법인'을 공익법인으로 정의하고(제2조), 이러한 공익법인의 설립·운영 등에 관한 민법의 규정을 보완함으로써 공익법인으로 하여금 그 공익성을 유지하여 건전한 활동을 할 수 있도록 하게 함을 목적으로 하여 1975. 12. 31. 법률 제2814호로 제정되었고, 1976. 4. 1.부터 시행되었다.

사회복지법인이란 사회복지사업법 제2조 각호에서 정한 사회복지사업을 할 목적으로 설립된 법인을 말한다. 사회복지법인은 사회복지사업을 운영하기 위한 자산을 소유하여야 하며(사회복지사업법 제23조 제1항), 법인을 설립하고자 하는 정관을 작성하여 시·도지사의 허가를 받아 주된 사무소 소재지에서 설립등기를 하여야 한다(사회복지사업법 제16조, 제17조). 이러한 점에서 사회복지법인은 그 본질이 원칙적으로 재단이라고 할 것이지만, 반드시 재단법인만이 사회복지법인이 될 수 있는 것은 아니다.386)

사립학교법 제16조, 제28조와 같은 규정은 공익법인법과 사회복지사업법에도 존재한다. 즉, 공익법인법 제7조 제1항에서는 '공익법인의 예산, 결산, 차입금 및 재산의 취득·처분과 관리에 관한 사항', '정관의 변경에 관한 사항' 등을 이사회의 심의·의결사항으로 정하고 있고, 공익법인법 제11조 제3항에서는 공익법인이 기본재산에 관하여 '매도·증여·임대·교환 또는 용도변경하거나 담보로 제공하려는 경우' 등의 경우에는 주무관청의 허가를 받아야 한다고 규정하고 있다. 사회복지사업법 제23조 제3항은 사회복지법인이 기본재산에 관하여 매도·증여·교환·임대·담보제공 또는 용도변경을 하려는 경우, 보건복지부령으로 정하는 금액 이상을 1년 이상 장기차입하려는 경우에는 시·도지사의 허가를 받아야 한다고 정하고 있고, 위 법에서 정한 사항을 제외하고는 민법과 공익법인법을 준용하도록 되어 있으므로(사회복지사업법 제32조) 결과적으로 이

---

386) 민법주해[Ⅰ] 총칙(1), 박영사(2000), 797(정귀호).

사회에서 일정 사항을 심의·의결하도록 한 공익법인법 제7조 제1항이 사회복지법인에도 마찬가지로 적용된다.

3) 의료법

의료법인은 재단법인으로 이사와 감사를 필요적 기관으로 한다. 의료법 제48조의2 제1항은 의료법인에는 5명 이상 15명 이하의 이사와 2명의 감사를 두되, 보건복지부장관의 승인을 받아 그 수를 증감할 수 있다고 정하였고, 의료법 제50조에서는 의료법인에 대하여 이 법에 규정된 것 외에는 민법 중 재단법인에 관한 규정을 준용한다고 하였다. 즉, 앞서 본 사립학교법, 공익법인법 등과 달리 의료법과 관계규정에서는 의료법인의 이사회 결의사항을 따로 정하지 않고 있으므로, 의료법인에서 이사회 결의사항은 통상 정관 등 내부규칙으로 규정되기 마련이고, 이와 관련된 의료법인 대표자의 대표권 제한 쟁점에 관하여는 민법의 비영리법인에 관한 제60조가 적용된다는 것이 판례이다.

의료법 제48조 제3항[387]은 의료법인이 재산을 처분하거나 정관을 변경하려면 시·도지사의 허가를 받아야 한다고 규정하고 있고, 의료법 시행령 제21조는 위 조항에 따라 의료법인이 재산 처분이나 정관 변경에 대한 허가를 받으려면 보건복지부령으로 정하는 허가신청서 및 관계 서류를 그 법인의 주된 사무소의 소재지를 관할하는 시·도지사에게 제출하여야 한다고 규정하고 있으며, 의료법 시행규칙 제54조 제1항은 위 시행령 조항에 따라 의료법인이 기본재산을 매도·증여·임대 또는 교환하거나 담보로 제공하려는 경우에는 별지 서식의 기본재산 처분허가신청서에 다음 각 호의 서류를 첨부하여 처분 1개월 전에 보건복지부장관 또는 시·도지사에게 제출하여야 한다고 각 규정하고 있다.

---

387) 현행 의료법 제48조 제3항은 1973. 2. 16. 법률 제2533호로 의료법이 전부 개정되면서 당시의 의료법 제41조 제3항으로 신설된 이후 같은 내용이 현재까지 이어지고 있는 규정이다.

나. 총회·이사회결의 규정과 허가 규정의 구별

특수법인의 경우 법인이 재산에 관한 일정한 행위를 함에 있어 주무관청의 허가를 요하도록 하는 규정과 이사회(또는 총회)의 결의를 거치도록 하는 규정이 병존하는데, 이를 '대표권 제한'이라는 동일한 관점에서 접근하는 것이 타당한가.

총회나 이사회의 결의는 법인 내부의 절차이다. 바꾸어 말하면 법인 스스로가 어떠한 행위를 할 것인지 여부를 정한다는 것에 다름 아니어서, 행위 주체가 의사결정을 한다는 원칙에 부합한다. 다만 단체의 특성상 의사결정의 결과를 외부에 표시하는 자, 달리 말하면 대표행위를 현실적으로 행하는 자가 의사결정자가 아니기 때문에, 법인 스스로가 그 과정에서의 괴리를 줄이고자 통제하는 절차의 일환일 뿐이다.

이와 달리 주무관청의 허가는 법인 외부의 절차이다. 행위주체인 법인과 무관한 제3자가 법인의 특정 행위의 가부를 사전에 결정한다는 것이어서 지극히 이례적이고, 사적자치의 원칙에도 맞지 않는다. 이러한 이유로 법인의 모든 행위가 아닌 지극히 일부 행위에 한하여 허가를 요하도록 규정하고 있다. 그럼에도 현대 사회에서 법인의 일정 행위에 국가가 '허가'라는 절차를 통해 개입하는 것이 정당화되는 것은, 해당 법인의 특수성 및 해당 행위의 특수성 때문이다. 판례가 사립학교와 공익법인, 사회복지법인, 의료법인 사안에서 예외 없이 "해당 재산의 원활한 관리와 유지·보호를 기함으로써 해당 법인의 건전한 발달을 도모"하는 것이 허가규정의 취지라고 판시하여 온 점도 이를 뒷받침한다.

이를 달리 표현하면, 법인 대표자가 총회·이사회의 결의를 거쳐 행위하도록 정한 것은 대표권과 의사결정권이 구별하여 부여된 서로 다른 법인 기관들 사이에서의 권한분배, 즉 법인 지배구조와 관련된 법인 내부의 사항인 반면, 주무관청의 허가 규정은 법인의 지배구조와는 무관하게 법인 보호와 관련된 국가의 정책적 판단에 따라 입법된 사항이다. 논리적으로도 전자는 법인 대표자의 대표권을 제한하는 것인 반면, 후자는 법인의 능력 자체를 제한하는 것이므로, 후자의 문제를 소위 '대표권 제한'의 영역으로 파악하는 것은 논리적으로 타당하지 않다.

그러나 대표권 제한의 쟁점과 허가규정 모두 당해 행위가 요건을 갖추었다고 믿고 법인과 거래하는 상대방이 등장할 가능성이 있고, 그 경우에 법인의 보호와 거래상대방(또는 이미 행해진 거래행위를 믿고 거래한 다수의 신뢰, 즉 거래안전)의 보호 중 어느 하나의 가치만을 절대적으로 우선하여 해결하는 것은 바람직하지 않다는 점도 동일하다. 이러한 이유로 양자를 함께 논의할 실익이 있다.

2. 대표권 제한에 위반한 행위의 효력(판례를 중심으로)

특수법인의 경우 개별 법령에서 해당 법인의 (주요)재산의 처분 또는 의무부담행위 등에 관하여 '총회·이사회 결의' 또는 '관할청의 허가'를 거치도록 정하였음에도 이를 위반하여 대표자가 재산을 처분하는 등의 거래행위를 하였다면 그 효력을 어떻게 볼 것인지가 문제된다. 다만 이 부분 논의는 주로 대법원 판결을 중심으로 전개되고 있고, 그와 별도로 독자적인 견해를 전개하는 학설은 찾아보기 어려웠다. 이하에서는 판례 법리를 중심으로 소개한다.

가. 법인별 판례 법리의 소개

1) 사립학교법 사안

가) 허가사항의 경우

대법원 1974. 5. 28. 선고 74다244 판결에서, "사립학교법 제16조의 규정에 의하면 학교법인은 차입금에 관하여 이사회의 결의를 거쳐야 하고 또 같은 법 제28조의 규정에 의하면 학교법인이 의무를 부담하고자 할 때에는 감독청의 허가를 받아야 한다고 규정하고 있으니 학교법인이 타인으로부터 금원을 차용하고자 할 때에는 같은 법 제16조 규정에 의한 이사회의 결의를 거쳐야 하고, 또 같은 법 제28조의 규정에 의한 감독청의 허가를 받아야 하는 것이며 이와 같은 절차를 거치지 않았다면 그 차금행위는 무효라고 해석하여야 할 것이다"라고 한 이후 이러한 법리는 반복되어 판시되었다.388) 그런데 해당 판결들의 구체적 사실관계를 살펴보면, 대부분 이사회의 심의·의결을 거치지 않았을 뿐 아니라 관할청의 허가도 없었던 사안이다.389)

이사회의 심의·의결은 있었으나, 관할청의 허가가 없었던 사안에 관한 판결은 존재한다. 정관에서 예산내의 지출을 위하여 그 회계년도의 수입으로서 상환하는 차입금은 감독청의 허가를 받지 아니한다고 규정한 학교법인 사안에서, 그렇더라도 입법취지에 비추어 강행규정으로 해석되는 사립학교법 제28조의 적용이 위 정관규정에 의하여 배제되는 것이라 할 수 없다고 하여, 이사회 결의는 거쳤으나 감독청의 허가 없이 학교법인이 금원을 차용한 행위는 무효라고 판단하였다.390) 위 판결은 허가규정인 사립학교법 제28조 제1항을 가리켜 '강행규정'으로 명시한

---

388) 대법원 2000. 9. 5. 선고 2000다2344 판결, 대법원 2016. 6. 9. 선고 2014다 64752 판결 등.

389) 법리에 관한 문언만을 본다면 초기의 판례(앞서 본 대법원 74다244 판결, 대법원 1981. 9. 22. 선고 80다1317 판결, 대법원 1998. 12. 8. 선고 98다44642 판결 등)에서 그 법리를 ① 이사회의 심의·의결과 ② 관할청의 허가를 'and' 형식으로 판시하였던 것에 비하여, 대법원 2000다2344 판결 이후 최근의 판례에서는 그 법리를 'or' 형식으로 표현하고 있어 구별되지만, 구체적 사실관계를 살펴보면 ①과 ② 모두가 흠결된 사안이다.

390) 대법원 1987. 4. 28. 선고 86다카2534 판결. 다만 법원은 위 차용행위는 학교법인의 피용자인 이사 A(법인 설립자로서 이사 겸 학교장)의 직무상 행위로서 상대방에 대해 불법행위를 구성한다고 보아 학교법인의 손해배상책임(과실상계 후 70%의 책임 인정)을 인정하였다.

최초의 판결로, 나아가 사립학교법 제10조 제1항에 따라 감독청의 허가를 얻은 정관이라 할지라도 강행규정인 사립학교법 제28조를 배제할 수 없음을 분명히 하였다.[391]

사립학교법 제28조 제1항에서 함께 허가사항으로 정하고 있는 학교법인의 재산처분행위에 관하여도 마찬가지 취지의 판결이 다수 존재한다. 대법원은, ① 학교법인이 그 의사에 의하여 기본재산을 양도하는 경우뿐만 아니라 강제경매절차에 의하여 양도되는 경우에도 감독청의 허가가 없다면 그 양도행위가 금지되므로, 학교법인의 기본재산이 감독청의 허가 없이 강제경매절차에 의하여 경락되어 이를 원인으로 경락인 명의의 소유권이전등기가 마쳐졌더라도 그 등기는 적법한 원인을 결여한 등기라고 하였고,[392] ② 이사회의 결의나 감독청의 허가가 없이 양도된 경우에는 그것이 학교법인의 의사에 기한 것이든 강제경매절차에 기한 것이든 무효라고 하였다.[393]

나) '의무를 부담'하는 행위인지 여부

앞서 언급하였듯, 경미한 사항을 신고사항으로 규정한 현재의 사립학교법 제28조 제1항 단서가 신설되기 이전에는 본문의 문언상 예외를 인정할 여지가 없이 '의무를 부담'하는 일체의 행위가 허가사항인 것처럼

---

391) 원문을 발췌하면 다음과 같다. "학교법인의 정관이 사립학교법 제10조 제1항에 의거 감독청의 허가를 받은 것이고 또 학교법인의 당해 회계년도의 예산이 사립학교법 제31조에 의하여 감독청에 제출되었으나 감독청이 그 예산에 관하여 시정을 요구한 바 없다 하더라도 감독청의 학교법인 정관에 대한 허가권과 예산에 대한 시정요구권은 사립학교법 제28조 소정의 학교법인 재산관리에 관한 허가권과는 각 그 목적을 달리하는 별개의 권한으로 볼 것이어서 위와 같은 사유만으로는 예산내 지출을 위하여 그 회계년도의 수입으로 상환하는 차입금에 관하여는 감독청의 허가가 필요없다거나 이미 허가받은 것으로 보아야 한다고 해석할 수 없다."
392) 대법원 1994. 1. 25. 선고 93다42993 판결.
393) 대법원 1994. 9. 27. 선고 93누22784 판결.

규정되어 있었는데, 대법원은 사립학교법의 목적과 대조하여 의무 부담 행위인 허가사항에 해당하는지 여부가 결정되어야 한다는 법리를 통해 개별 사안에서 구체적 타당성을 도모하여 왔다.

이에 관한 최초의 판결은 학교법인이 소송을 위임한 변호사에 대한 보수지급 약정의 효력이 다투어진 사안에 관한 것으로, 대법원은 다음과 같은 법리를 들어 문제의 보수지급 약정이 허가를 요하는 의무부담행위가 아니고 따라서 유효라고 판단하였다.394) 아래의 법리는 사립학교법 제28조 제1항 단서가 신설된 현재에도 계속해서 유지되고 있다.395)

> "원래 사립학교법 제28조 제1항에서 학교법인이 '의무의 부담이나 권리의 포기를 하고자 할 때에는 감독청의 허가를 받아야 한다'고 규정하고 있는 것은 학교법인 재산의 원활한 관리와 그 재산의 유지보호를 기함으로써 제1조에서 규정하고 있는 '사립학교의 건전한 발달을 도모'하자는데 그 목적이 있다고 할 것이므로, 위 법조에서 말하는 '의무의 부담'이라는 것은 위 목적과 대조하여 구체적으로 그 해당 여부가 결정되어야 할 것이지 학교법

---

394) 대법원 1978. 5. 23. 선고 78다166 판결. 반면 함께 체결된 성공보수 약정은 그 내용이 학교법인의 기본재산에 속하는 토지를 양도하는 계약이었고, 원심(서울고등법원 1977. 12. 16. 선고 76나118 판결)은 그 처분에 관해 감독청의 허가가 없었던 이상 위 계약은 무효라고 판단하였는데, 이 부분 원심판단에 대하여는 상고되지 않았다.

395) 같은 취지로 대법원 1987. 4. 28. 선고 86다카2534 판결, 대법원 2000. 9. 5. 선고 2000다2344 판결, 대법원 2020. 2. 27. 선고 2017다270114 판결 등. 그중 대법원 2017다270114 판결은, 甲 학교법인이 학교신축 이전공사과정에서 乙 보험회사와 산지전용에 따른 원상복구비용 예치금의 지급보증보험계약을 체결하면서 '乙 회사가 피보험자인 丙 지방자치단체에 보험금을 지급할 경우 乙 회사에 그 보험금을 변상하기로 약정'하였는데, 乙 회사가 丙 지방자치단체에 보증보험 계약에 따른 보험금을 지급한 후 甲 법인을 상대로 구상금 지급을 구한 사안에서, 위 보증보험 계약은 사립학교법 제28조 제1항에서 규정하는 관할청의 허가 대상인 의무부담행위에 해당하지 않는다고 한 사례이다.

인의 유상계약체결에 따르는 모든 의무가 일률적으로 이에 해당한다고 단정할 수는 없다 할 것이다."

판례는 이러한 법리 하에, 학교법인이 타인으로부터 금전을 차용하는 행위는 그 차용액수의 과다, 변제기간의 장단, 예산편성의 범위내인지의 여부에 관계없이 감독청의 허가를 받아야 할 의무부담행위라고 하였고,396) 그 밖에 학교법인이 은행대출을 받으면서 물상보증인이 된 자에게 물상보증으로 인한 손해를 배상하기로 약정한 행위,397) 학교법인이 학교시설에 관한 공사도급계약을 체결한 행위,398) 기존의 공사도급계약을 체결하면서 이사회의 결의를 거치거나 관할청의 허가를 받은 바 없었던 상황에서 공사도급계약에 기한 채무를 변제하기로 하는 준소비대차계약을 체결한 행위399) 등을 사립학교법 제28조 제1항에서 정한 '의무 부담'의 행위라고 하였다.

요컨대 사립학교법 제28조 제1항 단서와 사립학교법 시행령 제11조 제5항의 해석에 의해 허가사항이 아니고 신고사항에 불과하다는 점이 명백히 드러나지 않는다면, 어떠한 거래행위가 관할청의 허가를 받지 못하여 무효인지 여부를 판단하기 위해서는 먼저 그 행위가 사립학교법 제28조 제1항에서 정한 '의무의 부담'에 해당하는지 여부의 판단이 선행되어야 한다.400) 이는 주식회사 대표이사가 이사회 결의 없이 행위한 경우에 문제된 거래행위가 상법 제393조 제1항의 중요한 업무집행 또는

---

396) 대법원 1987. 4. 28. 선고 86다카2534 판결.
397) 대법원 1991. 10. 11. 선고 91다14604 판결.
398) 대법원 2009. 5. 선고 2000다2344 판결, 대법원 2015. 7. 23. 선고 2014다73626 판결 등.
399) 대법원 2016. 6. 9. 선고 2014다64752 판결.
400) 그 결과 사립학교가 주무관청의 허가 없이 체결한 거래행위라도 위 조항의 '의무의 부담'이 아니라면, 앞서 본 대법원 78다166 판결의 변호사 보수지급 약정처럼 유효라고 판단될 것이다.

정관 등에서 이사회 결의를 거치도록 요구한 행위에 해당하는지 여부가
먼저 다투어지고, 그 다음 상대방의 악의·(중)과실 여부를 판단하게 되
는 구조와 일응 유사하다.

다) 이사회 결의사항의 경우

관할청의 허가를 얻었으나 이사회 결의를 거치지 않은 학교법인 사
안에 관한 판결은 특별히 찾아볼 수 없었다.

다만, 학교법인 대표자가 약속어음을 발행한 행위에 관하여 허가사항
은 아니지만 사립학교법 제16조 제1항에 따라 이사회 결의사항에 해당
함을 전제로, 이는 학교법인에 대하여 무효이고 따라서 학교법인 대표자
는 어음법 제8조에 의한 무권대리인 책임을 부담한다고 본 오래 전의 판
결이 있다.401)

2) 공익법인법 사안

가) 허가사항의 경우

대법원은 일찍부터 공익법인 기본재산의 처분에 관하여 주무관청의
허가를 받도록 한 공익법인법 제11조 제3항의 성격에 관하여 "강행규
정"이라고 명시하여, 허가 없이 행해진 기본재산의 처분은 무효임을 분
명히 하여왔다. 이러한 법리 하에, ① 위 조항이 기본재산을 임의 처분하
는 경우뿐 아니라 강제경매에 의한 처분의 경우에도 마찬가지로 적용된
다고 하였고,402) ② 공익법인의 채권자가 공익법인의 기본재산을 수동
채권으로 하여 상계의 의사표시를 하는 경우에도 위 규정이 적용된다는
취지에서, 공익법인인 원고(사단법인 자동차노조 부산버스지부 장학회)
의 피고 은행에 대한 예금채권이 원고의 기본재산이고, 따라서 이 사건

---

401) 대법원 1975. 12. 23. 선고 75다2053 제2부 판결.
402) 대법원 1983. 12. 1. 자 84마591 결정.

예금채권을 수동채권으로 한 피고의 상계의 의사표시나 원·피고 사이의
상계약정은 주무관청의 허가가 없는 이상 효력이 없다고 판단하였
다.403) ③ 반면, 공익법인이 제기한 기본재산에 관한 소송에서 본안에
대한 종국판결이 있은 후 소를 취하하였다고 하여 실체법상 권리의 포
기라고는 할 수 없으므로 그 소의 취하에 주무관청의 허가를 요하는 것
은 아니라고 하여 소의 취하는 유효하다고 하였다.404)

나) 이사회 결의사항의 경우

주무관청의 허가 여부와 무관하게 이사회 결의가 없다는 사정만을
들어 같은 결론을 도출한 대법원 2010. 9. 9. 선고 2010다37462 판결은
공익법인인 '재단법인 촌암장학재단'이 원고로부터 부동산을 증여받아
소유권을 취득하였는데, 이후 재단법인 이사장의 대리인이라고 주장하
는 자가 피고에게 해당 부동산을 매도한 사안에 관한 것이다. 대법원은,
이사장이 대리권을 위임한 바도 없고 재단법인 이사회가 매매계약에 관
해 결의한 바도 없는 사실을 인정한 다음, 아래의 법리에 따라 위 사안
에 민법 제126조의 표현대리 법리를 적용한 원심을 파기하였다.

> "공익법인법 제7조에서 공익법인의 재산의 처분에 관한 사항 등을 이사
> 회에서 심의결정한다고 한 것은 공익법인의 특수성을 고려하여 그 재산의
> 원활한 관리 및 유지 보호와 재정의 적정을 기함으로써 공익법인의 건전한
> 발달을 도모하고 공익법인으로 하여금 그 본래의 목적사업에 충실하게 하
> 려는 데 그 목적이 있다 할 것이므로, 공익법인의 대표자가 이사회의 의결
> 없이 공익법인의 재산을 처분한 경우에 그 처분행위는 효력이 없고, 이러한
> 이사회의 기능에 관한 규정은 공익법인의 대표자인 이사의 권한에 대한 법
> 률상의 제한에 해당하여 등기 없이도 제3자에게 대항할 수 있다고 할 것이

---

403) 대법원 1998. 12. 11. 선고 97다9970 판결.
404) 대법원 1989. 7. 11. 선고 87다카2406 판결.

므로, 그 공익법인의 대표자가 한 공익법인의 재산처분행위에 관하여는 민법 제126조의 표현대리에 관한 규정이 준용되지 아니한다."

특히 위 판시내용에 의하면, '법률상 제한'은 민법 제60조에서 예정한 '대표권의 제한'이 아니라는 중간적 판단을 엿볼 수 있는바, 이에 관하여는 뒤에서 자세히 기술한다.

한편, 최근 공익법인법 제7조 제1항에 반하여 이사회 결의 없이 공익법인이 재산을 '(무상으로) 취득'한 행위에 관하여 특별한 사정이 없는한 유효라는 취지로 판단한 판결405)이 있어 주목할 만 하다. 원문을 발췌하면 다음과 같다.

"최근에 공익법인법 제7조 제1항 제1호는 재산의 '처분'뿐만 아니라 그 '취득'에도 이사회의 결의를 요구하고 있다. 그 취지는 공익법인의 특수성을 고려하여 그 재산의 원활한 관리 및 유지·보호와 재정의 적정을 기함으로써 공익법인의 건전한 발전을 도모하고 공익법인으로 하여금 그 본래의 목적사업에 충실하게 하려는 데 있다고 할 것이다(대법원 2002. 6. 28. 선고 2000다20090 판결 참조). 그런데 공익법인이 주식 기타 목적물을 증여받는 등으로 그 재산을 대가의 출연 없이 무상으로 취득하는 경우에는 그 자체로써 공익법인의 재산적 기초가 더욱 공고하게 되므로, 위와 같이 이사회의 결의를 요구하여 그 결의가 없으면 재산의 취득을 무효로 하는 취지가 이경우에까지 관철되어야 할 이유는 없다. 따라서 공익법인이 이사회의 결의 없이 재산을 무상으로 취득하였다고 해도, 유상취득의 경우와는 달리, 다른 특별한 사정이 없는 한 이를 무효라고 할 것이 아니다."

---

405) 대법원 2009. 3. 26. 선고 2007도8195 판결.

3) 사회복지사업법 사안

가) 허가사항의 경우

사회복지법인의 기본재산의 매도, 담보제공 등에 관한 사회복지사업법 제23조 제3항은 '강행규정'이고, 이에 위반하여 주무관청의 허가 없이 기본재산을 매도하였다면 효력이 없다는 것이 확립된 법리이다.406)

마찬가지로 주무관청의 허가를 요하는 '매도'에 '경매절차에 의한 매각'도 포함되므로, 사회복지법인의 기본재산에 대하여 실시된 부동산경매절차에서 최고가매수신고인이 그 부동산 취득에 관하여 보건복지부장관의 허가를 얻지 못하였다면 경매법원은 그에 대한 매각을 불허하여야 한다.407)

---

406) 대법원 2003. 9. 26. 자 2002마4353 결정. 위 결정 사실관계를 살펴보면, 법원의 부동산임의경매절차에서 사회복지법인의 기본재산인 부동산(영유아보육시설)에 관한 낙찰이 있었고 낙찰대금이 완납되었으나 위 낙찰에 대하여 주무관청의 허가가 없었던 사안으로, 대법원은 위 법리에 따라 해당 부동산에 관한 소유권은 사회복지법인으로부터 낙찰인에게로 이전되지 아니한다고 보았다.

한편 위 대법원 2002마4353 결정에서 참고판례로 기재한 대법원 77다1476 판결은, 사회복지법인이 그 소유 임야의 담보제공에 관해 보건사회부장관으로부터 허가를 받았다 하더라도, 그 허가는 담보권에 기초한 임의경매절차가 아닌 집행권원에 의한 강제경매절차에서 임야를 낙찰받은 피고에게의 소유권 이전을 위한 허가는 될 수 없다고 본 원심을 수긍한 사안이다(이에 따라 해당 임야에 관한 피고 명의의 소유권이전등기의 말소를 구한 원고 사회복지법인의 청구가 인용되었다).

407) 대법원 2007. 6. 18. 자 2005마1193 결정. 위 결정은 나아가, "사회복지법인이 보건복지부장관의 허가를 받아 토지 및 건물에 대하여 공동근저당권을 설정하였다가 건물을 철거하고 새 건물을 신축하여, 민법 제365조의 '저당지상 건물에 대한 일괄경매청구권'에 기하여 위 신축건물에 대한 경매가 진행된 경우라도 마찬가지"라고 보고, 위 신축건물의 매각에 관하여 별도로 보건복지부장관의 허가가 없다면 최고가매수신고인에 대한 매각은 허가될 수 없다고 하였다.

나) 이사회 결의사항의 경우

사회복지법인인 피고 재단 대표자가 이사회 결의를 거치지 않은 채 원고에게 기본재산인 부동산을 이전하기로 약정하였고, 이에 원고가 피고 재단에게 해당 부동산에 관하여 "사회복지법인 기본재산처분허가신청절차를 이행하라"는 청구취지로 소를 제기한 사안에서, 대법원은, 다음과 같이 부동산 이전 약정이 무효라고 보았다.408)

"사회복지사업법 제32조에 의하여 사회복지법인에 관하여 준용되는 공익법인의설립·운영에관한법률 제1조, 제6조, 제7조, 그 밖에 위 각 법의 여러 규정을 아울러 살펴보면, 공익법인의설립·운영에관한법률 제7조에서 공익법인의 재산의 처분에 관한 사항 등을 이사회에서 심의결정한다고 한 것은 공익법인의 특수성을 고려하여 그 재산의 원활한 관리 및 유지 보호와 재정의 적정을 기함으로써 공익법인의 건전한 발달을 도모하고 공익법인으로 하여금 그 본래의 목적사업에 충실하게 하려는 데 그 목적이 있다 할 것이므로, 사회복지법인의 대표자가 이사회의 의결 없이 사회복지법인의 재산을 처분한 경우에 그 처분행위는 효력이 없다 할 것이다."

4) 의료법 사안

가) 허가사항의 경우

의료법인 대표자가 주무관청의 허가를 받지 않고 의료법인의 기본재산을 처분한 경우에는 의료법 제48조 제3항의 위반 문제가 된다.

판례는 의료법 제48조 제3항에 관하여 "의료법인이 그 재산을 부당하게 감소시키는 것을 방지함으로써 항상 그 경영에 필요한 재산을 갖추고 있도록 하여 의료법인의 건전한 발달을 도모하여 의료의 적정을 기하고 국민건강을 보호 증진케 하려는데 그 목적이 있다"고 하여 위 조

---

408) 대법원 2002. 6. 28. 선고 2000다20090 판결.

항이 위헌이라는 취지의 주장을 배척하였고,[409] 나아가 그 성질을 "효력 규정" 또는 "강행규정"이라고 명시하면서 그에 위반하여 행해진 재산의 처분은 무효라고 보고 있다.[410]

한편, 의료법인이 그 소유 토지에 관해 담보한도액을 20억 원으로 한 기본재산 담보제공에 관한 허가만을 받은 상태에서 금융기관에게 그 허가한도액을 초과하여 채권최고액을 31억 2,000만 원으로 하는 근저당권을 설정해 준 사안에서 위 법리와 일부무효 법리를 결합함으로써 허가한도 내의 담보제공은 유효라고 본 판결[411]도 주목할 만하다. 해당 이유 부분을 발췌하면 다음과 같다.

> "의료법인이 허가받은 한도액을 초과하여 한 담보제공약정은 무효라고 하지 않을 수 없으나, 위 담보제공약정 중 일부가 위 법률 규정에 따른 허가를 받은 범위를 초과하는 것이어서 무효라는 이유로 허가받은 나머지 담보제공약정 부분까지도 무효가 된다고 본다면 이는 의료법인으로 하여금 이미 허가받은 범위의 담보제공에 따른 피담보채무까지 상환할 수밖에 없도록 하여 결국, 재산처분에 대한 허가제도를 통하여 거래당사자의 일방인 의료법인을 보호하고 건전한 발달을 도모하려는 구 의료법 제41조 제3항의 취지에 명백히 반하는 결과를 초래하므로, 이 사건 토지에 관한 위 근저당권설정약정 중 피담보채무가 20억 원을 초과하는 부분이 구 의료법 제41조 제3항에 위반되어 무효라고 하더라도 이미 허가받은 나머지 부분의 근저당권설정약정까지 무효가 된다고 할 수는 없다 할 것이다."

---

409) 대법원 1993. 7. 16. 선고 93다2094 판결.
410) 위 대법원 93다2094 판결, 대법원 2005. 9. 30. 선고 2003다63937 판결, 대법원 2007. 6. 15. 선고 2006다80322, 80339 판결 등 다수. 특히 대법원 2006다80332 판결은 의료장비 양도계약은 의료법인인 피고의 재산처분에 해당하므로 주무관청의 허가 없이 이루어진 장비 양도계약이 무효라고 보았다.
411) 대법원 2008. 9. 11. 선고 2008다32501 판결.

나) 이사회 결의사항의 경우

의료법과 그 시행령 등 관계규정에서는 앞서 본 사립학교법 등과 달리, 의료법인의 이사회가 결의할 사항 등을 규정한 조항이 존재하지 않는다. 따라서 의료법인 이사회에서 결의할 사항은 각 의료법인이 정관 등 내부 규정을 통해 정할 수밖에 없는데, 이는 민법 제60조의 '대표권 제한'에 해당하므로, 의료법인의 대표자가 이사회 결의를 거치지 않고 한 제3자와 한 행위의 효력은 등기 여부에 따르게 된다. 다만 앞서 본 거처럼 '기본재산'의 처분행위는 의료법 제48조 제3항 등에 따라 시·도지사의 허가를 받아야 하므로, 현실적으로 민법 제60조의 적용 여부가 다투어지는 대부분의 사안은 '기본재산'이 아닌 재산에 관한 처분행위가 될 것이다.

의료법인이 원고에게 피고에 대한 의료보호비용채권을 양도함에 따라 원고가 양수금채권을 청구한 사안에서, 의료법인이 이사회 결의 없이 채권을 양도하였다는 이유로 그 효력이 다투어졌다. 원심은 위 의료보호비용채권이 적어도 (기본재산 아닌) 보통재산에는 해당한다는 전제 하에, 이사회 결의 없이 행해진 경우 선의·무과실의 당사자가 보호된다는 주식회사 대표이사에 관한 법리를 들어 판단하였다.

그러나 대법원은, "재단법인에 관한 민법 규정이 준용되는 의료법인의 대표자가 그 법인의 재산을 처분함에 있어서 이사회의 결의를 거치도록 정관에 규정되어 있다면 그와 같은 규정은 법인 대표권의 제한에 관한 규정으로서 이러한 제한은 등기하지 아니하면 제3자에게 대항할 수 없는 것이고 이 경우 제3자가 선의인지 악의인지는 묻지 아니하는 것"이라고 하여 민법 제60조를 적용해야 함에도 제3자의 악의 여부에 따라 판단한 원심의 잘못을 지적하며 파기하였다.[412]

---

412) 대법원 2002. 6. 14. 선고 2001다75677 판결. 파기 후 환송심에서 강제조정이 이루어졌다(대구고등법원 2002. 11. 11. 자 2002나4260 결정).

5) 특수법인에 관한 판례 법리의 정리

판례는, 앞서 본 사립학교, 공익법인, 사회복지법인, 의료법인에 관한 개별 법령에서 관할청의 허가를 요하도록 정한 규정에 관하여 모두 '강행규정'이라고 선언하며 허가 없이 행해진 행위는 상대방의 선·악의를 불문하고 절대적으로 무효라고 본다. 그 이유로 공통적으로, 특수법인 재산의 보호·유지를 통해 해당 법인의 건전한 발달을 도모하고자 일정한 행위를 허가사항으로 규정한 취지, 해당법인의 특수성 등을 들고 있다.413)414)

---

413) "학교법인 재산의 원활한 관리와 유지·보호를 기함으로써 사립학교의 건전한 발달을 도모"하기 위함이거나(대법원 2000. 9. 5. 선고 2000다2344 판결), "사립학교의 설치경영을 위하여 설립된 학교법인이 그 기본재산을 부당하게 감소시키는 것을 방지함으로써 사립학교의 건전한 발달을 도모하고자 하는 공익적 목적에서 비롯된 것이고, 그로 인하여 채권자의 희생이 따른다고 하여도 이는 입법자가 거래의 안전이나 상대방의 재산권보다 학교재정의 건전화에 대한 공익적 요구를 중요한 가치로 선택한 것이므로 불가피한 것"이라거나(대법원 2001. 12. 28. 선고 2001다24075 판결), "의료법인이 그 재산을 부당하게 감소시키는 것을 방지함으로써 항상 그 경영에 필요한 재산을 갖추고 있도록 하여 의료법인의 건전한 발달을 도모하여 의료의 적정을 기하고 국민건강을 보호 증진케 하려는 데 그 목적이 있다"(대법원 1993. 7. 16. 선고 93다2094 판결)고 하였다.

414) 개별 법령에서 관할청의 허가 또는 총회·이사회 결의를 거치도록 정한 경우에 해당 규정은 강행규정이라고 선언한 판결로는 앞서의 특수법인 사안 외에도 전통사찰의 사찰재산 처분행위에 관한 대법원 2001. 2. 9. 선고 99다26979 판결이 있다.

　　그 밖에 강행규정으로 명시하지는 않았으나 향교재산법에서 시·도지사의 허가를 받도록 정하였음에도 그 허가 없이 이루어진 향교의 기본재산 처분행위는 무효라고 본 대법원 2014. 4. 24. 선고 2012다108009 판결 및 지방자치단체인 시(창원시)가 한국전력공사와의 비용부담약정에 따라 예산 외의 의무를 부담한 경우, 관련 법률에서 지방자치단체인 시가 예산 외의 의무부담을 할 때에는 지방의회의 의결에 갈음하여 도지사의 승인을 얻도록 규정되어 있음에도 만일 시가 그 약정에 관하여 도지사의 승인을 얻은 바가 없었다면 이는 무효라고 한 대법원 1994. 11. 4. 선고 93다12978 판결 등을 특수법인에 관한 개별 법률의 내용에 비추어 볼 때, 허가사항인 동시에 이사회 결의사항에 해당함에도 허가는 얻었으나 이사회 결의가 없었던 사안을 상정하기는 어렵다. 허가사항의 범위가 이사회 결의사항의 범위보다 좁기 때문이다. 실제로 이러한 사안에 관한 판례는 찾지 못하였다. 다만 역으로 이사회 결의는 있었으나 허가를 얻지 못한 사립학교 사안이 있었고, 허가사항인지 여부와 무관하게 개별 법령에서 정한 이사회 결의가 흠결된 공익법인과 사회복지법인 사안이 있었는데, 판례는 모두 그 효력을 무효로 보았다.

허가사항이 아니면서 이사회 결의사항에 해당하는 영역을 상정한다면, 특수법인에 관한 법령들은 민법을 준용한다는 규정을 두면서도 의료법인을 제외하고는 모두 이사회 결의사항을 규정하는 개별 조항을 두고 있기 때문에 해당 조항이 우선 적용된다. 더구나 이러한 이사회 결의사항에 관한 특별법의 규정을 '법률상의 제한'으로 보고 민법 제60조의 적용을 배제한 판례[415]도 존재하는데, 이러한 논리에 따른다면 의료법인을 제외하고는 특수법인의 이사회 결의 흠결 사안에서 등기설을 취한 민법 제60조는 적용될 여지가 없다.

한편, 만약 특수법인이 개별 법률에서 이사회 결의사항으로 정하지 않은 사항을 정관 등 내부 규정으로 이사회 결의사항으로 정하였다면 이는 '법률상의 제한'이 아니므로 일반규정인 민법 제60조가 적용되어야 할 것이다(다만 특수법인의 내부 규정상 이사회 결의 흠결을 이유로 거래행위 효력이 다투어진 판례는 찾아볼 수 없었다. 이는 현실적으로 법률에서 이사회결의를 거칠 필요가 없다고 하였음에도 굳이 정관에서 이사회결의를 기치도록 규정하는 경우도 드물고, 더구나 그런 사안이 분

참고할 만하다.

415) 공익법인에 관한 대법원 2010. 9. 9. 선고 2010다37462 판결 및 사회복지법인에 관하여 같은 취지로 판단한 원심에 대한 상고를 기각한 대법원 2013. 3. 28. 자 2012다118716 판결.

쟁으로 발전하는 경우는 거의 존재하지 않을 것이기 때문으로 생각된다).

나. 상대방의 보호

특수법인에 관한 개별 법률에서 이사회 결의사항으로 정하였거나 관할청 허가사항으로 정한 경우 그 요건을 흠결한 행위에 관하여, 앞서 살펴본 것처럼 판례는 그 효력이 절대적으로 무효라고 본다.

이에 따라 거래상대방 보호의 문제가 발생하는데, 판례는 해당 법률행위를 한 자 스스로 강행법규 위반을 주장하는 것이 신의칙에 반하지 않는 '특별한 사정'을 인정함으로써 신의칙위반의 항변을 인정하거나, 일부 사안에서 흠결된 이사회 결의나 관할청의 허가 요건을 사후에 보완하는 것을 허용함으로써, 이를 해결하고 있다. 나아가 영리법인이나 민법상 비영리법인의 경우와 마찬가지로, 해당 법률행위가 무효임을 전제로 거래상대방이 법인을 상대로 손해배상을 청구할 경우 이를 인정함으로써 손해의 공평·타당한 분담을 꾀하고자 하는 모습도 찾아볼 수 있다.

1) 신의칙의 법리

가) 원칙

앞서 살펴본 것처럼, 본고의 특수법인에 관한 개별 법률에서 어떠한 행위를 관할청 허가사항으로 정하였다면, 그 법률조항은 강행규정이라는 것이 판례이다.

그런데 어떠한 행위가 강행규정에 위반하여 무효인 경우, 무효를 주장하는 것이 신의칙에 위배되는 권리의 행사라는 이유로 이를 배척한다면 이는 강행규정으로 정한 입법취지를 몰각시키는 결과가 될 것이므로, 그러한 무효 주장은 '특별한 사정'이 없는 한 신의칙에 위반되거나 권리남용에 해당한다고 볼 수 없다는 것이 확립된 판례이고,416) 압도적인 다수의 판례는 '특별한 사정'을 인정하지 않고 있다.

특수법인에 관한 판례들 역시 원칙적으로 이러한 법리에 따르고 있다. ① 학교법인이 이사회의 결의나 감독관청의 허가 없이 기본재산인 이 사건 토지를 매도한 다음, 약 4년 후에 그 효력을 다툰 사안에서 학교법 인의 이사장이 토지매도행위를 추인하였고 그 매매대금이 법인의 채무 변제에 사용되었다는 등의 사정이 있다고 하더라도, 학교법인의 매매계 약 무효 주장이 신의성실의 원칙에 반하는 것이라고 볼 수 없다고 하였 다.417) ② 또한 학교법인의 기본재산 매매에 관해 "처분대상 재산 및 처 분금액, 처분금의 용도 등을 특정하고 매각대금을 전액 수령하지 않고서 는 소유권을 이전할 수 없으며 허가일로부터 12개월 이내에 이를 이행 하지 않으면 처분허가는 효력을 상실한다"는 등의 조건이 부가되어 관 할청의 허가가 있었는데 학교법인이 12개월 내에 매매대금 전액을 수령 하지 못하였다는 이유로 허가의 효력이 상실되었다고 주장한 사안에서, 거래상대방이 이를 다투면서 학교법인 스스로 본 계약의 무효를 주장하 는 것이 신의칙에 반한다고 주장하였으나, 위 법리에 따라 상대방의 신 의칙 주장은 배척되었다.418)

---

416) 대법원 2003. 4. 22. 선고 2003다2390, 2406 판결, 대법원 2004. 1. 27. 선고 2003다14812 판결, 대법원 2011. 3. 10. 선고 2007다17482 판결 등 다수.

417) 대법원 1994. 12. 22. 선고 94다12005 판결.

418) 대법원 2012. 5. 24. 선고 2012다18717 판결.
  같은 취지로 대법원 2000. 6. 9. 선고 99다70860 판결(사립학교법 제51조에 서 사립학교 경영자에게도 학교법인에 관한 사립학교법 제28조 제2항을 준 용하도록 하고 있으므로, 사립학교 경영자가 사립학교의 교지, 교사로 사용 하기 위하여 출연·편입시킨 토지나 건물이 등기부상 학교 경영자 개인 명의 로 있는 경우에도 그 토지나 건물에 관하여 담보 목적의 가등기나 근저당권 설정등기를 마치는 행위 역시 무효라고 본 다음, 강행규정인 사립학교법 제 28조 제2항의 입법 취지에 비추어 위반한 자 스스로가 하는 강행규정 위배 로 인한 무효주장을 신의성실 원칙에 반하거나 권리남용이라고 볼 것은 아 니라고 하였다) 및 대법원 2000. 6. 23. 선고 2000다12761, 12778 판결(사립 학교법 제51조, 제28조 제2항은 사립학교의 존립 및 목적수행에 필수적인

나) 예외

예외적으로, 특수법인의 허가사항 사안에서 '특별한 사정'을 인정하여 신의칙 위반 주장을 받아들이고, 그 결과 해당 거래행위가 무효가 아니라고 판단한 판례가 존재한다. 이는 일반적인 강행법규의 법리에 비추어 볼 때 매우 이례적이다. 차례로 소개한다.

① 대법원 2002. 9. 27. 선고 2002다29152 판결[419]은, 유치원 건물 등을 양수한 원고가 스스로 유치원을 운영하지 않고 제3자로 하여금 유치원을 경영하게 하던 중에 유치원 건물 등에 관한 강제경매절차가 계속 진행된 결과 피고가 이를 낙찰받자, 원고 스스로 유치원 폐업신고를 한다음 피고를 상대로, 유치원 건물 등이 사립학교법상의 기본재산이라는 이유로 사립학교법 제28조 제2항 위반을 들어 소유권이전등기말소를 구한 사안이다.

대법원은, 사립학교법 제28조 제2항의 목적 및 유치원의 이전 또는 폐원을 조건으로 매매계약을 체결한 경우 그 이전이나 폐원이 불가능하

교육시설을 보전함으로써 사립학교의 건전한 발달을 도모하는 데 그 목적이 있으므로 강행규정인 위 규정을 위반하였을 경우에 위반한 자 스스로가 무효를 주장하는 것이 신의칙에 위배되는 권리의 행사라는 이유로 이를 배척한다면 위와 같은 입법취지를 완전히 몰각시키는 결과가 되므로 특별한 사정이 없는 한 그러한 주장이 신의칙에 위반된다고 볼 수 없다고 전제하고(대법원 1997. 3. 14. 선고 96다55693 판결 참조), 이 사건에 있어서 위와 같은 특별한 사정이 있다고 볼 만한 아무런 자료가 없다는 이유로 원고의 신의칙 위반 주장을 배척하였는바, 원심의 판단은 정당하고 위 사립학교법 규정들이 헌법에 위배된다고 볼 수 없으므로(대법원 1997. 12. 12. 자 97카기105 결정 참조), 원심의 판단에 논하는 바와 같이 사립학교법의 규정을 잘못 적용하였거나 위헌인 법률규정을 적용한 잘못이 있다고 할 수 없다).

419) 대법원 97다10857 판결, 대법원 2002다29152 판결 등을 참고판례로 하여, 유치원의 이전 또는 폐원을 조건으로 그 부지에 관하여 체결한 "담보제공약정"의 경우에도 그 유치원의 이전이나 폐원이 불가능하지 않다면 마찬가지로 유효라고 판단한 대법원 2007. 9. 7. 선고 2005다50690 판결도 존재한다.

지 않다면 사립학교법 제28조 제2항에도 불구하고 그 매매계약은 유효
하다는 선례[420)를 들어 피고의 소유권이전등기가 무효라고 본 원심을
파기하였다.

"유치원의 폐원을 명시적 조건으로 양도한 것이 아니더라도 그 유치원
원지원사(園地園舍) 양도의 효력에 분쟁이 생겨 제소된 시점에 이미 유치원
의 경영자의 신청에 의하여 그 유치원이 폐원되어 그 유치원교육의 존립발
전이 더 이상 저해당할 우려가 없다면, 특단의 사정이 없는 한, 양도계약의
당사자인 그 유치원 경영자가 사립학교법 제28조 제2항을 내세워 그의 소유
이던 유치원 원지원사의 양도의 효력을 부정하는 것은 신의칙의 정신에 비
추어 허용될 수 없다. … 반대되는 사정이 드러나지 않는 한, 가압류 피담보
채무를 인수하고 가등기를 거쳐 소유권을 이전받고도 그 강제경매를 저지
하지 아니한 원고가 이미 종료된 유치원교육의 존립이나 목적수행을 내세
워 위의 강제경매의 효력을 부정한다는 것은 앞서 본 법리에 비추어 볼 때
신의칙에 위반된다."

② 다음으로는 의료법인에 관한 대법원 2005. 9. 30. 선고 2003다
63937 판결을 소개한다.

위 사안은 의료법이 2007. 4. 11. 법률 제8366호로 전부개정되기 전의
구 의료법이 적용되었는데, 현재의 의료법 제48조 제3항과 동일한 내용
이 구 의료법 제41조 제3항에 규정되어 있었다. 의료법인인 원고가 병원
을 폐업한 상태에서 위 병원을 새로 운영할 X에게 토지를 매도하고 소
유권이전등기를 마쳐준 다음, 나중에 X를 상대로 당시의 구 의료법 제
41조 제3항에 따라 필요한 도지사의 허가를 받지 않았다는 이유를 들어
토지소유권이전등기의 말소를 구하였다. 제1심과 원심은 모두, 구 의료

---

420) 대법원 1997. 5. 28. 선고 97다10857 판결.

법 제41조 제3항이 강행규정임을 들어 도지사 허가 없이 체결된 매매계약은 무효라고 보고 소유권이전등기의 말소를 구하는 원고 청구를 받아들였다.

그러나 대법원은, "익산세무서장은 원고 법인이 부가가치세 등 제 신고를 이행하지 아니하고 의료사업 등 사업영위 실적이 없다는 이유로 1999. 12. 31. 원고 법인을 직권으로 폐업조치하였고, 그 후 전라북도지사는 이 사건 부동산을 비롯한 원고 법인의 기본재산이 법원의 경매처분에 의하여 피고 의료법인 명의로 소유권이전등기가 마쳐져 목적재산이 모두 소멸되어 목적사업을 수행할 수 없게 되었다는 등의 사유를 들어 2001. 2. 21. 원고 법인에게 법인설립허가 취소통보를 하였으며, 2005. 1. 28.에는 원고 법인에 대하여 파산선고가 내려진 사실, 한편 피고 의료법인은 이 사건 강제경매절차에서 이 사건 부동산을 낙찰받은 이래 현재까지 이 사건 건물에서 '○○병원'을 운영해 오고 있고, 특히 피고 의료법인이 이 사건 부동산에 관한 소유권이전등기를 마친 다음 2000. 7. 27.에 전라북도지사의 허가를 받아 이 사건 부동산에 피고 외환은행 앞으로 채권최고액 65억 원의 근저당권설정등기를 마친 사실 등"을 들어, 이 사건부동산에 관한 강제경매절차에서 기본재산 처분에 관하여 주무관청으로부터 허가를 받아 주었어야 할 입장에 있었음에도 이를 하지 않았던 원고 법인이 더 이상 의료법인을 운영할 능력이 없음이 분명함에도 불구하고 피고 의료법인 명의의 이 사건 부동산에 관한 소유권이전등기가 전라북도지사의 허가 없이 이루어진 것이라는 이유로 그 말소를 구하는 것은 신의칙에 위배된다고 하였다.

③ 의료법인에 관한 또 하나의 판결은 비교적 최근에 선고된 대법원 2021. 11. 25. 선고 2019다277157 판결이다.

사실관계는 다음과 같다. 원고는 의료기관 운용 등을 목적으로 설립된 의료법인으로 대상토지(의료법인의 기본재산)의 소유자이고, 피고는 지방자치단체로서 대상토지 지상 1981년에 건축된 대상건물의 소유자이다. 원고는 1981. 12. 9. 피고에게 대상토지에 관해 대상건물의 소유를 목적으로 하는 30년의 지상권을 설정해 주고, 그 무렵부터 피고 소유 대상건물에서 도립정신병원을 위탁경영하여왔다. 원고와 피고는 2011. 12. 7. 종전 지상권에 관해 그 기간은 2011. 12. 9.부터 30년으로 정하는 지상권변경계약을 체결하였다. 그런데 원고는 2018. 1.경 지상권변경계약 체결 당시 의료법 제48조 제3항에서 정한 시·도지사의 허가가 없었음을 이유로 피고를 상대로 지상권설정등기의 말소를 청구하는 이 사건 소송을 제기하였다.

제1심[421]은 의료법과 의료법 시행령, 시행규칙 등을 비롯한 관련 규정을 종합하면 "기본재산의 매도·증여·임대·교환·담보제공"은 시·도지사의 허가를 받아야 하는 '기본재산의 처분'에 포함되고, 대상토지에 관한 지상권 설정 역시 재산 처분에 해당하며 의료법 제48조 제3항은 효력규정[422]이므로, 이에 위반하여 시·도지사의 허가 없이 대상토지에 지상권을 설정한 변경계약은 무효라고 하였다.

피고는 원고가 위와 같이 주장하는 것은 신의칙에 위반된다고 주장하였으나, 원고가 그 동안 무상으로 피고에게 지상권을 설정해 주어 아무런 지료를 지급받지 않는 점, 원고와 피고는 이 사건 토지에 관한 적정한 지료 또는 임대료를 산정하여 시·도지사의 허가를 받아 지상권설정계약 또는 임대차계약을 다시 체결하거나, 피고가 지상물매수청구권을 행사하여 적정한 가격에 이 사건 건물을 원고에게 매도한 후 그에 따라 병원운영위탁계약의 내용을 변경하여 체결하는 등의 방법으로 이 사건 건물에서 계속해서 (원고가) 도립정신병원을 운영할 수도 있을 것으로 보이는 점 등의 사정을 들어, 피고의 위 주장을 배척하였다.

원심[423]은 이 사건 지상권 변경계약이 강행규정인 의료법 제48조 제

---

421) 수원지방법원 2019. 1. 15. 선고 2018가합193 판결.
422) 대법원 2008다32501 판결 참조.

3항에 위반되었다고 하면서도 결국 원고의 청구를 기각하였는데, 그 이유는 다음과 같다.

먼저, 의료법 제48조 제3항의 취지에 비추어 볼 때 반드시 계약 성립 전에 시·도지사의 허가를 받아야만 하는 것이 아니라 계약 성립 후에라도 시·도지사의 허가를 받으면 그 계약이 유효하므로, 이 사건 지상권변경계약 역시 피고가 감독청의 허가를 조건으로 이 사건 토지에 관한 지상권변경등기절차의 이행을 청구할 수 있다고 하여, 위 지상권변경계약 확정적 무효임을 전제로 그 말소를 구할 수 없다고 하였다. 나아가 원고가 수년간 대상건물에서 정신병원을 운영하면서 일체 이의를 제기하지 않아서 피고로서는 관계법령상 허가가 필요한 경우 원고가 당연히 그에 따른 허가신청절차를 이행해 줄 것이라고 믿고 그에 대한 정당한 기대를 갖게 되었다고 할 것인 점 등을 들어 원고의 이 사건 권리행사는 신의칙에 반한다고 하였다.

대법원[424]은 "강행규정을 위반한 법률행위를 한 사람이 스스로 그 무효를 주장하는 것이 신의칙에 위배되는 권리의 행사라는 이유로 이를 배척한다면 강행규정의 입법취지를 몰각시키는 결과가 되므로 그러한 주장은 신의칙에 위배된다고 볼 수 없음이 원칙이다. 다만 신의칙을 적용하기 위한 일반적인 요건을 갖추고 강행규정성에도 불구하고 신의칙을 우선하여 적용할 만한 특별한 사정이 있는 예외적인 경우에는 강행규정을 위반한 법률행위의 무효를 주장하는 것이 신의칙에 위배될 수 있다"는 법리 및 "의료법 제48조 제3항은 의료법인이 그 재산을 부당하게 감소시키는 것을 방지함으로써 그 경영에 필요한 재산을 항상 갖추고 있도록 하여 의료법인의 건전한 발달을 도모하여 의료의 적정을 기하고 국민건강을 보호증진하게 하려는 데 그 목적이 있는 조항으로서 강행규정에 해당한다"는 법리를 대전제로 내세운 다음, 원심은 의료법

---

423) 서울고등법원 2019. 9. 25. 선고 2019나2008809 판결.
424) 대법원 2005. 9. 30. 선고 2003다63937 판결 참조

제48조 제3항의 강행규정성에도 불구하고 신의칙을 우선하여 적용할 만한 특별한 사정이 있다고 판단한 것으로서 정당하다고 하여 상고를 기각하였다.

이상의 ① 내지 ③ 판결은 해당 거래행위가 강행규정을 위반하여 무효라고 주장하며 급부되었던 부동산 반환 또는 권리의 말소를 청구하는 법인측의 주장을, 신의칙을 이유로 배척하였다. 그중 ①, ② 판결은 해당 법인이 더 이상 유치원 또는 의료법인을 운영하지 않고 있었고, ③ 판결은 해당 의료법인이 지방자치단체인 상대방(피고)로부터 '도립정신병원'의 운영을 위탁받아 하고 있었던 사안이다. 그러한 특수한 사실관계를 고려한다면 유치원 건물, 병원 건물이 위치한 부지 등에 관한 권리의 반환을 주장하는 의료법인의 주장이 신의칙에 반한다고 판단한 것은 충분히 수긍할 수 있다.

2) 법인의 사후추인 가능성

가) 이사회 결의 요건

일반적으로 강행규정위반의 무효는 원칙적으로 확정적인 것이어서 추인에 의하여 효력이 생기지 않는다고 설명된다.[425]

이에 부합하는 듯한 "학교법인이 사립학교법 제16조 제1항에 의한 이사회의 심의·의결 없이 학교법인 재산의 취득·처분행위를 하거나 사립학교법 제28조 제1항의 규정에 의하여 관할청의 허가 없이 의무부담행위를 한 경우에 그 행위는 효력이 없고, 학교법인이 나중에 그 의무부담행위를 추인하더라도 효력이 생기지 아니한다"는 법리 역시 여러 판결에서 반복되고 있다.[426] 다만 위 판결의 추인은 "이사회가 다시 의결

---

425) 민법주해[I] 총칙(1), 박영사(2000), 266(양삼승).
426) 대법원 2000. 9. 5. 선고 2000다2344 판결, 대법원 2016. 6. 9. 선고 2014다64752 판결 등.

하였다"는 의미가 아님을 주의할 필요가 있다.

즉 해당 사안을 살펴보면 실제 "추인 여부"가 쟁점이 되어 다투어진 사안은 앞서의 대법원 2000다2344 판결뿐으로,[427] 원심[428])에 드러난 사실관계 등에 의하면, 문제된 재산의 취득·처분행위는 X가 학교법인의 대리인으로 행세하며 원고와 체결한 공사도급계약과 함께 이면에서 이루어진 공사대금지급 약정이었다. 당시 거래상대방인 원고가 소송에서 학교법인이 이를 추인하였다고 주장하면서 내세운 사정은, 학교법인 이사회 결의가 해당 거래행위를 승인·의결하였다는 것이 아니라 다음과 같은 정황들이었다.

(해당 도급계약에 기해) 연구관이 완공된 후 학교법인이 관할청에 이를 기본 재산으로 신고하고 이를 유지·관리하고 있다는 점, 학교측 대리인이 당초 위 약정에 의한 공사 금액을 학교 부정입학자들로부터 받은 사례금으로 조성된 비자금으로 이를 지급할 계획을 세웠다가 입시부정 사실이 탄로나자 그 비자금의 일부를 학교법인의 회계로 전입시킨 다음 이중 일부를 공사 대금의 일부로 원고에게 지급하였다는 점, 위와 같이 조성된 비자금 중 남은 돈이 학교법인의 특별사업적립금으로 전입되어 학교법인은 이를 이 사건 제1심 판결에서 인용된 금원을 지급함에 사용하였다는 점 등의 사정이 원고가 추인을 주장한 근거였다.

이에 법원은, 학교법인이 이사회의 심의·의결을 거쳐 관할청의 허가를 받았다는 점에 관한 아무런 주장·입증이 없는 이상 위 주장사실만으로는 문제의 약정이 추인되었다고 볼 수 없다고 판단하였던 것으로, "피고가 이를 추인하였다 하더라도 마찬가지이다"라는 대법원 2000다2344 판결의 표현은 이러한 사실관계를 고려하여 이해해야 할 것이다.

이와 달리, 명시적으로 학교법인의 이사회 심의·의결이 사후에 추인될 수 있다고 선언한 판결[429])이 있다. 학교법인인 피고는, B가 채무자로

---

427) 대법원 2014다64752 판결 사안에서는 당사자들이 추인 주장을 하지도 않았다.
428) 서울고등법원 1999. 12. 10. 선고 99나38905 판결.

서 금융기관으로부터 차용한 돈을 지급받아 사용하였고 당시 B를 연대
보증한 A가 이를 대위변제한 다음 원고로서 피고 학교법인에게 위 대위
변제금 상당액의 차용금채무 또는 구상금채무의 지급을 구하였다. A의
대위변제일 이후 작성된 피고 이사회 회의록에는 "대위변제일에 A로부
터 금원을 대출하는 것을 승인하는 의결을 하였다"고 기재되어 있었다.
  대법원은 다음과 같은 법리를 선언하며 원고 A의 학교법인에 대한
청구가 인용될 가능성을 시사하였다.

> "이사회의 심의·의결 없이 학교법인의 차입금 및 재산의 취득·처분과 관
> 리에 관한 법률행위를 한 경우에 그 행위는 효력이 없지만, 그 뒤 이사회가
> 그와 같은 법률행위를 추인하는 의결을 한 때에는 무권대리행위를 추인한
> 경우와 마찬가지로 그 법률행위에 필요한 이사회의 심의·의결을 갖추어 유
> 효하게 된 것으로 보아야 하고, 위 법 16조 제1항이 그 심의·의결 사항에
> 대하여 이사회의 사전 승인만을 허용하고 사후 승인을 배제하고 있다고 볼
> 수는 없다."

  한편, 특수법인의 거래행위를 위해 관할청의 허가와 이사회 결의가
모두 요구된다면 양자의 충족 여부는 별도로 판단되어야 한다. 주무관청
의 허가 여부는 법인의 권한에 속한 영역이 아니므로 "법인 이사회에 의
한 사후 추인"의 법리가 적용될 여지도 없다. 따라서 이사회 회의록을
위조하여 (주무관청으로부터) 기본재산 교환에 대한 허가처분을 받았다
면 이러한 허가처분은 "중대하고 명백한 하자로써 당연무효"이고, 학교
법인 이사회가 사후에 추인 또는 재추인 의결을 하였다는 사실만으로
당연무효인 허가처분이 유효로 전환되거나 그 하자가 치유되는 것으로
볼 수 없다.430)

---

429) 대법원 2013. 2. 28. 선고 2010다105327 판결.
430) 대법원 1984. 2. 28. 선고 81누275 전원합의체 판결.

요컨대, 사립학교법에서 이사회의 심의·의결과 관할청의 허가라는 요건을 요구한 이상, 위 두 요건이 결여된 상태가 계속되고 있음에도 다른 사정을 들어 학교법인이 이를 추인하였다고 볼 수는 없으나,431) 이사회 심의·의결을 다시 적법하게 마치는 등 문제의 요건이 후에라도 충족되었다면 다시 판단할 여지가 있다.432) 다만, 이사회의 심의·의결이라는 요건이 추후에 충족되더라도 이와 같이 (뒤늦게) 충족된 이사회 심의·의결 요건뿐 아니라 관할청의 허가 요건까지 충족되어야 한다.433)

나) 관할청의 허가 요건

특수법인의 허가사항에 관한 개별 법률들이 강행규정이라면, 특별한 사정이 없는 한 강행규정에 관한 일반 법리가 그대로 적용되어야 할 것이다. 즉, 강행규정에 위반하는 법률행위는 무효이고, 강행규정에 위반되는지 여부는 법률행위 당시를 기준으로 하여 결정해야 하며, 행위 당시에 강행규정 위반으로 무효인 때에는 그 후에 법규정이 개정되더라도 유효로 되지 않고, 강행규정위반의 무효는 원칙적으로 확정적인 것이어서 추인에 의하여 효력이 생기지 않는다.434)

---

431) 앞서 본 대법원 2000다2344 판결.
432) 앞서 본 대법원 2010다105327 판결. 특히 위 판결은, "… 당시 관할청의 허가가 필요함에도 그 허가가 없어 무효라고 하더라도, … 피고는 원고에게 그 대출금 등 상당의 이득을 부당이득으로 반환할 의무가 있다고 볼 수 있다. 그리고 원고의 주장 속에 부당이득반환을 주장하는 취지가 포함되어 있으므로 이를 석명하여 피고의 부당이득반환채무의 성부, 범위 등을 살펴보지 아니한 원심이 잘못되었다"라고까지 판단하였다. 이는 결국 개별 사안에서 구체적 타당성을 도모하고자 하였던 것으로 이해된다{환송 후 원심(서울고등법원 2014. 5. 29. 선고 2013나22456 판결)은 피고의 부당이득반환의무를 인정하였고, 이에 대한 상고는 기각되었다(대법원 2014. 9. 24. 자 2014다42417 판결)}.
433) 앞서 본 대법원 81누275 전원합의체 판결.
434) 민법주해[I] 총칙(1), 박영사(2000), 266(양삼승).

그런데 이미 앞서 1)항에서 살펴본 것처럼, 판례는 특수법인의 허가 규정에 관하여는 이미 상대방의 신의칙 항변을 인정함으로써 강행규정 법리의 예외를 인정하고 있다. 이에 더하여 앞의 가)항에서 살펴본 것처럼 이사회의 심의·의결이 사후에 추인되는 것이 가능하다면, 관할청의 허가 역시 사후에 이루어지는 것도 가능하다고 볼 여지가 있다.

판례435)는 일찍부터 다음과 같은 법리를 선언하며, 이 점을 긍정하였다.

"… 위 법 제28조 제1항의 취지는 학교법인의 기본재산에 관한 거래계약 자체를 규제하려는 것이 아니라 사립학교를 설치·운영하는 학교법인의 재 정적 기초가 되는 기본재산을 유지·보전하기 위하여 감독청의 허가 없이 그 기본재산에 관하여 타인 앞으로 권리이전이 되거나 담보권·임차권이 설 정되는 것을 규제하려는 것이라고 할 것이므로, 반드시 기본재산의 매매 등 계약 성립 전에 감독청의 허가를 받아야만 하는 것은 아니고, 매매 등 계약 성립 후에라도 감독청의 허가를 받으면 그 매매 등 계약이 유효하게 된다."

나아가 최근에는 학교법인이 당사자가 되어 공사업체와 체결한 사업 계약에 관하여 관할청의 허가가 없다는 이유로 그 효력이 다투어진 사건 에서, "① 관할청의 불허가 처분이 있는 경우, ② 당사자가 허가신청을 하 지 않을 의사를 명백히 표시하거나 계약을 이행할 의사를 철회한 경우,

---

435) 대법원 1998. 7. 24. 선고 96다27988 판결. 위 판결은 재단법인인 원고가 학 교법인인 피고와 사이에 피고의 기본재산 X를 매수하기로 하여 그 매매계 약에 기한 소유권이전등기절차의 이행을 구한 사안이었다. 대법원은 본문의 법리와, 피고 학교법인이 X부지에서 학교를 운영하다가 Y부지로 이전하기 로 하고 이미 당국의 인가를 받아 Y부지로 교사를 이전하고 준공검사까지 마친 사정 등을 들어, 원·피고 사이의 매매계약이 감독청의 허가 없이 체결 되어 아직은 효력이 없다 하더라도 위 매매계약에 기한 소유권이전등기절차 이행청구권의 기초가 되는 법률관계는 이미 존재한다고 볼 수 있고 장차 감 독청의 허가에 따라 그 청구권이 발생할 개연성 또한 충분하며, 한편 원고로 서는 미리 그 청구를 할 필요가 있다고 판단하였다.

③ 그 밖에 관할청의 허가를 받는 것이 사실상 불가능하게 된 경우"에 학교법인과 체결된 계약이 무효로 확정된다는 법리가 선언되었다.436)

이는 앞서 본 "계약 성립 후라도 허가를 받으면 계약이 유효하게 된다"는 대법원 96다27988 판결의 법리와 종래 「국토의 계획 및 이용에 관한 법률」(2002. 2. 4. 폐지되기 전의 법)에 따른 규제지역 내의 토지에 대해 관할도지사의 허가 없이 매매계약이 체결된 사안들에서의 법리437)를 결합하여 도출된 것으로 보인다.

3) 법인의 손해배상책임

앞서 살펴본 학교법인, 공익법인, 사회복지법인, 의료법인을 포함한 대부분의 특수법인에 관하여는 민법의 규정이 준용되는데, 민법 제35조 제1항에서는 법인은 이사 기타 대표자가 그 직무에 관하여 타인에게 가한 손해를 배상할 책임이 있다고 규정하고 있다. 이때 '직무에 관하여'라는 직무관련성의 의미에 대하여, 통설과 판례438)는 "행위의 외형상 법인의 대표자의 직무행위라고 인정할 수 있는 것이라면 설사 그것이 대표자 개인의 사리를 도모하기 위한 것이었거나 혹은 법령의 규정에 위배된 것이었다 하더라도 위의 직무에 관한 행위에 해당한다고 보아야

---

436) 대법원 2022. 1. 27. 선고 2019다289815 판결. 위 판결은 본문의 법리에 따라, 문제의 사업 추진이 불가능한 것으로 확정되었거나 원피고 쌍방이 사업을 진행할 의사를 철회하는 등 관할청의 허가를 받는 것이 사실상 불가능하게 되어 무효로 확정되었다고 보고, 이에 따라 기지급한 계약금의 반환을 구하는 원고의 청구를 인용하였다.

437) 이러한 계약은 관할청의 불허가 처분이 있는 경우뿐만 아니라 당사자가 허가신청을 하지 않을 의사를 명백히 표시하거나 계약을 이행할 의사를 철회한 경우 또는 그 밖에 관할청의 허가를 받는 것이 사실상 불가능하게 된 경우 무효로 확정된다(대법원 1995. 12. 26. 선고 93다59526 판결, 대법원 1996. 11. 22. 선고 96다31703 판결, 대법원 1998. 3. 27. 선고 97다36996 판결 등 다수).

438) 대법원 2004. 2. 27. 선고 2003다15280 판결 등 다수.

한다"고 하여 이를 완화하여 인정함으로써 법인과 거래한 상대방을 넓게 보호하는 한편, 그 상대방이 대표자의 행위가 직무에 관한 행위에 해당하지 아니함을 알았거나 중대한 과실로 인하여 알지 못한 경우에는 법인에게 민법 제35조의 손해배상책임을 물을 수 없다고 하여 법인의 보호와 거래안전 사이의 균형을 도모하고 있다.

① 제3자가 부담하는 임대차보증금반환채무를 학교법인이 인수하기로 계약한 행위에 관해, 이는 학교법인의 재산감소를 초래하는 행위에 해당하여 사립학교법 제28조 제1항의 의무부담행위에 해당하고 관할청의 허가가 없는 이상 무효이지만, 피고 법인의 대표자인 이사장이 원고와 직접 임대차계약을 체결하면서 2억 원의 임대차보증금반환채무를 인수한 것으로서 이는 피고 법인의 대표자의 직무집행에 해당되고, 그러한 임대차계약에 대하여 관할청의 허가를 받은 바 없어 임대차보증금반환채무의 인수가 무효로 되어 원고가 손해를 입었다면 피고 법인은 이를 배상할 책임이 있다고 보았고,[439] ② 재단법인 대표자가 이사회 결의 없이 이사회 회의록을 위조하여 원고 금융기관으로부터 대출받은 경우 그 대출계약은 공익법인법 제7조에서 정한 이사회 심의를 거치지 않은 것으로 무효이고(주무관청의 허가도 없었다), 다만 민법 제35조에 따라 재단법인이 손해배상책임을 부담한다(60%로 책임제한)고 인정하였다.[440]

한편, 직무관련성 요건과 관련하여 거래상대방의 악의 또는 중과실이 존재한다는 이유로 손해배상의무가 인정되지 않더라도, 무효로 판단된 거래행위에 기해 이미 이행된 급부는 부당이득으로 반환해야 함은 당연하다.[441]

---

439) 대법원 2003. 4. 25. 선고 2003다5986 판결.
440) 대법원 2017. 4. 28. 자 2017다216943 판결.
441) 새마을금고가 이사회의 의결을 얻지 아니하고 피고 금융기관으로부터 자금을 차입한 것은 새마을금고법의 관련 규정에 위배되어 무효이지만, 새마을금고의 이사장과 상무는 새마을금고의 소요자금 명목으로 피고로부터 돈을 대출받으면서 새마을금고의 예금계좌로 송금받아 이를 보관하였으므로, 비

제4절 비법인사단 대표자의 경우

1. 대표권 제한의 내용

비법인사단의 법률관계를 규율하는 민법의 규정은 총유에 관한 제275조 내지 제277조의 3개 조항뿐으로, 그 의사결정과정, 기관구조 등에 대하여는 아무런 정함이 없다(그마저도 현재 총유제도 자체에 대하여 회의적 시각에서 폐지가 논의되고 있기도 하다442)). 비영리법인의 설립에 관해 허가주의를 취함으로써(민법 제32조) 자유설립주의를 취하는 경우보다 비법인사단이 더 많이 등장할 수밖에 없을 것이라는 점에서, 우리 민법이 비법인사단에 대해 아무런 규율을 하지 않는 것은 바람직하지 않다는 지적이 있고,443) 과거 민법 개정 과정에서 비법인사단에 관한 조항을 검토할 필요성이 항상 논의되어 왔던 것도 같은 맥락으로 이해된다.

이하에서는 먼저 '총유' 제도에 대하여 간략히 살펴본 다음, 비법인사단 대표자의 대표권 제한을 살펴보기로 한다.

록 그 뒤 이사장과 상무가 그 돈을 인출하여 임의로 소비하였다고 할지라도, 새마을금고로서는 법률상 원인 없이 이익을 얻고 이로 인하여 피고에게 손해를 가한 결과가 되어 피고에 대하여 그 대출금 상당액의 부당이득을 반환할 의무가 있다고 한 대법원 2002. 2. 5. 선고 2001다66369 판결 참조.

442) 민법 제275 내지 제277조를 삭제하고, 비법인사단에 관하여 민법 제3장(법인)을 준용하도록 하는 규정을 신설하는 내용의 2013년 민법개정시안 등.

443) 송호영, "민법상 법인 아닌 단체에 대한 입법론 연구 -민법개정위원회의 민법개정안 및 개정시안을 중심으로-", 법학연구 통권 제39집, 전북대학교 법학연구소(2013), 17.

가. 총유 일반론

주지하다시피 로마법에서부터 유래한 공유와 달리, 총유는 합유와 함께 게르만법에서 유래한 제도이다. 총유는 게르만의 촌락공동체의 토지 소유현태가 원형으로, 촌락공동체에 있어 토지의 관리처분권은 촌락 자체에 귀속되었고 촌락의 주민은 토지를 사용·수익할 수 있을 뿐이었다. 따라서 촌락주민에게는 지분권의 개념이 인정되지 않았고 분할청구도 물론 인정되지 않았으며 사용·수익권의 득실은 주민신분의 득실과 운명을 같이 하였다.[444]

의용민법에는 총유에 관한 규정이 없었으나 민법 제정시에 공동소유 형태를 규정하면서, Otto von Gierke의 영향을 받은 김증한 교수의 의견이 채택되어 총유 제도가 채택된 것으로 알려져 있는데, 당시의 「민법안의견서」[445] 중 위 교수가 집필한 부분에 의하면 권리능력 없는 사단 및 총유에 관하여, "권리능력 없는 사단은 그 사원에 대하여 출자청구권을 가지고 또 그 대표자인 이사의 행위에 의하여 채권·물권·무체재산권 등을 취득하고, 제3자에 대하여 채무를 부담한다. 이러한 권리능력 없는 사단의 재산은 사단 자체의 재산이고, 각 사원의 개인재산으로부터 독립한 목적재산이다. 그러면 이 목적재산을 누구에게 귀속하는 것이냐, 권리능력 없는 사단의 총유에 속하는 것이다. …(중략)… 총유에 있어서는 관리·처분과 같은 지배적 권능은 단체 전체에 속하고, 사용·수익과 같은 경제적 권능은 각개의 성원에 속하여, 이 단체의 전체적 권능과 성원의 개별적 권능이 단체의 조직적 통제에 의하여 종합통일되어 소유권의 전

---

444) 민법주해[Ⅴ] 물권(2), 박영사(2001), 43(김상용).
445) 민법 제정 당시에 대학교수로 구성된 민법초안연구회가 발표한 책자로, 김증한 교수는 Gierke의 Deutsches Privatrecht를 참고하여 일본교과서와 다른 공동소유 이론을 세우고 이를 근거로 정리한 내용을 위 책자에 담았다고 한다{양창수, "공동소유 -민법의 제정과정에서의 논의와 그 후의 평가를 중심으로-" 민법연구 제6권, 박영사(2003), 122}.

내용을 실현한다. 그러므로 목적물의 관리 또는 처분에 관하여는 성원 전체의 동의 또는 단체의 규약에 기한 다수결에 의하여야 한다. 또 각 성원은 단체가 정한 방법에 따라서 사용·수익하여야 한다"라고 기술되어 있다.446) 현재 민법 제276조 내지 제277조에서는, 비법인사단의 소유는 총유로 하고, 총유물의 관리·처분은 사원총회의 결의에 의하되 각 사원은 정관 기타의 규약에 좇아 총유물을 사용, 수익할 수 있으며, 총유물에 관한 사원의 권리의무는 사원의 지위를 취득상실함으로써 취득상실된다고 정하고 있다.

그중 대표권 제한 쟁점과 관련하여 가장 의미있는 규정은 바로 "총유물의 관리 및 처분은 사원총회의 결의에 의한다"라고 규정된 민법 제276조 제1항이다. 이는 임의규정이므로 정관 기타 계약에 다른 정함이 있으면 그에 따른다.447)

나. 비법인사단 대표자의 대표권 제한

대부분의 비법인사단은 그 내부 정관, 규약 등을 통해 이사회 등의 기관을 두도록 하고 총회와 이사회 사이의 권한을 배분하는 내용을 정하고 있고, 판례는 비법인사단의 실체·성립, 사원자격의 득실, 대표의 방법, 총회의 운영, 해산사유와 같은 법률관계에 관하여는 민법의 법인에 관한 규정 중 법인격을 전제로 하는 조항을 제외한 나머지 조항이 원칙적으로 유추 적용된다고 하면서도 이사의 대표권 제한에 관한 민법 제60조는 등기를 전제로 한 규정임을 이유로 비법인사단에 적용되지 아니함을 분명히 하고 있다.448) 실무상 비법인사단의 대표자가 행한 대외적 행위의 효력이 다투어지는 사안 대부분은 대표자가 비법인사단의 재산

---

446) 민법안의견서, 일조각(1957), 99, 101.
447) 민법 제275조 제2항, 대법원 1994. 9. 30. 선고 93다27703 판결 등.
448) 대법원 2006. 4. 20. 선고 2004다37775 전원합의체 판결 등.

을 처분하거나, 재산을 취득하거나 또는 비법인사단이 채무를 변제하거
나 부담하는 등 '재산에 관한 거래행위'를 한 경우이므로,449) 이하에서
는 위와 같은 유형을 중심으로 대표권 제한의 법리가 어떻게 적용되는
지를 검토한다.

2. 대표권 제한에 위반한 행위의 효력

가. 총유물의 관리·처분행위인지 여부

민법 제275조 제2항, 제276조는, 총유물의 관리·처분은 정관 기타의
규약에 다른 정함이 없는 한 사원총회 결의에 의하도록 정하였다.

판례450)는 일찍부터 "총유물의 관리 및 처분행위라 함은 총유물 그
자체에 관한 법률적, 사실적 처분행위와 이용, 개량행위를 말하는 것으
로 단순한 채무부담행위에 불과한 행위는 총유물 그 자체에 대한 관리
및 처분행위라고 볼 수 없다"는 법리를 반복하여 판시하여 왔으나, 구체
적 사안에서 효력이 다투어지는 비법인사단의 재산적 거래행위가 '총유
물의 관리·처분행위인지' 여부의 판단은 쉽지 않다. 이 점은 비법인사단
인 재건축조합의 조합장이 조합원총회 결의 없이 채무보증계약을 체결한
행위가 총유물의 관리·처분행위인지 여부가 다투어진 대법원 2007. 4.
19. 선고 2004다60072, 60089 전원합의체 판결(이하 '대법원 2004다
60072 전원합의체 판결'이라고 한다)에서 분명하게 드러났다.

위 전원합의체 판결의 다수의견은 별다른 논거를 밝히지 않은 채 보

---

449) 그 밖의 행위로 비법인사단이 총유재산에 대한 보존행위로서 소송을 제기하
는 행위를 상정할 수 있다. 이 역시 총회의 결의를 거쳐야 하지만(대법원
2011. 7. 28. 선고 2010다97044 판결, 대법원 2014. 2. 13. 선고 2012다112299,
112305 판결 등 다수), 이러한 경우는 보호해야 할 거래상대방이 존재하는 재
산적 거래행위라고 보기 어려우므로, 본고의 논의대상에서 제외한다.
450) 대법원 2003. 7. 22. 선고 2002다64780 판결 등 다수.

증행위는 단순한 채무부담행위에 불과하여 총유물의 관리·처분행위라고
볼 수 없다고 하였다.451)

　　반면 위 판결의 반대의견은, "총유물 자체의 관리·처분이 따르는 채
무부담행위와 그렇지 않은 채무부담행위가 명확하게 구별되는 것은 아
니다"라는 점을 지적하고, 이 사건에서 문제된 "비법인사단의 보증채무
부담행위는 장래의 총유물의 처분으로 연결될 수밖에 없다"라고 하였
다.452) 별개의견 역시 비법인사단의 보증채무 부담행위는 장래 총유물
의 처분행위와 같다는 반대의견에 찬성하면서도 해당 사안에서 총회 결
의가 있었다고 볼 수 있으므로, 이와 달리 총회 결의가 없었다고 본 원
심을 파기해야 한다고 하여 별개의견을 취하였다.

나. 총유물의 관리·처분행위인 경우

1) 판례의 태도

　　판례는, 총유물인 임야에 대하여 분묘를 설치하는 행위,453) 총유물에
관한 매매계약을 체결하는 행위,454) 종중재산인 토지를 매각한 대금을

---

451) 다만, 보증행위가 총유물의 관리·처분행위가 아닌 이상 앞서 2)항에서 본 대
　　 표권 제한 법리에 따라 거래상대방이 악의이거나 과실 있는 경우에 그 거래
　　 행위가 무효라고 히면서, 이러한 거래상대방의 악의·과실은 거래 무효를 주
　　 장하는 측이 주장·증명해야 한다고 하였다.
452) 원문을 발췌하면 다음과 같다.
　　 "비법인사단이 부담하는 보증채무가 자연채무가 아닌 한, 그러한 보증채무
　　 부담행위는 그 채무 변제를 위한 책임재산과 별도로 생각할 수 없기 때문이
　　 다. 그 채무의 변제기가 도래하고 주채무자가 채무를 이행하지 않으면 비법
　　 인사단은 자신이 보유하고 있는 현금이나 총유물을 처분하여 그 채무를 만
　　 족시켜야 하므로 결국 보증채무 부담행위는 비법인사단의 총유물의 처분으
　　 로 연결될 수밖에 없다. 그렇다면 비법인사단의 보증채무 부담행위는 장래
　　 의 총유물의 처분행위와 같다고 보아야만 한다."
453) 대법원 2007. 6. 28. 선고 2007다16885 판결 등.
454) 대법원 2009. 11. 26. 선고 2009다64383 판결 등.

분배하는 행위 등455)은 모두 총유물의 '처분' 행위에 해당하여 사원총회 결의가 필요하다고 보고 있다. 사원총회의 결의 없이 이루어진 총유물의 관리 및 처분 행위는 거래상대방의 선의·과실 여부를 불문하고 무효라는 것이 확립된 판례이다.456)

이처럼 총회 결의 없이 이루어진 거래행위가 무효로 된 경우 비법인사단이 상대방에 대해 부당이득반환의무를 부담함은 당연하다.457)

2) 학설의 소개

학설은 크게, 사원총회의 결의 없이 이루어진 총유물의 관리·처분행위를 상대적 무효로 보는 견해와 판례와 같이 절대적 무효로 보는 견해로 나누어 볼 수 있다.

① 상대적 무효설을 취하는 견해 중 대내적 관계와 대외적 관계를 나누어 전자는 무효로 보는 것이 타당하지만, 후자에 관하여는 제3자의 이익 또는 거래안전을 위해 대표권 제한 법리를 적용하자는 견해458)가 있다.

---

455) 대법원 2010. 9. 9. 선고 2007다42310, 42327 판결 등.

456) 종중에 관한 대법원 1996. 8. 20. 선고 96다18656 판결(종중 소유의 재산은 종중원의 총유에 속하는 것이므로 그 관리 및 처분에 관하여 먼저 종중규약에 정하는 바가 있으면 이에 따라야 하고, 그 점에 관한 종중규약이 없으면 종중총회의 결의에 의하여야 하므로, 비록 종중 대표자에 의한 종중 재산의 처분이라고 하더라도 그러한 절차를 거치지 아니한 채 한 행위는 무효이고, 이러한 법리는 종중이 타인에게 속하는 권리를 처분하는 경우에도 적용된다).

457) 피고 종중이 총회 결의 없이 그 소유 부동산을 원고에게 매도하였다가 그 매매계약이 무효라는 판결이 확정되었고 이에 원고가 피고 종중을 상대로 매매대금 상당 등의 부당이득반환, 관련하여 발생한 비용 등을 손해로 주장하며 민법 제35조의 책임을 물은 사안에서, 원고가 문제의 매매계약이 "피고 대표자가 직무권한 내에서 적법하게 행동하는 것이 아니라는 사정을 알고 있었거나 조금만 주의를 기울였더라면 알 수 있었다"고 하여 피고 종중의 손해배상책임은 부정하고 피고 종중의 부당이득반환채무를 긍정한 대법원 2008. 1. 18. 선고 2005다34711 판결.

위 견해는, 민법 제276조 제1항을 절대적 효력규정으로 해석하는 판례의 태도에 의문을 표시하며 다음과 같은 근거를 제시한다.

① 총유물의 관리·처분권이 전사원에게 총유적으로 귀속되는 비법인사단이라 하더라도 전사원의 총의는 개별 구성원의 의사와는 별개의 단체 자체의 의사이므로, 다수결에 의하여 형성되고 대표 또는 대리에 의하여 발현될 수밖에 없다. 이 점에 있어 비법인사단과 사단법인이 다를 바 없고, 대표권 제한에 반하여 이루어진 대표행위의 효력에 관해 사단법인과 비법인사단을 구별할 이유가 없다.

② 상법에서 주주총회 결의를 요하도록 한 영업양도, 정관변경 등과 달리 모든 총유물의 관리, 처분행위가 비법인사단의 구성원에게 중대한 영향을 미친다고 할 수 없다.

③ 비법인사단의 대표는 비법인사단의 목적범위 내에서 총유물의 관리·처분을 포함한 모든 대외적 거래행위를 유효하게 할 포괄적인 대표권을 가지게 되지만, 민법 제276조 제1항은 민법 제59조 제1항 단서와 같이 비법인사단 구성원의 보호를 위해 대표권을 제한하는 기능을 수행한다. 따라서 사원총회 결의 없이 이루어진 총유물의 관리·처분행위라고 해서 당연무효는 아니고, 대표권 제한 법리가 적용되는 것과 같이 거래상대방이 사원총회 결의가 없었음을 알았거나 알 수 있었을 경우에만 그 효력을 부정해야 한다.

그 밖에 민법 제276조 제1항이 규정하는 사원총회의 결의는 내부적 의사결정방법에 불과하므로 그 위반의 행위는 대표권 범위 내의 행위이고, 다만 대표권을 남용한 경우라면 그 법리에 따라 상대방은 사단에 대해 효력을 주장할 수 없을 뿐이라는 견해,459) 민법 제276조 제1항은 대

---

458) 문준섭, "사원총회 결의 없는 비법인사단 금전채무 보증행위의 효력", 저스티스 통권 제99호, 한국법학원(2007), 246-251.
459) 김학동, "총유물의 처분행위", 서울법학 제19권 제2호, 서울시립대학교(2011), 201 이하.

표자의 대표권을 제한하는 규정이므로 사원총회 결의 없이 대표자가 총유물의 관리·처분행위를 하였다면 이는 무권대리에 준하는 행위이지만 대표자에게는 기본대리권에 준하는 제한된 대표권이 있으므로 권한을 넘는 표현대리에 관한 민법 제126조를 준용(민법 제59조 제2항) 또는 유추적용하여 처리하면 된다는 견해460) 등도 상대적 무효설의 범주에 포함된다.

② 이에 대하여 다음과 같은 이유로 사원총회의 결의를 거치지 않은 총유물의 처분행위는 상대방의 선의·무과실 여부에 관계없이 절대적 무효라는 판례의 태도를 지지하는 견해461)가 있다.

그중 대법원 2004다60072 전원합의체 판결에 대한 판례연구를 통해 엿볼 수 있는 의미있는 논거는 다음과 같다. "민법은 단체의 공동소유 형태인 총유 및 합유에 있어서는 처분과 같은 지배적 권능은 단체 전체에 속한다는 것을 전제로 하여 총유물 및 합유물의 처분에 있어서 단체법적 통제를 가하고 있다. 즉, 총유물의 처분에 있어서는 '사원총회의 결의'를, 합유에 있어서는 '합유자 전원의 동의'를 요구하면서, 비법인사단 및 조합의 이익을 강행적으로 보호하고 있는 것이다. 그와 같은 민법의 규정취지에 비추어 볼 때 총유물의 관리·처분에 있어 사원총회의 결의는 상대방의 선의·무과실 여부와 관계없는 행위의 효력요건"462)이라는 것이다. 이는 바꾸어 말하면 총유물의 관리 및 처분은 사원총회의 결의에 의하도록 한 민법 제276조 제1항이 강행규정이라는 것에 다름 아닌 것으로 읽히고, 그와 같은 맥락에서 판례의 논리를 이해할 수 있어 보인다.

---

460) 김진현, "권리능력 없는 사단", 민사법학 제11·12호, 한국사법행정학회(1995), 535.
461) 민법주해[Ⅴ] 물권(2), 박영사(2001), 619(민일영); 주석 민법 [물권 2](제5판), 한국사법행정학회(2019), 106(최준규).
462) 호제훈, "총회결의 없는 비법인사단의 채무보증행위의 효력", 민사판례연구 제30권, 박영사(2008), 19.

다. 총유물의 관리·처분행위가 아닌 경우

1) 판례의 태도

총유물의 관리 및 처분행위가 아닌 행위는 민법 제276조와 무관하므로, 비법인사단의 대표자가 해당 비법인사단의 정관이나 규약 등 내부 규정에서 사원총회의 결의를 거치도록 정하고 있음에도 이를 위반하여 총유물의 관리·처분에 해당하지 않는 거래행위를 한 경우에는 "대표권을 제한한 규정"의 효력을 판단하는 문제가 된다.

판례463)는 주식회사 대표이사가 이사회 결의를 흠결한 사안에서의 기존 판례 법리와 마찬가지로 "비법인사단의 대표자가 정관에서 사원총회의 결의를 거쳐야 하도록 규정한 대외적 거래행위에 관하여 이를 거치지 아니한 경우라도, 이와 같은 사원총회 결의사항은 비법인사단의 내부적 의사결정에 불과하다 할 것이므로, 그 거래상대방이 그와 같은 대표권 제한 사실을 알았거나 알 수 있었을 경우가 아니라면 그 거래행위는 유효하다고 봄이 상당하고, 이 경우 거래의 상대방이 대표권 제한 사실을 알았거나 알 수 있었음은 이를 주장하는 비법인사단측이 주장·입증하여야 한다"고 판단하고 있다.464)

---

463) 구 주택건설촉진법에 따라 아파트 소유자들을 조합원으로 하여 설립된 재건축조합의 대표자가 재건축사업의 시행을 위해 제3자와 설계용역계약을 체결한 행위를 단순한 채무부담행위로 본 대법원 2003. 7. 22. 선고 2002다64780 판결 등 다수.

한편, 위 대법원 2002다64780 판결에 대하여 비법인사단의 거래행위에 처음으로 대표권 제한의 법리를 도입함으로써 비법인사단의 보호와 상대방의 거래안전 사이에 균형을 꾀한 것이라는 평가로 호제훈, "총회결의 없는 비법인사단의 채무보증행위의 효력", 민사판례연구 제30권, 박영사(2008), 16.

464) 이는 민법 제107조 단서의 심리유보규정을 유추적용한 것으로 이해된다{호제훈, "총회결의 없는 비법인사단의 채무보증행위의 효력", 민사판례연구 제30권, 박영사(2008), 9}.

2) 구체적 사안의 소개

이하에서는 민법 제276조 제1항의 적용이 문제된 사안에 관하여, 대법원 2004다60072 전원합의체 판결 선고 이전과 이후를 구분하여 판례에서 총유물의 관리·처분행위가 아니라고 본 사안들을 구체적으로 소개한다.

필자가 법원의 판결문검색시스템을 통해 검색해 본 결과에 의하면 대법원 2004다60072 전원합의체 판결 선고 이전에 대법원에서 선고된 판결 사안 중 총회 결의 없이 행해진 비법인사단의 거래행위에 관하여 총유물의 관리·처분이 아니라고 보았던 예는 앞서 본 2002다64780 판결 및 대법원 2004. 2. 12. 선고 2003다59433 판결(재건축조합인 원고가 공사도급계약의 공사대금을 증액·변경하는 계약을 체결한 행위에 관하여, 조합규약에 조합원총회의 승인을 받도록 규정되어 있지 아니할 뿐만 아니라 공사도급계약의 공사대금을 증액·변경하는 계약을 체결하는 것은 단순한 채무부담행위에 불과하여 총유물 그 자체에 대한 관리 및 처분행위라고 볼 수 없으므로 조합원총회의 승인을 받을 필요가 없다고 판단한 원심이 타당하다고 함)의 2건이 유일한바, 이처럼 문제된 거래행위가 총유물의 관리·처분에 해당되지 않는다고 판단한 대법원 판례는 많지 않았던 것으로 보인다.[465]

반면 대법원 2004다60072 전원합의체 판결 선고 이후에는 총유물의 관리·처분행위에 해당하지 않는다고 본 대법원 판결이 비교적 다수 검색된다.

① 비법인사단인 약전1리마을회의 대표자가 총유물에 관한 매매계약에 의하여 부담하고 있는 채무인 소유권이전등기의무에 대하여, 소멸시효 중단의 효력이 있는 승인을 하는 경우 그 승인은 총유물의 관리·처분

---

465) 같은 취지로 호제훈, "총회결의 없는 비법인사단의 채무보증행위의 효력", 민사판례연구 제30권, 박영사(2008), 15.

행위라고 볼 수 없으므로 주민총회의 결의를 거치지 않았다 하더라도 승인이 무효라고 할 수 없다고 하였고,466) ② 종중이 종중총회의 결의에 의하지 않고 타인에게 기한을 정하지 않은 채 건축물을 목적으로 하는 토지의 사용권을 부여한 경우에, 이러한 사용권 부여행위를 민법 제275조 제1항에 따라 무조건 무효로 볼 것이 아니라, 관리권한에 기하여 사용권의 부여가 가능한 범위 내에서는 관리행위로서 유효할 여지가 있다고 하였다.467)

그 밖에도 다음의 각 행위들은 단순한 채무부담행위이므로 총유물의 관리·처분행위에 해당하지 않는다고 하였다.

③ 비법인사단인 피고(어촌계)가 바지락을 채취하여 공급하기로 하는 내용의 이 사건 계약을 체결한 행위468)

④ 비법인사단인 종중이 그 소유의 토지 매매를 중개한 중개업자에게 중개수수료를 지급하기로 하는 약정을 체결하는 행위469)

⑤ 비법인사단인 아파트입주자대표회의가 건설회사와 사이에, 2007. 12. 20. 기준으로 이 사건 공사 중 공사가 진행되지 못한 171세대에 대한 공사 부분을 제외한 나머지 부분은 공사가 종료되었음을 확인해 주고, 171세대에 대한 공사 중 2008. 3. 31.까지도 공사가 진행되지 못하는 세대에 대한 부분은 그 때에 이를 종료시키되, 그 부분에 상응하는 공사대금액을 현물과 인건비 명목의 금원으로 피고 회사가 원고에게 교부하는 방식으로 총 공사대금액을 확정하기로 하는 것을 주된 내용으로 하는 조건부준공합의를 체결한 행위470)

⑥ 원고가 피고 종중의 대표자에게 돈을 지급함으로써 종중인 피고에

---

466) 대법원 2009. 11. 26. 선고 2009다64383 판결.
467) 대법원 2012. 10. 25. 선고 2010다56586 판결.
468) 대법원 2012. 1. 12. 선고 2010다103697 판결.
469) 대법원 2012. 4. 12. 선고 2011다107900 판결.
470) 대법원 2012. 4. 13. 선고 2011다104482 판결.

게 위 돈 상당을 대여한 행위[471]

⑦ 비법인사단인 대한예수교장로회 영신교회가 대출계약을 체결한 행위[472]

라. 비법인사단의 손해배상책임

비법인사단의 대표자가 직무에 관하여 타인에게 손해를 가한 경우 그 사단은 민법 제35조 제1항의 유추적용에 의하여 그 손해를 배상할 책임이 있다는 것이 판례의 태도이다.[473]

마. 소결

요약하자면, 비법인사단의 대표권 제한 쟁점에 관하여 현재의 판례는, 비법인사단 대표가 총회 결의 없이 재산에 관한 거래행위를 한 경우에, 해당 행위가 총유물의 관리·처분행위라면 절대적 무효설을, 그 밖의 행위라면 선의·무과실의 상대방을 보호하는 상대적 무효설을 취하고 있다.

따라서 비법인사단의 대표권 제한 쟁점을 해결하기 위해서는 먼저 당해 거래행위가 민법 제276조 제1항에서 정한 "총유물의 관리 및 처

---

471) 대법원 2012. 5. 10. 선고 2011다19522 판결.
472) 대법원 2014. 2. 13. 선고 2012다112299 판결.
473) 종중 대표자가 종중 소유의 부동산을 개인 소유라 하여 매도하고 계약금과 중도금을 지급받은 후 잔대금지급 이전에 매수인이 종중 소유임을 알고 항의하자 종중의 결의가 없는데도 종중 대표자로서 그 이전을 약속하고 종중 총회 결의서 등을 위조하여 등기이전을 해 주고 잔금을 받았는데 그 후 종중이 소송으로 부동산을 되찾아간 경우 종중의 불법행위를 인정하고 매수인이 지급한 잔대금 상당액을 배상할 의무가 있다고 한 대법원 1994. 4. 12. 선고 92다49300 판결 및 주택조합 조합장 등이 중복분양의 방법으로 분양계약을 체결하고 분양금을 편취한 사안에서 민법 제35조가 유추적용됨에 따라 조합의 손해배상책임을 인정한 대법원 2003. 7. 25. 선고 2002다27088 판결 등.

분"에 해당하는지 여부를 판단해야 한다. 판례는 그 기준으로 "총유물 자체의 관리·처분이 따르는 채무부담행위"와 "그렇지 않은 채무부담행위"의 구별을 제시하고 있으나, 그 판단은 결코 쉽지 않다. 대법원 2004다60072 전원합의체 판결의 반대의견에서 이 점을 지적하였고, 앞서 살펴본 주식회사 대표이사의 대표권 제한에 관한 대법원 2015다45451 전원합의체 판결 다수의견에서 "구체적인 사건에서 어떠한 거래행위가 상법 제393조 제1항에서 정한 '중요한 자산의 처분 및 양도, 대규모 재산의 차입 등'에 해당하는지는 법률전문가조차 판단이 엇갈릴 수 있는 영역으로 결코 명백한 문제가 아니"라고 지적한 점에서도 마찬가지의 문제의식을 엿볼 수 있다.474)

나아가 현재의 판례 법리에 따르면, 어떠한 거래행위를 총유물의 관

---

474) 참고로, 최근 선고된 대법원 2022. 8. 25. 선고 2018다261605 판결에서, 종중에 대하여는 가급적 그 독자성과 자율성을 존중해 주는 것이 바람직하다는 등의 이유를 들어 "정기 대의원회가 총회를 갈음한다"는 규약이 종원이 가지는 고유하고 기본적인 권리의 본질적인 내용을 침해한다고 보기 어렵다고 판단한 것도 총회 결의를 거쳐야 함으로 인한 현실적 어려움을 고려한 것으로 이해된다.

위 사안 원심은 본문의 규약이 무효이고, 따라서 해당 제소 행위에 관하여 총회에서 결의된 바 없다는 이유로(대의원회에서만 결의되었음) 그 소를 각하하였는데, 대법원은 원심에 석명의무를 다하지 않은 잘못이 있다는 이유로 원심을 파기하면서 문제의 규약이 무효라고 보기도 어렵다고 하였다. 원문을 발췌하면 다음과 같다. "종중은 공동선조의 분묘수호와 제사, 그리고 종원 상호 사이의 친목도모 등을 목적으로 자연발생적으로 성립한 종족 집단체로서, 종중이 규약이나 관습에 따라 선출된 대표자 등에 의하여 대표되는 정도로 조직을 갖추고 지속적인 활동을 하고 있다면 비법인사단으로서 단체성이 인정된다(대법원 2006. 10. 26. 선고 2004다47024 판결 등 참조). 이와 같은 종중의 성격과 법적 성질에 비추어 보면, 종중에 대하여는 가급적 그 독자성과 자율성을 존중해 주는 것이 바람직하고, 따라서 원칙적으로 종중규약은 그것이 종원이 가지는 고유하고 기본적인 권리의 본질적인 내용을 침해하는 등 종중의 본질이나 설립 목적에 크게 위배되지 않는 한 그 유효성을 인정하여야 한다(대법원 2008. 10. 9. 선고 2005다30566 판결 참조)."

리·처분행위로 포섭하는 범위가 넓을수록 거래안전을 해하게 된다. 이를 해결하기 위해 '총유물의 관리·처분행위'의 범위를 좁히는 과정에서 무리한 해석론이 동원되는 것은 아닌지 생각해 볼 필요가 있다. "비법인사단의 거래행위를 둘러싸고 발생하는 거래의 안전 문제는 총유물의 관리·처분에 관한 우리 민법과 대법원 판례의 위와 같은 입장을 총체적으로 재검토하여 해결하거나 비법인사단으로 하여금 법인격을 취득하도록 유도하여 해결할 일이지 채무부담행위가 총유물의 관리·처분에 해당하지 않는다고 하는 방법으로 해결할 것은 아니다"라는 대법원 2004다60072 전원합의체 판결의 반대의견의 지적은 곱씹을만하다.

한편, 민법 제276조 제1항이 적용되지 않는 '총유물의 관리·처분행위 이외의 행위'에 관하여는, 이를 규율하는 명시적인 법률규정이 존재하지 않는다. 그렇다고 해서 비영리법인 대표자의 대표권 제한 규정인 민법 제60조를 준용하기에는 위 조항이 등기를 전제하고 있어 어려운 면이 있다. 이에 판례는 어쩔 수 없이 선의·무과실의 제3자를 보호하는 일반 법리를 전개하고 있는 것으로 보인다. 불가피하겠으나 후술하는 것처럼 민법 제60조를 인식설로 개정한다면 비법인사단의 대표권 제한 쟁점(물론 민법 제276조 제1항의 총유물의 관리·처분행위는 제외)에 관하여도 민법상 비영리법인과 같은 법률조항에 따라 통일적인 법리 전개가 가능할 것이다.

제5절 요약: 대표권 제한에 위반한 행위의 효력

이하에서는 본장 제1 내지 4절에서 살펴본 각 법인의 기관구조 및 대표자가 대표권 제한에 위반한 행위의 효력에 관하여 간략히 표로 정리해 보았다. 주식회사, 민법상 비영리법인, 특수법인, 비법인사단의 순서

이다. 이에 따르면 법인의 유형과 거래내용에 따라 절대적 무효설과 상대적 무효설이 선택되고 있음을 알 수 있다.

판례를 중심으로 보면, 절대적 무효설을 취한 경우에도 그 근거규정이 '강행규정'임을 명시한 경우와 그렇지 않은 경우가 병존하고, 강행규정이라고 하면서도 신의칙을 인정하여 거래행위를 유효로 본 예는 특수법인의 허가사항 위반 사안에서만 찾아볼 수 있었다. 특수법인 중 의료법인과 그 외의 특수법인은 이사회 의결사항을 개별 법령에서 규정하였는지 여부에 따라 민법 제60조의 적용 여부, 즉 상대적 무효설(등기설)과 절대적 무효설의 법리가 나뉘고 있다. 이례적이지만 공익법인법상 이사회 결의가 흠결되었음에도 공익법인이 증여로 재산을 취득한 경우 효력이 유효라고 본 판결475)의 취지에 비추어 볼 때, 특수법인에 관한 개별 법령에서 이사회 결의를 요하도록 한 경우라도 법인에 부담이 되는 정도가 미약한 '덜 중요한 행위'라면 상대적 무효설을 취할 여지가 있을 것으로 보인다. 또한 실제 판례 사안은 찾아볼 수 없었지만, 특수법인에서 내부 규정으로만 이사회 결의를 거치도록 한 경우라면 그 위반행위의 효력 역시 상대적 무효의 법리로 판단됨이 타당하다.

[표 5] 주식회사와 각 비영리법인의 기관구조

		정관 변경 기관	업무집행기관		감독기관	비고
			이사회	이사		
상법 (주식회사)		주주 총회	필수	필수	감사	
민법	사단 법인	사원 총회	임의	필수 (대표이사)	1인 또는 수인의 감사 (임의기관)	이사회 (임의기관)
	재단 법인	정관에 정함	상동		상동	상동

---

475) 대법원 2009. 3. 26. 선고 2007도8195 판결.

	정관 변경 기관	업무집행기관		감독기관	비고
		이사회	이사		
공익 법인법	이사회	필수	필수(5-15인)	2인 이상 감사 (필수)	민법의 특별법
			대표는 정관결정		
사립학교법 (학교법인)	이사회	필수	필수 (7인 이상)	2인 이상 감사 (필수)	이사장과 이사에 대해 민법 일부규정 준용
			대표는 이사장		
사회복지 사업법 (사회복지법인)	정관에 정함	필수	필수 (7인 이상)	2인 이상 감사 (필수)	그 외, 민법과 공익법인법 준용
			대표이사 (필수)		
의료법 (의료법인)		임의	필수(5-15인)	2인 이상 감사 (필수)	그 외, 민법 중 재단법인 규정 준용

[표 6] 대표권 제한 위반행위의 효력(주식회사 대표이사)

대표권 제한의 근거		위반행위의 효력	
	상법 394	절대적 무효(통설, 판례)	신의칙 예외 인정한 판결 찾지 못함
	상법 389②	절대적 무효(통설, 판례) (판례는 표현대표이사로 구제)	
	주주총회 결의(상법 374①)	절대적 무효 (통설, 판례: 강행규정)	
법률 규정	이사회 결의 — 내부사항(지배인 선임, 재무제표 승인)	절대적 무효(통설)	
	집단사항 (신주발행, 사채발행)	유효(통설, 신주발행에 관한 판례 有)	
	상법 393①	상대적 무효 : 판례(선의·무중과실설, 상법 209②) : 선의·무과실설과 선의·무중과실설 병존, 상법 209② 적용 여부 견해 대립	
내부 규정 (정관 등)	주주총회결의	상대적 무효(상법 209②)	
	이사회결의		

[표 7] 대표권 제한 위반행위의 효력(민법상 비영리법인)

대표권 제한의 근거		위반행위의 효력
정관 기재(민법 41)	대표권 제한 해당	상대적 무효(민법 60)
사원총회 결의만 有 (민법 59①단서), 정관 기재 아니됨	대표권 제한 해당 여부 견해대립	: 판례는 무제한설, 학설은 제한설, 무제한설 병존

[표 8] 대표권 제한 위반행위의 효력(특수법인)

대표권 제한의 근거		위반행위의 효력	
법률상 허가사항	사립학교법 28(관할청 허가)	절대적 무효 (판례: 강행규정)	신의칙 예외 인정한 판결 존재
	공익법인법 11③(주무관청 허가)		
	사회복지사업법 23③(시·도지사 허가)		
	의료법 48③(시·도지사 허가)		
이사회 결의사항	사립학교법 16①(이사회 의결)	절대적 무효 (판례: 다만 증여로 재산취득한 행위는 유효)	
	공익법인법 7(이사회 의결),		
	사회복지사업법 32 (공익법인법 7 준용, 이사회 의결)		
	의료법인의 이사회 흠결(내부 규정)	상대적 무효(판례: 민법 60)	
내부 규정상 이사회 의결사항		판례 찾지 못함 사견: 상대적 무효	

[표 9] 대표권 제한 위반행위의 효력(비법인사단)

대표권 제한의 근거	위반행위의 효력	
민 276①	절대적 무효(다수설, 판례) (학설은 절대적 무효설과 상대적 무효설 병존)	신의칙 예외 인정 사안 찾지 못함
민 276① 아닌 경우	판례는 상대적 무효(≠민법 60, 선의·무과실)	

제4장

대표권 제한 법리의 개선방안

제1절 대표권 제한 법리의 기준

1. 쟁점의 정리

제3장 전반에 걸쳐 논증하였듯, 본고에서 다루는 대표권 제한 쟁점
은, 법인 대표자가 총회 또는 이사회로 상정되는 의사결정기관의 결정을
거쳐 행위하는 동일한 유형임에도 불구하고 그 위반행위의 효력에 관한
판례 법리는 주식회사와 비영리법인, 특수법인 (및 비법인사단)에 따라
다르게 전개되고 있다.

우선 모든 법인에서 대표권과 의사결정권이 구분되는 한편, 업무의
중요도에 따라 의사결정권이 단계적으로 배분되어 있다는 점에 비추어
보면, 대표권 제한에 위반된 행위의 효력을 판단하는 문제는 결국 법인
보호와 거래상대방 보호 사이에서 이루어지는 이익형량의 문제가 된다.
그 판단의 결과 대표권 제한에 위반된 행위의 효력을 어떤 경우에는 절
대적 무효로, 또 어떤 경우에는 상대적 무효로 볼 필요성이 있음은 부인
할 수 없다.

앞서 제2장에서 살펴본 것처럼 우리와 영리법인에 관한 법률 체계가
가장 유사한 일본 역시 우리와 마찬가지로 일본 회사법 제467조 제1, 2
호476)에서 정한 주주총회 결의를 흠결한 영업양도에 관하여 상대방(양

---

476) 일본 회사법 제467조(사업양도 등의 승인 등)
　　주식회사는 다음의 행위를 한 경우 그 행위의 효력이 발생하는 날(이하 이
　　장에서 '효력발생일'이라 한다)의 전날까지 주주총회 결의에 의하여 그 행
　　위에 관한 계약의 승인을 받아야 한다.
　　　1. 사업의 전부 양도
　　　2. 사업의 중요한 일부 양도{양도에 따라 양도한 자산의 장부가액이 주식
　　　회사의 총자산액으로서 시행규칙으로 정하는 방법에 따라 산정된 가액의

수인)의 선·악의를 불문하고 그 효력을 무효라고 보고 있고(통설,[477] 판례[478]), 일본 회사법 제362조 제4항에서 정한 이사회 결의 또는 내부적 제한을 흠결한 경우의 효력에 관하여는 상대방이 알았거나 알 수 있었을 경우에 한하여 무효라고 보는 등[479] 절대적 무효와 상대적 무효의 법리를 구별하여 택하고 있다.

법인의 보호가 보다 강조되어야 하는 영역으로 법인 존립에 관련되거나 법인 조직에 근본적 영향을 미치는 행위, 즉 앞서 제1장 제3절 3.항에서 살펴본 소위 1단계의 행위에 관하여는 절대적 무효의 법리가 적용되어야 한다. 실제로 우리 판례가 절대적 무효로 보고 있는 영역들, 상법 제374조 제1항에 따른 주주총회 결의 흠결의 경우 또는 특수법인에 관한 개별 법률에서 요구하는 이사회 결의 흠결 사안(그 밖에 대표권 제한은 아니지만 법률에서 요구하는 관할청의 허가를 흠결한 경우) 등은, 법인 보호의 필요성이 거래상대방 보호의 필요성보다 크다는 판단 하에 상대방의 선·악의를 불문하고 위반행위가 무효라고 보는 것으로, 타당하다.[480]

1/5(이보다 낮은 비율을 정관으로 정한 경우에는 그 비율)을 초과하지 아니하는 경우는 제외한다)

477) 黒沼悦郎, 会社法, 商事法務(2017), 108; 神田秀樹, 会社法(第22版), 弘文堂(2020), 369.

478) 일본 구 상법 제245조 제1항에 관한 最高裁判所 1986(昭和61). 9. 11. 판결 判時 1215号 125.

479) 最高裁判所 1965(昭和40). 9. 22. 판결(民集 19卷 6号 1656).

480) 학설도 이 부분 판례의 태도에는 대체로 이견이 없어 보인다.
다만 총회 결의에 의하지 않은 총유물의 관리·처분행위의 효력을 절대적 무효로 보는 판례의 태도는, 그 해석의 어려움, '총유물의 관리·처분행위'라고만 정한 민법 제276조 제1항의 문언에 의한다면 비법인사단이 당사자로서 행한 재산적 거래행위임에도 불구하고 총유물의 관리·처분행위에 해당하지 않는 경우를 상정하기 어렵다는 점 등에 비추어 찬성하기 어렵다(대법원 2004다60072 전원합의체 판결의 반대의견 참조). 궁극적으로는 사립학교법 제28조 제1항과 같이 '경미한 사항은 그러하지 아니하다.'라는 단서 조항을 문제는 대표권 제한에 위반된 행위의 효력이 구체적 사실관계에 따라 달리 판단되는, 즉 법인 보호와 거래상대방 보호 사이에서 이익형량한 결과가 사안에 따라 달라지는 상대적 무효의 영역이다. 앞서 제1장 제3절 3.항에서 살펴본 소위 2단계의 행위로 대표권 제한 쟁점과 관련하여 현실에서 발생하는 분쟁의 대부분이 여기에 해당한다. 이 영역에는 현재 「① 선의·무중과실의 상대방을 보호하는 인식설(상법 제209조 제2항), ② 대표권 제한이 등기되지 않았다면 선·악의를 불문하고 상대방을 보호하는 등기설(민법 제60조), ③ 선의·무과실의 상대방을 보호하는 인식설」의 세 가지 법리가 혼재하고 있다.

물론 근거가 되는 법률조항이 달라 어쩔 수 없는 결과이겠으나, 그로 인한 혼란이 존재하는 것도 부인할 수 없다. 사단법인 사안에서 민법 제60조의 해석으로 무제한설을 선언한 대법원 74다410 판결이 "(당사자가 상고이유로 내세우는) 소론 판례는 상사회사에 관한 것으로서 본건에 적절한 것이 못된다."라고 판시하고, 의료법인의 이사회 결의가 흠결된 사안에 관한 대법원 2001다75677 판결이 원심이 주식회사의 대표이사에 관한 인식설의 법리를 적용한 잘못을 지적하며 원심을 파기한 예만 보더라도, 거래당사자는 물론이고 법원 역시 법리의 혼란에서 자유롭지 않음을 보여준다(실무에서는 주식회사에 관한 대법원 2015다45451 전원합의체 판결이 선의·무중과실의 거래상대방을 보호하는 것으로 종전의 법리를 변경한 이후, 민법상 비영리법인 또는 비법인사단의 대표권 제한을 다투는 사안임에도 위 판결 법리를 내세워 주장하는 경우도 드물지 않다).

추가하거나 '총유물 전부 또는 중요한 일부의 관리 및 처분'이라고 현재의 민법 제276조 제1항을 개정하는 등 입법을 통해 이 부분을 해결하는 것이 보다 바람직할 것이라고 생각되나, 다만 이 부분은 비법인사단 및 총유 제도 전반과 밀접하게 연관되어 있어 대표권 제한 쟁점에 국한된 본고의 논의 범위를 벗어나므로, 더 이상의 자세한 논의는 하지 않기로 한다. 참고로 현재 민법 개정을 논의하는 과정에서 비법인사단과 비법인재단 일반에 관한 규정을 신설하고 총유 제도를 삭제하자는 논의가 계속되고 있다.

따라서 대표권 제한 쟁점에서 상대적 무효의 법리를 적용할 때에 어떠한 요소들이 고려되어야 하는지 혹은 어떠한 기준이 지침이 되어야 하는지를 먼저 살펴볼 필요가 있다. 이로써 현재 대표권 제한 법리의 타당성을 검토해 볼 수 있고, 방향성을 정립하는데도 도움이 될 것이다.

2. 상대적 무효 법리에서의 기준 제시

대표권 제한에 관한 현재의 판례 법리는 비록 혼란스러운 측면이 있기는 하나, 근거 법률의 합리적 해석, 법인과 거래상대방 보호라는 대립되는 이익 간의 균형 및 개별 사안에서의 구체적 타당성을 고민한 결과이다. 영리법인, 비영리법인, 특수법인을 아우르는 현재의 판례 법리를 한데 모아 종합적으로 검토하는 과정에서, 대표권 제한 쟁점 법리의 기준으로 작용할 수 있는 공통된 명제를 도출할 수 있었다.

요약하면 아래와 같다. 이하에서 항목별로 구체적으로 기술한다.

⑴ 법인 대표자의 대표권 제한 쟁점에 관하여, 영리법인과 비영리법인 사이에서 균형을 잃는 결과가 되지 않도록 경계해야 한다. 적어도 영리법인과 거래한 상대방보다 비영리법인과 거래한 상대방이 더 보호되는 현재의 법리는 시정되어야 한다.

⑵ 대표권 제한 쟁점으로 인한 위험은 원칙적으로 법인이 부담해야 한다. 법인 대표자가 이사회 결의를 거쳤는지는 법인 지배구조의 문제이므로 대표자를 감독하는 기능이 제대로 작동하지 못한 위험은 거래상대방이 아니라 법인이 부담해야 하고, 이사회 결의는 법인 내부의 의사결정절차에 불과하므로 특별한 사정이 없는 한 거래상대방에게 조사의무를 부담시키는 것은 타당하지 않다.

⑶ 악의의 거래상대방은 보호할 필요가 없고, (가급적) 보호되어서도 아니된다.

가. 영리법인과 비영리법인 사이의 균형

반복해서 언급하지만, 대표권 제한 쟁점은 법인 보호와 상대방 보호 간 이익형량의 문제에 다름 아니다.

그런데 현재 우리 법률과 판례에 따르면, 법인 대표자가 이사회 결의를 거치지 않고 행위한 경우의 효력은 영리법인과 비영리법인이 같지 않다. 영리법인의 경우 선의·무중과실의 상대방이 보호되고, 민법상 비영리법인은 대표권 제한이 등기되지 않았다면 모든 상대방이 보호되는데481) 현실적으로 대표권 제한이 등기된 비영리법인은 찾기 어려우므로, 사실상 거의 모든 상대방이 보호된다. 바꾸어 말하면, 영리법인과의 거래행위가 무효로 될 가능성이 비영리법인과의 거래행위가 무효로 될 가능성보다 크다는 의미이기도 하다.

영리법인과 비영리법인이 대표권 제한 쟁점에 있어 반드시 같이 취급될 필요는 없겠으나, 다음과 같은 사정에 비추어 보면 적어도 위와 같이 영리법인과 거래한 상대방이 덜 보호되는 결과는 균형을 상실한 것으로 보이므로, 이를 바로잡을 필요가 있다.482)

① 영리법인과 비영리법인의 구별이 모호해지고 있기는 하지만, 전통적으로 우리 민법학과 상법학에서는 비영리법인과 영리법인의 구별에 관하여 예전부터 '구성원에 대한 경제적 이익의 분배'가 있으면 영리법

---

481) 다만 이사회 결의사항이 법정되어 있는 특수법인(학교법인, 공익법인, 사회복지법인)에 관하여, 현재까지 선고된 판례는 상대방의 선·악의를 불문하고 보호하지 않고 있는데, 이는 해당 사안에서 문제된 이사회 결의사항이 허가사항과 같은 내용이거나 그에 준할 정도로 법인의 존립에 중요한 영향을 끼치는 사항이었기 때문으로 이해된다.

482) 2004년 민법 개정안을 논하는 과정에서도, 상법 제209조 등과의 균형을 맞추기 위해 현재의 민법 제60조가 개정되어야 한다는 논의가 있었다[윤진수, "법인에 관한 민법개정안의 고찰", 법학 제46권 제1호, 서울대학교 법학연구소(2005), 87].

인이라고 하는 견해(이익분배설)가 통설로 확립되어 있었고,[483] 비영리법인의 수익사업은 주된 비영리목적의 수행에 필요한 범위 내에서만 허용되어야 한다고 보아 왔다. 이러한 관점에서 영리법인은 비영리법인보다 수익사업이 보다 활발히 이루어지고 제3자와의 거래행위도 보다 빈번히 발생할 것으로 예상되는데, 비영리법인의 채권자를 영리법인의 채권자보다 강하게 보호하는 태도는 합리적이지 않다. 영리법인은 설립에 있어 준칙주의(상법 제172조)를 취하고 해산명령 제도(상법 제176조)를 두고 있는 반면, 비영리법인에 대하여는 설립허가제(민법 제32조), 감독청에 의한 감사 및 감독권(민법 제37조), 설립허가의 취소(민법 제38조) 등이 규정되어 보다 강력한 국가의 개입이 예정되어 있다는 점에서도 그러하다.

② 비교법적으로 살펴보아도 오히려 영리법인과 거래한 상대방을 더 보호하는 경우는 있지만, 그 역의 경우는 찾기 어렵다.

독일이 바로 그러한데, 주식회사를 비롯한 모든 종류의 회사에 관하여, 그 대표권이 제한될 수 없다거나(독일 주식법 제82조 제1항), 대표권의 범위에 대한 제한은 제3자에 대해 효력이 없다고 규정하는 등(독일 상법 제126조 제2항) 대표권의 제한은 회사 측의 제한으로 보아 상대방의 선의·과실을 불문하고 일단 거래행위가 유효함을 원칙으로 하고 있다. 반면 사단(Verein)에 관해 적용되는 독일 민법 제68조 제1문은 대표권 제한이 등기되거나 제3자가 악의인 경우, 대표권 제한을 대항할 수 있다고 규정하고 있다.

일본은 구 민법(제54조), 일반법인법(제77조), 회사법(제349조 제5항) 모두 "선의의 제삼자"에게 대항하지 못한다고 규정하는 한편, 해석론으로 비영리법인에 관하여는 표현대리의 법리를 유추적용하여,[484] 영리법

---

483) 민법주해[Ⅱ] 총칙(2), 박영사(2022), 35(권철).

484) 最高裁判所 1959(昭和34). 7. 14. 판결(民集 13卷 7号 960) 및 最高裁判所 1985(昭和60). 11. 29. 판결(民集 39卷 7号 1760) 등.

인에 관하여는 비진의의사표시에 관한 규정을 유추적용하여,[485] 선의·
무과실의 거래상대방을 보호하는 동일한 결과를 도출하고 있다.

판례법 국가인 미국 역시 대표권 제한 쟁점에 관해 대리법리에 따라
규율하므로, 영리법인과 비영리법인 간에 영리성을 이유로 대표권 제한
법리가 달라지지는 않는 것으로 이해된다.

나. 법인 위험부담의 원칙

대표권 제한은 법인 기관간의 권한 분배, 즉 법인 지배구조에서 파생
된 문제로 이에 관하여 거래상대방의 영향력이 작용할 여지는 적다. 따
라서 이로 인한 위험은 원칙적으로 법인이 부담해야 한다.

① 대표권 제한은 법인의 의사결정이 법인의 이익을 위하여 제대로
이루어지도록, 즉 법인 보호의 관점에서 마련된 제도적 장치이다. 법인
보호가 보다 강조되어야 함이 명백한 영역은 이미 절대적 무효의 법리
에 따라 판단되고 있고, 상대적 무효의 법리가 적용되는 영역에서는 대
표권 제한을 통한 이익을 향유하는 자인 법인이 그로 인한 위험도 부담
함을 원칙으로 하는 것이 형평에 맞다.

② 법인 대표자가 대표권 제한에 위반하여 행위하지 않도록 감시·감
독할 의무는 원칙적으로 법인(법인 이사회 또는 감사 등 내부 기관)에
있다. 대법원 2015다45451 전원합의체 판결의 보충의견도 "회사 내부의
조직과 제도를 통한 경영에 대한 감시, 감독과 견제라는 내부적 지배구
조의 문제"라고 하여 이 점을 지적하고 있다.

물론 대표권 제한에 위반한 행위의 효력을 무효로 한다면 당장 법인
을 보호할 수는 있겠으나, 장기적 관점에서는 법인이 대표자의 대표권
제한 위반 행위를 방지하거나 대표자를 감시·감독하고자 할 유인이 사

---

485) 最高裁判所 2009(平成21). 4. 17. 판결(民集 63卷 4号 535).

라지게 된다. 이는 우리 상법이 이사회 감독권한을 강화하고자 하였던 입법 방향에 비추어 보더라도 바람직하지 않다.

③ 특별한 사정이 없는 한 이사회 결의에 관한 거래상대방의 조사 또는 확인의무를 인정하기도 어렵다.

이사회 결의를 필요로 하는 근거가 법률이든 또는 정관이나 회사 내부 규칙이든 이사회 결의가 법인 내부의 의사결정절차에 불과하다는 점은 명백하다. 법률상 제한이라면 거래상대방이 반드시 그 사정을 알아야 하는지 여부는 별론으로 하더라도, 거래상대방으로서는, 대표자가 필요한 법인 내부 절차를 모두 거쳤을 것으로(만약 이사회 결의를 거쳐야 한다면 당연히 거쳤을 것으로) 신뢰함이 당연하다. 대표자가 필요한 법인 내부 절차를 거쳤는지 의심할 만한 특별한 사정이 없는 한, 거래상대방에게 조사의무를 부담시키는 것은 타당하지 않다.

다. 악의자 보호의 문제

원래 법인 대표권을 제한한 취지는 대표자의 전횡 내지 사익 추구로부터 법인의 의사결정권을 보호하기 위함이었다. 이러한 취지만을 고려한다면, 대표권 제한에 위반한 대표자의 행위는 당연히 무효가 되어야 할 것이다(물론 대표권의 포괄성과 불가제한성을 강조함으로써 대표권 제한에 위반된 행위라도 적어도 외부적으로는 유효라는 원칙을 정할 수도 있다, 독일 주식법 제82조 등 참조). 그러나 대표권을 제한한 원래의 목적에도 불구하고, 대표자의 행위를 신뢰한 거래상대방, 즉 선의자를 보호할 필요성이 대두되었기 때문에 상대적 무효의 법리가 전개되었다. 그런데 거래상대방이 악의라면, 법인의 이익을 해하면서까지 상대방을 보호할 필요성이 인정되기 어려우므로, 상대적 무효의 법리가 적용될 당위성이 사라지게 된다.

악의자를 보호하는 것은 민법의 기본원리에도 맞지 않는다.[486] 신의

성실의 원칙이 더욱 중요성이 커져 가는 오늘날에 있어서 그의 구체적
표현의 하나인 악의자 보호배제의 법리는 명문의 규정유무를 불문하고
승인되고 있다.[487]

　비교법적으로도 대표권 제한 쟁점에서 악의의 거래상대방을 보호하
는 예는 찾아볼 수 없다.

　일본은 우리와 가장 법제가 유사한데, 일반법인법(제77조)과 회사법
(제349조 제5항) 모두 "선의의 제삼자"에게 대항하지 못한다는 인식설에
따라 규정되어 있다. 다만 법률상 제한과 내부적 제한을 구별하고 있기
때문에, 전자에 관하여는 위 법률 조항이 아닌 해석론으로 민법의 경우
에는 표현대리의 법리를 유추적용하고[488] 회사법의 경우에는 비진의의
사표시에 관한 규정을 유추적용하여[489] 선의·무과실의 거래상대방을 보
호하고 있다.

　독일은 모든 유형의 회사에서 대표권 제한 위반으로 인한 책임은 회
사 내부에서 위반행위를 한 대표자에 대하여 묻는 것으로 처리할 뿐 회
사 외부의 관계에서 대표권 제한으로 인한 위험을 상대방에게 부담시키
지 않는다는 원칙이 적용되고 있지만,[490] 악의·중과실의 상대방에 대한
관계에서는 거래행위 효력이 무효로 될 수 있다(심지어 대표자와 상대
방이 통모한 경우에는 대표자의 의무위반이 없더라도 회사를 위해 그
거래행위가 무효가 될 가능성을 인정한다). 독일 민법 제68조는 등기설

---

486) 2004년 법무부 민법 개정안 총칙·물권편, 법무부(2012) 중 제60조 개정에 관
　　한 김상용 의원 의견.
487) 김학동, "등기되지 아니한 이사의 대표권제한의 대외적 효력", 판례월보 제
　　147호, 판례월보사(1982), 141.
488) 最高裁判所 1959(昭和34). 7. 14. 판결(民集 13卷 7号 960) 및 最高裁判所
　　1985(昭和60). 11. 29. 판결(民集 39卷 7号 1760) 등.
489) 最高裁判所 2009(平成21). 4. 17. 판결(民集 63卷 4号 535).
490) 독일 주식법 제82조 제1항, 독일 상법 제126조 제2항, 독일 유한회사법 제37
　　조 제2항 및 ヴェルンハルト·メーシェル(Möschel, Wernhard) 著/小川浩三
　　訳, ドイツ株式法法, 信山社(2011), 71.

을 취한 대표적인 예로 거론되지만, 동시에 "악의의 제삼자"에게는 등기되지 않은 대표권 제한을 대항할 수 있도록 규정하고 있다.

미국은 판례법 국가로서 대리의 법리(agency law)에 따라 법인 대표자의 행위를 규율하는데, 그 판단 과정에서 업무의 중요도(일상행위인지 여부)와 대표자의 행위를 신뢰한 거래상대방의 보호가치가 함께 고려되고 있으므로, 역시 악의의 거래상대방이 보호될 여지는 없다.

제2절 대표권 제한 법리의 검토 및 개선

1. 대표권 제한에 위반한 행위의 효력

제2절에서는 앞서 제1절에서 제시한 기준을 지침으로 삼아, 대표권 제한 쟁점에 관한 현재 법리의 타당성을 검토한다.

한편 우리 판례는 대표권 제한에 위반된 행위의 효력에 관하여, ① 대표권이 제한된 이상 무권한자의 행위이므로 원칙적으로 무효이나 예외적으로 대표권 제한이 등기되지 않거나 거래상대방이 선의인 경우에만 유효라고 볼 것인지[무효 원칙],491) ② 대표권 제한은 법인 내부의 절차이므로 원칙적으로 유효이나 예외적으로 대표권 제한이 등기되거나 거래상대방이 악의인 경우에만 무효라고 볼 것인지[유효 원칙]에 관하여 그 법리가 통일되어 있지 않은 것으로 보인다. 대부분의 판례는 "이사회 결의가 없었음을 알았거나 알 수 있었을 경우가 아니라면 그 거래행위는 유효"라거나,492) "상대방이 이사회의 결의가 없었음을 알았거나 알 수 있었다면 그 약정은 회사에 대하여 효력이 없다"고493) 판시하여 원

---

491) 김홍기, 상법강의(제6판), 박영사(2021), 590.
492) 대법원 2005. 7. 28. 선고 2005다3649 판결 등.

칙적 유효라는 입장(②)을 취한 것으로 이해되지만, 최근에는 "이사회의 결의를 거치지 않고 한 거래행위는 무효이지만, 거래상대방이 이사회 결의가 없었다는 점을 알지 못하였거나 알지 못한 데에 중대한 과실이 없다면 보호된다"라고494) 판시되기도 하였는데(①), 이러한 판례 문구의 차이에 큰 의미를 부여할 것은 아니다.495)

이론적 측면에서 현재의 판례 법리가 논리적으로 정치하지 못함은 부인할 수 없으나, 현실의 분쟁 사안에서 의미를 가지는 논제는 결국 대표권 제한에 위반한 거래행위를 어떠한 경우에 유효로, 어떠한 경우에 무효로 볼 것인지 여부이므로 본고에서는 여기에 집중하기로 한다. 상대방의 인식을 기준으로 판단하는 인식설과 대표권 제한의 등기 여부를 기준으로 판단하는 등기설을 차례로 검토한다.

2. 등기설의 검토 및 개선안 제시

이하에서는 민법 제60조의 해석론으로 무제한설을 취한 현재 판례 법리에 따른 등기설496)을 전제하여 그 법리의 타당성을 검토한다. 결론적으로 현재의 민법 제60조는 악의자를 보호하는 바람직하지 않은 결과를 낳고 있으므로, 적어도 현재의 상황 하에서는 민법 제60조를 상법 제

---

493) 대법원 1997. 6. 13. 선고 96다48282 판결 등.

494) 대법원 2021. 4. 15. 선고 2017다253829 판결 등.

495) 관련하여 根本伸一, "商法260条2項の決議を欠く代表取締役の行為の効力", 企業会社と商社法: 保住昭一先生古稀記念, 弘前大学人文社会論叢社会科学篇(1)(1999), 338-340에서는, 이사회 결의를 거치지 않은 주식회사 대표이사의 행위에 관한 일본의 학설들에 관하여 민법 제93조 단서를 유추적용하는 심리유보설과 일반악의의 항변설은 '유효설'로, 민법 제110조 유추적용설, 일본 회사법 제349조 제5항 적용설(내부적 제한설), 상대적 무효설은 '무효설'로 구분하여 설명하고 있기도 하다.

496) 민법 제60조의 문언상, 제한설을 해석론으로 취하는 등기설은 종국적으로 민법 제60조의 개정을 요구하게 될 것이기 때문이다.

209조 제2항과 같이 인식설로 개정하는 것이 최선임을 논증한다.

가. 문제의 제기

1) 민법 제60조의 규정 취지

원래 의용민법 하에서는 민법과 상법 모두 대표권 제한에 위반된 거래행위에 관하여는 '선의의 제삼자에 대하여 대항할 수 없다'라고 하여 동일한 내용[인식설]으로 규정되어 있었으나, 민법 제정 시에 현재의 민법 제60조와 같이 "이사의 대표권에 대한 제한은 등기하지 아니하면 제3자에게 대항하지 못한다"라고 바꾸어 규정하게 되었다.

그 경위는 민법전 제정 당시의 민법안 심의록에 비교적 자세히 소개되어 있는데, 이에 따르면 선의의 제3자를 보호하는 종전 규정에 대하여 "제3자에 대하여 불측의 불이익을 초래할 것을 방지하는 데 그치고 다수의 이사를 옹호하는 등의 이유로 그 대표권의 제한을 필요로 하는 법인의 편익을 충족시키지는 못함으로 법인운영에 지장이 많다"고 되어 있다.497) 이에, 중화민국 민법에서 이사의 대표권 제한을 등기사항으로 하고 있다는 점, 등기는 신시대의 발달된 제도이고 이 제도를 활용함으로써 제3자의 불측의 불이익을 예방하는 동시에 법인의 이익을 충족하여 운영의 묘를 기할 수 있다면 그 제도를 신설함이 적절하다는 점, 상법에서 공동대표이사에 관한 내용을 등기사항으로 한 것과도 보조가 맞는 점 등이 근거가 되어 법인 이사의 대표권 제한이 필요적 등기사항으로 입법되면서 현재의 민법 제60조가 탄생된 것이다.498)

---

497) 민의원법제사법위원회 민법안심의소위원회 편찬, 민법안심의록 상권(1957), 42.

498) 양창수, "법인 이사의 대표권 제한에 관한 약간의 문제", 민법연구(1), 박영사(2004), 114-115. 이와 관련하여, "의용민법에서도 등기하지 않은 경우에 대항할 수 없는 자의 범위를 단순히 '타인'이라고 하였던바(의용민법 제45조 제2항, 제46조 제2항 단서), 이런 점에서 보더라도 현행 민법이 의용민법

달리 말하면, 현행 민법 제60조는 "등기제도"를 통해 상대방의 인식을 대체하는 명확한 판단기준을 제시할 수 있다는 기대 하에 입법된 것으로 이해된다. 등기부에 기재된 내용은 상대방이 알았던 것으로, 등기부에 기재되지 않은 내용은 상대방이 몰랐던 것으로 보겠다는 태도가 전제되어 있는 것이다.

비록 등기부 자체가 공고되는 것은 아니지만, 개별 법인과 거래하는 상대방에게 그 법인의 등기부를 확인할 의무를 부과하는 것은, (자본시장법 제159조에서 정한 상장법인 등 특별히 규정된 경우를 제외하고는) 일반적으로 공시되지 않는 법인의 정관이나 내부 규정을 조사하고 확인할 의무를 부과하는 것과 달리, 상대방에게 큰 부담이라고 보기는 어렵다. 거래상대방의 내심의 의사인 선·악의 여부를 판단하기보다는, 등기부에 기재되었는지 여부를 판단하는 것이 훨씬 간명하고 당사자의 예측가능성도 높아 거래위험을 줄일 수 있다.

그러나 불행히도 현재의 상황은 이사회나 총회 결의를 요하도록 정한 내용의 대표권 제한이 거의 등기되지 않고 있다. 이하 항을 바꾸어 먼저 현재의 등기실무를 살펴본다.

2) 비영리법인의 대표권 제한에 관한 등기실무

법원행정처에서 발간한 「민법법인등기실무」에는, "대표권 제한규정 이사 김갑동 이외에는 대표권이 없음"의 문언을 대표권이 있는 이사의 성명·주소와 같이 기재하거나,[499] "이사 김갑동과 김을동은 공동으로 대표권을 행사하며 그 외의 자는 대표권 없음"의 문언을 기록하는[500]

과 달리 등기 여부에 따라 대항력 유무를 획일적으로 결정하려는 의사를 가진 것은 아니었음이 엿보인다"는 평가로 김증한·김학동, 민법총칙, 박영사 (2013), 222 각주 14.

499) 민법법인등기실무, 법원행정처(2018), 233.

500) 민법법인등기실무, 법원행정처(2018), 351.

방법의 등기에 관하여만 소개되어 있다(아래 그림 1 참조). 나아가 위 문헌에서는 "대표권 제한의 의미와 관련하여, 정관으로 사원총회나 이사회의 동의를 요하는 절차적 제한을 두거나 대표권의 범위를 제한하는 것도 대표권 제한에 포함하자는 견해도 있지만, 등기실무는 이사 중 특정한 자에게만 대표권이 있다고 하는 것이나 공동대표의 정함 등 이른바 대표권의 유무에 관한 제한만을 대표권 제한으로 보아 이를 등기한다"라고 명시하고 있고,501) 적지 않은 문헌들이 같은 취지로 기술하고 있다.502)

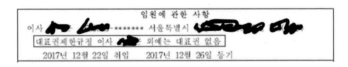

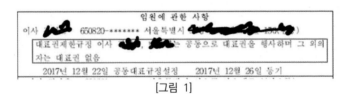

[그림 1]

민법상 비영리법인의 등기사항은 「민법법인 및 특수법인 등기처리규칙」의 별표에 의한다. 위 별표의 민법법인등기부 양식상 '명칭', '주사무소', '목적', '임원에 관한 사항', '기타사항', '분사무소에 관한 사항', '대리인에 관한 사항', '법인성립연월일', '등기기록의 개설 사유 및 연월일'로 항목이 나뉘어져 있고, 앞서 본 대표권 제한에 관한 내용 중 대표권의 유무 및 공동대표규정은 '임원'란에 등기하고 있지만, 총회나 이사회

---

501) 민법법인등기실무, 법원행정처(2018), 348.
502) 민법주해[I] 총칙(1), 박영사(2000), 681(최기원); 권오복, "민법법인의 임원변경과 등기(1)", 법무사 제479호, 대한법무사협회(2007), 22.

결의를 거치도록 정한 법률 또는 정관의 내용은 임원란에 등기하지 않는 것이 실무인 것도 사실이다.

그러나 대표권 제한을 등기사항으로 규정한 민법 제49조와 총회나 이사회 결의를 거치도록 정하는 경우도 대표권 제한으로 보는 다수설 및 확립된 판례의 태도를 종합한다면, 현행 법률상 후자와 같은 대표권 제한의 내용이 등기사항이 아니라고 볼 수는 없다.

실제로도, 드물기는 하지만 특수법인의 법인등기부 중 '기타사항' 란에, "(법인이) 채무부담을 하고자 할 때에는 총회의 승인을 받아야 한다"라거나, "예산 외에 채무부담을 하고자 할 때는 총회의 의결을 거쳐 주무관청의 승인을 받아야 한다"는 내용이 기재되어 있는 경우를 찾아볼 수 있었다(별지 3 비영리법인 등기사항 기재례 참조). 비록 그 형식이 전형적인 대표권 제한(대표이사가 다음 각 행위를 할 때에는 총회·이사회 결의를 거쳐야 한다)과는 다소 상이하고 그 내용은 해당 특수법인에 관한 개별 법률의 내용과 거의 동일한 것으로 보이기는 하지만, 위와 같은 등기가 가능하고 또 실제 이루어지고 있다는 사실은, 대표이사로 하여금 총회나 이사회 결의를 거치도록 대표권을 제한하는 내용의 정관 규정 또는 법률 규정을 등기하는 것 역시 불가능하지는 않음을 시사한다.

참고로, 상법상 영리법인(주식회사를 비롯한 상법에 규정된 회사)의 경우에는, 민법 제49조와 달리 상법 제317조 제2항에서 열거하고 있는 등기사항에 공동대표이사에 관한 사항만 열거되어 있을 뿐(위 조항 제10호) '대표권 제한'은 규정되어 있지 않으므로, 대표이사의 행위에 주주총회나 이사회 결의를 요하도록 하는 내용의 대표권 제한은 등기사항이 아니라고(따라서 당연히 등기할 수 없다고) 이해하고 있는 것이 실무로 보인다.503) 이러한 차이는, 각 법률에서 등기사항에 관하여 '둘 이상

---

503) 2004년 법무부 민법 개정안 총칙·물권편, 법무부(2012), 135(안법영 교수와 강태성 교수의 의견 참조); 법원공무원교육원에서 발간한 문헌에도 "대표권에 대한 정관이나 이사회규칙 또는 이사회결의에 의한 내부적 제한은 선의

의 대표이사 또는 대표집행임원이 공동으로 회사를 대표할 것을 정한 경우에는 그 규정'이라고 정하였는지(상법 제317조 제2항 제10호) 아니면 '이사의 대표권을 제한한 때에는 그 제한'이라고 정하였는지(민법 제49조 제2항 제9호)에서 비롯된 것인데, 후자가 전자를 참고하여 입법되었다는[504] 경위에 비추어 보면 아이러니하기도 하다. 일부 회사의 경우 '임원에 관한 사항' 란에 "대표이사는 ○○은행을 제외한 모든 자에 대하여 자산의 양도, 매매, 담보제공 등을 포함한 일체의 자산처분 및 담보제공행위를 할 수 없다"라고 기재된 회사등기부도 찾아볼 수는 있었으나, 이는 등기사항이 아닌 내용이 등기된 것에 불과한 것으로 직권 말소의 대상으로(상업등기법 제26조 제2호, 제77조, 제78조, 제80조) 판단될 가능성이 높다.

3) 소결: 민법 제60조의 문제점

현재 민법 제60조의 최대 난점은, 이사회나 총회 결의를 요하도록 정한 내용의 대표권 제한이 거의 등기되지 않고 있기 때문에, 등기제도를 통해 상대방의 인식을 둘러싼 다툼을 줄이고 법률관계의 명확성을 도모하고자 하였던 입법취지가 무색하게 되었다는 점이다.

이러한 불완전한 등기실무와 민법 제60조에 관하여 『상대방의 선·악의에 관계없이 대표권 제한을 등기하지 않으면 제3자에게 대항할 수 없다.』라는 해석론을 취한 우리 판례 법리가 결합함으로써, 현행 민법 제60조의 적용은 다음과 같은 결과를 가져온다.

⑴ 대표권 제한이 등기되지 않은 대부분의 사안에서 대표권 제한에

의 제3자에게 대항하지 못하고 이를 등기할 수 없다"고 기술하고 있다{상업등기실무, 법원공무원교육원(2022), 361}.
504) 양창수, "법인 이사의 대표권 제한에 관한 약간의 문제", 민법연구 제1권, 박영사(2004), 115.

위반한 거래행위가 모두 유효한 것으로 판단됨으로써, 악의의 거래상대방이 보호된다.

(2) 대표권 제한에 위반하여 행위한 법인 대표자의 전횡을 통제할 길이 없어 법인의 보호가 매우 취약하다. 종래 인식설을 취하였던 의용민법 규정에 대하여 '대표권의 제한을 필요로 하는 법인의 편익을 충족시키지 못한다'고 보고,505) '발달된 제도인 등기제도를 활용하여 제3자의 불측의 불이익을 예방하는 동시에 법인의 이익을 충족'하고자506) 현재와 같이 등기설로 개정된 경위에 비추어 보더라도, 현재의 민법 제60조는 그 기능을 다하지 못하는 것으로 보인다.

(3) 영리성의 유무에 따라 반드시 대표권 제한의 법리가 달리 적용되어야 한다고 단정할 수는 없겠으나, 적어도 영리법인과 거래한 상대방보다 비영리법인과 거래한 상대방이 민법 제60조에 따라 더 넓게 보호되는 현재의 결과는 균형감각을 상실한 것으로 보지 않을 수 없다.

물론 민법 제60조가 아니더라도 우리 법에서 소위 등기설, 즉 등기된 사항에 관하여 거래상대방을 악의자로 취급하는 경우는 종종 발견된다. 상업등기에 관한 상법 제37조 제1항,507) 임의후견인의 대리권 소멸에 관한 민법 제959조의19508) 등이 그러하다. 그러나 위 각 규정은 모두

---

505) 민의원법제사법위원회 민법안심의소위원회 편찬, 민법안심의록 상권(1957), 42.
506) 양창수, "법인 이사의 대표권 제한에 관한 약간의 문제", 민법연구(1), 박영사(2004), 114-115.
507) 상법 제37조(등기의 효력)
　　① 등기할 사항은 이를 등기하지 아니하면 선의의 제3자에게 대항하지 못한다
508) 민법 제959조의19(임의후견인의 대리권 소멸과 제3자와의 관계)
　　임의후견인의 대리권 소멸은 등기하지 아니하면 선의의 제3자에게 대항할

"등기하지 아니하면 선의의 제3자에게 대항할 수 없다"고 규정함으로써 악의자를 보호범위에서 제외했을 뿐 아니라, 각 규정이 전제하고 있는 등기사항이 '등기되지 않는 실무'가 지배하고 있지도 않다. 독일 민법 제68조도 등기설을 취한 것으로 거론되지만 앞서 살펴본 것처럼 대표권 제한이 등기되어 있지 않더라도 악의의 상대방에게는 대표권 제한을 대항할 수 있다고 규정하고 있어, 우리 민법 제60조와는 구별된다.

나. 민법 제60조의 개정 제안

1) 개정의 필요성

앞서 살펴본 문제를 해결하는 방법으로는 다음의 세 가지를 고려할 수 있다.

⑴ 먼저 현재의 등기실무를 개선하여, 관련 규정에 맞게 비영리법인의 대표권 제한 내용이 등기되도록 하는 안이다. 대표권 제한의 내용이 반드시 등기부상 '임원'란에 기재될 필요도 없고 '기타'란에 등기되더라도 그 등기 효력은 동일하므로, 등기부 어디에든 법인 대표자(대표이사)가 특정 행위를 할 때에는 총회·이사회 결의를 거쳐야 한다는 내용을 기재하기만 하면 될 것이기 때문이다.

그러나 이는 현실적으로 요원해 보임을 인정하지 않을 수 없다. 민법 제60조와 관련 규정의 내용이 이미 비영리법인의 대표권 제한을 등기하도록 입법된지는 오래이고, 민법 제60조를 무제한설로 해석하는 판례 법리도 확립되어 있었다. 그럼에도 현실에서는 법인 대표자가 이사회나 총회 결의를 거쳐야 하는 사항의 대표권 제한은 등기되지 않고 있다. 실무를 개선하기란 법을 개정하기보다 어려울 때가 있다.

수 없다.

　　설령 등기실무가 개선된다고 가정하더라도 여전히 어려움은 존재한다.

　　특정 행위에 관해 총회나 이사회 결의를 요하도록 하는 내용은 여타의 등기사항(주소, 임원의 인적사항, 날짜 등)과 비교하면 그 태양이 일률적이지 않고 분량도 짧지 않아서 자칫 등기부의 가독성, 공시성에 지장을 줄 수 있다.

　　또한 정관, 이사회 규칙 등 내부 규정이 변동될 때마다 등기부가 변경되어야 하는데, 이러한 변동 내용이 등기부에 적시에 반영될 수 있을지 의문이다. 그러한 변경 등기가 설립등기가 아닌 이상 이를 강제할 방법도 없고, '기타'란에 기재될 뿐인 내용이라면 더욱 그러하다.

　　무엇보다도 대표권 제한에 관한 정관, 이사회 규칙 등의 내용이 해석의 여지가 없을 정도로 명쾌하게 규정되지 않는 이상, 상법 제393조 제1항의 경우에 발생하는 해석의 난해함으로 인한 문제는 여전히 존재할 것이다. 실무상 법인이 정관에 대표권 제한 사항을 규정하는 방식은 "○○원 이상, 또는 자산의 ○% 이상의 차입·보증행위"와 같이 해석의 여지가 없이 정하는 경우도 있겠지만, 그 경우에도 위와 같은 구체적 조항과 함께 일반조항으로서 "○호에 정한 외에 중요한 자산의 처분 및 양도, 대규모 재산의 차입에 해당하는 행위"라고 하여 상법 제393조 제1항이나 특수법인의 이사회 결의사항에 관한 조항 등 법률의 관련 조항을 그대로 규정하는 예도 많다. 그런데 법인등기부에 이러한 내용이 이사회 결의사항이라고 기재되고 거래상대방이 이러한 등기부를 확인하였다고 하더라도, 당해 거래행위가 이사회 결의를 필요로 하는 행위인지 여부의 판단이 명확하지 않다는 점은 동일하고, 거래상대방을 보호할 필요성 역시 마찬가지이다. 따라서 이러한 점에 관한 고려 없이 이사회나 총회 결의를 요하는 사항이 등기되었다는 사정만을 들어, 거래상대방의 예측가능성이 높아질 것이라고 단정하기는 어려워 보인다.

　　⑵ 다음으로는 현재의 민법 제60조를 제한설로, 즉 악의자는 보호하지 않는 것으로 해석하는 안이다.

258 법인 대표자의 대표권 제한에 관한 연구

그러나 이는 현상태에서의 임시방편은 될 수 있을지언정, 문제의 근본적 해결 방안이라고 하기는 어렵다.509)

즉, 민법 제60조에 관하여는 그 문언과 입법의도 등을 고려하여 무제한설로 해석하는 것이 타당하다는 점은 앞서 제3장 제2절에서 살펴본 바이다. 민법 제60조의 문언상 "대표권 제한이 등기되지 않은 경우 상대방의 선·악의를 불문하고 대항할 수 없다."는 점이 분명히 드러나 있고, 이는 같은 등기사항의 대항요건을 규정하면서 "등기하지 아니하면 '선의의' 제3자에게 대항하지 못한다."라고 정한 다른 법조항(상법 제37조 등)에 비추어 보아도 그러하다. 그럼에도 불구하고 입법 당시 예상하였던 것과 달리 실무상 대표권 제한이 등기되지 않고 있다고 해서, 민법 제60조의 문언 자체를 달리 해석함으로써 악의의 상대방이 보호되는 결과를 바로잡으려는 것은, 문제를 근본적으로 해결하는 방법이 될 수 없다.

⑶ 이처럼 실무의 변경과 해석론의 변경이 모두 어렵다면 문제가 되는 법률 조항인 현재의 민법 제60조를 개정할 수밖에 없다. 그렇다면 민법 제60조의 개정 내용은 어떠해야 하는가. 항을 바꾸어 기술한다.

2) 인식설에 따른 민법 제60조의 개정

⑴ 다음과 같은 이유로 민법상 법인 이사의 대표권 제한에 관한 제60조를 인식설에 따라 "이사의 대표권에 대한 제한은 선의의 제삼자에게 대항하지 못한다."라고 개정할 것을 제안한다.

① 현재의 등기제도가 악의자를 보호하는 면죄부로 악용되어서는 아니된다.

등기 제도는 근대 국가의 등장과 함께 발전한 제도로, '외부에 대한

---

509) 한편, 의료법인과 재단법인 사안에서 제60조의 적용이 계속 문제되고 있음에도 무제한설을 유지하면서 신의칙 항변을 받아들여 상대방을 보호하고 있는 최근까지의 판례 태도에 비추어 본다면, 가까운 시일 안에 제한설로의 판례 변경을 기대하기도 어려워 보인다.

공시'를 통해 '정보를 전달'함으로써 거래안전을 보장하는 주요한 장치로 기능하여 왔다. 정확성이 담보된 등기제도가 완비될수록 진정한 권리자는 실체법상의 권리를 추가적 증명 없이 행사할 수 있게 된다.[510] 다만 우리나라의 경우 등기관에게 형식적 심사권만 부여하고 있고, 등기가 강제되는 절대적 등기사항뿐 아니라 임의적 등기사항도 존재하여 변동된 사항이 적시에 등기부에 반영되지 않을 수도 있다. 이처럼 실체적 진실에 부합하지 않는 등기가 존재할 가능성이 있기 때문에 실체적 진실과 거래안전 사이의 균형잡힌 고려가 필요한데, 일반적으로 상업등기의 경우에는 외관에 대한 신뢰보호가 더욱 더 중요한 가치를 가진다고 평가된다.[511]

앞서 본 것처럼 애초 민법 제60조에서 등기설을 취하게 된 것은, (당시로서는) 현대적 제도인 등기제도에 대한 기대와 함께, 거래상대방의 선·악의 또는 과실 여부를 가리는 것은 법원이 제한된 증거에 기초하여 개인의 내심의 의사를 밝히는 것에 불과하여 그 판단이 쉽지 않다는 반성적 고려에서, 등기된 사항은 상대방이 알고 있는 것으로, 등기되지 않은 사항은 상대방이 모르는 것으로 취급한다면 그 법적 판단이 간명해진다는 점에 착안한 것이지, 결코 등기되지 않은 사항을 알고 있는 악의자라도 보호하겠다는 의도는 아니었을 것이다. 적어도 "등기되지 않은 사항을 알고 있는 악의자라도 보호하는 것이 타당하다"는 명제가 거부감 없이 수용될 만큼 우리의 등기제도에 대한 신뢰가 확고하다고 단정하기는 어렵다. 거래상대방의 선·악의를 판단하는 어려움을 등기제도의 명확성에 기대어 해결하고자 하였을 뿐인데, 제시된 증거에 의해 상대방의 악의가 명확하게 드러나는 경우에까지 등기부에 기재되지 않았다는 이유만을 들어 악의자를 보호하는 결과에 이른다면 이는 목적과 수단이

---

510) 구연모, 부동산등기의 진정성 보장 연구, 경인문화사(2014), 19.
511) 서울대학교 금융법센터, 각국의 상업등기제도에 관한 연구, 법원행정처(2017), 12.

도치되는 것일 수 있다.

악의의 제3자에게 대항할 수 있는가의 문제는 결국 대표권의 제한을 등기하지 않은 법인과 그러한 제한이 있음을 알면서도 대표자와 거래한 제3자 가운데 누구의 이익을 더 보호하여야 할 것인가 하는 문제로 귀착된다. 현재 민법 제60조의 해석론은 차치하고라도 입법론적으로 악의의 제3자를 더 보호하여야 한다는 주장을 하기는 어려울 것이다.512)

② 인식설에 의할 때에 보다 구체적 타당성 있는 결론이 도출되는 영역이 넓어진다.

앞서 언급하였지만, 대표권 제한이 등기됨을 전제로 한 경우의 수는 아래 표와 같이 도식화할 수 있다.

[표 10] 등기설에 따른 대표권 제한

대표권 제한	상대방 선의·무과실	상대방 선의·(중)과실	상대방 악의
등기된 경우	①	②	③
등기되지 않은 경우	④	⑤	⑥

일단 (중)과실을 악의와 같이 본다고 전제한다면, 위 표에서 ②, ③과 ④ 영역은 상대방의 인식과 등기의 존부가 일치하는 경우로서, 인식설과 등기설 어느 견해에 의하더라도 ②, ③ 영역은 법인이 보호되고, ④ 영역은 상대방이 보호된다는 동일한 결론에 이른다.

결국 문제는 상대방의 인식과 등기의 존부가 일치하지 않는 ①과 ⑤, ⑥ 영역이다. 대표권 제한이 법인등기부에 등기되었음에도 불구하고 이를 알지 못하고 대표자가 적법하게 요건을 갖추어 거래한다고 믿은 선

---

512) 윤진수, "법인에 관한 민법개정안의 고찰", 법학 제46권 제1호, 서울대학교 법학연구소(2005), 90.

의의 상대방은 보호되어야 하는지(①), 또한 대표권 제한이 법인등기부에 등기되지 않았지만 대표권 제한 내용을 알고 있었던 악의·중과실의 상대방은 보호되어야 하는지(⑤, ⑥)의 명제가 남는다.

등기설을 취한다면, ①의 경우 상대방은 보호되지 않고 법인이 보호되며, ⑤, ⑥의 경우 현재의 민법 제60조에 관한 판례의 태도(무제한설)에 따라 상대방은 보호되고, 법인의 이익은 침해된다. ① 영역에서는 등기를 제대로 마친 법인이 등기부를 확인하지 않은 상대방보다 보호되고, ⑤, ⑥ 영역에서는 등기를 해태한 법인이 대표권 제한에 대한 실체적 진실을 알고 있는 악의자보다 보호받지 못한다.

인식설을 취한다면 역의 결과를 가져온다. ①의 경우 법인은 등기를 제대로 마쳤더라도 상대방이 선의·무과실인 이상 보호되고, ⑤, ⑥ 영역에서는 법인이 등기의무를 해태하였더라도 상대방의 악의·(중)과실로 인해 (반사적으로) 법인이 보호된다.

그런데, 현실에서 ① 영역이 존재할 가능성은 ⑤, ⑥ 영역이 존재할 가능성보다 매우 낮다. 즉, 현실적으로 "등기부에 대표권 제한이 등기되었음에도 대표권 제한을 알지 못한 선의·무(중)과실의 제3자"가 존재할 가능성은 매우 낮을 뿐 아니라, 설령 존재하더라도 그러한 자의 보호가치가 높다고 평가되기도 어렵다. 우리 판례가 특별한 사정이 없는 한 법인과 거래하는 상대방에게 이사회 결의가 있었는지를 확인할 의무를 인정하지 않음은 앞서 본 바이고 이사회 결의의 유무는 법인 내부의 사정이라는 점에서 이러한 태도는 타당하지만, 이와 달리 법인과 거래하는 상대방에게 법인등기부를 확인할 것을 기대하는 것이 과도한 의무를 부과하는 것이라고 볼 수는 없다. 이러한 법리에 관한 국내의 명확한 선례를 찾지는 못하였으나, 독일 민법 제68조와 관련하여 제3자가 법인 등기부를 열람하지 않은 경우 과실이 있는 것으로 보고 있는 점[513]도 참고

---

513) Münchener Kommentar zum BGB: Band 1, 8. Auflage, C. H. Beck(2018), §68, Rn. 6.

할 수 있다. 법인과 거래하면서 법인등기부를 확인하지 않은 상대방에게 등기부에 기재된 사항을 알지 못한 데에 대한 과실을 인정하기란, 공시되지 않는 정관이나 내부 규정의 내용을 알지 못한 과실을 인정하기보다 상대적으로 용이할 것이다. 내부 규정과 달리 법인등기부는 공시를 전제로 하고 있고, 누구나 쉽게 접근할 수 있기 때문이다. 법인이 등기부 자체를 위조하여 제시하지 않는 이상, 사실상 등기부에 기재된 내용을 몰랐고 그 부지에 과실이 없는 자가 존재한다는 ① 영역은 현실에서 찾아보기 어려움을 알 수 있다.

반면 ⑤, ⑥ 영역의 사안은 적지 않게 발생한다. 규모가 작은 법인일수록 특정 상대방과의 거래행위가 계속적·반복적으로 일어나는 빈도가 잦고 대표자와의 친분이나 인적관계에 기대어 법인과의 거래가 지속되는 경우도 적지 않다. 그 과정에서 거래상대방은 등기부에 기재되어 있지 않은 법인의 사정들, 경영진과 이사회의 구성, 그 구성원 사이의 권한 배분 관계 등을 알게 될 수도 있다. 특히 유사 거래행위가 반복적으로 행해진다면 더욱 그러하다. 주식회사의 대표권 제한 법리에서 거래상대방의 선의·과실 여부를 판단하는 요소 중의 하나로 과거 유사한 거래경험이 있는지 여부를 들고 있는 것도 이 점에 착안한 것이다.514)

앞서 ① 에서 논하였듯 현재 우리의 등기제도는 절대명제가 아니다. 대표권 제한 법리에서 거래상대방의 이익(거래안전의 보호)과 법인의 이익을 균형적으로 고려함에 있어, 원칙으로 삼아야 할 기준은 거래상대방이 보호될 가치가 있는 자인지, 또는 그럼에도 불구하고 법인이 더 보호되어야 할 중요한 가치가 있는지 여부인 것이다. 그렇다면 등기설을 전제로 한 ⑤, ⑥ 영역의 불합리성(악의자가 보호받는 불합리성)이, 인식설을 전제로 한 ① 영역의 불합리성(등기를 제대로 마친 법인이 보호받지

---

514) 미국의 대리 법리에서 '과거에 이사회가 허용하거나 묵인한' 것과 같은 유형의 계약 체결에 대하여는 대표자에게 '묵시적 실제 대리권'이 있는 것으로 보는 점 역시 같은 맥락이다.

못하는 불합리성)보다 더욱 크다는 점을 부인할 수 없다. 이에 더하여 현실에서는 ① 영역보다 ⑤, ⑥ 영역이 더 자주 발생한다는 점을 고려한 다면 대표권 제한에 위반한 거래행위의 효력에 관하여 상대적 무효설을 취할 경우 등기설보다는 인식설에 따르는 것이 보다 타당한 결론을 이 끌어냄을 알 수 있다.

③ 인식설을 취함으로써 비법인사단에 관하여도 통일적인 대표권 제 한의 근거 규정을 마련할 수 있다.

등기설을 취한 현행 민법 제60조는 비법인사단에 준용될 수 없다는 것이 확고한 판례이고,[515] 그 결과 총유물의 관리·처분행위가 아닌 영역 에서의 비법인사단 대표자의 대표권 제한은 선의·무과실의 상대방을 보 호한다는 판례 법리에 따라 해결되고 있다. 위 판례 법리는 민법 제107 조 단서를 유추적용한 것으로 평가되는데[516] 그 유추적용에 관한 합리 적 근거를 찾을 수 없을 뿐 아니라(마찬가지의 법리를 취하고 있던 주식 회사 대표이사의 대표권 제한에 관하여도, 대법원 2015다45451 전원합 의체 판결을 통해 상법 제209조 제2항에 의하도록 판례가 변경되었다), 이는 비법인사단에 관하여 법인격을 전제로 하는 것을 제외하고는 원칙 적으로 민법의 법인에 관한 규정이 준용되는 것과도 균형이 맞지 않는다.

민법상 법인 이사의 대표권 제한에 관하여 선의의 제3자를 보호하는 인식설을 취하는 것으로 법률이 개정된다면, 그 규정은 비법인사단에 원 칙적으로 준용될 것이고 실제로도 비법인사단에 준용함에 아무런 장애 도 없을 것이다. 따라서 비법인사단의 대표권 제한에 관하여 명시적인 근거조항을 마련함과 동시에 비법인사단과 민법상 법인을 동일한 법률 조항과 법리에 따라 판단할 수 있다는 이점이 있다.

④ 앞서 언급한 것처럼 비교법적으로 보더라도 악의의 거래상대방을

---

515) 대법원 2003. 7. 22. 선고 2002다64780 판결 등 다수.
516) 호제훈, "총회결의 없는 비법인사단의 채무보증행위의 효력", 민사판례연구 제30권, 박영사(2008), 9.

보호하는 것은 타당하지 않다.

⑵ 민법 제60조의 개정을 논하는 것은 새로운 제안이 아니다. 이미 2004년 민법 개정안에서 현재의 민법 제60조를 "이사의 대표권에 대한 제한은 등기하지 아니하면 선의의 제3자에게 대항하지 못한다"라고 개정하는 내용의 개정안이 제시된 바 있다. 위 개정안의 주된 배경은 법인이 등기사항을 등기하지 않은 것에 대한 제재가 악의의 상대방을 보호할 정도까지는 아니라는 점에 있었다. 즉, 등기된 사항에 관하여는 일반적으로 다른 사람이 아는 것으로 취급되지만, 반대로 등기하지 않은 사항이라고 해서 항상 다른 사람이 몰랐다고 취급되어야 하는 것은 아니며, 등기하지 않은 사항이라도 다른 사람이 알고 있었다면 등기 제도에 의하여 원래 달성하려고 한 목적은 이미 달성된 것이므로, 그에 따라 처리하면 될 뿐 특별히 악의자를 선의자와 같이 취급할 이유는 없다.517)

다만 본고에서는 위 개정안과 달리 상법 제209조 제2항과 같이 개정할 것을 제안하는 바이다. 앞서 살펴본 것처럼 등기실무가 개선될 것을 기대하기 어려울 뿐 아니라, 설령 대표권 제한을 등기하는 것으로 실무가 개선된다고 가정하더라도 전술하였듯 등기된 대표권 제한의 내용의 해석이 명쾌하지 않은 이상, 대표권 제한 쟁점 판단의 어려움이 해결되기는 요원하다. 더구나 본조에서 상정한 대표권 제한의 내용(총회·이사회 결의를 거쳐야 하는 사항)을 적시에 적확하게 등기하는 것도 쉽지 않아 보이는데, 굳이 영리법인에서는 등기사항으로 법정하지도 않은 대표권 제한의 '등기'를 비영리법인에서 고집할 이유를 찾기 어렵다.

⑶ 인식설에 따라 민법 제60조가 개정될 경우 필연적으로 법원이 상대방의 내심의 의사(선의와 과실의 존부)를 판단해야 하는 어려움과 불확실성이 수반될 것이지만, 이는 인식설로 인한 이점을 고려할 때 수인가능하다고 생각한다. 인식설로 개정할 경우 개별 사안에서 귀책사유 없

---

517) 윤진수, "법인에 관한 민법개정안의 고찰", 법학 제46권 제1호, 서울대학교 법학연구소(2005), 90.

는 선의자를 보호하여 구체적 타당성을 꾀할 수 있다.

3. 인식설의 검토

가. 개괄

인식설은 대표권 제한에 관한 상대방의 인식(선의와 과실 여부)에 따라 상대방의 보호를 달리한다는 법리이다.

이는 우리 상법 제209조 제2항(전항의 권한에 대한 제한은 선의의 제3자에게 대항하지 못한다)과 의용민법 제54조(이사의 대표권에 대한 제한은 선의의 제3자에게 대항하지 못한다)에서 구현되었고, 일본의 회사법(제349조 제5항)과 일반법인법(제77조)도 동일하게 규정하고 있다. 독일 민법 제68조 역시 악의의 제3자에게 대표권 제한을 대항할 수 있도록 규정하고 있다. 비법인사단의 예에서와 같이 근거가 되는 명시적인 법률 규정이 없는 경우에도, 선의·무과실의 거래상대방을 보호하는 법리는 보편적으로 발견되는데, 영리법인에 관하여 대법원 2015다45451 전원합의체 판결이 선고되기 전의 종전 법리 및 대표권남용에 관한 현재의 판례 법리[518] 등이 그러하다. 그만큼 선의의 거래상대방을 보호한다는 원칙이 법의 일반원리에 부합한다는 반증이기도 하다.

그런데 상대방의 선·악의의 여부 또는 과실의 존부는 상대방의 내심의 의사에 불과한 문제이어서 법원이 판단하기가 쉽지 않다는 어려움이 있다. 결국 무과실과 경과실, 중과실의 경계가 모호하여 자의적 판단의

---

518) 상대방이 대표권남용 사실을 알았거나 알 수 있었던 경우 그 의무부담행위는 원칙적으로 회사에 대하여 효력이 없다는 취지의 대법원 2017. 7. 20. 선고 2014도1104 전원합의체 판결 및 상대방이 대표권 남용의 정을 알았던 경우에는 그로 인하여 취득한 권리를 회사에 대하여 주장하는 것이 신의칙에 반하므로 회사는 상대방의 악의를 입증하여 행위의 효과를 부인할 수 있다는 대법원 2016. 8. 24. 선고 2016다222453 판결 등.

위험이 있다는 점은 인식설의 치명적인 단점이다. 그동안 법원은 대표권 제한에 관하여 '선의·무과실'의 상대방만을 보호된다고 하여 경과실이 있는 자도 보호하지 않겠다는 법리에 의하면서도 실제 사안에서는 상대방의 '과실'을 매우 엄격하게 인정함으로써 거래안전을 보호하여 온 것으로 평가된다.

현재 판례는 영리법인에 관하여는 선의·무중과실의 상대방을, 비영리법인(민법 제60조가 적용되는 경우 제외) 내지 비법인사단에 관하여는 선의·무과실의 상대방을 보호하는 것으로 인식설의 법리를 달리하고 있다. 먼저 판례에서 "이사회 결의가 없었다는 점" 또는 "대표권 제한 사실"이라고 표현하고 있는 상대방의 인식은 무엇을 대상으로 하는 것인지 및 "중과실"에 관하여 살핀 다음, 상법 제209조 제2항의 해석론으로 취한 선의·무중과실의 인식설의 타당성을 검토한다. 이는 대법원 2015다45451 전원합의체 판결에서 판단된 제1법리에 대한 검토이기도 하다.

나. 인식의 대상

대법원이 명시적으로 선언한 바는 없지만, 아래와 같이 대법원[519]에서 수긍한 원심판단의 내용에 비추어 보면(밑줄은 필자가 임의로 부기), 논리적으로 거래상대방의 선의·무(중)과실의 대상은 『❶ 대표권이 제한된다는 점, 즉 대표이사가 특정사항에 관한 업무집행을 할 때에는 이사회 결의를 거쳐야 한다는 점』과 『❷ 해당 업무집행을 위한 이사회 결의가 없었다는 점』으로 구분해 볼 수 있다.

"원심판결 이유에 의하면, 원심은 주식회사의 대표이사가 어떤 대외적

---

519) 대법원 1993. 6. 25. 선고 93다13391 판결, 회사 정관상 연대보증계약 체결이 이사회 결의사항으로 되어 있었던 경우, 상대방의 선의·무과실을 인정하여 거래행위가 유효라고 본 원심판단이 정당하다고 수긍한 사안이다.

인 거래행위를 함에 있어 이사회의 결의를 거쳐야 하도록 정관 등에 규정되어 있고 또한 이를 거치지 아니하고 한 경우에도 이와 같은 이사회의 결의는 회사의 내부적인 의사결정에 관한 사항에 불과하다 할 것이므로, 대표이사가 대내적으로 회사에 대하여 임무위배로 인한 책임을 지는 것은 별론으로 하고, 그 거래상대방이 선의인 경우 즉 그 회사의 정관상에 대표이사가 특정사항에 관한 업무집행을 함에 있어서는 ⓐ 이사회의 결의를 거쳐야 한다는 대표이사의 대표권을 제한하는 규정이 있다는 사실과 ⓑ 그에 관한 이사회의 결의가 없었다는 사실을 알았거나 중대한 과실로 인하여 이를 알지 못한 경우가 아니라면 그 거래행위는 유효하다고 해석함이 상당하다고 판단하고 있는바, 원심의 위 판단에 있어, 이사회결의가 없었다는 사실을 안 경우에 관한 판시부분은 수긍이 가나 중대한 과실로 인하여 이를 알지 못한 경우가 아닌 한 그 거래행위는 유효하다고 설시한 부분은 위 법리에 비추어 잘못이라 할 것이다."

이는 비단 주식회사 사안 뿐 아니라 모든 법인의 대표권 제한 쟁점에 관해 동일하게 적용될 수 있으므로, 대표권 제한 쟁점에 관하여 인식설을 취할 경우, 기준이 되는 거래상대방의 인식은 ❶, ❷의 두 가지 요소를 대상으로 하게 된다. 이를 표로 나타내면 다음과 같다[편의상 무과실 또는 무중과실은 선의(善)로, 과실 또는 중과실은 악의(惡)로 표시하였다].

[표 11] 인식의 대상에 따른 분류

	선의·무(중)과실의 대상		거래상대방의 인식
	❶	❷	
①	善	善	이사회 결의가 필요하다는 점에 대하여 선의이고, 이사회 결의 흠결에 대하여도 선의인 자 [이사회 결의가 필요하지 않다고 생각했지만, 어쨌든 이사회 결의를 거쳤다고 믿은 자]

선의·무(중)과실의 대상		거래상대방의 인식
❶	❷	
② 善	惡	이사회 결의가 필요하다는 점에 대하여는 선의이고, 이사회 결의 흠결에 대하여는 악의인 자 [이사회 결의가 필요하지 않다고 생각했기 때문에, 이사회 결의가 흠결되었어도 문제없다고 믿은 재]
③ 惡	善	이사회 결의가 필요하다는 점에 대하여는 악의이고, 이사회 결의 흠결에 대하여는 선의인 자 [이사회 결의가 필요함은 알았으나, 이사회 결의를 거쳤다고 믿은 재]
④ 惡	惡	이사회 결의가 필요하다는 점에 대하여 악의이고, 이사회 결의 흠결에 대하여도 악의인 자 [이사회 결의가 필요함을 알았고, 이사회 결의가 없었음도 알았던 재]

위 표에서 ①, ③의 거래상대방은 보호되고, ④의 거래상대방은 보호되지 않는다는 점에는 의문이 없다.

문제는 ②의 경우인데, 만약 이때의 거래상대방까지 보호된다고 본다면 "거래상대방은 해당 거래행위에 이사회 결의가 필요함을 알지 못하였다고만 주장하면 무조건 보호되는 것이 아닌가"라는 의문이 제기될 수 있다.

그러나 결론석으로는, ②의 경우에도 거래상대방은 보호되어야 한다.520)

거래상대방의 인식의 대상(❶)은 해당 거래행위가 상법 제393조 제1항을 비롯한 대표권 제한의 근거가 되는 법률조항 또는 정관 등의 적용범위에 해당한다는 점으로, 그 판단의 어려움은 이미 살펴본 바와 같다.

---

520) 같은 취지에서 거래상대방의 악의는 '해당 거래행위가 이사회 결의사항(중요한 업무집행)에 해당하고, 이사회 결의가 없음을 안다'는 것으로 해석해야 한다는 기술로 大隅健一郎, 今井宏, 新版会社法論(中卷)(第3版), 有斐閣 (1992), 204.

그럼에도 불구하고 회사와 거래한다는 이유만으로 해당 거래행위가 상법 제393조 제1항 등에 해당하는지 여부를 정확하게 알고 있어야 한다고 기대한다면, 거래상대방에게 지나치게 가혹한 결과일 수밖에 없다.

또한, 인식설에 따르더라도 상대방의 (중)과실은 악의로 취급되므로, 이사회 결의가 필요한지 여부(❶)에 관한 상대방의 선의·무(중)과실을 판단할 때에, 해당 거래행위가 법인에 미치는 영향, 중요도, 법인의 특성 등의 요소가 종합적으로 고려될 수 있고, 이 과정을 통해 구체적 타당성을 도모할 수 있다.

예를 들어 회사가 제3자의 채무를 보증한 행위에 관하여 이사회 결의 흠결을 이유로 그 효력을 다투고 거래상대방(채권자)은 이사회 결의가 필요함을 알지 못하였다고 항변하는 사안을 상정해 보자. ⑴ 그 채무 액수가 회사 총 자산에 상응하는 큰 액수라거나, 과거 유사 거래행위에 관해 이사회 결의를 거쳐 거래하였던 전력이 있음에도 해당 거래행위에 관하여만 이사회 결의가 없었다는 등의 사정이 있다면, 이사회 결의가 필요함을 알지 못하였다는 점에 관한 거래상대방의 (중)과실이 인정될 가능성이 높다. ⑵ 반면, 채무 액수가 회사의 자산규모에 비추어 매우 미미한 액수라거나 과거에 이미 이사회 결의 없이 보증계약이 체결되었는데, 이를 단순히 갱신하는 행위라는 등의 사정이 있다면 이사회 결의가 필요함을 알지 못하였다는 점에 관한 거래상대방의 (중)과실이 인정되기 어려울 것이다.

명시적인 법리가 선언되지는 않았으나, ②의 영역에서 거래상대방을 보호한 판결521)이 있어 소개한다. 피고 회사 내부 규정상 자산총액의 10% 이하에 해당하는 자산의 처분에는 이사회 결의가 필요없다고 되어 있었고, 해당 거래행위(매매)가 바로 그러하였다. 대법원은, 회사 내부 규정에도 불구하고 해당 거래행위가 상법 제393조 제1항에 해당하므로

---

521) 대법원 2005. 7. 28. 선고 2005다3649 판결.

이사회 결의가 필요하다고 판단하면서도,522) 거래상대방인 원고가 회사 측에 왜 해당 거래행위가 공시되지 않는지를 문의하자 위와 같은 이사회 규정을 설명하며 그러한 이유로 공시되지 않았다고 설명하였던 점 등을 들어 "이 사건 매매계약 체결 당시 원고가 이 사건 매매계약이 피고 이사회의 결의를 요하는 사항이라는 점 및 피고 이사회의 결의가 없었다는 점을 알았거나 알 수 있었다고 인정하기 어렵다"고 본 원심의 가정적 판단523)이 정당하다고 하여, 상고를 기각하였다.

---

522) 따라서 내부 규정만을 이유로 이사회 결의가 필요하지 않다고 판단한 원심은 잘못이라고 하였다.

523) 원심은 이사회 결의가 필요하지 않다고 보았기 때문에 이 부분을 가정적으로 판단하였다. 관련하여, 원심(서울고등법원 2004. 12. 3. 선고 2004나20649 판결)의 판단부분을 발췌하면 다음과 같다.

"살피건대, ① 앞서 본 바와 같은 이 사건 매매계약에 이르게 된 협상 과정과 체결 경위, ② 일반적으로, 회사와 거래를 하는 상대방으로서는 당해 거래행위의 대상이 되는 목적물이 그 회사에 있어서 '중요한 자산'에 해당하는지 여부를 판단하기가 쉽지 아니한 점, ③ 더욱이 이 사건의 경우 실제로 피고의 이사회규정(2004. 12. 24. 자 개정 전의 것과 후의 것 모두)만에 의할 경우 이 사건 매매계약은 일단 피고 이사회의 결의사항에 해당하지 아니하고, 원고가 피고에게 이 사건 매매계약 체결사실이 한국증권거래소의 전자거래공시사항에 공시되지 아니한 이유에 관하여 문의를 하여 J(피고 직원)로부터 피고의 이사회규정을 제시받으면서 피고의 이사회규정상 자산총액의 10% 이하에 해당하는 자산의 처분에는 이사회 결의를 요하지 아니하므로 이 사건 매매계약 체결사실이 공시되지 아니한 것이라는 취지의 설명을 들었으며, 나아가, 위에서 든 증거들에 의하면 원고가 2003. 1.경 A은행과, 원고가 이 사건 부동산상에 이엔씨드림타워(아파트형 공장)를 신축하는 데 관하여 A은행과 L보험 주식회사, G은행으로부터 사업자금을 담보부 대출받는 것을 내용으로 하는 프로젝트 파이낸싱(Project Financing) 계약을 체결함에 있어, A은행으로부터 이 사건 매매계약에 관한 피고 이사회 결의 의사록을 제출하도록 요구받았는데, 원고가 피고 이사회규정사본을 제출하자 A은행도 이 사건 매매계약에 피고 이사회의 결의가 필요 없는 것으로 판단하였고, 이에 피고 이사회 의사록을 제출함이 없이 같은 해 3.경 위 프로젝트 파이낸싱 계약이 체결된 사실이 인정되는바, 그렇다면 2003. 3.경(위 프로젝트 파이낸싱 계약 체결시)까지는 원고, 피고, 나아가 대출금융기관까 물론 현실에서 실제 회사와 거래하는 상대방이, ❶과 ❷를 논리적으로 구별하여 인식하고 판단하기는 어려워 보인다. 그러나 앞서 논증한 것처럼, 거래상대방의 악의·중과실이라 함은 이사회 결의가 필요한지 여부(❶) 및 이사회 결의를 거쳤는지 여부(❷) 모두에 대하여 악의·중과실이어야 함을 의미하므로, 거래상대방이 해당 거래행위를 위해 이사회 결의가 필요하지 않다고 믿었다면(❶에 관하여 선의·무중과실), 해당 거래

지도 이 사건 매매계약이 피고 이사회의 결의를 요하는 사항이 아니라고 생각하고 있었던 것으로 볼 여지가 있는 점(그 후 피고 보조참가인의 위 각 가처분신청에 의하여 비로소 이 사건 매매계약이 피고 이사회의 결의사항에 해당되는지 여부에 관하여 본격적으로 다투어지게 된 것으로 보인다), ④ 한국증권거래소의 전자거래공시사항에 해당하는 것이 모두 회사 이사회의 결의사항에 해당하는 것은 아니므로, 원고가 이 사건 매매계약이 위 공시사항에 해당한다고 생각하였다는 사실에서 바로 원고가 이 사건 매매계약이 피고 이사회의 결의를 요하는 사항이라고 인식하였거나 인식할 수 있었다고 추단하기는 어려운 점, ⑤ 회사의 거래에 있어서 대표이사가 회사를 대표하여 법률행위를 할 때에는 내부적으로 필요한 의사결정절차(만일 이사회의 결의를 필요로 하는 경우라면 그 결의절차)를 거쳐서 대표권의 제한 없이 유효하게 회사를 대표하여 법률행위를 하는 것으로 추정하는 것이 일반적이고, 대표이사의 대표권에 제한이 있는지 여부에 관하여 거래상대방(원고)이 적극적으로 확인할 의무가 있다고 보기는 어려운바, 이 사건의 경우에도 원고가 적극적으로 피고 대표이사의 대표권 제한에 관하여 확인할 의무가 있는 것은 아닌 점(피고는, 원고가 회사 설립 후 첫 부동산 개발사업으로서 이 사건 부동산을 매수하게 된 것이고, 피고 이사회의 결의가 있었는지 여부를 확인하는 절차가 원고로서는 어려운 일이 전혀 아니었다는 점 등을 이유로 원고로서는 이 사건 매매계약이 피고 이사회의 결의를 요하는 사항인지 및 그 이사회 결의가 있었는지를 확인할 의무가 있다는 취지의 주장도 하고 있으나, 위와 같은 사정만으로 원고에게 그 확인의 의무가 발생한다고 볼 수는 없다), ⑥ 기타 앞서 인정한 사실들 및 이 사건 변론에 나타난 제반 사정에 비추어 보면, 위에서 든 증거들 및 위에서 인정한 바와 같은 사정들을 모두 종합한 피고의 전 입증에 의하더라도, 이 사건 매매계약 체결 당시 원고가 이 사건 매매계약이 피고 이사회의 결의를 요하는 사항이라는 점 및 피고 이사회의 결의가 없었다는 점을 알았거나 알 수 있었다는 점을 인정하기에 부족하고 달리 이를 인정할 만한 증거가 없다.”

행위에 이사회 결의를 거쳤는지 여부(❷)에 관한 상대방의 인식은 더 이상 거래행위의 효력을 좌우할 수 없게 된다는 점에서(②의 영역), 인식의 대상을 나누어 고찰해 보는 의미가 있다.

결론적으로 인식설에 의하면, ❶, ❷ 모두에 대하여 악의·(중)과실이 아닌 이상, 즉, ❶, ❷ 중 어느 하나의 요건에 관하여만 선의·무(중)과실이라면 해당 거래행위는 유효라고 보게 된다.

참고로, 법률상 제한이 내부적 제한과 구별되어야 한다는 관점에서는, 법률로 정한 대표권 제한은 당연히 알아야 한다고 보기 때문에 ❶ 요건에 관하여 선의·무(중)과실일 경우를 상정할 수 없게 되고, 위 표의 ②의 영역도 악의로 취급하게 될 것이다. 자세한 내용은 후술한다.524)

다. 중대한 과실

고의와 달리 과실은 부주의의 정도의 가벼움과 무거움에 따라 '경과실'과 '중과실'로 구별된다. 전자는 다소라도 주의가 부족한 경우이고, 후자는 현저하게 주의가 부족한 경우이다.525) 판례는 중과실의 의미에 관하여 대체로 다음과 같이 판시하고 있다.

"중과실이란 제3자가 조금만 주의를 기울였더라면 이사회 결의가 없음을 알 수 있었는데도 만연히 이사회 결의가 있었다고 믿음으로써 거래통념상 요구되는 주의의무를 현저히 위반하는 것으로, 거의 고의에 가까운 정도로 주의를 게을리하여 공평의 관점에서 제3자를 구태여 보호할 필요가 없다고 볼 수 있는 상태를 말한다."

이는 앞서 본 대법원 2015다45451 전원합의체 판결 뿐 아니라 민법

---

524) 제4장 제4절 4.의 나.의 2)항 참조.
525) 곽윤직·김재형, 민법총칙[민법강의Ⅰ](제9판), 박영사(2020), 40.

제756조의 사용자책임,526) 상법 제395조의 표현대표이사책임,527) 상법
제398조의 이사회 승인 없이 이루어진 자기거래528) 등에서 반복되어 온
판시로, 고의 또는 악의와 동일시할 수 있을 정도의 중과실이 있는 자는
공평의 관점에서 보호할 필요가 없다는 법원의 판단을 공통적으로 엿볼
수 있다.529)

　상법에서 '중과실' 또는 '중대한 과실'이라고 규정한 예는 다수 존재
하는 반면 민법은 중과실보다는 '과실'이라고 규정한 경우가 압도적으로
많은데, 민사책임의 성립요건으로서는 과실이 있기만 하면 충분하므로
일반적으로 과실이라고 할 때에는 경과실을 의미한다고 본다(민법과 상
법이 '중과실'과 '과실'을 명시적으로 규정한 예는 별지 4 표 참조).530)

　문제는 법문에서 단순히 '선의'라고만 규정한 경우이다. 이를 문언
그대로 선의이기만 하면 충분하고 경과실 또는 중과실이 있는지 여부는
상관없다고 새길 것인지, 아니면 적어도 중과실은 배제하는 것으로 볼
것인지(즉, '선의·무중과실'의 의미로 해석), 아니면 과실을 모두 배제하
는 것으로 볼 것인지(즉, '선의·무과실'로 해석)의 문제는 일률적으로 판
단할 수 없다.

　상법에서 '선의의 제3자'라고만 규정하였음에도 그 의미를 '선의·무
중과실'로 해석하여 중과실 있는 선의자를 악의와 같이 보아 온 사례는
아래와 같이 다수이다.

　① 지배인의 대리권 제한에 대항할 수 있는 선의의 제3자(상법 제11
조)에 관하여, 판례531)는 제3자가 위 대리권의 제한 사실을 알고 있었던

---

526) 대법원 2002. 12. 10. 선고 2001다58443 판결.
527) 대법원 2003. 7. 22. 선고 2002다40432 판결.
528) 대법원 2004. 3. 25. 선고 2003다64688 판결.
529) 김기창, "전자금융거래법상 '이용자의 중대한 과실' -대법원 2013다86489 판
　　결의 문제점-", 정보법학 18권3호(2014), 208-213.
530) 곽윤직·김재형, 민법총칙[민법강의 I](제9판), 박영사(2020), 40.
531) 대법원 1997. 8. 26. 선고 96다36753 판결.

경우뿐만 아니라 알지 못한 데에 중대한 과실이 있는 경우에도 영업주는 그러한 사유를 들어 상대방에게 대항할 수 있다고 한다.

② 등기하지 아니한 사항 또는 부실등기에 대항할 수 있는 선의의 제3자(상법 제37조, 제39조)에 관하여, 통설은 중과실 있는 자를 악의로 보고 있다.532)

③ 앞서 본 것처럼, 표현대표이사의 행위에 관하여 책임을 지는 선의의 제3자와(상법 제395조) 이사회 승인 없이 이루어진 자기거래에 관해 보호받는 제3자에(상법 제398조) 관하여도 판례는 선의·무중과실로 해석하고 있다.

④ 주식회사 대표이사가 이사회 결의 없이 한 거래행위에 관하여 (그 거래행위의 상대방이 아니라) 그 법률관계를 기초로 새로운 법률상 이해관계를 가지게 된 제3자에 대하여 회사가 제3자의 악의 또는 중과실을 입증하지 못하는 한 그 거래행위는 유효라는 것이 판례이다.533)

이에 비해 민법에서 '선의'라고 규정된 경우 이를 '선의·무중과실'로 해석한 판례는, "선의의 제3자에게 대항할 수 없다"라고만 규정한 민법 제449조 제2항의 채권양도 금지 특약에 관하여 "제3자의 중대한 과실은 악의와 같이 취급되어야" 한다고 해석한 판결534))이 거의 유일한 것으

---

532) 김홍기, 상법강의(제6판), 박영사(2021), 91, 95; 송옥렬, 상법강의(제13판), 홍문사(2023), 71, 78; 이철송, 상법강의(제13판), 박영사(2012), 108, 114; 장덕조, 상법강의(제2판), 법문사(2017), 65, 67; 정찬형, 상법강의(상)(제24판), 박영사(2021), 160, 169; 한편 최기원 교수는 상법 제37조의 "선의"에 관하여는 중과실을 악의로 보아야 하는지 의문이라고 하고 있고, 상법 제39조의 "선의"에 관하여는 중과실 있는 자는 선의라고 할 수 없어 보호대상에서 제외된다는 견해를 취한다{최기원, 상법학신론(상)(제19판), 박영사(2011), 166, 177}.

533) 대법원 2014. 8. 20. 선고 2014다206563 판결.

534) 대법원 1996. 6. 28. 선고 96다18281 판결(민법 제449조 제2항이 채권양도 금지의 특약은 선의의 제3자에게 대항할 수 없다고만 규정하고 있어서 그 문언상 제3자의 과실의 유무를 문제삼고 있지는 아니하지만, 제3자의 중대

로 보인다. 의사표시 하자에 대항할 수 있는 '선의의 제3자'에 관하여는 선의이면 족하고 무과실은 요건이 아니라는 것이 판례535)이다.

라. 보호되는 상대방의 범위

1) 영리법인의 경우

가) 견해 소개

상법 제209조 제2항에 따라 보호되는 '선의의 제3자'의 해석에 관하여, 최근의 문헌들은 대체로 악의와 중과실을 같이 취급하는 상법의 경향과 지배인에 관한 상법 제11조의 해석에 있어 선의·무중과실의 제3자를 보호하는 판례의 태도 등을 이유로 마찬가지로 선의·무중과실의 제3자가 보호된다고 해석하고 있다.536)537)

한 과실은 악의와 같이 취급되어야 할 것이므로 양도금지 특약의 존재를 알지 못하고 채권을 양수한 경우에 있어서 그 알지 못함에 중대한 과실이 있는 때에는 악의의 양수인과 같이 양도에 의한 그 채권을 취득할 수 없다고 해석하는 것이 상당하다 할 것이다).

유사하게 채권양도 금지특약에 대항할 수 없는 제3자에 관하여 "선의"라고만 규정하고 있었던 일본 민법 제466조 제2항에 관한 일본 최고재판소 판결[日本 最高裁判所 1973(昭和 48). 7. 19. 판결(民集 27巻 7号 823)]에서도 역시 중과실은 악의와 같이 취급되어야 한다는 법리가 판시된 바 있고, 그와 같이 해석하는 것에 이론이 없었다고 한다[赫高規, "讓渡制限特約違反の債權讓渡後の讓渡人への弁済·相殺", Before/After 民法改正(第2版), 弘文堂 (2017), 252-253], 다만 일본은 최근 민법을 개정하여 채권양도금지특약에 대항할 수 없는 제3자에 관하여 "악의 또는 중과실의 제3자"에 대하여 채무자는 그 채무 이행을 거절할 수 있다고 개정하였다(개정 일본 민법 제466조 제3항).

535) 민법 제108조 제2항에 관한 대법원 2004. 5. 28. 선고 2003다70041 판결.

536) 권기범, 현대회사법론(제8판), 삼영사(2021), 1011; 김건식·노혁준·천경훈, 회사법(제7판), 박영사(2023), 402; 김홍기, 상법강의(제6판), 박영사(2021), 590-593; 송옥렬, 상법강의(제13판), 홍문사(2023), 1026-1027; 장덕조, 회사

나) 검토

상법 제209조 제2항은 주식회사를 포함한 모든 형태의 영리법인에 적용된다. 위 조항의 "선의"를 "선의·무중과실"로 해석한 대법원 2015다45451 전원합의체 판결은 다음과 같은 이유로 타당하다.

① 연혁적으로 중과실을 악의와 동일시하였던 전통이 존재한다.

민사법에서 중과실을 악의와 동일시하는 이론은 로마법의 "culpa lata dolous est(중과실은 악의이다)"라는 법언에서 기원한다. 1804년의 프랑스 민법전은 중과실을 악의와 동일시한다는 원칙을 채택하지 않았으나 1876년의 파기원 판결538)에서 "···중대한 과실에 의한 책임을 면제할 것을 미리 약속하는 계약은 허용되지 않는다. 이러한 계약은 공서에 반하여 무효이다. ···"라고 하여 다시 본 원칙을 채택하였다. 악의와 중과실은 본질적으로 다른 것이지만, 양자를 동일시하면 사회적 형평상 그 정당성이 인정될 수 있고, 중과실을 악의와 마찬가지로 취급하는 실질적 이유는 바로 정책적 배려라고 할 수 있다.539)

법(제4판), 법문사(2019), 332; 그 밖에, 이철송, 회사법강의(제31판), 박영사(2023), 737은 법률상 제한과 구별하여 내부적 제한에 관한 상법 제209조 제2항에 대해 "제3자의 선의는 과실의 유무를 묻지 않는다는 것이 통설·판례"라고 소개하며 찬성하는 한편 사법 전반에 걸쳐 학설·판례가 중과실을 악의와 같이 다루어왔으므로 (동일한 취지의) 대법원 2015다45451 전원합의체 판결의 판시 부분은 새로운 것이 아니라고 기술하고 있다.

537) 백정현 변호사는 1988년(즉, 상법 제393조 제1항 개정 전) 발표한 논문에서 내부적 제한에 관하여 상법 제209조 제2항에 따라 선의의 제3자가 보호되어야 하고, 당시 판례가 '상대방이 알 수 있었던 경우'까지 무효로 하는 것은 거래안전의 견지에서 문제가 있다는 견해를 피력한 바 있다{백정현, "하자 있는 이사회결의에 대한 주식회사법의 규제(하)", 대한변호사협회지 제138호(1988), 122}.

538) Cour de Cassation civil, 15 mars 1876, D.P. 76, 1, 449, S.76, 1, 337, note Labbe.

539) 최준선, "상법상 중과실과 고의의 동일시 문제", 상사법학 창간호, 상사법연

② 앞서 살펴보았듯이 우리 상법에서 "선의의 제3자"라고만 규정하였음에도 중과실 있는 선의자를 악의와 같이 보아 온 다수 사례가 존재하는 반면, 상법의 법문상 "선의"라고 규정되었음에도540) "선의·무과실"로 해석한 예는 찾아볼 수 없다. 오래 전의 판결이나 대법원 1965. 10. 26. 선고 65다1677 판결도 "선의"의 제3자에게 대항할 수 없다고 규정한 상법 제408조(직무대행자의 권한)에 관하여 선의의 주장과 입증은 회사와 거래한 상대방에게 있다고만 판단하였을 뿐 과실 여부에 관하여는 언급하지 않았다.

③ 상거래의 특성에 부합한다.

상거래는 대량적·계속적으로 행해지므로 거래안전의 보호가 강조되고, 한편 유상성·신속성·정형성 등의 특성을 가지고 있기도 하므로, 상거래를 하는 자에게 그 거래에 관하여 어느 정도의 주의를 기울일 것을 요구하는 것은 결코 지나치지 아니하다. 공평의 관점에서 보더라도 보호가치 없는 중과실 있는 자를 악의자와 같이 취급하는 것은 타당하다.

구회(1994), 143에서 Rene Roblot의 견해(Rene Roblot, De la faute lourde en droit prive francais, Rev. trim. dr. civ., 1943, n 9.)를 이와 같이 소개하고 있다.

540) 이와 달리 ⑴ 상법에서 "고의 또는 과실로"라고 규정한 예로는 이사의 회사에 대한 책임을 규정한 상법 제399조 및 집행임원의 회사에 대한 책임을 규정한 상법 제408조의8이 있고, ⑵ 상법에서 "중대한 과실"이 없을 것을 명시한 예로는, ① 영업양수인에 대하여 선의·무중과실의 채무자가 변제한 경우 유효임을 규정한 상법 제43조, ② 설립무효·설립취소의 소를 제기한 원고에게 악의 또는 중과실 있을 경우의 패소책임을 규정한 상법 제191조, ③ 발기인의 악의·중과실로 인한 임무해태를 원인으로 하는 제3자에 대한 손해배상책임을 규정한 상법 제322조 제2항, ④ 주식 전자등록부를 선의·무중과실로 신뢰한 자의 권리를 보호하는 상법 제356조의2, ⑤ 이사의 제3자에 대한 책임을 규정한 상법 제401조(감사의 경우 상법 제414조 제2항), ⑥ 주권의 선의취득은 선의·무중과실로 취득한 자에 대해 인정된다고 보는 수표법 제21조(상법 제359조에 의해 준용)가 있다.

④ 재판실무의 현실에도 부합한다.

만약 상법 제209조 제2항의 문언에 충실하여 선의이기만 하면 과실 유무를 묻지 않고 보호된다는 해석론을 취한다면, 악의의 상대방만이 보호받지 못하게 된다. 그런데 거래상대방의 '악의'란 결국 내심의 의사인데다가 이사회 결의의 유무는 철저하게 회사 내부의 사정이라는 점에서, "악의 증명"에 관한 회사의 부담은 결국 구체적 타당성 측면에서 하급심의 심리 부담으로 이어질 것이고, 현재와 같이 이사회 결의가 있었는지에 관한 거래상대방의 조사의무를 특별한 사정이 없는 한 인정하지 않는 판례의 태도 하에서는, 자칫 거래상대방으로 하여금 악의로 증명됨을 회피하기 위해 최소한의 주의의무조차 해태하게 할 우려가 있다(예를 들면, 종래에는 법인과 거래하면서 이사회 결의 여부를 확인하였으나 이후에는 아예 이사회 결의 유무를 확인하지 않음으로써 중과실 있는 선의자로 남게 되는 것을 택할 수 있다).

⑤ 앞서 살펴본 것처럼, 상대적 무효설이 적용되는 대표권 제한 쟁점에 관하여는 법인이 위험을 부담함을 원칙으로 하는 것이 타당하다.

대표이사가 이사회 결의를 거쳐야 하는데도 이를 거치지 않고 어떠한 행위를 할 수 있다는 것은 바꾸어 말하면 회사 이사회가 제대로 운영되지 않고 있다는 것에 다름 아니다. 그럼에도 상대방의 보호기준을 엄격히 정함으로써 회사 내부의 기관인 대표이사와 이사회의 기능이 제대로 작동하지 못함으로 인한 위험을 상대방에게 전가할 수 있다면, 회사로서는 이사회를 제대로 운영하여야 할 유인이 줄어들 것이므로, 회사의 건전한 운영에 장애가 된다. 또한 주식회사의 의사결정과 집행과정에서의 특수성에 따른 위험을 거래상대방이 용인할 수 없는 정도로 거래상대방에게 부담시킨다면 거래상대방으로서는 회사와 거래를 기피하거나 다른 장치(대표이사나 주주 개인의 연대보증 등)를 추구할 수밖에 없다.[541]

---

541) 김연미, "이사회 결의를 흠결한 거래에 있어 제3자 보호", 비교사법 제23권 제4호, 비교사법학회(2016), 1777.

따라서 대표권 제한 쟁점의 경우 가급적 상대방을 넓게 보호하여 이사회 결의 흠결로 인한 위험을 회사가 부담하도록 하되, 회사의 손해는 회사로 하여금 대표이사에 대한 손해배상책임을 묻는 등의 방법으로 전보받도록 하는 것이 이사회 권한의 강화 내지 이사회 역할의 정상화의 관점에서도 바람직하다.

대표이사의 대표권 제한에 관한 과거의 판례들을 돌이켜 보면 적지 않은 사안이 거래행위가 있은 후에 회사의 경영진이 바뀌는 등 사정이 변경되자 회사가 당사자가 되어 과거에 이사회 결의 없이 문제의 거래행위가 행해졌다는 이유로 그 행위의 무효를 주장하는 경우이다. 이처럼 회사측의 선택에 따라 사후적으로 거래무효를 주장할 수 있게 되는 기회주의적 태도 또는 남용가능성을 고려한다면, 가급적 보호되는 상대방의 범위를 넓히는 것이 타당하다.542) 대법원 2015다45451 전원합의체 판결의 다수의견에 대한 보충의견에서 '회사법은 … 거래비용을 최소화하는 방향으로 운용'되어야 한다고 언급한 것처럼, 이사회 결의가 필요한 행위인지를 법적으로 판단하는 것에 대한 위험과 불확실성을 무조건 거래상대방에게 전가시키는 것이 타당하다고 할 수도 없다.

2) 비영리법인의 경우(민법 제60조의 개정안)

앞서 2항에서 제안한 것처럼 인식설로 민법 제60조를 개정할 경우 다음 단계로 생각해 보아야 하는 것은 비영리법인과 거래한 상대방의 과실을 어떻게 평가할 것인가이다. 이는 근본적으로는 거래상대방의 보호범위를 어떻게 정하여 입법할 것인지의 문제이고, 예비적으로 현재의

---

542) 조인호, "대표이사의 대표권의 내부적 제한 위반거래 및 대표권 남용과 제3자 보호요건", 상사판례연구 제29권 제3호, 한국상사판례학회(2016), 229; 최문희, "이사회 결의가 필요한 전단적 대표행위의 상대방 보호 법리의 재검토 -대법원 2021. 2. 18. 선고 2015다45451 전원합의체 판결의 분석을 겸하여-", 상사법 연구 제40권 제3호, 한국상사법학회(2021), 42.

상법 제209조 제2항처럼 '선의의 제3자'라고만 입법될 경우543)의 해석
론을 논하는 것이기도 하다.

　앞서 본 대법원 2015다45451 전원합의체 판결은 상법 제209조 제2항
에 규정된 "선의"를 "선의·무중과실"로 해석하는 방법을 통해 영리법인
과 거래한 상대방이 보호되는 영역을 넓혔고, 이러한 해석론이 타당함은
앞서 살펴보았다. 그런데 상법 제209조 제2항이 문언에도 불구하고 경
과실 있는 자를 보호하는 것으로 해석됨이 타당한 것은, 상거래의 특성
에 상당부분 기인한다. 그렇다면 비영리법인 또는 비법인사단과 거래한
상대방은 어떠한 범위에서 보호되어야 하는가.

　먼저 비영리법인과 거래한 상대방은 경과실·중과실 유무를 불문하고
선의이기만 하면 보호하자는 견해도 이론상 상정할 수는 있겠지만, 소송
과정에서 내심의 의사인 타인의 '악의'를 증명하는 것은 어렵고, 자칫
거래상대방으로 하여금 거래에 있어 필요한 최소한의 주의의무를 다하
기 보다는 중과실의 선의자로서 보호받고자 하는 유인을 불러일으켜 도
덕적 해이를 조장할 수 있다는 측면에서도 조심스럽다.

　그렇다면, 남은 선택지는 (1) 영리법인과 거래하는 상대방은 비영리법
인(비법인사단)과 거래하는 상대방보다 보호된다는 원칙을 수립하여 영
리법인과 비영리법인의 차별성을 부각시킬 것인지(즉, 비영리법인은 영
리법인과 달리 선의·무과실의 상대방만 보호), (2) 또는 영리법인이든 비
영리법인이든 법인과 거래하는 상대방은 동등하게 보호된다는 원칙을
수립하여 법인의 종류를 불문하고 거래안전을 보호하고 상대방의 거래
편의를 도모할 것인지(비영리법인도 영리법인과 마찬가지로 선의·무중
과실의 상대방까지 보호) 여부이다. 이는 우리의 사회·경제적 상황에 따
라 결정될 수 있는 정책적 판단의 문제일 수 있고, 반드시 어느 한 견해

---

543) 현재 민법에서 '중과실'에 관한 규정을 찾아보기 어려운 점에 비추어 보면
　　(별지 4 표 참조), 민법 제60조가 인식설에 따라 개정되더라도 '선의의 제삼
　　자에게 대항하지 못한다'라고만 입법될 가능성이 높아 보인다.

가 보다 우월하다고 단정하기 어렵다.

다만 필자는 다음의 이유로 비영리법인과 거래한 상대방 역시 선의·무중과실이면 보호되는 것이 타당하다고 생각한다.[544]

① 사회가 발전함에 따라 전통적인 영리법인과 비영리법인의 구별 자체가 모호해진 측면이 있고, 적어도 영리법인이든 비영리법인이든 현대 사회에서 법인이 법률행위의 주체로서 행하는 행위의 태양은 크게 다르지 않으며 그 대부분이 재산의 처분과 별도로 생각할 수 없는 경제적 행위이다. 즉, 영리법인인지 비영리법인인지에 따라, 구성원에 대한 이익 분배를 주된 목적으로 하는지 또는 이를 위해 수익사업을 주된 사업으로 하는지 여부가 달라질 수는 있지만 그 과정에서 제3자와 체결하는 거래행위의 성질 자체가 달라진다고 보기는 어렵다. 이러한 관점에서, 비영리법인과 거래행위를 한 상대방이 영리법인과 거래행위를 한 상대방보다 덜 보호되어야 하는(바꾸어 말하면, 대표자가 대표권 제한을 위반한 경우에 비영리법인이 영리법인보다 더 보호되어야 하는) 합리적 이유를 찾기 어렵다.

② 비영리법인 중 국가와 지방자치단체를 제외한 특수법인에 관하여는 대부분 개별 법률이 존재하여, 해당 법인을 특히 보호할 필요가 있는 경우에 관한 특별 조항이 마련되어 있다. 이를 통해 이미 학교법인, 공익법인, 의료법인 등은 충분히 보호받고 있으므로, 그 밖의 영역에서까지 비영리법인을 더 보호할 이유는 없다.

③ 대표권 제한의 상대방은 어떠한 민사상 책임을 부담하는 자라기보다는 법인과 거래행위를 한 당사자에 불과하고, 구체적 타당성과 공평의 관점에서 보호되어야 하는 자이다. 이 점은 상대방과 거래한 법인이 비

---

544) 다만 어느 견해를 취하더라도, 해당 법인의 존립을 좌우할 중요한 행위(총유물의 관리·처분행위, 기본재산의 처분에 관한 이사회 결의 문제 등) 또는 사립학교 등 특수한 법인의 특정 거래행위의 경우에는, 대표권 제한에 위반하여 행해진 거래행위를 절대적 무효로 보아야 할 것이다.

영리법인인지 영리법인인지에 따라 달라지지 않는다.

4. 법률상 제한과 내부적 제한의 구별

가. 쟁점의 정리

대법원은 대법원 2015다45451 전원합의체 판결 선고 이전부터 일관되게 회사와 거래한 상대방을 보호함에 있어 상법 제393조 제1항에 따라 이사회 결의를 요하는 '법률상 제한'과 회사 정관 등에서 대표권을 제한한 '내부적 제한'을 구별하지 않았고, 대법원 2015다45451 전원합의체 판결을 통해 향후에도 양자를 구별하지 않겠다는 태도를 취하였다. 이에 대하여 상법학계에서는 주식회사에 적용되는 상법 제393조 제1항을 소위 '법률상 제한'으로 보고 정관이나 내부 규정에 의한 '내부적 제한'과 구별하여 취급해야 한다는 견해(이하 '구별설'이라고 한다)545)546)

---

545) 구체적으로는, ① 법률상 제한은 이익형량의 관점에서, 내부적 제한은 상법 제209조 제2항에 따라 해결하자는 견해{장덕조, 회사법(제4판), 법문사(2019), 332}, ② 법률상 제한의 경우에는 행위에 따라 개별적으로 그 효력을 판단하고, 내부적 제한의 경우에는 상법 제389조 제3항에 의해 준용되는 제209조 제2항에 따라 상대방이 선의이기만 하며 보호된다고 보는 견해{권기범, 현대회사법론(제8판), 삼영사(2021), 1008}, ③ 법률상 제한의 경우는 판례와 같이 선의·무과실의 상대방을 보호하고 내부적 제한의 경우는 상법 제209조 제2항에 따르는 견해{이철송, 회사법강의(제31판), 박영사(2023), 737; 정동윤, 상법(상)(제6판), 법문사(2012), 617-619.; 정영진, "대표이사의 대표권 제한에 대한 재고찰", 기업법연구 제28권 제2호, 한국기업법학회(2014), 216, 237.} 등이다.

546) 김희철, "대법원 2021. 2. 18. 선고 2015다45451 전원합의체 판결에 관한 소고", 상사판례연구 제34권 제1호, 한국상사판례학회(2021), 220 이하에서는, 구별설(상법 제209조 제2항의 불가제한성은 법률상 제한인 상법 제393조 제1항에 적용하기에는 적절하지 않다)을 전제로 상법 제209조 제2항을 법률상 제한에 준용하는 결과를 가져온 대법원 2015다45451 전원합의체 판결의 법

가 다수 견해로, 대법원 2015다45451 전원합의체 판결에 관한 평석에서
도 이 부분 제2법리에 관한 적지 않은 비판이 보인다.

한편 민법학계에서는 민법 제60조를 논하면서 법률상 제한과 내부적
제한을 구별하여 기술하기보다는 앞서 본 특수법인에 관한 개별 법령에
따른 제한을 '법령에 의한 제한'으로 표현하고 이를 민법 제60조의 대표
권 제한과 구별하여 취급해야 한다는 견해가 주된 견해로 보인다.[547] 특
수법인인 공익법인의 이사회 결의사항을 법정한 법률 규정에 관해 "공
익법인의 대표자인 이사의 권한에 대한 법률상의 제한"이라고 보고 등
기 없이도 제3자에게 대항할 수 있다고 하여 민법 제60조를 적용하지
않은 판례[548]도 이러한 견해에 부합하는 것으로 이해할 수 있다.

민법에서는 정관에 의한 대표권 제한을 예정하고 있을 뿐(민법 제41
조), 상법 제393조 제1항과 같은 조항이 존재하지 않는다. 오히려 '학교
법인이 설치한 사립학교의 경영에 관한 중요 사항'을 이사회 결의사항
으로 법정한 사립학교법 제16조 제1항 제6호 또는 앞서의 판례에서 법
률상 제한으로 본 공익법인법 제7조가 상법 제393조 제1항과 유사한 측
면이 있다. 따라서 상법 제393조 제1항을 중심으로 논의되는 '법률상 제
한'과 '내부적 제한'의 구별에 관한 견해는, 민법상의 비영리법인보다는
특수법인을 상정하고 논의하는 것이 더욱 자연스럽다.

이하에서는 먼저 상법 제393조 제1항을 전제한 구별설과 비구별설에
관하여 논의하고(이는 대법원 2015다45451 전원합의체 판결의 제2법리

리를 비판하고 있고, 이철송, "대표이사의 전단행위의 효력", 선진상사법률
연구 제94호, 법무부(2021), 19 이하에서는 대법원 2015다45451 전원합의체
판결의 다수의견 중 내부적 제한과 법률상 제한을 같이 취급한 제2법리에
대하여 구체적으로 반박하고 있다.

547) 민법주해[I] 총칙(1), 박영사(2000), 222(천경훈); 주석 민법 [총칙 1](제4판),
한국사법행정학회(2010), 732(주기동); 주석 민법 [총칙 1](제5판), 한국사법
행정학회(2019), 823(문영화).

548) 대법원 2010. 9. 9. 선고 2010다37462 판결.

의 타당성에 대한 검토이기도 하다), 그 다음으로 특수법인의 이사회 결의사항 쟁점에 관하여 살펴보기로 한다.

나. 주식회사의 이사회 결의가 흠결된 경우

1) 구별설의 소개

구별설은 상법 제393조 제1항의 문제는 상법 제209조 제2항에서 말하는 '대표이사 권한에 대한 제한'이 아니라는 논리를 바탕으로 한다.

주의할 점은 이러한 구별설을 취하는 문헌들을 살펴보아도 상법 제393조 제1항에 위반하여 행해진 거래행위를 절대적 무효로 보아야 한다고 주장하는 문헌은 찾아볼 수 없다는 점이다. 즉, 구별설에 의하더라도 상법 제393조 제1항 위반의 거래행위와 내부 규정 위반의 거래행위 모두 상대적 무효설에 따라야 하고 다만 법률상 제한과 내부적 제한의 법적 평가가 달라야 한다는 취지로, 추정해보면 양자의 법적 평가를 달리함으로써 "보호되는 거래상대방의 범위가 달라지는 차이"를 상정하는 것으로 이해된다. 구별설에서 제시하는 근거는 다음과 같다.

① 상법 제389조 제3항에 의하여 준용되는 제209조는 대표이사가 "의사결정의 결과로서의 행위를 할 권한과 그 제한"을 다루고 있고, 상법 제393조 제1항은 회사의 의사결정권한이 이사회에게 있음이 원칙이지만 일상업무에 한하여 대표이사가 결정할 수 있다는 것이어서 서로 다른 차원의 논의이므로, 상법 제209조 제2항을 대표권 제한에 대한 일반규정으로 단정하기는 어렵다.

② 법률에서 이사회 결의를 요구하는 경우에는 제3자가 이를 알 수 있지만, 내부적 제한의 경우는 원래 이사회 결의 없이 대표이사가 단독으로 할 수 있는 통상의 업무집행임에도 불구하고 내부적으로 이를 제한한 것이어서 상대방이 알기 어렵다. 따라서 법률상 제한의 경우는 제3자가 이사회 결의가 필요함을 알 수 있었기 때문에 내부적 제한의 경우

보다 비난의 정도가 강하다고 볼 수 있고, 이처럼 상대방(제3자)의 주의
의무 및 비난 가능성이 달라지므로[549] 법적 평가도 달리해야 한다.[550]
그럼에도 양자를 같이 취급한다면 상법 제393조 제1항을 통해 중요한
업무집행에 관한 결정권과 대표이사의 직무집행 감독권을 이사회에 부
여한 입법의도를 무시함으로써 자칫 이사회 기능의 형해화를 가져올 수
있다. 상법 제393조 제1항은 강행규정이고,[551] 강행규정에 위반한 법률
행위는 무효임이 원칙이라는 논거[552] 역시 같은 취지로 이해된다.

---

549) 정영진, "대표이사의 대표권 제한에 대한 재고찰", 기업법연구 제28권 제2
    호, 한국기업법학회(2014), 216, 238.
550) 이철송, 회사법강의(제31판), 박영사(2023), 737-738에서는 이와 같이 기술하
    면서 법문이 「중요성」을 요건 개념으로 사용하고 있다는 사실은 거래상 판
    단이 가능하다는 것을 전제로 한 것이므로 대법원 2015다45451 전원합의체
    판결과 같이 법률상 제한을 내부적 제한과 동일시하는 것은 명문의 규정에
    반하는 해석이라고 기술하고 있다. 이에 대하여는 대법원 2016다45451 전원
    합의체 판결의 다수의견에서 지적한 것처럼, 법률전문가라 할지라도 상법
    제393조 제1항의 해석론은 명확한 문제가 아니라는 점에서 그대로 받아들이
    기 어렵다는 반론이 가능할 것이다.
551) 다만 현재까지 우리 대법원이 상법 제393조 제1항을 '강행규정'이라고 판단
    한 예는 없었다. 이는 영업양도 특별결의 요건을 정한 상법 제374조 제1항
    제1호에 관하여 "주식회사가 주주의 이익에 중대한 영향을 미치는 계약을
    체결할 때에는 주주총회의 특별결의를 얻도록 하여 그 결정에 주주의 의사
    를 반영하도록 함으로써 주주의 이익을 보호하려는 강행법규"라고 판단하였
    던 것(대법원 2018. 4. 26. 선고 2017다288757 판결)과 대비된다.
552) 이철송, "대표이사의 전단행위의 효력", 선진상사법률연구 제94호, 법무부
    (2021), 23. 관련하여, 현재 '강행법규'라는 용어 자체가 혼용되고 있다는 점
    (강행법규를 단속규정과 대비되는 개념으로 파악하거나 또는 강행법규가 효
    력규정과 단속규정으로 구분된다고 파악하는 등)은 별론으로 하더라도, 판
    례가 상법 제542조의9 제1항이 강행규정이라고 하면서도 동시에 그에 위반
    한 신용공여에 관하여 "제3자가 그에 대해 알지 못하였고 알지 못한 데에
    중대한 과실이 없는 경우에는 그 제3자에 대하여는 무효를 주장할 수 없다"
    고 하는(대법원 2021. 4. 29. 선고 2017다261943 판결) 등 전통적으로 인정
    되어 오던 강행법규 또는 강행규정의 개념이 특히 회사법 영역에서 그대로
    유지될 수 있는지(또는 유지되어야 하는지)에 대하여는 생각해 볼 필요가

③ 상법 제209조는 합명회사에 관한 규정으로 상법 제389조 제3항을 통해 주식회사 대표이사에 준용된다. 그런데 합명회사는 각 사원이 업무집행권과 대표권을 가지는 것이 원칙인 반면, 주식회사는 의사결정기관과 업무집행·대표기관이 분리되는 것이 원칙이므로, 합명회사에 관한 규정인 상법 제209조를 상법 제389조 제3항에 따라 주식회사 대표이사에 준용하더라도, 성질상 준용이 가능한 범위에서만 준용되어야 한다.

2) 검토553)

대표권 제한의 근거가 법률인 경우와 회사 정관 등 내부 규정인 경우는 형식적으로 당연히 구별된다. 그중 법률상 제한에 해당하지 않는 순수한 내부적 제한인 경우에는 실체적으로도 그 내용이 구별된다고도 할 수 있을 것이다.

대법원 2015다45451 전원합의체 판결의 다수의견 역시 아래와 같은 판시내용을 면밀히 살펴보면(밑줄은 필자가 임의로 부기함), 법률상 제한과 내부적 제한의 구별 자체를 부정한 것은 아니다(다만 그에 위반한 거래행위의 효력, 즉 상대방의 보호범위를 판단할 때에는 양자가 같이 취급되어야 한다고 선언하였을 뿐이다.554)555)).

있다. 다만 이는 본고의 논점을 벗어난 주제이므로 더 이상 논의하지 않기로 한다.
553) 나아가 상법 제209조 제2항이 모든 상법상 회사에 동일하게 적용되는 이상 주식회사 대표이사의 대표권 제한에 관한 비구별설의 논리는 모든 상법상 회사 대표자의 대표권 제한에 관하여 마찬가지로 적용될 수 있을 것이다(본문의 논거 ① 참조).
554) 대법원 2015다45451 전원합의체 판결 문언에 의할 때, 내부적 제한은 상법 제209조 제2항이 '적용'됨이 명백하지만, 법률상 제한에 관하여는 위 규정을 '적용'하는 것인지, '준용'하는 것인지, 아니면 '유추적용'하는 것인지 불분명하다.
555) 내부적 제한과 상법 제393조 제1항의 법률상 제한 모두에 대하여 선의·무중과실의 거래상대방을 보호하는 대법원 2015다45451 전원합의체 판결의 결

"대표이사의 대표권을 제한하는 상법 제393조 제1항은 그 규정의 존재를 모르거나 제대로 이해하지 못한 사람에게도 일률적으로 적용된다. 법률의 부지나 법적 평가에 관한 착오를 이유로 그 적용을 피할 수는 없으므로, 이 조항에 따른 제한은 내부적 제한과 달리 볼 수도 있다. 그러나 주식회사의 대표이사가 이 조항에 정한 '중요한 자산의 처분 및 양도, 대규모 재산의 차입 등의 행위'에 관하여 이사회의 결의를 거치지 않고 거래행위를 한 경우에도 거래행위의 효력에 관해서는 위 다.에서 본 내부적 제한의 경우와 마찬가지로 보아야 한다."

주식회사를 위해 주주총회와 이사회라는 두 개의 의사결정기관의 존재를 예정한 상법의 체계와 특히 상법 제393조 제1항의 개정을 통해 이사회 권한을 강화하고 대표이사의 전횡을 경계하고자 했던 입법자의 의도에 비추어 보면, 법률상 제한과 내부적 제한의 각 위반행위의 법적 평가가 동일해서는 안 된다는 구별설의 논거도 수긍할 수 있는 측면이 있다.

그러나 다음과 같은 이유를 종합하면, 비구별설이 타당하다.

① 상법 제393조 제1항에 따른 법률상 제한과 정관 등에 따른 내부적 제한이 논리적·형식적으로 구별된다고 해서, 법률상 제한에 위반된 거래행위의 효력을 판단하는 '기준'과 내부적 제한에 위반된 거래행위 효력을 판단하는 '기준' 자체가 서로 달라져야 하는 논리필연성 내지 절대적

론에 찬성하는 견해로 권영준, "이사회 결의를 거치지 않은 대표권 행사와 제3자 보호", 법학 제63권 제1호, 서울대학교 법학연구소(2022), 240 이하; 권종호, "대표이사의 대표권제한과 대표권남용에 관한 소고", 일감법학 제50호, 건국대학교 법학연구소(2021), 40-41; 김교창, "주식회사 대표이사의 대표권 제한과 제3자 보호 -대법원 2021. 2. 28. 선고 2015다45451 전원합의제 판결-", 법률신문 제4898호, 법률신문사(2021); 노혁준, "2021년 회사법 중요 판례평석", 인권과 정의 제504호, 대한변호사협회(2022), 122; 최문희, "이사회 결의가 필요한 전단적 대표행위의 상대방 보호 법리의 재검토 -대법원 2021. 2. 18. 선고 2015다45451 전원합의체 판결의 분석을 겸하여-", 상사법연구 제40권 제3호, 한국상사법학회(2021), 63.

당위성은 없다.

법률상 제한 위반과 내부적 제한 위반의 법적 평가가 달라져야 하더라도, 그 방법으로 반드시 전자는 선의·무과실의 거래상대방을 보호하고 후자는 선의·무중과실의 거래상대방을 보호하는 것으로 구별되어야 하는 것은 아니다. 양 사안 모두 선의·무중과실의 거래상대방을 보호한다는 동일한 기준에 따르면서 법률상 제한을 위반한 사안에서 거래상대방의 중과실을 보다 쉽게 인정하는 방법을 통해서도 양자의 법적 평가를 달리 하는 결과를 가져올 수 있다.

2015다45451 전원합의체 판결 다수의견의 "개별 사건에서 사안에 따라 거래상대방의 선의나 과실을 고려하여 판단하는 것이 타당"하다는 기술도 이 점을 지적한 것으로, 이처럼 개별 사안에서 구체적 요소를 종합적으로 판단한다면, 비구별설에 따른다고 해서 상법 제393조 제1항의 취지가 몰각된다고 단정할 수는 없다.

② (구별설이 전제하는 것만큼) 상법 제393조 제1항을 비롯하여 법률 조항의 해석론이 명확하지 않다.

구별설은, 법률상 제한은 거래상대방을 포함한 모두가 당연히 알아야 하는 사항이라거나 적어도 내부적 제한보다 제3자가 쉽게 알 수 있음을 전제하고 있는데, 이는 아마도 "법률의 부지는 용서받지 못한다"는 명제에서 기인한 것으로 보인다. 위 명제는 원래 형사법에서 범의 등을 다투는 피고인의 주장을 배척하는 논리로 사용되어 왔다. 그러던 것이 근로기준법 사안에서 "근로기준법의 강행규정은 그 규정의 존재를 알지 못하거나 이를 제대로 이해하지 못한 자에게도 일률적으로 적용되고 법률의 부지나 법적평가에 의한 착오가 있다고 하여 그 적용을 피할 수 없다"[556]는 법리가 등장하였고, 대법원 2015다45451 전원합의체 판결에서는 "대표이사의 대표권을 제한하는 상법 제393조 제1항은 그 규정의 존

---

556) 대법원 2013. 12. 18. 선고 2012다89399 전원합의체 판결 중 대법관 이인복, 대법관 이상훈, 대법관 김신의 반대의견.

재를 모르거나 제대로 이해하지 못한 사람에게도 일률적으로 적용된다. 법률의 부지나 법적 평가에 관한 착오를 이유로 그 적용을 피할 수는 없으므로…"라고 판시되었던 것이다.

위 명제의 당위성에 대한 논의는 별론으로 하더라도, 상법 제393조 제1항의 존재를 아는 것과 어떠한 거래행위가 위 조항에 해당하는지를 아는 것은 서로 다른 문제이다.

예를 들어 준비금의 자본전입, 신주발행 등과 같이 회사의 특정 행위가 이사회의 결의를 요하는 것으로 명시되어 있다면 그 행위에 해당하는지 여부는 해석의 여지가 없으므로 이를 무시한 상대방을 보호할 필요성은 현저히 낮아질 것이다.

그러나 실무에서 주로 다투어지고 본고에서 주로 논의하는 대상인 상법 제393조 제1항, 민법 제276조 제1항, 특수법인의 허가규정 등은 그렇지 않다. 위 각 법률 조항의 해석론이, 내부적 제한의 경우보다 그 상대방을 덜 보호해야 할 정도로 명쾌하거나 예측가능한 수준이라고 보기 어렵다.[557]

상법 제393조 제1항을 예로 들면, 문제의 거래행위가 위 조항에 해당하는지 여부는 "재산의 가액과 총자산에서 차지하는 비중, 회사의 규모, 회사의 영업이나 재산 상황, 경영상태, 자산의 보유목적 또는 차입 목적과 사용처, 회사의 일상적 업무와 관련성, 종래의 업무 처리 등에 비추어 대표이사의 결정에 맡기는 것이 적당한지 여부"에 따라[558] 판단된다. 그런데 대표이사와 거래하는 상대방이 거래 당시에 위와 같은 회사의 구체적 상황을 알기 어려울 뿐만 아니라, 회사와 거래행위를 한다는 이유

---

557) 송옥렬, 상법강의(제13판), 홍문사(2023), 1027-1028; 같은 취지로 "일상업무와 비(非)일상업무의 구분은 현실적으로 중요하지만 반드시 분명한 것은 아니다"라고 한다{김건식·노혁준·천경훈, 회사법(제7판), 박영사(2023), 385}.
558) 대법원 2005. 7. 28. 선고 2005다3649 판결, 대법원 2008. 5. 15. 선고 2007다23807 판결 등 참조.

만으로 위와 같은 사정을 알아야 할 필요도 없고, 알아야만 하는 것도 아니다. 설령 상대방이 그러한 사정을 알고 있더라도, 법률전문가가 아닌 일반인이 해당 거래행위가 대표이사의 결정에 맡겨져 있다고 볼 수 있는지를 판단하기도 쉽지 않다. 이는 해당 쟁점에 관하여 1심과 항소심, 상고심의 판단이 엇갈리기도 하였던 과거의 적지 않은 사례에 비추어 볼 때 더욱 설득력을 가진다.

이러한 이유로 대법원 2015다45451 전원합의체 판결의 다수의견은 어떠한 거래행위가 상법 제393조 제1항에서 정한 '중요한 자산의 처분 및 양도, 대규모 재산의 차입 등'에 해당하는지는 법률전문가조차 판단이 엇갈릴 수 있는 영역으로 결코 명백한 문제가 아니라고 하였던 것이다.

이 부분의 불합리성은 앞서 본절의 3의 나.항(인식의 대상)에서 살펴본 [표 11]에서 ②의 경우, 즉 이사회 결의가 필요하다는 점에 관하여는 선의이나 이사회 결의가 흠결되었다는 점에 관하여는 악의였던 거래상대방을 상정해 보면, 더욱 명백하게 드러난다. 즉, 구별설을 취한다면 이러한 경우에 거래상대방은 법률상 제한(상법 제393조 제1항)에 관한 선의·무(중)과실의 항변을 할 수 없으므로, 이사회 결의 흠결에 관하여 악의였던 이상 (이사회 결의가 필요하지 않다고 믿었다 하더라도) 보호받지 못하게 되는 것이다.559)

③ 거래상대방의 보호 또는 법인 보호의 판단은, 대표권 제한의 근거가 법률인지 아니면 내부 규정인지 여부에 따라 달라지기보다는 총회·이사회 결의가 흠결된 해당 거래행위의 중요성 및 법인의 공익성 등 그 법인의 특수성에 따라 결정되는 것이 보다 바람직하다.

---

559) 반면 비구별설에 의한다면 이러한 경우에도 거래상대방은 보호되고, 다만 거래상대방이 이사회 결의가 필요하다는 점에 관하여 선의·무중과실이었는지 여부를 판단할 때에 해당 거래행위가 법인에 미치는 영향, 상법 제393조 제1항에서 정한 중요한 업무에 해당함을 쉽게 알 수 있었는지 등의 사정을 종합적으로 고려함으로써 구체적 타당성 있는 해결을 도모할 수 있다.

이미 대표권 제한 쟁점에서 법인 보호가 우선되어야 할 영역은 절대적 무효설에 따르고 있고, 상대적 무효설을 취하는 영역은 그 나머지 영역이다. 상대적 무효설에 속하는 모든 법률상 제한이 법인 보호라는 관점에서 동등한 가치를 가진다고 보기도 어려우므로, 법률상 제한이라는 이유만을 들어 상법 제393조 제1항을 내부적 제한과 구분하여 취급할 것을 고집하는 것은 합리적이지도 않다.

한편, 구별설은 절대적 무효설에 따르는 상법 제374조 제1항과 상법 제393조 제1항과의 유사성을 강조하기도 한다. 그러나 상법 제374조 제1항에서 요구하는 주주총회 결의를 흠결한 행위를 무효로 보는 이유는, 주주총회 결의를 요하도록 "법률에서 정하였기 때문"이라기보다는, 해당 사항(즉 영업양도 행위)이 "주식회사의 존립에 매우 중요한 사항이어서" 주주총회 결의를 요하도록 법률에서 정하였기 때문이라고 설명하는 것이 보다 정확하다.

마찬가지로 민법상 비영리법인의 경우 "사단법인의 사무는 … 외에는 총회의 결의에 의하여야 한다"고 정한 민법 제68조에도 불구하고, 총회 결의사항과 정관 등 내부 규정에 근거할 수밖에 없는 이사회 결의사항을 구별하여 전자만을 법률상 제한으로 취급해야 한다는 논의는 찾아보기 어려운데, 이는 민법 제68조에 따라 총회 결의를 요하는 사단법인의 사무 전부가 사단법인의 존립에 중요한 사항이라고 보기 어렵기 때문이다. 그리고 "중요한 회사의 업무집행"을 이사회 결의사항으로 정한 상법 제393조 제1항은, 주식회사 이사회 권한에 관한 일반조항적 성격을 가진다는 점에서 (상법 제374조 제1항보다는) 총회 권한에 관한 일반규정인 민법 제68조와 유사하다고 할 수 있다.

④ 비구별설은 재판 실무에서 당사자의 주장·증명 책임과 법원의 심리에 대한 부담을 경감시킬 수 있다.

비구별설을 취한다면, 상법 제393조 제1항에 해당하지 않는 행위라도 내부 규정에 따라 이사회 결의를 요하는 행위인 경우이기만 하면,

그 흠결에 관한 상대방의 인식만을 판단하여 거래행위 효력을 판단하면 된다.560)

이와 달리 구별설과 같이 법률상 제한과 내부적 제한 사안의 판단 기준(법리) 자체를 달리 한다면, 회사의 내부 규정에 따라 이사회 결의가 필요하다는 점에 관해서는 다툼이 없거나 명확히 판단되는 경우에도, 해당 거래행위가 상법 제393조 제1항에도 해당하는 행위인지, 아니면 이른바 순수한 내부적 제한 사항인지 여부를 재차 다투고 판단할 수밖에 없다. 이는 당사자에 대하여 불필요하게 증명책임을 더하는 것이고, 법원에 대하여도 심리 부담을 가중시키는 결과를 가져온다.

⑤ 상법이 제3편에서 '회사'에 관하여 규정하면서 통칙과 합명회사를 먼저 규정하고, 상법 제209조 제2항을 포함한 합명회사에 관한 다수 규정을 다른 유형의 회사(합자회사, 주식회사, 유한회사 등)에서 준용하도록 하는 체계를 취하고 있는 이상,561) 그러한 상법의 문언과 법령 체계를 무시할 수 없다(유한회사의 경우 그 특성을 고려하여 일부는 합명회사의 규정을,562) 일부는 주식회사 규정을563) 각 준용하도록 구별하여 정하고 있음을 고려한다면 더욱 그러하다). 그럼에도 불구하고 '성질상

---

560) 역으로, 상법 제393조 제1항에 해당함에도 내부 규정에서 이사회 결의를 요하도록 정하지 않은 행위 역시 대표권 제한 쟁점의 문제로 다루어진다. 바꾸어 말하면, 회사가 정관 등 내부 규정을 통해 상법 제393조 제1항과 달리 정하는 것은 허용되지 않음을 의미한다.

561) 합자회사의 경우 합명회사 규정을 준용하는 상법 제269조가 존재하고, 주식회사에서 합명회사 규정을 준용하는 예로는, 설립무효·취소판결에 관한 규정들을 준용하는 상법 제328조 제3항, 제376조 제2항, 제380조, 제381조, 대표이사에 관한 제389조 제3항, 주주대표소송에 관한 상법 제403조, 신주발행무효의 소에 관한 상법 제430조, 감자무효의 소에 관한 상법 제446조, 이익배당 반환청구의 소에 관한 상법 제462조 제3항, 해산판결에 관한 상법 제520조 제2항, 주식회사 해산과 합병에 관한 상법 제530조, 그 외 상법 제542조 등이 존재한다.

562) 상법 제549조 제4항, 제562조 제4항 등.

563) 상법 제548조 제2항, 제560조 등.

가능한 범위 내에서만' 준용하자는 견해는, 명확한 법률 규정과 문언의 한계를 뛰어넘는 해석론으로 쉽사리 따르기 어렵다.

⑥ 그 밖에도 구별설이 내세우는 논거들은 다음과 같이 타당하지 않다.

구별설은 합명회사는 업무집행권(의사결정권 포함)과 대표권이 일치되는 반면 주식회사는 의사결정기관과 업무집행·대표기관이 분리되는 것이 원칙이라는 명제를 내세운다. 그러나 합명회사에 수인의 업무집행사원이 존재할 경우에는 각자 대표의 원칙과 결합하여 업무집행사원 과반수의 결의에 의하여 정해진 의사결정에 반하여 대표권이 행사될 위험성이 있다는 점을 상기한다면, 대표권 제한의 법리에서 주식회사와 달리 취급될 정도로 합명회사의 기관구조가 구별되는 것인지는 의문이다.

또한 구별설을 취하는 일부 견해는 상법 제393조 제1항이 강행규정임을 전제하고 있는데,564) 어떠한 법률 조항이 강행규정인지 여부 역시 법원의 판단에 달려 있음을 고려한다면, 당사자가 느끼는 법률조항 해석의 어려움은 강행규정에 관하여도 여전히 존재할 것임을 부인할 수 없다. 또한 강행규정임에도 불구하고 그 위반행위의 효력을 상대적 무효로 보겠다는 입장을 취하는 이상에는, 내부적 제한과 동일한 기준에 따라 판단하는 것이 불합리하다고 단정하기도 어려워 보인다.

다. 특수법인의 이사회 결의가 흠결된 경우

1) 판례와 학설의 소개

앞서 제3장 제3절에서 자세히 소개한 것처럼, 판례는 학교법인, 공익법인, 사회복지법인에 관한 개별 법률에서 이사회 결의를 거치도록 정하였음에도 이를 흠결한 경우 그 행위의 효력을 절대적으로 무효라고 보

---

564) 상법 제393조 제1항에 관하여 '강행규정'이라고 선언한 판례는 찾아볼 수 없음은 앞서 언급한 바이다.

고 있고, 공익법인 사안에서 이사회 결의사항을 규정한 법률 조항을 가리켜 '공익법인의 대표자인 이사의 권한에 대한 법률상의 제한'이라고 칭하며 '등기 없이도 제3자에게 대항할 수 있다'는 점을 분명히 하였다.565) 이 점에 비추어 보면 적어도 판례는, 특수법인에 관한 개별 법률에서 이사회의 결의를 거치도록 정하였다면 이를 대표권에 대한 '법률상 제한'으로 보고, 정관 등에 의한 내부적 제한과 구별하겠다는 입장으로 이해되기도 한다.

학계에서도 이러한 '법령상 제한'에는 민법 제60조가 적용되지 않는다는 것이 다수 견해이다.566)

2) 검토

먼저 앞서 나.항에서 기술하였듯, 법률에서 이사회 결의를 거치도록 요구한 경우와 그러한 사항이 아님에도 정관 등을 통해 이사회 결의를 거치도록 요구한 '순수한 내부적 제한'의 경우는 형식적·실체적으로 같지 않다.

그러나 특수법인의 대표자가 법률상 요구한 이사회 결의를 거치지 않고 행위한 모든 경우에 (정관 등에 의한 내부적 제한을 위반한 경우의 효력과 구별되어) 그 행위가 절대적 무효로 취급되어야 한다는 법리에는 찬성하기 어렵다. 그 이유는 다음과 같다.

① 개별 법률에서 허가사항으로 정한 내용과 이사회 결의사항으로 정한 내용은 구별된다.

특수법인에서 "기본재산"의 처분 등을 허가사항으로 법정하며 그 위반행위의 효력을 무효라고 보는 취지는, 주식회사와 같은 영리법인을 비

---

565) 대법원 2010. 9. 9. 선고 2010다37462 판결.
566) 민법주해[I] 총칙(1), 박영사(2000), 222(천경훈); 주석 민법 [총칙 1](제4판), 한국사법행정학회(2010), 732(주기동); 주석 민법 [총칙 1](제5판), 한국사법행정학회(2019), 823(문영화).

롯하여 사인이 사적 목적으로 설립하는 법인이나 비법인사단과 달리, 대표자 개인의 전횡 또는 법인의 독단적 의사결정으로 인해 학교와 병원, 사회복지법인 등의 실체가 사라지거나 그 본래의 기능을 수행할 수 없게 되는 경우를 방지하고 특수법인 본래의 목적에 부합하는 건전한 발달을 도모해야 할 필요성이 더욱 크므로, 해당 법인의 보호를 우선할 필요가 있기 때문이다. 그런데 개별 법률이 "허가사항"으로 규정하였던 사항에 관하여도 그 행위가 법인에 미치는 영향이 크지 않은 경우에 이를 허가사항으로 해석하지 않음으로써 유효로 본 판례가 이미 존재하고(앞서 본 사립학교법 사안인 대법원 78다166 판결 등), 결국 일부를 "신고사항"으로 바꾸는 법 개정이 이루어지기도 하였다.

나아가 특수법인에 관한 관련 규정의 내용을 살펴보면(표 3 참조), 결국 관할청의 허가를 요하는 행위는 전체 재산 중에서 "기본재산"의 처분 등에 관한 사항으로 이사회 결의를 요하는 사항보다 그 범위를 좁게 정한 것으로 이해된다.

따라서 개별 법률에서 이사회 결의를 요구하고 있다는 이유만으로 이를 흠결한 모든 행위의 효력이 무효라는 명제가 당연히 도출될 수는 없다.

② (적어도 본고에서 살펴본 특수법인에 한정한다면) 특수법인의 이사회 결의가 흠결된 행위가 무효라고 판단된 판결들의 구체적 사실관계를 살펴보면 그 내용은 모두 관할청의 허가를 받아야 하는 행위에도 해당하거나 적어도 그에 준할 정도로 법인 존립에 영향을 미치는 행위였음을 알 수 있다.

그렇다면 그에 준하는 정도가 아닌 행위, 예를 들어 사립학교법 제16조 제1항 제1호와 공익법인법 제7조 제1항 제1호의 행위 중 단순한 재산의 '관리'에 관한 사항으로 그 거래행위의 가액이나 중요도가 크지 않은 행위라면 달리 판단되거나 해석될 여지를 배제할 수 없다. 이미 사립학교법 사안에서, 당시 법률의 문언에도 불구하고 그 해석론으로는 법인의 행위에 의해 발생하는 모든 의무가 아니라 해당 법률 규정의 취지와 목적을 고려하여 '의무부담'에 해당하는지 여부를 결정해야 한다는 법리567)가 선언된 점을 상기하면 더욱 그렇다.

같은 맥락에서, 이사회 결의사항이 법률에 규정되지 않은 의료법인의 경우라도, 정관 등 내부 규칙으로 정한 이사회 결의사항이 기본재산의 처분에 관한 것이어서 의료법 제48조 제3항과 동일한 내용이라면 당연히 그 위반행위의 효력은 절대적으로 무효라고 보게 될 것이다.

③ 이사회 결의사항은 사립학교법 제16조 제1항568)과 공익법인법 제7조 제1항569)에서 각 정하고 있는데, 각호의 규정을 살펴보면 그 내용의 중요도가 동등하다고 단정하기는 어렵다. 예를 들어 매년 동일한 내용의 임대차계약을 갱신하는 등의 재산의 '관리'와 새로운 재산을 '취득' 또는 '처분'하는 행위, 또는 같은 '처분' 행위라도 그 행위의 규모 등에 비추어 해당 행위의 중요도는 달라질 수 있다.

현재 특수법인에 관한 개별 법률에서 정한 대표권 제한의 유형은 이

---

567) 사립학교법에 관한 대법원 1987. 4. 28. 선고 86다카2534 판결 등.
568) 제16조(이사회의 기능) ① 이사회는 다음 각 호의 사항을 심의·의결한다.
　　1. 학교법인의 예산·결산·차입금 및 재산의 취득·처분과 관리에 관한 사항
　　2. 정관 변경에 관한 사항
　　3. 학교법인의 합병 또는 해산에 관한 사항
　　4. 임원의 임면에 관한 사항
　　5. 학교법인이 설치한 사립학교의 장 및 교원의 임용에 관한 사항
　　6. 학교법인이 설치한 사립학교의 경영에 관한 중요 사항
　　7. 수익사업에 관한 사항
　　8. 그 밖에 법령이나 정관에 따라 그 권한에 속하는 사항
569) 제7조(이사회의 기능) ① 이사회는 다음 사항을 심의 결정한다.
　　1. 공익법인의 예산, 결산, 차입금 및 재산의 취득·처분과 관리에 관한 사항
　　2. 정관의 변경에 관한 사항
　　3. 공익법인의 해산에 관한 사항
　　4. 임원의 임면에 관한 사항
　　5. 수익사업에 관한 사항
　　6. 그 밖에 법령이나 정관에 따라 그 권한에 속하는 사항

사회 결의사항이 유일하다는 점(주주총회 결의사항과 이사회 결의사항
을 구분하거나 가결요건을 구분한 주식회사와 다르다), 법인의 특성(공
익성)을 고려하여 일부 사항은 관할청의 허가사항으로 정한 점 등 법률
의 체계에 비추어 본다면, 특수법인에 관하여 개별 법률에서 이사회 결
의사항으로 정한 경우라도 거래행위의 중요도와 법인에 미치는 영향 등
을 고려하여 절대적 무효의 법리가 적용될 경우와 상대적 무효의 법리
가 적용될 경우를 구별하는 해석론이 가능하다.

④ 특히 공익법인법 제7조 제1항에 반하여 이사회 결의 없이 공익법
인이 재산을 '(무상으로) 취득'한 행위에 관하여 특별한 사정이 없는 한
유효라고 판단한 판례570) 역시, 개별 법률에서 요구한 '이사회 결의'를
거치지 않은 행위라도 일률적으로 무효라고 단정할 수 없다는 법리에
대한 가능성을 보여준다.

요컨대, 개별 법률상 이사회 결의를 요하는 특수법인의 거래행위라도
그중에서 주무관청의 허가를 요할 정도 또는 그에 준하는 정도의 중요
한 거래행위에 관하여만 절대적 무효로 보고, 그 밖의 경우는 본래의 대
표권 제한 쟁점의 문제로 보아 상대적 무효의 법리에 따르는 것이 보다
타당할 것으로 생각된다(다만 현실적으로 이러한 영역, 즉 사립학교법
제16조 제1항 각호 또는 공익법인법 제7조 제1항 각호에서 정한 이사회
결의사항에 해당하지만 그 흠결 행위를 절대적 무효라고 할 만큼 중요
하지 않은 행위가 분쟁으로 발전하는 경우는 쉽게 찾기 어려울 것으로
보인다).

대표권 제한에 위반한 행위의 효력을 절대적으로 무효로 보는 이유
는 대표권 제한의 근거가 법률이기 때문이 아니라, 그 위반행위가 법인
에 미치는 영향(중요도) 때문이다. 그 판단은 '위반 행위에 관하여 대표
권을 제한한 목적과 법인의 보호'라는 이익을 '상대방 보호'의 이익과

---

570) 대법원 2009. 3. 26. 선고 2007도8195 판결.

형량한 결과로 이루어진다. 그 과정에서 대표권 제한의 근거가 법률인지 여부는 이익형량의 고려 요소 중의 하나로 작용할 뿐이다.

법인과 거래하는 당사자가 관련 법률 규정을 당연히 알아야 한다는 당위의 타당성은 별론으로 하더라도, 앞서 나.항에서 논증하였듯, 어떠한 거래행위가 법률에서 이사회 결의를 거치도록 정한 행위인지 여부의 해석이 명확하다고 보기 어려움은 특수법인에 관한 법률 역시 마찬가지이다. 해석의 여지가 존재하는 법률 조항에 관하여 그 법률 해석이 틀렸다는 법원의 사후적 판단을 내세워 거래당사자에게 불이익을 가하는 것이 정당화 되기는 어렵다.

다만 이 영역에서 상대적 무효의 법리를 적용하면서 현재의 민법 제60조에 의한다면 등기되지 않은 대표권 제한은 상대방의 선·악의를 불문하고 대항할 수 없게 된다. 현재 의료법인이 이사회 결의를 거치지 않고 행위한 경우 이러한 논리구조에 따라 거의 모든 거래행위가 유효라고 판단되고 있음은 앞서 살펴본 바이다. 이는 이사회 결의를 법정하고 있는 해당 법인들의 특수성과 공익성을 고려한다면 선뜻 받아들이기 어려운 결과임을 부인할 수 없다. 현재의 판례는 신의칙 법리를 이용하여 이러한 불합리를 해결하고 있는 것으로 보인다. 이러한 이유에서라도 민법 제60조의 개정이 필요하다.

결 론

영리법인에 관한 상법과 비영리법인에 관한 민법 및 특수법인에 관한 개별 법률들은 모두, 대표권과 의사결정권을 분리함을 원칙으로 하되 업무의 중요도에 따라 의사결정권을 배분하고 있다. 이에 따라 "법인의 대표가 의사결정기관인 이사회·총회의 결의를 거쳐야 함에도 이를 거치지 않고 행위한 경우 그 효력을 어떻게 볼 것인가"라는 대표권 제한 쟁점이 등장하였다.

본고에서는 대표권 제한 쟁점에 관한 우리의 판례 법리가 법인의 종류 또는 거래행위의 유형에 따라 상대방의 선·악의를 불문하고 무조건 무효로 보거나, 상대방의 선·악의에 따라 효력을 달리하거나 또는 대표권 제한이 등기되었는지에 따라 효력을 달리하는 등으로 달리 형성되고 있음에 주목하여, 대표권 제한 쟁점에 관한 통일적 분석과 법리의 고찰을 시도하였다. 이를 위해 영리법인 중 주식회사, 민법상 비영리법인, 특수법인 중 학교법인, 공익법인, 사회복지법인, 의료법인, 그리고 논의에 필요한 범위 내에서 비법인사단에 관한 판례 법리를 종합적으로 살펴보았고, 그 결과는 다음과 같이 요약할 수 있다.

⑴ 우리 법상 모든 법인에서 대표자가 총회 또는 이사회로 상정되는 의사결정기관의 결정을 거치도록 하는 동일한 방식의 대표권 제한을 상정할 수 있다. 이러한 대표권 제한이 본고의 논의대상이다.

⑵ 모든 법인에서 대표권과 의사결정권이 구분되고 업무의 중요도에 따라 의사결정권이 단계적으로 배분되어 있다는 점에 비추어 보면, 사안에 따라 대표권 제한에 위반된 행위의 효력을 달리 판단할 필요가 있음을 알 수 있다. 바꾸어 말하면, 대표권 제한 쟁점은 법인 보호와 거래상대방 보호 사이에서 이루어지는 이익형량의 문제이다. 이에 대한 판단은 애초 법인 대표자의 대표권을 제한하고자 한 취지뿐 아니라, 각 법인의

유형과 특성, 거래행위의 내용 등을 종합적으로 고려하여 이루어져야
한다.

(3) 그러한 관점에서 법인 보호의 필요성이 상대방 보호의 필요성보다
우선한다고 볼 수 있는 영역, 즉 상법 제374조 제1항에 따른 주주총회
결의 흠결의 경우 및 특수법인에 관한 개별 법률에서 요구한 이사회결
의를 흠결한 경우(및 특수법인의 관할청 허가 흠결의 경우)에 그 위반행
위를 절대적으로 무효라고 보는 판례 법리는 일응 타당하다. 다만 기존
의 판례 사안들과 달리 특수법인에 관한 개별 법률에서 이사회결의를
요구하도록 정한 경우라도 그 행위가 법인 업무에서 중요하지 않은 일
상적 업무 등이라면 상대적 무효의 법리에 따라야 할 것이다.

(4) 앞서 본 절대적 무효의 법리가 적용되는 경우 외의 영역, 즉 주식
회사 대표이사가 이사회 결의를 거치지 않은 경우 및 민법상 비영리법
인의 대표권 제한의 경우에는 상대적 무효의 법리가 적용되는데, 이때
다음과 같은 기준을 제시할 수 있다.

① 대표권 제한 쟁점의 법리가 영리법인과 비영리법인 사이에서 균
   형을 잃는 결과가 되지 않도록 경계해야 한다.

② 대표권 제한 쟁점으로 인한 위험은 원칙적으로 법인이 부담해야
   한다. 법인 대표자가 이사회 결의를 거쳤는지는 법인 지배구조의
   문제이고 대표권 제한에 따른 이익의 향유자는 법인이므로, 이에
   따른 위험은 원칙적으로 법인이 부담하는 것이 타당하다. 이사회
   결의는 법인 내부의 의사결정절차에 불과하므로 특별한 사정이
   없는 한 거래상대방에게 조사의무를 부담시키는 것도 타당하지
   않다.

③ 악의의 거래상대방은 보호할 필요가 없고, (가급적) 보호되어서도
   아니된다.

(5) 상대적 무효설이 적용되는 영역 중 선의의 상대방을 보호하는 인
식설을 취한 상법 제209조 제2항은 중과실을 악의로 해석하는 판례 법

리와 결합하여 영리법인의 대표권 제한 쟁점의 기준으로 충실히 그 기능을 다하고 있다. 법률상 제한과 내부적 제한이 논리적으로 구별되는 것은 사실이지만 양자 모두 상대적 무효설에 따를 것이라면 굳이 상대방 보호의 기준 자체를 달리 정해야만 하는 합리적 이유는 없다. 상법 제393조 제1항의 해석론이 명확하지도 않아 거래당사자의 예측가능성을 해하게 된다는 점에서도 그러하다.

⑹ 상대적 무효설이 적용되는 영역 중 등기설을 취한 민법 제60조는, 그 해석론으로 무제한설을 취한 판례 법리와 대표권 제한이 등기되지 않는 실무가 결합하여 악의의 상대방까지 보호하는 바람직하지 않은 결과를 낳고 있다. 이는 민법 제정 당시에 등기설을 취한 의도와도 맞지 않다. 따라서 민법 제60조는 상법 제209조 제2항과 같이 인식설에 따라 개정되어야 한다. 이로써 영리법인과 비영리법인을 아우르는 대표권 제한 쟁점에 관한 통일적인 법리를 정립할 수 있고, 비법인사단의 대표권 제한 쟁점에 관하여도 법적 근거를 마련할 수 있다.

다만 개정 시에 과실 있는 상대방의 보호 여부에 관하여 구체적으로 정하지 않는다면, 상법 제209조 제2항과 같이 '선의'의 해석론이 문제될 수 있다. 이는 정책적 고려가 요구되는 입법의 영역으로, 영리법인과 비영리법인의 차이가 거래상대방의 보호 정도를 구별할 합리적 근거가 될 것인지에 대한 결단의 문제이기도 하다. 현대 사회에서 법인과 거래한 자를 보호할 필요성이 영리법인인지 비영리법인인지 여부에 따라 달라진다고 보기 어려우므로, 비영리법인 역시 선의·무중과실의 상대방을 보호하는 것으로 정함이 바람직하다.

이상과 같은 입법의 개선과 해석론의 정비를 통해 현재 혼재되어 있는 법인 대표자의 대표권 제한에 관한 법리가 통일적으로 정리될 것을 기대한다.

참고문헌

1. 국내문헌

〈단행본〉

곽윤직·김재형, 민법총칙[민법강의 I](제9판), 박영사(2020)
구연모, 부동산등기의 진정성 보장 연구, 경인문화사(2014)
권기범, 현대회사법론(제8판), 삼영사(2021)
권종호 역, 일본 회사법, 법무부(2014)
권철 역, 일본민법전, 법무부(2011)
김건식 외 7인, 회사법의 해부, 소화(2020)
김건식·노혁준·천경훈, 회사법(제7판), 박영사(2023)
김상용, 민법총칙(제3판), 화산미디어(2014)
김재형 역, 유럽계약법 원칙, 박영사(2013)
김증한·김학동, 민법총칙, 박영사(2013)
김홍기, 상법강의(제6판), 박영사(2021)
민의원법제사법위원회 민법안심의소위원회 편찬, 민법안심의록 상권(1957)
법무법인(유한) 태평양·재단법인 동천 공동편집, 공익법인연구, 경인문화사
     (2015)
법무부, 2013년 민법개정시안 총칙편, 법무부(2013)
서돈각·정완용, 상법강의(상), 법문사(1999)
서울대학교 금융법센터, 각국의 상업등기제도에 관한 연구, 법원행정처(2017)
송덕수, 민법총칙(제6판), 박영사(2021)
송옥렬, 상법강의(제13판), 홍문사(2023)
양창수 역, 2021년판 독일민법전 총칙·채권·물권, 박영사(2021)
이영준, 민법총칙(개정증보판), 박영사(2007)
이은영, 민법총칙(제5판), 박영사(2009)
이철송, 상법강의(제13판), 박영사(2012)
이철송, 회사법강의(제31판), 박영사(2023)

이형규 역, 독일 주식법, 법무부(2014)

임재연, 회사법 I, 박영사(2020)

임재연, 회사법 II, 박영사(2020)

장덕조, 상법강의(제2판), 법문사(2017)

장덕조, 회사법(제4판), 법문사(2019)

정동윤, 상법(상)(제6판), 법문사(2012)

정찬형, 상법강의(상)(제24판), 박영사(2021)

주영달, 사립학교법, 세창출판사(2020)

채이식, 상법강의(상), 박영사(1996)

최기원, 상법학신론(상)(제19판), 박영사(2011)

최기원, 신회사법론(제14대정판), 박영사(2012)

최준선, 회사법(제12판), 삼영사(2017)

2004년 법무부 민법 개정안 총칙·물권편, 법무부(2012)

민법안의견서, 일조각(1957)

민법법인등기실무, 법원행정처(2018)

상업등기실무, 법원공무원교육원(2022)

민법주해[I] 총칙(1), 박영사(2000)

민법주해[II] 총칙(2), 박영사(2022)

민법주해[V] 물권(2), 박영사(2001)

주석 민법 [총칙 1](제4판), 한국사법행정학회(2010)

주석 민법 [총칙 1](제5판), 한국사법행정학회(2019)

주석 민법 [총칙 2](제4판), 한국사법행정학회(2010)

주석 민법 [물권 2](제5판), 한국사법행정학회(2019)

주석 민법 [채권 각칙(5)](제4판), 한국사법행정학회(2016)

주석 민사소송법(1), 한국사법행정학회(2018)

주석 상법 [총칙·상행위(1)](제4판), 한국사법행정학회(2013)

주석 상법 회사(III)(제4판), 한국사법행정학회(2003)

주석 상법 [회사 (1)](제5판), 한국사법행정학회(2014)

주석 상법 [회사 1](제6판), 한국사법행정학회(2021)

주석 상법 [회사 3](제6판), 한국사법행정학회(2021)

주석 상법 [회사 4](제6판), 한국사법행정학회(2021)

주식회사법대계 II, 법문사(2022)
회사법 제정을 위한 법정책적 연구(2014년 법무부 연구용역 보고서), 사단법인
　　한국상사법학회(2014)

〈논문〉

강희갑, "주식회사의 지배구조에 관한 미국법의 동향", 기업구조의 재판과 상사
　　법: 박길준 교수 화갑기념 논문집, 정문사(1998)
고상현, "비영리법인에서 계약상의 제문제", 재산법연구 제36권 제4호, 법문사
　　(2019)
권기범, "상업사용인에 대하여 -지위발생 요건과 대리권의 범위를 중심으로-",
　　서울법학 제16권 제1호, 서울시립대학교(2008)
권영준, "이사회 결의를 거치지 않은 대표권 행사와 제3자 보호", 법학 제63권
　　제1호, 서울대학교 법학연구소(2022)
권오복, "민법법인의 임원변경과 등기(1)", 법무사 제479호, 대한법무사협회
　　(2007)
권종호, "대표이사의 대표권제한과 대표권남용에 관한 소고", 일감법학 제50호,
　　건국대학교 법학연구소(2021)
권철, "일본의 새로운 비영리법인제도에 관한 소고 -최근 10년간의 동향과 신법
　　의 소개-", 비교사법 제14권 제4호, 한국비교사법학회(2007)
김교창, "주식회사 대표이사의 대표권 제한과 제3자 보호 -대법원 2021. 2. 28.
　　선고 2015다45451 전원합의체 판결-", 법률신문 제4898호, 법률신문사
　　(2021)
김기창, "전자금융거래법상 '이용자의 중대한 과실' -대법원 2013다86489 판결
　　의 문제점-", 정보법학 18권3호(2014)
김소영, "임기만료 후 후임자가 없는 비법인사단의 대표자의 사무권한범위 및 종
　　기", 민사판례연구 제31권, 박영사(2009)
김연미, "이사회 결의를 흠결한 거래에 있어 제3자 보호", 비교사법 제23권 제4
　　호, 비교사법학회(2016)
김재범, "대표이사 권한의 제한과 대표행위의 효력", 기업구조의 재편과 상사법:
　　희명 박길준 교수 화갑기념 논문집 I, 정문사(1998)
김정호, "미국 델라웨어주 회사법이 우리 회사법에 미친 영향", 경영법률 제23집

　　　제1호, 한국경영법률학회(2012)

김진우, "재단법인의 조직과 의사결정", 법조 통권 제674호, 법조협회(2012)

김진현, "권리능력 없는 사단", 민사법학 제11·12호, 한국사법행정학회(1995)

김태선, "미국의 단체에 관한 법제도", 중앙법학 제19집 제4호, 중앙법학회(2017)

김학동, "등기되지 아니한 이사의 대표권제한의 대외적 효력", 판례월보 제147
　　　호, 판례월보사(1982)

김학동, "총유물의 처분행위", 서울법학 제19권 제2호, 서울시립대학교(2011)

김희철, "대법원 2021. 2. 18. 선고 2015다45451 전원합의체 판결에 관한 소고",
　　　상사판례연구 제34권 제1호, 한국상사판례학회(2021)

남효순, "민법상 이사의 대표권제한 -대표권제한의 정관기재의 의미와 대표권제
　　　한의 등기 전 악의의 제3자에 대한 대항력의 유무-", 서울대학교 법학
　　　제50권 제3호, 서울대학교 법학연구소(2009)

노혁준, "2021년 회사법 중요판례평석", 인권과 정의 제504호, 대한변호사협회
　　　(2022)

문용선, "사회복지법인의 대표자가 이사회의 의결 없이 한 재산처분행위의 효
　　　력", 대법원 판례해설 제40호, 법원도서관(2002)

문준섭, "사원총회 결의 없는 비법인사단 금전채무 보증행위의 효력", 저스티스
　　　통권 제99호, 한국법학원(2007)

박영길, "대표이사의 전단적 행위의 효력", 상사판례연구 IV권, 박영사(2000)

백정현, "하자있는 이사회결의에 대한 주식회사법의 규제(하)", 대한변호사협회
　　　지 제138호(1988)

송호영, "법인론과 관련한 독일 사법학계의 최근 동향", 비교사법 제4권 제2호,
　　　한국비교사법학회(1997)

송호영, "민법상 법인 아닌 단체에 대한 입법론 연구 -민법개정위원회의 민법개
　　　정안 및 개정시안을 중심으로-", 법학연구 통권 제39집, 전북대학교 법
　　　학연구소(2013)

양명조, "법률행위의 대리와 회사의 대표", 법학논집 제20권 제1호, 이화여자대
　　　학교 법학연구소(2015)

양창수, "「의무의 부담」에 관할청의 허가를 요하는 법규정에 대하여", 민법연구
　　　제5권, 박영사(1999)

양창수, "공동소유 -민법의 제정과정에서의 논의와 그 후의 평가를 중심으로-"
　　　민법연구 제6권, 박영사(2003)

양창수, "법인 이사의 대표권 제한에 관한 약간의 문제", 민법연구(1), 박영사 (2004)

윤진수, "법인에 관한 민법개정안의 고찰", 법학 제46권 제1호, 서울대학교 법학 연구소(2005)

이동원, "이사회결의를 요하는 중요한 자산처분에 해당하는지의 판단기준", 대법 원판례해설 제57호, 법원도서관(2006)

이철송, "대표이사의 전단행위의 효력", 선진상사법률연구 제94호, 법무부(2021)

이호정, "사원총회의 결의에 의한 이사의 대표권의 제한", 고시계 제31권 제8호, 국가고시학회(1986)

임중호, "대표이사와 대표집행임원의 법적 지위 비교 -업무집행의 의사결정권과 집행권의 소재를 중심으로-", 중앙법학 제10집 제1호, 중앙법학회(2008)

정경영, "주식회사의 계약체결과 귀속에 관한 연구", 비교사법 제20권 제4호, 비 교사법학회(2013)

정봉진, "주식회사 대표이사의 대표권의 범위에 관한 비교법적 고찰", 인권과 정 의 vol. 398, 대한변호사협회(2009)

정영진, "대표이사의 대표권 제한에 대한 재고찰", 기업법연구 제28권 제2호, 한 국기업법학회(2014)

정용상, "기업의 지배구조에 관한 비교법적 검토", 비교법학 제11집, 부산외국어 대학교 비교법연구소(2000)

조인호, "대표이사의 대표권의 내부적 제한 위반거래 및 대표권 남용과 제3자 보 호요건", 상사판례연구 제29권 제3호, 한국상사판례학회(2016)

최기원, "개정상법의 해석과 문제점 2", 고시계 제29권 제9호, 국가고시학회 (1984)

최기원, "지배인의 대리권에 관한 소고", 법학 제27권 제4호, 서울대학교 법학연 구소(1986)

최문희, "이사회 결의가 필요한 전단적 대표행위의 상대방 보호 법리의 재검토 -대법원 2021. 2. 18. 선고 2015다45451 전원합의체 판결의 분석을 겸 하여-", 상사법 연구 제40권 제3호 한국상사법학회(2021)

최준선, "상법상 중과실과 고의의 동일시 문제", 상사법학 창간호, 상사법연구회 (1994)

호제훈, "총회결의 없는 비법인사단의 채무보증행위의 효력", 민사판례연구 제30 권, 박영사(2008)

2. 구미어문헌

American Law Institute, Restatement of the Law(Third) of Agency, American Law Institute Publisher(2006)

Baumbach/Hopt, Handelsgesetzbuch, 40. Auflage, C. H. Beck(2021)

Danny Busch and Laura J. Macgregor, The Unauthorised Agent, perspectives from European and comparative law, Cambridge(2012)

Gerald Spindler, Eberhard Stilz, Aktienrecht: Band 1, 5. Auflage., C. H. Beck(2022)

James J. Fisherman, Stephen Schwarz, Lloyd Hitoshi Mayer, Nonprofit Organizations, cases and materials(5th edition), Foundation Press(2015)

John C. Coffee, Ronald J. Gilson, Brian JM Quinn, Cases and Materials on Corporations (Aspen Casebook) 9th Edition, Aspen Publishing(2021)

Lawrence A. Cunningham, Corporations and Other Business Organizations: Cases and Materials(10th Edition), Carolina Academic Press(2020)

Richard D. Freer, The Law of Corporations in a nutshell(8th ed.), West Academic Publishing(2020)

Robert W. Hamilton, The Law of Corporations in a Nutshell(4th ed.), West Academic Publishing(1996)

Stephen M. Bainbridge, Corporate Law(3rd Edition), Foundation Press(2016)

Stephen M. Bainbridge, "Why a Board? Group Decisionmaking in Corporate Governance", Vanderbilt. L. Rev., Vol 55(2002)

William L. Cary, Melvin Aron Eisenberg, Corporations, Cases and materials(6th edition), Foundation Press(1988)

Beck'scher Online-Kommentar HGB, 39. Edition (Stand: 15.1.2023), C. H. BECK München.

Model Nonprofit Corporation Act(Third Edition), Offitial Text with Official Comments and Statutory Cross-references, ABA(2009)

Münchener Kommentar zum BGB: Band 1, 8. Auflage, C. H. Beck(2018)

Münchener Kommentar zum AktG: Band 2, 5. Auflage, C. H. Beck(2019)
Münchener Kommentar zum HGB, 4. Auflage, C. H. Beck(2022)

3. 일본문헌

上柳克郎, 竹内昭夫, 鴻常夫, 新版 注釈会社法(6), 有斐閣(1987)
內田 貴, 民法 1 總則·物權叢論 (第3版), 財團法人 東京大學出版会(2006)
高橋英治, ドイツ会社法概説, 有斐閣(2012)
江頭憲治郎, 株式会社法(第8版), 有斐閣(2021)
大隅健一郎, 今井宏, 新版会社法論(中巻)(第3版), 有斐閣(1992)
落合誠一ほか編, 会社法コンメンタール(8), 商事法務(2009)
神作裕之, 藤田友敬, 加藤貴仁, 会社法 判例百選(第4版), 有斐閣(2021)
神田秀樹, 会社法(第22版), 弘文堂(2020)
北沢正啓, 会社法(第6版), 靑林書院(2001)
黒沼悦郎, 会社法, 商事法務(2017)
潮見 佳男, 民法(全)(第3版), 有斐閣(2022)
四宮和夫=能見善久, 民法總則(第9版), 弘文堂(2018)
竹内昭夫, 判例商法Ⅰ, 弘文堂(1976)
龍田節, 前田雅弘, 会社法大要(第3版), 有斐閣(2022)
前田 庸, 会社法入門(第13版), 有斐閣(2018)
ヴェルンハルト·メーシェル(Möschel, Wernhard) 著/小川浩三 訳, ドイツ株式法法,
    信山社(2011)

最高裁判所判例解説 民事篇 1965(昭和40), 法曹會(1973)
新版 注釈会社法〈6〉 株式会社の機関 2, 有斐閣(1987)
民法注解 財産法, 靑林書院(1989)
新版 注釈民法(2) 總則(2), 有斐閣(1991)
最高裁判所判例解説 民事篇 2009(平成21)(上), 法曹會(2012)
新注釈民法(1) 總則(1), 有斐閣(2018)
論点体系 判例民法(第3版) 1 總則, 第一法規(2019)

上村達男, "代表取締役の権限濫用行為·専断的行為の効力", ジュリスト 増刊 法律
　　學の爭點シリーズ No.4-I, 有斐閣(1993)

神田秀樹, "代表取締役の専断的行為·権利濫用行為の効力", 法学ガイド·商法II
　　(会社法), 日本評論社(1986)

來住野, "会社代表権の制限について", 法学研究 70巻 1号(1997)

倉澤康一郎, "代表取締役制度の半世紀", 法學研究 第73巻 第12号, 慶応義塾大学
　　法学研究会(2000)

田中誠二, "商法265条についての相対的無効説と有効説", 商事法務 592号(1972)

赫高規, "譲渡制限特約違反の債権譲渡後の譲渡人への弁済·相殺", Before /After
　　民法改正(第2版), 弘文堂(2017)

中原太郎, "代表理事の代表権の制限と民法110", ジュリスト別冊民法判例百選(No.
　　237), 有斐閣(2015)

根本伸一, "商法260条2項の決議を欠く代表取締役の行為の効力", 企業会社と商社
　　法: 保住昭一先生古稀記念, 弘前大学人文社会論叢社会科学篇(1)(1999)

松井智子, "取締役会決議を経ない取引の効力", 会社法判例百選(第4版), 有斐閣
　　(2021)

山下友信, "株式会社: 代表取締役の代表権に対する制限", 商法判例集(2012)

米沢明, "代表取締役の代表権に関する制限", 会社判例百選(第5版), リチェンジ
　　(1992)

별지 1-1

Handelsregister A des Amtsgerichts ▮▮▮▮	Abteilung A Wiedergabe des aktuellen Registerinhalts Abruf vom ▮▮▮ 2021 ▮▮▮	Nummer der Firma: HRA ▮▮▮▮
	Seite 1 von 1	

1. Anzahl der bisherigen Eintragungen

▮▮▮▮

2. a) Firma:

▮▮▮▮▮▮▮▮ GmbH & Co. KG

b) Sitz, Niederlassung, Geschäftsanschrift, Empfangsberechtigte, Zweigniederlassungen:

▮▮▮▮

Geschäftsanschrift: ▮▮▮▮▮▮▮▮▮▮

c) Gegenstand des Unternehmens:

▮▮▮▮▮▮▮▮▮▮▮▮▮▮

3. a) Allgemeine Vertretungsregelung:

Jeder persönlich haftende Gesellschafter vertritt einzeln. Jeder persönlich haftende Gesellschafter ist befugt, im Namen der Gesellschaft mit sich im eigenen Namen oder als Vertreter eines Dritten Rechtsgeschäfte vorzunehmen.

b) Inhaber, persönlich haftende Gesellschafter, Geschäftsführer, Vorstand, Vertretungsberechtigte und besondere Vertretungsbefugnis:

Persönlich haftender Gesellschafter: ▮▮▮▮▮▮▮▮ GmbH, Hamburg (Amtsgericht Hamburg HRB ▮▮▮▮

Prokura:

—

5.

a) Rechtsform, Beginn und Satzung:
Kommanditgesellschaft

b) Sonstige Rechtsverhältnisse:

▮▮▮▮▮▮▮▮▮▮▮▮▮▮▮▮▮▮▮▮

c) Kommanditisten, Mitglieder:

Kommanditist(en):
M▮▮▮▮▮▮▮▮ 1974, Einlage: ▮▮▮▮ EUR
▮▮▮▮▮▮▮▮ 1974, Einlage: ▮▮▮▮ EUR

6. a) Tag der letzten Eintragung:

▮▮▮ 2021

별지 1-2

Handelsregister B des Amtsgerichts ▉▉	Abteilung B Wiedergabe des aktuellen Registerinhalts Abruf vom ▉ 2023 10 ▉	Nummer der Firma: HRB ▉
Ausdruck	Seite ▉	

1. Anzahl der bisherigen Eintragungen:

   ▉▉

2. a) Firma:

   ▉▉▉▉▉▉ GmbH

   b) Sitz, Niederlassung, inländische Geschäftsanschrift, empfangsberechtigte Person, Zweigniederlassungen:

   ▉▉
   Geschäftsanschrift: ▉▉▉▉▉▉▉

   c) Gegenstand des Unternehmens:

   Die Entwicklung, die Herstellung, der Import und der Vertrieb von ▉▉▉ Erzeugnissen und Stoffen aller Art, vor allem von Erzeugnissen und Stoffen der ▉▉▉, im In- und Ausland, sowie die Betätigung in damit verwandten Bereichen, einschließlich der Erbringung von damit im Zusammenhang stehenden ▉▉▉

3. Grund- oder Stammkapital:

   ▉▉▉ EUR

4. a) Allgemeine Vertretungsregelung:

   Die Gesellschaft hat mindestens zwei Geschäftsführer.
   Die Gesellschaft wird durch zwei Geschäftsführer oder durch einen Geschäftsführer gemeinsam mit einem Prokuristen vertreten.

   b) Vorstand, Leitungsorgan, geschäftsführende Direktoren, persönlich haftender Gesellschafter, Geschäftsführer, Vertretungsberechtigte und besondere Vertretungsbefugnis:

   Geschäftsführer: Dr. ▉▉▉▉ ▉▉▉ * ▉ 1963 ▉▉
   Geschäftsführer: ▉▉▉
   Geschäftsführer: ▉▉▉▉
   Geschäftsführer: ▉▉▉▉
   Geschäftsführer: ▉▉▉
   Geschäftsführer: ▉▉

5. Prokura:

   Gesamtprokura gemeinsam mit einem Geschäftsführer oder einem anderen Prokuristen:
   Dr ▉▉▉▉ 1965
   ▉▉▉▉▉▉▉▉

Handelsregister B des Amtsgerichts███	Abteilung B Wiedergabe des aktuellen Registerinhalts Abruf vom███ 2023 10:███	Nummer der Firma: HRB███
Ausdruck	Seite███	

Gesamtprokura gemeinsam mit einem Geschäftsführer oder einem anderen Prokuristen mit der Ermächtigung zur Veräußerung und Belastung von Grundstücken:
Dr. ███

6.   a) Rechtsform, Beginn, Satzung oder Gesellschaftsvertrag:

Gesellschaft mit beschränkter Haftung
Gesellschaftsvertrag vom███
Zuletzt geändert durch Beschluss vom███

b) Sonstige Rechtsverhältnisse:

7.   a) Tag der letzten Eintragung:

███ 2023

별지 2

하급심 판결

순번	사건번호	다투어진 행위 (사안의 개요)	구체적 사정	비고
			악의·중과실 부정	
1	서울고법 21. 3. 18. 선고 20나2025633 판결	원고측으로부터 피고가 5억 원 차용한 행위	상대방의 악의·중과실 인정할 만한 증거 없음 (이자·원금 운용규정상 이사회 결의 필요하나, 상법 제393조의 '대규모 재산의 차입'에 해당한다고 보기도 어려움)	심불 기각·확정
2	대구지법 21. 4. 21. 선고 20나306103 판결	피고회사 소유의 버스 등을 원고가 매수하는 매매계약을 체결	원고의 악의·중과실 인정할 만한 증거 없음	심불 기각·확정
3	수원지법 21. 4. 29. 선고 19가합23681 판결	원피고 사이의 2010. 12. 29. 자 금전소비대차약정	원피고의 기재(대표이사)이나 주주 구성의 일부 경질이나 피고가 원고 발행 주식을 보유하는 기간이 존재하지만, ㉠ 원고가 피고로부터 2002년부터 2018년에 이르기까지 계속적, 반복적으로 돈을 차입하였고 이 사건 2010. 12. 29. 자 금전소비대차약정 또한 종래 거래관계에 의한으로 이루어졌기 때문에 피고로서도 그 유효성에 대해 별다른 의심을 하지 않았을 것으로 보이는 점, ㉡ 원고가 피고로부터 차임을 함에 있어 원고 이사회 결의가 없는 이상 피고에게 원고가 이사회 결의를 거친 다음 위 각 금전소비대차약정을 체결하였는지 여부를 확인할 의무까지 있다고 볼 수 없는 점 등을 들어 피고의 악의·중과실 인정하기 부족	항소심 화해

		행위		결과
4	창원지법 21. 8. 13. 선고 217단101454 판결	원고(자동차운전전문학원)의 회장이, 피고에 대한 X의 채무(2억 원)를 원고 회사가 연대보증한다는 내용의 금전소비대차계약서 작성	확인의 이익이 없다는 이유로 각하하면서 다만 부가적 판단을 통해, 2억 원 정도의 채무를 보증하는 취지의 이 사건 금전소비대차계약서를 작성하는 데에 원고회사가 이사회 결의를 거쳐야 한다는 점이 대차적으로 명백한 것은 아닌 점, 피고가 원고회사의 허락으로 근무하고 있었다고는 하나 일개 직원에 불과한 제3자로서 주식회사의 대표이사가 거래에 필요한 내부절차를 밟았을 것으로 신뢰하였다고 보는 것이 경험칙에 부합하는 점 등을 들어 피고의 중과실을 인정하기도 어렵다고 판단	미항소 확정
5	서울동부지법 21. 8. 19. 선고 207단26457 판결	물류회사인 원고회사 대표이사가 명의로 피고에게 2억 원의 공정증서를 작성해 준 행위	피고의 악의·중과실을 인정하기 부족	항소 취하 확정
6	서울회생 21. 9. 1. 선고 207정100067 판결	K가 피고로부터 30억 원을 차용하면서 원고회사를 연대보증인으로 한 행위	규모가 상장회사인 원고가 회사 유동성이 악화된 상태에서 2018. 9.경 K와 사이에, 'K의 투자유치 또는 원고회사 인수 약정을 한 후 2018. 9. 5. K를 경영지배인으로 선임함. K는 2018. 9. 12. 원고의 전환사채 30억 원 상당을 인수하였고, 원고는 K와 사이에 30억 원을 우상증자하여 위 전환사채를 상환하기로 함으로써 추 우상증자를 위한 2018. 9. 12. 자 이사회 결의를 마친 상태에서 K가 피고로부터 도을 차용하며 연대보증으로 원고를 내세움(원고 대표이사 사명 + 원고 법인인감 날인) 방면도, K가 원고 경영지배인으로 선임되어 있었고 당시 원고 법인인감도장 등을 소지하고 있던한 점을 내세운 등에 비추어 상대방인 피고의 악의·중과실을 인정할 이례적이고 이례라 본다(단만 그럼에도 불구하고 이 사건 연대보증에 상법 제542조의9 제3항을 위반하여 이루어진 신용공여로 판단되어 절구 원고의 연대보증은 부정됨)	미항소 확정
7	서울남부지법 21. 11. 5. 선고	피고가 X(회생절차 개시, 관리인 피고)에게 2억 원	원고가 주장하는 사정 및 원고가 제출한 증거들만으로 위와 같이 X의 이사회 결의가 없었다는 사정을 피고가 알았거나 중대한 과실로 알지 못하였다고 인정하기 부족함	항소 취하 확정

	판결	사실관계	판단	확정
	20가단273179 판결	매매하면서 X의 영업용 차량 반죽맨을 다수 담보로 제공받기로 함		확정
8	서울고법 21. 11. 25. 선고 21노1433 판결	양수중개업을 목적으로 설립된 회사의 대표이사가 명의상으로 설립없이 회사 및 재무를 보조한 행위	제3자로서는 일체의 자금지원에 판해 이사회 결의를 요한다는 이사회 규정을 알기 어려웠을 것으로 보이는 점. 확인서 작성을 해당 급박하게 진행된 측면이 있지만 당시 회사 대표이사로 직접 찾아가 회사 전무 등 담당 실무자들이 배석한 상태에서 협의하였던 점에 비추어 중과실을 부정함(보증인 유효한 이상 회사의 손해 인정되므로 배임죄 유죄)	미상고 확정
9	서울고법 22. 1. 13. 선고 21나2018991 판결	원고와 피고 및 A 3인은 피고리에게 원고에 대해 40억 원의 연대보증채무(A와 연대를 부담하기는 내용의 이 사건 주주간 협약 및 이 사건 추가 주주간 협약을 체결	당시 피고의 대표이사였던 J가 직접 참석하여 위 각 협약서에 피고의 법인인감을 날인하였고, 이 사건 추가 주주간 협약서에는 그 무렵 발행된 피고의 법인인감증명서까지 첨부되어 있어, 원고로서는 당시 피고의 대표이사였던 J가 위 각 협약 체결에 필요한 피고 내부의 의사결정 절차를 모두 거쳤을 것으로 신뢰하였다고 봄이 경험칙에 부합, 원고의 악의·중과실 인정될 증거 부족	미상고 확정
10	서울남부지법 22. 2. 11. 선고 19가단193160 판결	원고화사가 피고와사에게 약 89억 원의 도읍 대여하면서 피고 소유의 X주식에 판해 근질권을 설정 받음	피고의 주요주주와 이사들이 이 대여우정에 관여한 점 등을 이유로 상대방인 원고의 악의 또는 중과실을 인정할 증거가 부족하다고 판단	미항소 확정
11	서울중앙지법 22. 4. 7. 선고	피고화사가 원고로부터 M이 발행한 사채권을 매수	원고가 피고 이사회 의사록 사본을 이메일로 전달받았고 피고 대표이사와 등기이사가 그 이메일의 참조인으로 되어 있었으며, 위 의사록에 협조서에 없었던 점 등에	미항소 확정

	판결	내용	판단	결과
		하고 매매대금을 지급할 의무를 부담하는 내용의 매매계약을 체결	비추어 원고의 악의·중과실을 인정하기 어려움 (이사회 의사록상 매매대상인 신주인수권부사채의 권면 총액에 오기가 있다거나, 이 사건 근질권 매매계약 체결자 최종보 외 피고 측에 전달되기 전의 시점에 원고 이사회가 개최된 것으로 표기된 점만으로 이사회 결의가 없었다고 의심할 만한 특별한 사정이 있다고 보기 어려움)	신고장 각하 확정
12	서울고법 22. 5. 11. 선고 21나2039981 판결	제3자 X가 피고(금융기관)으로부터 대출받는 데에 원고회사가 연대보증 한 행위 (한도 52억 원의 연대보증)	연대보증계약 체결 당시에 원고의 사실상 1인주주(≒X)이 1인주주 겸 대표이사와 원고 대표이사가 직접 출석한 점, 원고 법인등기부등본, 정관, 주주명부와 이사회 의사록 등을 징구받았고 위 이사록에는 이사 2명이 전원 출석하여 연대보증계약 체결을 승인하는 결의가 이루어진 것으로 기재된 점 등을 고려하면 상대방인 피고의 악의 또는 중과실을 인정할 증거가 부족함 [원고 법인등기부상 이사가 4명으로 되어 있었고 연대보증계약 체결 당시 실제 원고 이사 중수가 4명이었으나, 이사 중수가 2명인 것처럼 이사회 의사록이 작성(혹은 기록처리)되었더라도 피고의 악의 또는 중과실과 관련성이 있었던 X가 이를 고려한다면, 피고가 원고 이사회 결의 등 내부적 이사결정절차가 결여되었다고 의심할 만한 특별한 사정이 있었다고 보기 어렵다고 판단	
13	부산지법(창원) 22. 5. 26. 선고 21나14369 판결	원피고 사이의 용역계약 체결에 따른 원고의 용역비 청구	용역계약 체결 당시 원고 대표이사와 피고 대표이사가 진밀한 관계에 있었다는 등의 사정만으로는 원고가 이 사건 용역계약의 체결에 관하여 피고의 이사회 결의가 없었던 사정을 알았거나, 이를 의심할 만한 특별한 사정이 있었다고 인정하기 부족함	미상고 확정
14	서울고법 22. 6. 8. 선고 21나2031321 판결	투자전문회사인 원고가 A 와 P에 부동산 취득 및 투자를 위해 도움 목적으로 A, B는 E회사의 출자고 A, B는 D별딩의 취	〈1심 ≠ 항소심〉 1심: 중과실 인정 ⊙ 원고는 전문적인 투자회사로서 생활상 중요한 자신의 자금 처분 등 행위에 관하여 이사회의 결의가 필요함을 잘 알고 있었던 것으로 보아야 하는 점 ⊙ 원고는 D별딩의 취	심불 기각 확정

자본 100%를 인수하였으며, 든 D 빌딩 등을 때 수함. 피고는 E회사의 용역대금(D 빌딩에 관해 발생한 용역대금) 채권자로 인고와 사이에, 인고의 A, E에 대한 대출금채권을 피고의 E에 대한 모든 채권보다 우선하여 회수할 수 있다는 주순위약정을 체결	득 및 관련 사업을 실질적으로 진행하고 있던 X와 이 사건 주순위약정에 관한 논의를 하였을 뿐 피고 이사에 대하여는 아무런 회의를 하지 않은 점. ⓒ X가 피고의 위임을 받아 인고와 이 사건 주순위약정에 관한 논의를 한 것으로 보이지도 않는 점. ⓓ 이 사건 주순위약정서는 인고 속에서 만든 것으로서 그 문안 자체가 이 사건 대출계약 체결을 무렵 비로소 확정되었고, 피고가 약정서 조인을 교부받고 불과 1주일도 지나지 않아 이 사건 주순위약정을 체결되는 등 피고로서는 이사회를 소집할 시간적 여유도 없었던 점. ⓔ 인고는 이 사건 대출계약에 관한 A와 T의 이사회 회의록을 요구하였으면서도 이 사건 주순위약정에 관한 피고 이사회 회의록은 요구하지 않았고, 피고가 이사회 결의를 거쳤는지 여부를 확인하려는 시도조차 하지 않은 점. ⓕ 인고는 이 사건 대출계약 이전에 피고와 아무런 거래를 한 적이 없었으므로, 피고가 인고와의 관계에서 업무를 처리함에 있어 이사회 결의를 가졌을 것이라고 신뢰하였을 가능성도 거의 없는 점. ⓖ 이 사건 주순위약정의 체결은 피고 대표이사인 업무내용에는 무관하다고 볼 수 있을 정도로 이해되지 성질이 것에 해당하는 점. ⓗ 인고는 이 사건 소송과정에서 이 사건 주순위약정의 체결이 피고의 이사회 결의가 없었음을 증명한 과실 없이 알지 못하였다고 주장하고 있자는 않은 점 등 항소심: 증과실 부정 ⑦ 피고가 이 사건 대출계약 및 주순위약정 체결과 관련하여 일정한 이해관계를 가지고 있었던 점. ⓛ 주순위약정 내용 자체만 놓고 보면 피고에게 불리해 보이지만 그 경위 등에 비추어 볼 때 피고 대표이사 甲이 당시 상황에서 인고로부터의 자금 조달이 더 이야기라는 경영판단에 따라 이 사건 주순위약정 체결에 이르게 된 것으로 보이는 점. ⓒ 당시 인고가 피고에게 결의서 등을 요구한 바는 없었지만, 피고 이사회

		결의가 없었다고 의심할만한 특별한 사정이 없었으므로 일반적으로 이사회 결의가 있었는지 확인하는 등의 조치를 취할 의무까지 있다고 볼 수 없는 점, ⑩ 피고는 대표이사 甲과 임직원이 지분 100%를 보유하고 있는 회사로 2012. 2.경부터 2017. 8.경까지 개최된 모든 이사회에서는 대표이사 甲이 특정 안건을 부의하면 나머지 사내이사와 감사가 전원 동의하여 해당 안건을 결의하게 되었고, 이 사건 추순위 우성서도 매매계약인으로 전달될 것이 아니라 피고 경영지원실 실장을 통해 전달되어 남인된 점, ⑪ 피고가 추순위우성서 조인을 교부받고 1주일도 지나지 않아 이 사건 추순위 우성의 체결에 이르렀다고 하더라도, 상법 제390조 제3항에 따르면 이사회 소집 기간은 단축될 수 있는바, 피고의 정관 제24조 제3항에는 '이사회를 소집함에는 1일 전에 각 이사 및 감사에게 통지서를 발송하여야 하되, 이사 및 감사 전원의 정관도 유사한 규정이 있을 수 있으므로 우성서 조인 교부 후 1주일 내 체결을 제한할 사정만으로 인고에게 이사회 결의가 부가능하다는 인식이 있었다고 보기 어려운 점	샘플 기간 확정
15	전주지법 22. 6. 15. 선고 21나6191 판결	A, B 운영의 개인사업체 D의 채권자이던 인고와 A, B가 설립한 피고회사 사이에 체결된 채무인수 계약(D의 채무를 피고가 병존적으로 인수)	인고로서는 피고를 D페크의 사업을 포괄적으로 인수할 법인으로 인식하였을 가능성이 충분히 있는 점, 피고는 이 사건 채무인수계약을 한 후 실제로 인고에게 8회에 걸쳐 16,843,520원을 직접 변제한 점, 피고의 정관 제38조 제6조는 자금의 차입을 인지 적으로 이사회 의결사항으로 규정하면서도 '단, 일정 범위를 별도 구성을 정하여 대표이사에게 위임할 수 있다'는 내용을 명시하고 있는데, 인고는 정보 등 내부 구성을 얻기 어려운 제3자로서 어떠한 범위의 자금 차용행위가 이사회 결의사항인지 명확히 알 수 없었을 것으로 보이는 점 등, 인고에게 악의나 중과실이 있었던 것으로 보기 어려움	
16	부산지법 22. 6. 22. 선고	197습44350 판결은 인고가 A회사를 상대로 연고	⑦ 문제의 돈은 X가 이 사건 사업 부지 매매대금을 조달하기 위해 주도적으로 발린 것인데, 이 사건 사업의 시행과 시공사를 모두 X가 실질적으로 운영하고 있는 상황	각 마항소

	197가합44350 판결 및 부산지법 22. 6. 22. 선고 217가합42081 판결	대보증채권의 지급을 구한 사안, 217가합42081 판결은 연대보증채권에 대한 행위소송의 피보전권리라고 주장하며 A회사와 피고 사이의 매매계약으로 모두 주장한 사안으로 두 A회사의 이사회 결의 흠결이 문제됨	여기서 시행사인 A회사가 이를 연대보증하는 것이 경험칙상 이례에 속하는 것이라고 보기는 어려운 점, 217가합42081 판결은 X가 A회사의 설립 대표자였고 상대방인 원고로서도 X가 A회사으로의 내부적인 절차를 거쳐 이 사건 각 소비대차계약을 작성한 것으로 믿었을 것으로 보이는 점, ㉢ 원고가 A회사의 회사 내부 사정이나 업무처리 방식까지 잘 알 수 있는 지위에 있지는 않았던 것으로 보이는 점, ㉣ 이 사건 소비대차에 이전에는 원고와 A회사 사이에 거래관계가 있지는 않았던 것으로 보이는 점, ㉤ 이러한 생활에서 원고에게 A회사의 이사회 결의가 있었는지 여부를 확인하는 등의 조치를 취할 의무가 있었다고 보기도 어려운 점 등의 사정을 들어 원고의 중과실이 인정되지 않는다고 판단	확정
17	전주지법 22. 6. 22. 선고 217가합212 판결	원고의 X회사에 대한 채권을 피고가 연대보증한 행위	연대보증계약 당시 피고 대표이사가 피고의 법인인감을 소지하였고 이 사건 약정서의 보증인란에 위 법인인감을 날인한 것으로 보이는 점 등 원고의 악의·중과실을 인정 어려움	미항소 확정
18	서울고법 22. 6. 23. 선고 20나2042560 판결	원고가 피고와의 공동사업약정을 무효라는 매신 피고에게 피고가 지출한 사업자금과 약정금 30억 원을 을 주기로 지급하기로 약정	이 사건 각 약정이 원고의 입장에서 상법 제393조 제1항의 '중요한 자산의 처분 및 대규모 재산의 차입' 등의 행위에 해당할 여지가 있기는 하나, 원고 주장의 사정만으로는 피고의 악의·중과실을 인정하기 부족하다고 판단	미상고 확정
19	대전지법 서산지원 22. 8. 11. 선고	원고회사가 피고회사에게 금원 지급을 약속하는 내	피고가 20년 넘게 운영된 회사라고 해서, 피고가 원고의 자본금의 75.3%에 상당하는 금원을 차용하는 내용으로 이 사건 각서가 작성된 사실이나 이와 같은 이 사건 각서	항소 취하

	판결	사실관계	판단	결과
	21가합50866 판결	용의 각서를 작성해 주어 이에 따른 지급명령이 확정됨에 후에, 원고가 그 집행에 배제를 구하는 청구이의 소송	작성행위가 이례적이라는 점을 알 수 있었다고 보기에 부족하고, 달리 인정할만한 증거가 없다(오히려 앞서 본 곳처럼 이 사건 각서의 서명란에 원고회사의 대표이사 직함과 대표이사의 성명이 기재되어 있고 해당 대표이사·성명 기재 옆에 원고의 인감이 날인된 이상, 이 사건 각서는 작성되고 유효한 원고의 문서로 보이는 점과 피고가 대표를 확인해야 할 범주 이무가 있다고 보기도 어려운 점을 감안하면, 피고로서는 특별한 사정이 없는 한 별다른 의심 없이 이 사건 각서의 내용을 신뢰하였을 가능성이 높아 보인다)고 판단	확정
20	서울고법 22. 10. 6. 선고 21나2027599 판결	피고 대표이사 XX는 원고에게 26억 860만 원(보증인 Y의 피고 명의 확인서 작성해 줌	1심: 악의중과실 부정(피고회사의 실실사주인 Y의 인감증명서가 첨부되고 그 직인이 날인된 이 사건 확인서를 교부받은 원고로서는 피고회사가 위 확인서를 작성하는 데 필요한 이사회결의 등 내부적인 절차를 마쳤을 것이라고 신뢰하였다고 봄이 타당) 항소심: 항소심도, '대표권 남용' 주장을 먼저 판단하여 X의 대표권 남용행위이고 원고의 악의·과실 인정함(이사회결의의 흠결 주장은 판단하지 않음)	심불 기각 확정
21	대전고법 22. 10. 6. 선고 22나10444 판결	K가 피고 대표이사로서 원고에게 5억 원의 지급을 약속하는 각서를 작성	피고(유한회사)가 제출한 증거만으로는 원고의 악의·중과실 인정 부족	심불 기각 확정
22	서울고법 22. 11. 17. 선고 22나2001419 판결	합자조합 업무집행조합원인 원고 1이 내부관계에 위반하여 조합에 총회 결의 없이 피고들로부터 합자조합 등이 대상화수 구	당시 원고 1이 피고들에게 조합의 고유번호증, 인감등록부 및 원고 1의 인감증명서를 교부하는 사정 등에 비추어 '조합원총회 결의 없었다는 점에 대한 피고들의 악의 또는 중과실을 인정하기 부족하다고 판단	미상고 확정

		사안	판단	
23	울산지법 22. 11. 17. 선고 22나11791 판결	피고회사가 원고로부터 건물 신축공사 사업자금 및 노무를 도급 차용한 사안	쟁점: 사업의 규모, 이 사건 대여금의 액수 등에 비추어 문제의 차용행위에 이사회 결의가 필요하다고 보기 어렵고, 설령 그렇지 않다 하더라도 원고의 악의·중과실을 인정할 증거가 없다고 판단 항소심: 피고 정관에 자금 차입이 이사회 결의사항으로 규정되어 있는 사실을 인정하면서도 원고가 중개인 피고와 거래관계에 있지 않았고 피고 설립 목적과 사업 내용 등에 비추어 이 사건 차용행위가 이례적이라고 보기 어려운 점, 이러한 상황에서 원고에게 피고 이사회 결의가 있었는지 여부를 확인하는 등의 조치를 취할 의무가 있었다고 볼 수 없는 점 등을 들어 원고의 악의·중과실을 인정하기 부족하다고 판단	미상고 확정
24	대전지법 22. 11. 19. 선고 21나117799 판결	원고가 피고에게 부동산 매도한 행위	원고회사는 사실상 대표이사 A가 단독으로 운영하고 있고 피고 역시 원고회사를 A의 1인회사로 인식하였던 점 그 내부 의사결정과정에 관해 상세히 알지 못하는 것으로 보이는 점, 원고의 다른 이사들이 A의 처분행위를 문제삼는 등의 정황도 없는 점 등을, 피고의 중과실을 인정하기 부족하다고 판단	미상고 확정
25	서울고법 22. 11. 23. 선고 21나2035781 판결	원고와 피고 보조참가인 사이에 체결된 부동산 매매계약의 효력	원고가 (피고 보조참가인의) 이사회 결의가 없었음을 알거나 알 수 있었다는 점에 대한 아무런 주장·증명이 없다고 판단	미상고 확정
26	서울중앙지법 23. 1. 12. 선고 2071남566780 판결	원고회사와 피고회사 사이에 체결된 "피고 명의에 대한 표현양수운도계약의 효력	피고 이사회 결의는 없었으나 원고의 악의·중과실을 인정할 증거가 없다고 판단	미항소 확정

27	서울고법 24. 6. 7. 선고 22나2033706 판결	사해행위 취소소송에서 피보전채권에 해당하는 원고의 채무자에 대한 36억 원의 대여금채권의 존부와 관련하여, (수익자인)피고들이 원고 회사의 이사회 결의의 흠결을 다툰 사안	항소심은 다음과 같은 1심(서울중앙지법 22. 8. 10. 선고 217가합511633 판결) 판단을 그대로 인용함 : 원고와 채무자 회사 사이의 소비대차계약서 제10조는 "회사는 본건 계약 체결일에 다음 각호의 사항을 진술하고 보증한다"라고 하면서, 그 항목으로 "회사는 이사회의 승인을 비롯하여 본건 계약서의 체결 및 유지를 위하여 회사가 이행하여야 하는 모든 조치를 취하였으며"(제15호)라고 기재하고 있는 사실 및 대법원 2015다45451 판결 법리 … 대상 상대방인 원고의 와의 내지 중과실에 대한 입증책임은 피고들에게 있는 점 등을 들어 원고의 와의·중과실을 인정할 수 없다고 판단	미상고 확정
28	광주고법 23. 6. 29. 선고 22나23885 판결	원고와 소비대차계약 및 양도담보계약을 체결한 J로부터 담보목적물을 양수한 피고와 원고 사이의 소송(양도담보계약 당시 J의 이사회결의의 흠결)	ⓐ 원고가 J회사의 운영이나 내부 이사결정에 직접 관여한 사실이 없는 점, ⓑ 이 사건 양도담보 약정은 J회사가 J회사의 인증증명서 확인을 거쳐 작성된 점, ⓒ 이 사건 양도담보 약정은 J회사가 연대보증약정을 이행함이 밝혀지지 못하여 그에 대한 주소조지도서 이루어진 것이므로, 원고는 위 연대보증약정을 승인한 바 있는 J회사의 이사회가 이 사건 양도담보약정 역시 승인하였다고 생각하였을 가능성이 높은 점, ⓓ 제반 체결 시 이사회 결의가 제출되지 않았다는 것만으로 곧바로 이사회 결의의 부존재에 대한 제약 상대방의 와의 또는 중과실을 추단할 수는 없는 점 등을 들어 원고의 와의·중과실을 인정할 수 없다고 판단	심불 기각 확정
29	서울고법 23. 6. 22. 선고 22나2041264 판결	원고와 피고회사 1, 2차 이에 이 사자 합의서(이하 '이 사건 합의서'라 한다) 작성된 2018. 8. 13. 양도 및 총 15억 원이 대여금채무 부담의 효력	ⓐ 이 사건 합의 당시 피고 1의 이사가 A(대표이사), B, C이고 피고 2의 이사가 A(대표이사), B, D였던 점, ⓑ 원고 대표이사인 X가 2018년 7월경부터 당시 피고들의 이사직을 겸하면서 피고 2의 대표이사직을 받고 있던 B와 사이에 이메일을 주고받는 방식으로 이 사건 합의서를 포함하여 총 4건의 합의서 작성과 관련된 협의를 진행하였는데, 당시 이 사건 합의서의 작성과 관련하여서는 별다른 이견(異見)이 제기되지 않았던 점, ⓒ X는 피고들을 대표하여 이 사건 합의서를 작성한 본인인 점 등을 들어 원고의 아…	상고 이유서 부제출 기각 확정

	판결	행위	이·중과실을 인정할 수 없다고 판단	
30	청주지법 충주지원 22. 11. 23. 선고 22가단377 판결	원고가 A 소유 부동산에 관해 피고에게 설정된 근저당권설정등기 효력 다툼	원고는 A의 이사회결의 없음을 주장하였으나 법원은 근저당권설정계약 당사자도 아닌 원고가 이를 다툴 수 없을 뿐 아니라 피고의 악의·중과실을 인정할 증거가 없다고 판단	항소 기각 확정
31	서울중앙지법 23. 1. 19. 선고 22가합519726 판결	원고는 피고 보조참가인과 사이에 시설을 공동으로 하기로 약정하면서, 시설부분에 관해 피고 보조참가인이 우대로 점 수익 차, 피고를 수탁자로 하여 체결된 신탁계약의 수익권에 관하여 원고에게 근질권을 설정해 주는 계약을 체결	원고는 피고에게 대해 근질권설정에 대한 승낙의 의사표시를 할 것을 청구하였고 피고 보조참가인은 위 소송에 참가하여 이사회 결의 흠결 등을 이유로 다투었음 / 공동사업약정, 근질권설정계약 체결 당시 이를 승인하는 피고 보조참가인의 이사회결의가 없었다는 점 등 이외 중대한 과실로 이를 알 수 없었다는 점을 인정할 증거가 없고, 오히려 근질권설정계약에 필요한 내부수권절차를 거쳤다고 구장한 점 등에 비추어 보면 원고로서는 피고 보조참가인이 내부 의사결정절차를 거쳐 계약을 체결했다고 생각했을 것으로 보인다고 판단	항소소장 각하 확정
32	서울고법 23. 10. 24. 선고 23나2009816 판결	원고(금융기관)의 제3자에 대한 채무에 피고가 연대보증한 행위	항소심도 다음과 같은 1심 판단을 인용하고 대표권 남용에 대한 원고의 선의·무과실 주장을 배척하여 항소를 기각함 / : 원고는 피고로부터 이사회 의사록을 징구하였는데 거기에는 이사 전원이 참석하여 연대보증안건을 만장일치로 의결한 것으로 기재되어 있고 이사를 날인도 존재함 / : 피고 이사회가 제3자(채무자)의 이사회와 같은 날 같은 시간에 같은 장소에서 개최된 것으로 기재되어 있다거나 양자가 거의 동일한 형식·내용으로 작성되어 있다는 사정만으로는 원고가 피고 이사회 결의의 존재나 효력을 의심할 만한 특별한 이유가 있	심불 기각 확정

			있다고 보기 어렵다고 판단	
33	서울고법(인천) 23. 2. 9. 선고 21나16995 판결	피고 대표이사 P가 원고에게 투자정산금 14억 원을 지급하였다는 피고 명의 합의서를 작성한 행위	: (다만 피고의 대표권남용항변에 대하여 원고의 과실 인정함으로써, 원고 청구 기각) 피고 P가 피고회사의 1인 주주이고 유일한 사내이사인 점을 고려하면 피고들이 제출한 증거들만으로는 원고가 이 사건 합의서 작성에 있어 피고회사의 이사회 결의가 없었다는 사정을 알거나 중대한 과실로 알지 못하였다는 점을 인정하기 부족함	심불 기각 확정
34	수원고법 24. 5. 1. 선고 23나13196 판결	원고회사가 X와 체결한 물품양도계약(다만 물품은 X와 Y에게 지급하도록 X와 Y에게 약정의 효력	원고의 이사회 결의가 존재하고 설령 보증채권이더라도 당시 원고 대표이사였던 A가 Y의 대표이사이기도 하였다는 사정만으로 X의 우위·중과실을 인정할 수 없었다는 1심 판단 그대로 인용	마상고 확정
35	서울고법 23. 4. 7. 선고 22나2032468 판결	피고는 X에게 대여하면서 Y와 연대보증계약을 체결, 이에 따라 작성된 공정증서의 효력을 Y측이 다투는 소송	원고는 Y회사에서 물적분할되어 설립된 A회사의 회생절차 관리인으로 Y회사 관리인의 지위를 수계한 자 Y회사의 전 대표이사 P가 취지가 기재된 이사회 의사록을 제출하였고, P가 이 사건 연대보증계약을 함께 받의 확인하지도 제출하였던 점, 피고는 주채무자인 X로부터 담보의 지급 등을 포함한 관련 절차가 완료되었음을 확인하는 내용의 확인서도 제출하였던 점, 피고는 주채무자인 X의 상장을 유지함으로써 사업을 지속하기 위한 자금이 필요하다는 요청을 받고 이에 따라 이 사건 금전소비대차계약 및 이 사건 연대보증계약을 체결하게 되었던 것인바, 그 전체적인 경과를 고려해 보면 피고로서는 Y회사의 이사회 결의가 부존재한다고 의심하거나 여의었던 것으로 보는 점, Y회사가 한국거래소 유가증권시장 상장회사이기는 하나 피고가 금전소비대차 또는 연대보증에 관한 업무를 수행함에 있어 반드시 이사회 의결의 공시 여부를 확인하여야 함	마상고 확정

			의무가 있다고 보기도 어려운 점 등을 들어, 피고의 악의·중과실이 인정되지 않는다고 판단함 (다만 Y측의 부인권 주장 받아들여짐)	
36	대구지법 23. 5. 11. 선고 22가합204467 판결	원고가 피고회사의 실질적 운영자인 X의 요청에 따라 피고에게 도움을 준 한 행위	피고회사는 X에게 표현대표이사의 명칭을 사용하도록 허락하거나 묵인하였다고 판단한 다음, 금전 자동행위는 대표이사의 거래행위로서 경험칙상 이례적이라고 보기 어려운 점, 회사와 거래하는 상대방은 주식회사의 대표이사가 거래에 필요한 내부절차를 밟았을 것으로 신뢰하였다고 모든 것이 경험칙에 부합하는데, 이 사건에서 원고가 이 사건 계약의 체결에 관하여 피고 이사회 결의가 없었다고 의심할 만한 특별한 사정을 인정하기 어려운 점 등을 이유로 원고의 매가 유효하다고 판단함	미항소 확정
37	서울고법 23. 7. 14. 선고 22나2052202 판결	원고와 피고 대표이사 X가, 피고를 공동경영하기로 하면서 원고는 피고가 발행하는 신주인수권부 사채 등을 인수하고, 쌍방은 계약 위반 시 위약금을 지급하기로 함과 동시에 X의 원고에 대한 채무를 연대보증할 행위의 효력	이행함이 당시 피고회사 이사회 결의 부존재에 관하여 원고의 악의·중과실을 인정하기 어려움 ∴ 이 사건 이행함에는 X의 이야기도 관련이 있다고 보이기는 하나 그 체결의 주된 목적은 피고회사에 대한 감시권에 대한 감시권의 거절을 화해하기 위한 점, 이행함의 전제조건으로 피고를 속에서 원고 속에게 기존 등기임원 전원의 사임서(개인인감증명서 첨부를 느낄 실제 원고 속이 10일을 제외한 나머지 임원들이 양쪽의 임원들의 사임서(개인인감증명서 첨부를 제출받았던바, 원고 속으로서는 피고회사의 이사들의 이사가 확정되나 이 사건 연대보증을 위하여 필요한 이사회 결의나 이 사건 연대보증을 이후 이사회의 승인이 있었다고 인식하고 있었을 것으로 보이는 점	미상고 확정
38	서울고법 23. 7. 20. 선고	원고가 피고회사에게 피고 자본금의 27.6% 상	증거들만으로는 원고의 악의·중과실을 인정하기에 부족함	미상고 확정

	판결	행위의 효력	판단	
39	서울고법(인천) 23. 8. 18. 선고 2020나13777 판결 22나2045860 판결	당하는 예수의 돈을 대여한 행위의 효력 원고는 산업단지 조성사업을 하는 피고에게 10억 원을 대여하면서, 원고를 피고의 건설출자자로 등록시키기로 하고, 위반시에 손해배상금을 지급하기로 약정함	이 사건 약정에 피고 이사회 결의를 거치지 않았음이 다투어졌는데, 다음의 사정들에 비추어 원고의 악의·중과실을 인정하기 어렵다고 판단 : 원래 원고는 피고 대표이사 X에 대한 채권자였을 뿐인데 대표이사의 요청에 의해 추가로 돈을 대여하면서 비로소 이 사건 사업에 참여하였다고 한 것으로 보이고, 피고 내부관계에 관해 구체적으로 파악할 수 있는 지위에 있지 않았음, 원고는 이 사건 약정 체결 당시 X에게 회사 내부의 노의를 거쳤는지, 내부 임원들의 동의를 받았는지를 확인하였고, X로부터 회사 내부 및 주주들과 노의를 하여 결정되었다는 말을 듣고 이 사건 약정서를 작성한 것으로 봄	샘플 기간 확정
40	부산고법 24. 6. 13. 선고 23나56418 판결	원고가 피고 소유 부동산을 매수하였는데, 이후 원고와 피고 대표이사 X가 대표이사 X와 피고 사이에서 전금지급기일을 조정하여 약정함. 원고의 약정은 피고에 이익을 이유로 피고가 한 해제통지의 효력	항소심도 다음과 같은 1심(부산지법 23. 8. 23. 선고 227합48307 판결) 판단을 그대로 인용함 : X는 원고의 실질적 대표 또는 적법한 대리인이므로, X와 한 전금지급기일 조절 등 약정은 유효하고, 원고의 주주간 협약서 및 정관에서 이 사건 사업 수행에 필요한 중요 계약의 체결, 변경 및 해지에 관한 사항을 원고 이사회가 심의, 의결한다고 정한 것은 원고의 내부적 사정에 불과하며 달리 원고 이사회 결의 부존재에 관하여 피고가 악의·중과실이라는 점에 관한 원고의 주장·증명이 없다고 판단함	상고 기간 중
41	서울중앙지법 23. 8. 24. 선고 21가합559123 판결	원고회사가 피고(대부업자)에게 근저당을 설정하고 약속어음공정증서를 작성해 준 행위의 효력	원고는 X의 피고에 대한 채무를 중첩적으로 인수하면서 공정증서를 작성해 주었다고 판단한 다음, 당시 원고 이사회 결의가 부존재하였다 하더라도, 피고는 대리인을 통해 관련 업무를 한 것으로 보이는 점, 증인도 '원피고가 직접 소통한 것으로 알고 있다'고 증언한 점, 판단건대도 '공증할 때 공증만 했지 따로 만나고 한 일이 없다'고 증언한 점 등에 비추어 피고의 악의·중과실을 인정하기 어렵다고 판단함	미항소 확정

42	서울중앙지법 23. 10. 13. 선고 22가합548830 판결	원고는 피고회사의 실제 운영자로부터 피고회사의 사업자금 대여를 요청받고 피고회사에게 대여 대금 때 여하였느네 피고 이사회 결의가 없었음	피고의 정관, 피고의 통장 일부 거래내역, 피고 대표이사와 원고의 통화 녹취록만으로는 피고 이사회 결의 부존재에 관한 원고의 악의·중과실 인정 어려움	미항소 확정
43	수원지법 성남지원 23. 10. 17. 선고 21가합411840 판결	원고의 피고회사에 대한 대여행위	피고가 사용할 당시 이사회 결의를 거치지 아니한 사실은 인정되나, 원고의 악의·중과실을 인정하기 어려움	항소심 계속중
44	서울중앙지법 23. 10. 19. 선고 21가합520019 판결	피고는 X의 채무불이행으로 X의 서울보증보험에 대한 채무를 연대보증한 원고가 서울보증보험에 대한 채무를 부담하게 되면, 그 전액을 책임지기로 약정하였는네, 피고 이사회 결의가 없었음	피고 정관 제36조 제8항은 '이사회는 이사로 구성하며 회사 업무의 중요사항을 결의한다'라고 구성하고 있으나, 원고가 위와 같은 대표권제한을 알았다거나 중대한 과실로 알지 못하였다고 인정할 증거가 없음	항소심 계속중
45	서울고법(춘천) 24. 6. 13. 선고 23나247 판결	원고 대표이사가 이 사건 건물의 소유 명의를 피고로 변경하는 데 동의한다는 건축주명의변경동의서를 작성한 행위의 효력	항소심은 다음과 같은 1심(춘천지법 영월지원 23. 11. 2. 선고 22가합10318 판결) 판단을 그대로 인용함 : 동의서 변조에 관한 원고 주장을 배척하고, 이 사건 건물에 대한 일체의 권리를 포기하고 이를 앞서 본 공매절차상의 낙찰자에게 이전하기로 하는 결의가 원고 내부에서 이루어졌으며, 같은 무렵 원고의 대표이사가 이 사건 건물의 소유 명의를 피고로 변경	상고 기간 중

			하는 데에 동의한다는 취지의 위 동의서를 작성한 사실을 추인한 다음, 이사회 결의 부존재에 관한 피고의 악의·중과실을 인정할 증거가 없다고 판단함	
46	부산지법 23. 11. 22. 선고 22가합5704 판결	원고는 X의 요청으로 도을 융통하여 X가 사용하도록 하였는데, X가 계속 변제하지 않던 중, X가 주식 55%를 보유한 피고회사가 원고에 대해 위 채무를 연대보증한 행위(이 사건 각서 작성)의 효력	이 사건 각서에 피고의 법인 인감이 날인되어 있고 피고의 인감증명서와 피고의 대표이사, 사내이사, 감사의 각 신분증이 첨부되어 있는 점, 원고가 피고의 이사회 회의록 등 징구할 의무를 부담한다고 볼 만한 별다른 자료가 없으므로, 원고가 피고회사로부터 이사회 회의록을 징구하지 않은 것만으로 어떠한 과실이 있다고 단정할 수 없는 점 등을 종합하면, 피고가 제출한 증거들만으로는 원고에게 이 사건 각서 작성에 관하여 고의·중과실이 있었다고 보기 어렵다고 판단	항소심 계속중
47	서울고법 23. 11. 23. 선고 22나2037494 판결	원고 대표이사가 피고에게 7500만 원을 지급하기로 한 약정의 효력	위 지급과 관련한 원고 이사회 결의 부존재에 관한 피고의 악의·중과실 인정 어려움	미상고 확정
48	광주지법 23. 11. 30. 선고 22가합57263 판결	K회사는 원고 사업을 포괄적으로 양도·양수하는 계약을 체결함. 원고는 K 채권자인 피고에게 증서 작성해 줌	K의 자산상태 등에 비추어 K 대표이사이던 X가 자금조달 편의 등을 위해 원고를 설립하면서 K의 재무를 원고가 부담하기로 약정하였다고 판단한 다음. ① 이 사건 합의 및 이 사건 양수도 계약으로 K의 자산뿐 아니라 채무 등을 포괄적으로 원고에게 양도하기 위하여 체결된 것이며 채무 등을 포괄적으로 원고에게 양도하기 위하여 체결된 것인바. 재무 등을 포괄적으로 원고에게 양도하기 위하여 체결된 것이며 이 사건 양수도 계약은 2019. 8. 19. 이루어졌고 이 사건 양수도 계약 및 제3자가 이 사건 양수도 계약 내부적인 K와 원고의 재무상태에 따라 제3자가 이 사건 합의 및 이 사건 양수도 계약 내부적인 K와 원고의 재무상태에 따라 결정하는 것이 합리적인 점. ② 이 사건 구상증서가 2022. 7. 7. 작성되었으나 마지급된 이자 등을 고려하여 차입금이 기존 1,000,000,000원에서	항소심 계속중

번호	법원·선고	효력	판단	비고
			1,150,000,000원으로 다소 증가하였다고 하더라도 대규모 재산의 차임이라고 보기 어려운 점, ③ 이 사건 공정증서에 관하여 피고는 원고의 이자에 따른 금액 명목의 이자를 지급받았고 乙는 2022. 5. 20. 피고 등의 채무를 변제할 예정이라는 각서를 작성하기도 하였으며 乙는 원고 대표이사였던 X의 인감증명서를 지참하여 대표이사의 지위에서 이 사건 공정증서 작성에 관여하였는바 피고에게 이사회 결의가 없었다고 의심할 만한 특별한 사정이 있었다고 보기도 어려운 점 등에 비추어 보면, 이사회 결의 부존재에 관한 원고의 주장은 받아들이기 어렵다고 판단함	
49	수원회생 23. 12. 6. 선고 23가합1084 판결	원고가, 자회사이자 원고의 임차인 지위를 승계한 X와 사이에, X가 임대인 피고에게 부담해야 하는 임대료 등 채무를 100억 원 범위 내에서 연대하여 피고에게 책임지기로 합의한 행위의 효력	원고가 체출한 증거들만으로는 X와 피고가 이 사건 합의 당시 원고의 이사회 결의가 없었음을 알고 있었다거나 이를 의심할 만한 특별한 사정이 있었다고 보기 부족함	항소심 계속중
50	청주지법 충주지원 23. 12. 14. 선고 22가합63174 판결	원고회사가 피고와에게 공장 약속어음증서 작성해 준 약속어음증서의 효력	원고와 피고도 피고가 원고에게 M브랜드 가맹점 운영권을 부여하고 원고는 피고에게 가맹비와 로열티를 지급하기로 하는 가맹계약을 체결한 사이였다. ① 원고와 피고는 이 계약을 체결함으로써 이미 거래관계를 맺고 있는 상황이었던 점, ② 원고의 대표이사였던 X는 이 사건 약속어음을 이행하기 위해 이 사건 공정증서를 작성하게 된 점 등을 들어 원고 이사회 결의 부존재에 관하여 피고가 악의 의 중과실을 인정할 수 없다고 판단	민형소 확정

		사건	판단	
51	대구지법 영덕지원 23. 12. 14. 선고 2022가합10127 판결	피고회사, 그 대표이사인 피고 X, 원고가 사이에 켐물을 출자에 레미콘화사를 설립하여 공동운영하기로 한 동업약정의 효력	피고회사는 이사회 결의 없다는 점, 피고회사와 X 사이의 자기거래라는 점 등을 이유로 다투었으나, 이사회 결의 부존재에 대한 원고의 악의·중과실을 인정하기 어렵다고 판단함(이해상반거래에 관한 피고회사 주장도 배척함)	항소심 계속중
52	대구지법 김천지원 23. 12. 15. 선고 2023가합29 판결	원고회사가 피고회사로부터 이사회 결의 없이 돈을 차용한 행위	피고 악의·중과실을 인정할 만한 증거가 없으므로 원피고 사이의 금전소비대차 거래는 유효하다고 판단	항소심 계속중
53	서울중앙지법 23. 1. 12. 선고 2022가합551676 판결	원고가 피고에게 상표권 사용권한을 부여한 사용계약을 체결한 행위에 관해 실질은 담보계약이라거나 또는 원고 이사회 결의가 부존재한다는 이유로 그 효력을 다툰 사안	① 원고와 피고는 이 사건 계약 이전부터 상표 사용계약을 체결하는 등으로 이미 거래관계를 맺고 있었던 점. ② 원고의 주장과 같이 이 사건 상표권을 단순히 양도한다는 취지의 이사회 결의는 부존재하나, 이 사건 사용계약에 관한 이사회 결의 자체는 존재하는 점. ③ 피고에게 거래 상대방인 원고의 이사회 결의의 구체적인 내용까지 확인할 의무가 있다고 보기는 어려운 점 등에 비추어 보면, 피고의 악의·중과실 인정 어려움	항소심 계속중
54	전주지법 군산지원 24. 1. 18. 선고 2023가합50528 판결	원고와 피고회사 사이에 체결된 금전소비대차계약에 관해 피고회사 이사회 결의 부존재를 이유로 효력이 다투어진 사안	제출된 증거만으로는 상대방인 원고의 악의·중과실 인정 어려움 (오히려 종전부터 원고가 피고에 대한 채권을 보유하였고 피고가 그 채무를 이행하기로 합의하였다는 것)	항소심 계속중
55	대구지법	원고회사와 피고회사 사	제출된 증거만으로는 상대방인 피고의 악의·중과실 인정 어려움	미항소

번호	판결	사안	판단	확정
56	24. 1. 25. 선고 23가합202604 (본소) 23가합204655 (반소) 판결	이에 체결된 매매계약에 관하여 원고회사가 이사회결의 없었음을 이유로 매매계약이 무효라고 다툰 사안	(따라서 원고는 피고에게 매매대금 잔금 지급할 의무를 부담함)	확정
	광주지법 23. 1. 26. 선고 22가단547196 판결	원고회사가 자신이 피고에게 채무에 관하여 작성해 준 부속물에 대한 이사회 결의 부존재를 이유로 청구이의의 소를 제기한 사안	제출된 증거만으로는 상대방인 피고의 악의·중과실 인정 어려움	항소심 계속중

악의·중과실 인정

번호	판결	사안	판단	확정
57	부산서부지법 21. 7. 21. 선고 2020가합101213 판결	피고 측 표고회인들을 원고에게 담보로 제공한 행위	1번호는, 당시 원고 요구에 따라 1의 이사회 의사록 작성, 교부받았는데 그 이사록에는 '1.은 이 사건 제金준정소비대차상 채무에 관하여 연대보증하는 안건에 대하여 찬성하는 결의는 이루어졌으나 위 이사회 의사록에는 이 사건 표고회인들을 담보로 제공한다는 내용은 포함되어 있지 않고, 1의 1의 주요 재산이 이 사건 표고회인권이 이루어졌음을 인정할 만한 이 사건 제金준정소비대차에 담보로 제공된다는 내용이 이루어졌음을 인정할 만한 아무런 증거도 없으며, 다른 증거(판결문만으로는 "갑 제○호증"이라고만 기재되어 있음)에 의하면 원고는 이러한 이사회 결의가 이루어지지 않았음을 명시적으로 양았다고 보인다고 판단하여, 제金준정소비대차에 따른 채무는 표고회인권이 담보되지 않는다고 판단	항소 취하 확정
58	대전고법	주식회사인 피고 대표이	피고의 자산과 부채, 매출액, 당기순손실 등과 피고 발행주식 총수가 100,000주인 점	미상고

번호	판결	사안	판시	결과
	2022. 5. 4. 선고 2021나10751 판결	시가 피고 명의로 원고 개인에게, 피고 주식 50,000주를 원고에게 양도 주겠다는 내용으로 작성해 준 각서의 효력	등을 고려하면 위 각서에 따라 원상회복해 주어야 하는 주식 50,000주의 시가는 피고 자산총액의 약 78%에 달하는데, 이 각서의 약정은 중요한 업무로서 이사회 결의를 거쳐야 한다고 봄 / 위 약정에 따라 피고가 일방적인 의무를 부담하게 된 점, 당시 피고 대표이사와 원고 부친 사이의 친분관계, 원고 본인 역시 과거에 피고 사내이사로서 피고의 경영에 적 극적으로 참여하였기 때문에 피고의 내부 사정을 잘 알 수 있는 위치에 있었던 점 등을 들어, 당시 피고의 이사회 결의가 없었다는 점에 대한 원고의 중과실을 인정	확정
59	수원지법 22. 11. 24. 선고 2022나55200 판결	원고는 과거 원고의 대표이사였던 피고에게 근거 당권설정등기를 마쳐준 행위에 관해 이사회 결의 없었음을 이유로 무효라고 주장(이에 따른 손해배상을 청구)	〈1심 ≠ 항소심〉 / 제1심: 상대방인 피고의 악의·중과실을 인정하기 어렵다고 보아 원고 청구를 기각 / 항소심: 피고가 원고의 과거 대표이사였고, 피고가 사임한 때로부터 1년도 되지 않아서 이 사건 근저당권설정등기가 마쳐졌으므로 그 당시 피고의 아들과 조카가 원고 이사로 재직하고 있었던 점(원고 이사는 이하 같이 총 2인이었음) 등을 들어 피고로는 원고 이사회 결의가 없었음을 알았거나 충분히 알 수 있었다고 판단 / (다만 그럼에도 불구하고 원고 주장의 돈이 피고의 명의 인매계에 있는 손해라고 보기 어렵다는 이유로 원고 청구가 이유 없다고 판단하여 원고 항소를 기각)	미상고 확정
60	창원지법 23. 1. 13. 선고 22가단1407 판결	원고가 피고 대표이사에게 돈을 대여하며, 피고과 시를 자용증 각서 및 피고 회사의 화물자동차 운송 주선사업 허가증을 각 교	피고 대표이사가 배임으로 유죄 판결 확정된 점, 원고는 그 수사 과정에서 '피고측이 피고를 하기린 담보 제공 내지 양도를 위한 이사회 의사록을 준비하지 않아서 원고가 먼저 위 이사회 의사록 초안을 직접 작성한 뒤 A에게 피고측의 인감도장 날인을 요구하여 피고측의 날인이 이루어졌다'는 취지로 진술한 점 등을 들어 원고의 중과실 인정	미항소 확정

		부당음/행위		
61	부산고법(울산) 23. 6. 21. 선고 2022나10374 판결	주식회사인 피고의 정관에 따라 피고가 원고로부터 5억 원을 차용하였는데 5억 원을 차용한다는 내용의 차용증을 작성한 행위	당시 원고 대리인으로 행위한 A는 피고가 아니라 피고 대표이사 X 개인이 원고로부터 5억 원을 차용하였던 사실을 잘 알고 있었고, 피고 명의의 차용증은 A가 미리 마련한 양식에 X가 날인을 넣이는 방식으로 작성되었으며, 원고는 A로부터 이 사건 차용증을 전달받아 이 사건 소를 제기한 사정 등을 들어 원고의 대리인 A, 즉 원고의 악의 내지 중과실을 인정(즉, 피고의 차용행위는 무효).	미상고 확정
62	서울고법 24. 5. 2. 선고 23나2000635 판결	피고가 소외 X가 원고측으로부터 차용한 돈(그 액수와 피고 차분금 액수와의 동일)을 변제하기로 다시 를 작성해 준 사안	당시 피고의 경영상황이 악화되었던 점, 피고가 차분금 전에 납하는 금액을 대신 변제하기로 약정하는 것은 경험칙상 이례에 속하는 거래행위인 점, 원고의 대리인으로 행위한 자(원고가 납부했는 피고의 중전 아르바이트 피고 이사)로서 피고 본의 상당한 점 등을 들어, 피고 이사회 결의가 없었다는 점에 관해 죄에도 '그'에게 가까운 중과실이 있었다고 보아 문제되는 무효라고 판단한 1심 판단을 그대로 인용함	미상고 확정
63	서울고법 23. 3. 8. 선고 21나2029496 판결	원고가 채무자 X를 위하여 피고에게 연대보증채무액 금 30억 원을 해결하는 2018. 8. 9. 위약금으로 30억 원을 지급하겠다는 합의서를 작성	〈1심 ≠ 항소심〉 1심: 피고 중과실 부정 ⓐ 피고는 원고 연대보증의 이사가 담긴 이 사건 합의서 작성 당시 원고의 본인인감증명서를 교부받았고 이 사건 합의서에도 원고의 본인인감이 날인되었던 점, ⓑ 피고는 이 사건 합의서 작성 당시 '위안: 보증 승인의 진, 채무자 X, 차용금 30억 원 보증인 원고'라고 원고라고 기재된 점, ⓒ 원고 대표이사 포인자는 2018. 8. 9. 자 이사회의사록 및 인아금 약정을 교부받았던 점, 이 사건 연대보증 및 인아금 약정을 확인하는 내용의 이 사건 이행협의약서에 직접 서명·날인하여 피고에게 교부하였던 점 등 항소심: 피고 중과실 인정	샘물 기각 확정

	판결	문제된 행위	판단	결과
64	서울중앙지법 23. 5. 31. 선고 22가합535261 판결	K회사 대표이사이던 X가 원고에게, K와 연대하여 원고에게 300억 원을 지급하였다는 확인서를 작성해 준 행위의 효력	피고가 교부받은 이사회의사록 상단에는 '이사총수 및 참석이사수가 각 7명'이라고 기재되어 있음에도 하단에는 이사 5인의 기명날인만 되어 있고, 그 기재내용도 명백하게 모순되는 점, 합의서 작성 당시 원고 대표이사가 직접 참석하지도 않았고 위임서류가 제대로 갖추어지지도 않았던 점 등 원고는 피고가 K회사의 사업관련 의무를 포괄승계하였음을 이유로 확약서에 기한 채무를 이행하라고 청구하였고, 피고는 X가 K회사 이사회 결의 없이 확약서를 작성하였다고 다툰 사안인바, 법원은 다음의 사정 등에 비추어 원고의 악의·중과실이 인정된다고 판단함 : 원고와 X의 관계, 원고가 지급되었다고 주장하는 돈이 K회사 사업을 위해 사용되었다고 볼 증거가 없고(모두 X 개인에게 지급) 300억 원이라는 거래는 지급기로 정한 회사의 의사결정 없이 한 장의 문서임에도 한 장의 종이에 일부는 수기로 내용을 기입하여 작성되어 있고 날인된 법인인감이 실제 회사의 인감인지를 담보할 법인인감증명서도 첨부되어 있지 않은 점들인데는 그 형식과 내용이 회사의 정식 문서로 보기에는 조금만 주의를 기울이면 이 사건 확약서가 회사에서 정식으로 내부절차를 거쳐 작성된 것인지를 충분히 의심할 수 있었다) 등	항소심 계속중
65	청주지법 23. 7. 7. 선고 22나54423 판결	피고의 유일한 사업이자 유일한 자산인 공동주택 건설사업 부지의 상당부분을 원고에게 양도하는 대물변제약정의 효력	피고가 유일한 사업자들에게 비추어 피고 이사회 결의 부존재에 관한 원고의 악의·중과실 인정 : 이 사건 부동산이 원고에게 양도될 경우 피고의 사업추진 자체가 사실상 불가능하게 될 정도로 이 사건 대물변제약정은 피고의 영업상 그 중요성이 현저하였는데, 원고 또한 피고의 이와 같은 사업추진 과정에서 그 아파트 부지 매매대금 등의 명목으로 지급 〈1심 ≠ 항소심〉 항소심은 다음의 사정들에 비추어 피고 이사회 결의 부존재에 관한 원고의 악의·중과실 인정 : 이 사건 부동산이 원고에게 양도될 경우 피고의 사업추진 자체가 사실상 불가능하게 될 정도로 이 사건 대물변제약정은 피고의 영업상 그 중요성이 현저하였는데, 원고 또한 피고의 이와 같은 사업추진 과정에서 그 아파트 부지 매매대금 등의 명목으로 지급	미상고 확정

66	창원지법 마산지원 23. 8. 9. 선고 23가합100049 판결	피고회사가 그 소유의 토지를 원고회사에게 양도하기로 확인서를 작성한 약정의 효력	다음의 사정에 비추어 볼 때, 피고 이사회 결의 부존재에 관한 원고의 악의·중과실을 인정함 : 원고는 대표이사 A, 실질 운영자 B의 협의에 의해 운영되었고 피고는 B가 X와 동업으로 골프연습장을 운영하기 위해 설립한 회사이므로, 소는 피고의 설립 및 운영과 관련한 X와 Y의 동업관계를 충분히 인지하고 있었던 점. 이 사건 확인서에 따르면 피고는 일방적으로 원고에게 이 사건 토지의 소유권을 이전하기로 되어 있을 뿐 그에 대한 반대급부는 언급되어 있지 않는 점, A가 피고 대표이사 Y와 작성한 이 사건 토지의 가치가 상당함을 알 수 있는 점, 인적관계(Y는 B의 아들로 피고의 각자대표이었을 뿐 아니라 원고 사내이사이기도 하였음) 을 수수레 대여하는 등 이를 잘 알고 있었던 점, 과거에 피고가 원고로부터 돈을 차용할 때에는 그에 관한 이사회결의를 거쳤고 이사회 회의록 또한 작성하여 원고에게 교부하였던 것으로 보이는 점, 피고 대표이사 등 개인의 원고에게 토지 소유권을 양도하는 각서를 작성하여 교부하였다 하더라도 어느 이사회 결의와 동일시할 수 없는 점, 원고는 피고와 대물변제약정을 체결하면서 피고 이사회의 결의를 필요로 하는 사항인지, 피고 이사회의 결의가 있었는지 여부 등을 피고 측에 전혀 문의하지 아니한 것으로 보이는 점 등	항소심 계속중
67	창원지법 23. 8. 24. 선고 22가합50819 판결	S건설의 공사계약상 권리를 D회사를 거쳐 원고에게 승계하는 사업권양수도계약을 체결하였던가 S건설에 관해 회생절차가 개시되면서 위 계약을 무	S건설의 재무상황, 이 사건 사업의 예상이익은 약 1,494억 원인데 S건설이 받는 매매대금은 50여 원으로 큰 차이가 있는 점, D회사 받고 원고와 체결한 양수도계약을 전부 하여 이사회 의결이 별도로 이루어졌다는 자료도 부존재하는 점, 원고 대표이사는 S건설의 전대표이사가 S건설 경영권을 인수할 때에, 원고의 전대표이사를 인물이 깊이 관계한 인물인 점, 원고가 이사회의결을 제출받은 등 이사회 결의가 있었는지 여부를 확인한 바 없는 점 등	항소심 계속중

68	서울중앙지법 23. 9. 7. 선고 22가합526489 판결	원고의 피고에 대한 대여 금 청구 사안에서 피고 이사회 결의 부존재가 다 투어진 사안	효, 해제하였다고 주장하 여 다툼 원고가 피고회사 설립자이자 피고회사를 포함한 그룹 회장이었던바, (따가~따) 대여 시기에 원고가 피고 대표이사였던 점 등에 비추어 원고의 악의·중과실을 인정함	미항소 확정
69	광주지법 23. 10. 13. 선고 22가합57256 판결	원고와 피고회사는, 피고 회사가 X주식을 원고 명 의로 취득하기로 명의신 탁약정을 체결하였다가 이를 해제하고, 피고회사 가 넘어받았던 주금을 피 고회사의 원고에 대한 대 여금으로 하기로 하면서, 피고회사가 원고에게 대해 피고회사가 원고에게 대해 X주식 매도를 요구할 수 있는 금우선을 보유하기 로 합의함(부속합의), 이 후 피고의 금우선 행사에 대해 원고가 다툼	원고 자산, 부채, 지분과 X주식 가액 등에 비추어 이 사건 부속합의는 원고 이사회 결의를 필요로 함. 다음의 사정에 비추어 피고회사의 악의·중과실을 인정함 : 명의신탁약정 체결을 결의한 원고 이사회 의사록이 피고회사에 제공되었던바 이 사건 부속합의가 원고 이사회 결의사항임을 알고 있었을 것으로 보이는 점, 명의신탁약정을 해제하여 원고가 X 주식의 주주권을 취득하기로 함이란 지 위 1개월 후 다시 피고회사에 금우선을 보여하는 부속합의를 한 것은 매우 이례적이고 당시 원고가 별도 도움 지급된지도 않아서 이는 원고에게 상당히 불이익을 한 것, 피고회사 생성이 부속합의 준인을 작성한 점, 원고와 피고 회사 사이의 중개 거래 관행, 원고가 부속합의를 체결하기에 앞서 이사회를 개최하여 결의할 만한 시간적 여유가 없었을 것으로 봄이 상당한 점 등	항소심 계속중
70	서울고법 23. 12. 20. 선고	상장회사인 원고가 피고 회사와 사이에 신설회사	원고는 피고회사에 수차례에 걸쳐 돈을 대여하고 그 변제기를 연장해 오던 중, 남은 원고의 자용금을 피고회사가 분할하여 신설한 회사에 출자전환하기로 협의를 진행하	미상고 확정

연번	판결	청구	판단	진행상황
	″	예 든 을 출자(?)기로 하는 출자확약서에서 있고 이사회 결의를 거치지 않아 그 효력이 다투어진 사안	였음. 그런데 피고회사의 회사분할 결의가 주주총회에서 부결됨 원고의 대여금 청구에 대해, 피고는 원고가 피고회사에게 원고가 남은 대여금 상당을 출자전환하기로 약정(출자확약)하였고 원고는 이사회결의 이행을 유로 제항변함. 법원은 출자확약의 존재를 인정할 수 없다고 한 다음, 가정적으로 원고 이사회결의 부존재에 관해 피고의 악의·중과실이 인정된다고도 판단함(원래 원고가 신설회사에 출자하는 내용의 협의가 진행되어 옴, 원고는 상장회사임, 피고의 재무건전성도 좋지 않았음, 원고 대표이사는 출자확약서에 날인하였음을 부인하는 등 개인사정만을 한 점 등)	
71	서울회생 23. 1. 20. 선고 22가합100320 판결	B회사가 지회사이던 피고 신주를 인수한 행위에 관하여, B회사의 회생관리인이 부인청구, 신주인수무효확인 등에 따른 부당이득청구를 한 사항	신주인수의 규모, B회사의 재산상태(채무초과 등)와 현금 자산이 적었던 점, B회사와 피고가 모자회사 관계였고 다수의 자가 B회사와 피고회사 임원을 겸직하였던 점, 신주인수가 이루어진 날로부터 불과 3일 전까지 X가 피고의 이사였고 B회사의 대표이사를 겸함였던 바, 이 사건 신주인수 당시 B회사에게 실무를 담당한 Y는 피고의 이사에서 사내이사로서 우성증자 실시를 위한 피고 이사회 결의에도 참여하였던 점 등에 비추어 피고의 악의·중과실을 인정함	항소심 계속중
72	수원고법 24. 1. 18. 선고 21나2045657 판결	원고 운영이사로 근무하였던 피고에게 원고가 퇴직수당을 지급하기로 함에 관해 원고 이사회 결의가 없음을 이유로 효력이 없다는 다른 사안	피고가 10년 넘는 기간 동안 원고 운영이사로 업무 전반을 총괄해 제지하며 원고, 이 사건 퇴직수당을 함하는 피고의 운영이사로 재직 중인 기간에 이루어진 점 등에 비추어, 이 비추어 피고의 악의·중과실이 인정된다고 판단하여, 이 사건 퇴직수당 지급결의에 기한 피고의 원고에 대한 채권은 인정되지 않는다고 판단	상고심 계속중
73	광주지법	G회사가 이사회 결의 없음	원고회사와 G회사의 대표이사가 동일인이었다는 점 등 원고회사의 악의를 인정	항소심

	순천지원 24. 1. 31. 선고 23가합10390 판결	이 원고회사에게 사채를 교부한 행위의 효력이 다투어진 사안	하여 원고회사와의 사채 취득은 무효라고 판단함	제소중

이사회 결의 불필요(가정적 판단: 위의·중과실 부정)

74	서울중앙지법 21. 4. 29. 선고 19가합42578 판결	원고의 재무담당이사가 평소 보관하고 있던 원고 법인감 등을 이용하여 차용증을 위조하여 피고(개인)에게 교부되고, 나아가 원고와 피고 쌍방을 대리하여 공정증서 작성을 촉탁	이 사건 대여행위가 상법 제393조 제1항에 해당한다거나 원고 정관에 따라 이사회 결의를 요한다는 점에 관한 주장·증명이 없고, 나아가 당시 이 사건 대여행위을 승인한다는 내용의 원고 이사회 의사록이 피고에게 교부된 이상 피고의 중과실을 인정하기도 어렵다고 판단	미항소 확정
75	서울중앙지법 21. 8. 19. 선고 20가합545226 판결	원고가 피고 지분 인수하고, 피고회사가 발행할 본대행 신주인수권부사채 인수에 참여하기로 하는 인수협의서를 체결	여러 사정에 비추어 이 사건 인수협의서상 피고회사의 신주인수권부사채의 발행 여부나 발행 조건이 확정되었다고 보기 어려우므로 이 사건 인수협의서의 체결시 피고회사 사의 이사회의 결의를 거쳐야 한다고 볼 수 없다고 판단	미항소 확정
76	창원지법 마산지원 21. 11. 24. 선고 20가합101539 판결	원고가 G에게 마쳐준 가등기를 양수한 피고와 사이에 가등기의 효력이 다투어진 사안	원고 이사회 결의가 없었음을 이유로 무효라고 주장하였으나, 법원은 설령 이사회 또는 주주총회의 결의를 거치지 않은 하자가 있다고 하더라도 피고와 G 사이에 아무런 이 적 관계가 없는 점 등의 사정들을 고려해보면, 제3자인 피고에게 위와 같은 하자에 관하여 알았거나 알지 못한 데에 중대한 과실이 있다고 보기는 어렵다고 판단	미항소 확정

77	서울고법 21. 11. 25. 선고 21나2015574 판결	주식회사인 원고가 피고에 대하여 피고의 제3자에 대한 채무를 연대보증하는 약정을 체결	원고는 상법 제383조 제1항 단서에서 정한 소규모 회사에 해당하였으므로 이사회결의가 불필요하고, 설령 필요하더라도 누나가 피고와 제3자(남)의 사실상 지배자였고 X의 배우자와 누나가 피고의 명목상 대표이사였던 점, 피고와 제3자 법인은 같은 사무실을 사용하였으며 직원들도 제3자 법인의 대표로 X를 대표라고 불렀던 점 등을 이유로 피고 고의 또는 중과실을 인정하기 어렵다고 판단	미상고 확정
78	서울중앙지법 22. 5. 13. 선고 2017가합593133 판결	원고회사가 자회사가 피고에게 지급하여야 할 정산금을 임의사용한 다음, 자회사의 피고에 대한 정산금채무를 연대보증한 행위	설령 연대보증 행위가 상법 제393조 제1항에 해당하더라도 상대방인 피고의 악의·중과실을 인정하기 어렵다고 판단	미항소 확정
79	대구지법 22. 6. 23. 선고 2017가207219 판결	원고가 피고 사업자금 미 반과하여 일정 기한까지 도 시계별구에 지정이 안되는 등의 사정이 있으면 도을 반환하기로 하는 취지의 합의서 작성	피고도 소규모 회사이므로 이사회결의 불필요, 설령 필요하다 하더라도 인근들이 피고 운영에 관한 이사결정권을 보유한 때과의 협의를 통해 이 사건 약정 체결에 이른 이상 인근으로서는 피고 이사회 결의 부존재라는 절차적 하자를 의심하기 어려웠을 것이라고 판단	미항소 확정
80	서울동부지법 23. 2. 16. 선고 22가단135919 판결	원고는 A의 피고에 대한 채권자로서, A의 피고에 대한 채권에 관한 압류 및 추심명령을 받아 추심금청구소송을 제기. A의 피고에 대한 채권	피고가 포기 또는 변제의 합의 당시에 A의 이사회결의가 없었다고 의심할 만한 특별한 사정이 있었음을 인정할만한 증거가 없고, 그 밖에 피고의 악의·중과실을 인정할 증거가 없다고 판단	미항소 확정

	판결	포기·면제의 효력		
81	서울고법 23. 5. 4. 선고 21나2050032 판결	예식장업 등을 영위하는 X회사가 X의 Y에 대한 채권을 일괄 등에게 양도한 행위의 효력 (X 이사회결의 부존재)	이사회결의가 필요한 '중요한 자산의 처분' 행위 아님 (가정적으로 원고 등의 악의·중과실에 대한 증명도 없음)	심불기각확정
82	대구고법 23. 11. 7. 선고 22나20856 판결	T회사 소유 부동산에 관해 이루어진 배당절차에서, T의 채권자인 원고가 근저당권자 피고의 배당액을 다투며 T와 피고 사이의 소비대차계약이 무효라고 주장	1심(대구지법 22. 7. 7. 선고 21가합206619 판결)은 아래와 같은 가정적 판단을 하였으나, 항소심은 원고가 'T의 채권자'라고 인정하기 어렵다는 이유로 원고 청구를 전부 기각함. : 가정적으로 이사회 결의를 요한다고 하더라도, ㉠ Y가 T회사의 전반적인 업무에 관하여 대표이사로서의 권한을 행사하여 온데다가 T회사의 인감 및 인감증명서, 대표이사의 신분증 사본 등가지 보유하고 있었으므로, 피고로서는 Y가 T회사의 내부적인 절차를 거쳤을 것이라 믿을 만한 점. ㉡ 피고는 이 사건 금전소비대차계약에 이르기 전에는 T회사와 다른 거래관계가 없었으므로 T회사의 회사내부 사정이나 업무처리 방식까지 알 수 있는 지위에 있지는 않았던 점. ㉢ T회사와의 관계에서 제3자에 불과한 피고로서는 이 사건 금전소비대차계약 및 근저당권설정계약에 T회사의 결의가 필요하다거나 이사회 결의의 부존재를 의심하거나 이심하기 어려웠을 것으로 보이는 점 등을 들어 피고의 악의·중과실을 인정할 수 없다고 판단	상고취하확정
83	서울고법 23. 7. 7. 선고 22나2037074 판결	원고가 피고, 피고 공동대표이사 등과 함께 회사를 설립하면서 각 출자금 납입을 약정한 행위	법원은 이 사건 출자약정이 상법 제393조 제1항에서 정한 이사회 결의사항에 해당된다고 볼 수 없고, 가정적으로 판단하더라도 피고의 악의·중과실을 인정할 수도 없다고 판단(1심 = 2심)	심불기각확정

번호	판결	쟁점	판단	항소심
84	서울중앙지법 22. 9. 13. 선고 20가단5284185 판결	피고 1회사와 그 대표이사인 피고 2는 투자자인 원고에게 매월 150만 원의 수익금을 지급하겠다는 약정서를 작성해 준 사안	원고가 투자한 금액을 반환하기로 합의하였다는 점만으로 이를 피고회사의 중요한 자산의 처분이라고 보기 어렵고, 설령 그렇더라도 원고의 악의·중과실을 인정할 수 없다고 판단	항소심 강제 조정
85	서울중앙지법 22. 9. 23. 선고 20가합567882 판결	제3자와 피고 1 사이에, 피고 1이 보유하고 있는 피고 2의 주식 및 경영권 양수도계약이 체결됨. 한 양수도계약에 의하여 제3자인 양수인과 피고 1 등이 행합의서 작성해	이행합의서 작성에 원고 이사회 결의 불필요. 설령 그렇더라도 피고 1은 이 사건 변경약정 체결 이전에 원고와 거래관계에 있지 않았고, 이 사건 양수도계약과 이 사건 합의의 관계에 비추어 이 사건 변경약정을 체결하면서 그에 수반하여 이 사건 이행합의서가 작성되는 것이 이례적이라고 보기 어려운 점, 이러한 상황에서 피고 1에게 원고에게 이사회 결의가 있었는지 여부를 확인하는 등의 조치를 취할 의무가 있었다고 보기도 어려운 점 등에 비추어 보면 피고 1의 악의·중과실을 인정할 수 없다고 판단	항소심 계속중
86	서울고법 22. 12. 7. 선고 22나2015500 판결	도자기 제조 및 판매업 등을 영위하는 피고회사가 원고회사(엘지유플러스)와 체결한 사업제휴협약의 효력	제3자인 원고가 이사회 결의 유무를 알았거나 알지 못한데 중과실이 있다고 볼 만한 사정을 찾을 수 없다고 판단	심불 기각 확정
87	창원지법 23. 1. 12. 선고 21가합50942 판결	소외회사의 피고들에 대한 토지처분행위의 효력	피고들의 악의·중과실을 인정하기 어렵다고 판단	항소심 계속중

88	부산지법 24. 5. 9. 선고 23나56432 판결	피고회사의 실질적 운영자인 X가, 자신의 채권자인 원고에게 피고회사 명의의 차용증서를 작성해 준 행위의 효력	차용증 작성행위에 이사회 결의가 필요함을 전제로 상대방인 원고의 선의를 인정한 1심과 달리, 항소심은 3자 원의 차용증 작성 행위는 상법 제393조 제1항에서 정한 '대규모 재산의 차입'에 해당한다고 단정하기 어렵고, 가정적으로 설령 그렇다 하더라도 피고회사가 실질적으로 X의 1인회사로 운영되었던 점 등에 비추어 원고의 악의 또는 중과실을 인정하기 어려우므로, 차용증은 유효하다고 판단함	상고심 계속중
89	창원지법 23. 5. 18. 선고 19가합53962 판결	원고는 피고회사와 함께 X의 채무를 연대보증하였는데 훗날 X의 채무를 변제하였다고 주장하며 피고회사에 대해 구상금 지급을 청구하였고, 이에 피고회사가 연대보증 당시 이사회 결의가 부족하였다고 다투었음	연대보증채무의 액수과 피고회사의 총자산규모 등에 비추어 피고 이사회 결의가 필요한 행위라고 보기 어렵고, 설령 그렇다고 가정하더라도 원고의 악의·중과실이 인정되지 아니한다고 판단	미항소 확정
90	창원지법 진주지원 23. 12. 19. 선고 20가합11721 판결	유한회사인 피고회사의 1인이며 대표이사에 대해 개인의 차용금채무를 연대보증한 행위의 효력이 다투어진 사안	피고회사가 자본금 액수와 연대보증한 대여금 액수 등에 비추어 이 사건 연대보증은 피고 정관 조항에서 보통결의사원 전원의 동의와 사원출자의 과반수가 필요하다고 정한 '주요 금융조건의 결정'에 해당한다고 보기 어려움. 가정적으로 해당한다 하더라도, 제출된 증거만으로는 원고의 악의·중과실 인정 어려움	항소심 계속중
			기타	
91	춘천지법	피고(유한회사)의 단독이	여러 사정상 X는 형식적으로 피고의 이사 지위에 조건부로 등재되어 있었던 것임	항소심

번호	판결	행위		결과
	21. 7. 20. 선고 19가단2097 판결	사 X가 원고에게, 제3자가 원고에 대한 채무를 피고가 조건없이 대위변제하기로 하고 피고 소유 아파트에 관한 매매계약을 체결한 행위	로, 원고에게 대위변제를 약속하고 피고 아파트를 원고에 담보로 제공한 행위 등은 대표권한을 위반한 행위임 그러나 대표권제한에 관한 원고의 악의·중과실을 인정하기 부족하고, 오히려 "피고의 정관이 X의 대표권을 제한하는 내용이 규정되어 있지 않고 또한 대표권제한에 관한 이사회 결의나 등기도 되어 있지 않은 상황"에서 원고는 X가 피고를 대표할 정당한 권한을 가지고 있다고 믿었다고 보인다고 판단	화해
92	서울고법 23. 5. 3. 선고 21나2041809 판결	물류센터 신축공사 시행 사였던 원고회사가 그 공사 중 일부를 하도급받은 피고에게 부담하는 공사대금채무의 존부	원고는, 원고 사업권의 양도·양수 과정에서 양수예정인 K와 원래의 대표이사와 사이에 '회사 법인인감도장을 총전 대표이사에게 맡기고 서류 작성 시에 이를 교부받아 사용하기로 약정한 것을 대표권의 제한으로 주장하면서 K가 원고회사 명의로 작성한 피고와의 공사계약서 등의 효력을 다투었음 1심 법원은 공사계약서 등 작성 당시 "피고가 K의 대표권제한 사실을 알았거나 중대한 과실로 이를 알지 못하였다고 보기 부족하다"고 판단 항소심 법원도 위에 공사하여서가 통정허위표시이거나 대표권남용으로 작성된 것으로 상대방인 피고가 그 정을 알았다고 판단(대표권제한 주장은 판단하지 않음)	심불 기각 확정
93	대구고법 23. 4. 25. 선고 22나22631 판결	피고 협동조합은 중공자 등(시행)물류단지 조성 사업을 하기 위해 원고로부터 그 소유 토지를 매수하였고, 그 매금 지급의 방법으로 양도소득세는 피고가 부담하고 일부 대금의 변제기, 대출금과의	별도약정에 기한 원고의 이행청구에 대해 피고가 협동조합기본법, 피고 정관 등에서 요구하는 이사회결의가 부족제 합을 이유로 다투었으나, 법원은 다음과 같은 이유로 원고의 악의·중과실이 인정되지 않는다고 판단함 : 협동조합 기본법 제14조 제3항에 따라 준용되는 상법 제287조의19 제5항은 '유한책임회사를 대표하는 업무집행자에 대하여는 제209조를 준용한다'고 정함 : 포항에 발행한 지진 등으로 인해 피고는 상당한 규모의 손실을 떠안게 될 상황에서 이 사건 별도약정이 발생하였던바, 절부 별도약정은 주로 피고의 필요에 의해 체결된 것일 뿐만 아니라 이상 이 사건 사업이 무산됨으로써 막대한 손실을 떠안게 될 상황이어서 이 사건 별도약정이 피고의 추가 지급조건이 있지 않은	심불 기각 확정

		상계처리방안 등을 정한 '별도약정'을 체결함	다, 그 주된 내용은 위 법인과 같이 원고가 담보도 없이 이 사건 각 토지의 소유권을 먼저 이전해준 다음 피고가 담보 매출을 받아 매매대금을 지급하겠다는 것으로 피고의 이익에 부합함
94	서울고법(춘천) 23. 10. 20. 선고 23나694 판결	원고는 원고 주주이자 대표이사였던 B인에게 도을 대여하였고, B인의 상속인 중 1인인 피고에게 대여금청구를 함	피고는 자본금 10억 원 미만의 소규모 회사인 원고의 이사회 존부, 구성 등에 별다른 주장을 하지 않았고, 설령 이사회 결의를 가치지 않았다고 하더라도, 상법 제393조 제1항을 위반하여 이사회 결의를 가치지 않고 거래를 한 이사 스스로가 그 위반을 내세워 해당 거래의 무효를 주장할 수는 없다고 보고 타당하다고 판단함	마상고 확정

별지 3

비영리법인 등기사항 기재례

등기번호	명 칭	기타사항 내역
00*****	사단법인 ○○○○○ ○○○○	**1. 출자의 방법** 1) ○○○○○의 기본재산을 매도, 증여,임대,교환하거나 담보제공 또는 용도 등을 변경하고자 할 때 또는 의무의 부담이나 권리를 포기하고자 할 때는 **총회의 의결**을 거쳐야 한다. 2) 기본재산의 변경에 관하여는 정관변경에 관한 규정을 준용한다. 3) 법인의 유지 및 운영에 필요한 경비의 재원은 다음과 같다. 　① 회비 … 중략… 　⑤ 기타 4) ○○○○○○이 예산 외의 채무부담을 하고자 할 때에는 **총회의 승인**을 받아야 한다.
00*****	사단법인 ⑪⑪⑪⑪	**1. 출자의 방법** 1. ××의 유지 및 운영에 필요한 재원은 다음 각 호에 의한다. 　(1) 회비 … 중략… 　(6) 기타 2. ⑪⑪⑪이 예산외의 **채무부담을 하고자 할 때에는 총회의 의결**을 가져 **주무관청의 승인을 받아야** 한다. 3. 후원금과 사업수입은 회원의 이익을 위하여 사용하지 아니하고, ⑪⑪⑪의 목적에 따라 공익활동을 위하여 사용하며, ⑪⑪⑪ 및 ⑪⑪⑪의 대표자의 명의로 특정정당 또는 선출직후보를 지지, 지원하는 등 정치활동을 하지 않는다. 4. 인터넷 홈페이지를 통해 연간 기부금 모금액 및 활동실적을 다음연도 3월말까지 공개한다.

별지 4

민법571)과 상법572)에서 '중과실'과 '과실'을 규정한 예

	민법	상법
중과실	제109조① 단서(착오와 중과실) 제401조(채권자지체 중 채무자의 중과실) 제514조(증서 선의취득에 대한 양도인의 중과실) 제518조(지시채권 채무자 변제시 소지인의 중과실) 제734조③ 주단, 제735조(사무관리자 책임) 제757조(도급인의 손해배상책임) 제765조①(불법행위 손해배상액의 경감 청구)	제43조(영업양수인에 대한 변제) *제137조③(운송인의 배상책임) 제191조(회사설립무효 취소의 소에서 패소원고의 책임) 제322조 및 325조(주식회사 설립에 있어서 발기인과 검사인의 배상책임) 제356조의2(전자등록부의 주식에 대한 선의취득) *제400조②(이사의 회사에 대한 책임감면의 예외) *제401조(이사의 제3자에 대한 책임) *제408조의8(집행임원의 제3자에 대한 책임) 제414조(감사의 제3자에 대한 책임) *제648조(보험계약의 무효로 인한 보험료의 반환) *제651조의2(부 위반으로 인한 계약해지에서 보험계약자 또는 피보험자의 중대한 과실과 보험자의 중대한 과실을 구장) *제653조(보험계약자 등의 위험증가와 계약해지)

571) 가족법은 제외한다.
572) 상법의 중과실 조문 중 *조문은 "고의 또는 중대한 과실"이라고 규정함으로써 중과실을 고의와 같은 수준으로 규정하였고, 회사법에 관한 제191조, 제322조, 제325조, 제414조는 고의 대신에 "악의"라고 규정하고 있는데, 최준선 교수는 이 조문들의 악의는 고의와 다르지 않다고 하고, "상법상 중과실과 고의의 동일시 문제", 상사법학 장인호, 상사법연구회(1994), 132.

| 과실 | 제113조(의사표시의 공시송달)
제116조(대리행위의 하자)
제129조(대리권소멸 후의 표현대리)
제245조2(점유로 인한 부동산소유권의 취득기간)
제246조2(점유로 인한 동산소유권의 취득기간)
제249조(선의취득)
제385조2(불능으로 인한 선택채권의 특정)
제390조(채무불이행과 손해배상)
제391조(이행보조자의 고의, 과실)
제392조(이행지체 중의 손해배상)
제396조(과실상계)
제397조2(금전채무불이행에 대한 특칙)
제427조①(상환무자력자의 부담부분)
제441조(수탁보증인의 구상권)
제442조①(수탁보증인의 사전구상권) | *제659조(보험자의 면책 사유)
*제692조(운송보조자의 중과실과 보험자의 면책)
*제706조(해상보험자의 면책)
*제726조의6(보증보험계약에서 보험계약자의 중대한 과실이 있는 경우에도 이에 대하여 피보험자에게 책임이 있는 사유가 없으면 예외로 취급)
제732조의2(생명보험사고)

제39조(부실의 등기)
제134조2(운송물멸실과 운임)
제150조(인도를 받지 아니한 수하물에 대한 책임)
제152조2(공중접객업자의 책임)
제399조(회사에 대한 책임)
제408조의8①(집행임원의 책임)
제752조의2(이해관계인을 위한 적하의 처분)
제795조(운송물에 관한 주의의무)
제870조(책임있는 자에 대한 구상권)
제879조①(쌍방의 과실로 인한 충돌)
제880조(도선사의 과실로 인한 충돌)
제885조(환경손해방지작업에 대한 특별보상)
제892조(구조료청구권 없는 자)
제898조(운송인 등의 책임감면) |

제470조(채권의 준점유자에 대한 변제) 제485조(채권자의 담보상실, 감소행위와 법정대위자의 면제) 제487조(변제공탁의 요건, 효과) 제535조(계약체결상의 과실) 제553조(해손 등으로 인한 해제권의 소멸) 제580조(매도인의 하자담보책임) 제627조(일부멸실 등과 감액청구, 해지권) 제661조(부득이한 사유와 해지권) 제688조3(수임인의 비용상환청구권 등) 제734조③ 전단(사무관리의 내용) 제740조(관리자의 무과실손해보상청구권) 제750조(불법행위의 내용) 제754조(심신상실자의 책임능력)	제95조②(운송인의 책임한도액) 제908조2(수하물의 멸실·훼손에 대한 책임) 제931조(면책사유)

백숙종

서울대학교 경영대학 졸업(학사)
서울대학교 대학원 법학과 졸업(법학석사)
서울대학교 대학원 법학과 졸업(법학박사)
제44회 사법시험 합격
제34기 사법연수원 수료
서울북부지방법원, 서울중앙지방법원, 서울회생법원 판사 등 역임
대법원 재판연구관 등 역임
현 서울고등법원 고법판사

법인 대표자의 대표권 제한에 관한 연구
- 판례법리를 중심으로 -

초판 인쇄 2024년 08월 22일
초판 발행 2024년 08월 29일

저 자 백숙종
펴낸이 한정희
펴낸곳 경인문화사
등 록 제406-1973-000003호
주 소 경기도 파주시 회동길 445-1 경인빌딩 B동 4층
전 화 (031) 955-9300 팩 스 (031) 955-9310
홈페이지 www.kyunginp.co.kr
이메일 kyungin@kyunginp.com

ISBN 978-89-499-6810-0 93360
값 28,000원

서울대학교 법학연구소 법학 연구총서

1. 住宅의 競賣와 賃借人 保護에 관한 實務研究
   関日榮 저 412쪽 20,000원
2. 부실채권 정리제도의 국제 표준화
   鄭在龍 저 228쪽 13,000원
3. 개인정보보호와 자기정보통제권 ●
   권건보 저 364쪽 18,000원
4. 부동산투자회사제도의 법적 구조와 세제
   박훈 저 268쪽 13,000원
5. 재벌의 경제력집중 규제 ●
   홍명수 저 332쪽 17,000원
6. 행정소송상 예방적 구제 ●
   이현수 저 362쪽 18,000원
7. 남북교류협력의 규범체계
   이효원 저 412쪽 20,000원
8. 형법상 법률의 착오론 ●
   안성조 저 440쪽 22,000원
9. 행정계약법의 이해 ●
   김대인 저 448쪽 22,000원
10. 이사의 손해배상책임의 제한 ●
    최문희 저 370쪽 18,000원
11. 조선시대의 형사법 -대명률과 국전- ●
    조지만 저 428쪽 21,000원
12. 특허침해로 인한 손해배상액의 산정 ●
    박성수 저 528쪽 26,000원
13. 채권자대위권 연구
    여하윤 저 288쪽 15,000원
14. 형성권 연구 ●
    김영희 저 312쪽 16,000원
15. 증권집단소송과 화해 ●
    박철희 저 352쪽 18,000원
16. The Concept of Authority
    박준석 저 256쪽 13,000원
17. 국내세법과 조세조약
    이재호 저 320쪽 16,000원
18. 건국과 헌법
    김수용 저 528쪽 27,000원
19. 중국의 계약책임법
    채성국 저 432쪽 22,000원
20. 중지미수의 이론 ●
    최준혁 저 424쪽 22,000원
21. WTO 보조금 협정상 위임·지시
    보조금의 법적 의미 ●
    이재민 저 484쪽 29,000원
22. 중국의 사법제도 ▲
    정철 저 383쪽 23,000원
23. 부당해고의 구제
    정진경 저 672쪽 40,000원
24. 서양의 세습가산제
    이철우 저 302쪽 21,000원
25. 유언의 해석 ▲
    현소혜 저 332쪽 23,000원
26. 營造物의 개념과 이론 ●
    이상덕 저 504쪽 35,000원
27. 미술가의 저작인격권 ●
    구본진 저 436쪽 30,000원
28. 독점규제법 집행론
    조성국 저 376쪽 26,000원
29. 파트너쉽 과세제도의 이론과 논점
    김석환 저 334쪽 23,000원
30. 비국가행위자의 테러행위에 대한 무력대응
    도경옥 저 316쪽 22,000원
31. 慰藉料에 관한 研究
    -不法行爲를 중심으로- ●
    이창현 저 420쪽 29,000원
32. 젠더관점에 따른 제노사이드규범의 재구성
    홍소연 저 228쪽 16,000원
33. 親生子關係의 決定基準
    권재문 저 388쪽 27,000원
34. 기후변화와 WTO = 탄소배출권 국경조정 ▲
    김호철 저 400쪽 28,000원
35. 韓國 憲法과 共和主義 ●
    김동훈 저 382쪽 27,000원
36. 국가임무의 '機能私化'와 국가의 책임
    차민식 저 406쪽 29,000원
37. 유럽연합의 규범통제제도 - 유럽연합
    정체성 평가와 남북한 통합에의 함의 -
    김용훈 저 338쪽 24,000원
38. 글로벌 경쟁시대 적극행정 실현을 위한
    행정부 법해석권의 재조명
    이성엽 저 313쪽 23,000원
39. 기능성원리연구
    유영선 저 423쪽 33,000원
40. 주식에 대한 경제적 이익과 의결권
    김지평 저 378쪽 31,000원
41. 情報市場과 均衡
    김주영 저 376쪽 30,000원
42. 일사부재리 원칙의 국제적 전개
    김기준 저 352쪽 27,000원
43. 독점규제법상 부당한 공동행위에 대한
    손해배상청구 ▲
    이선희 저 351쪽 27,000원

● 학술원 우수학술 도서
▲ 문화체육관광부 우수학술 도